Lars-Broder Keil / Sven Felix Kellerhoff

Deutsche Legenden

Lars-Broder Keil / Sven Felix Kellerhoff

Deutsche Legenden

Vom »Dolchstoß« und anderen Mythen der Geschichte

Ch. Links

Ch. Links Verlag, Berlin

Die Deutsche Bibliothek – CIP-Einheitsaufnahme

Keil, Lars-Broder :
Deutsche Legenden : vom »Dolchstoß«
und anderen Mythen der Geschichte /
Lars-Broder Keil / Sven Felix Kellerhoff. –
1. Aufl. – Berlin : Links, 2002
ISBN 3-86153-257-3

1. Auflage, März 2002

Schönhauser Allee 36, 10435 Berlin, Tel. (030) 44 02 32–0
www.linksverlag.de; mail@linksverlag.de
Umschlaggestaltung: KahaneDesign, Berlin
Satz und Lithos: LVD GmbH, Berlin
Druck und Bindung: Friedrich Pustet, Regensburg

ISBN 3-86153-257-3

Inhaltsverzeichnis

Anhang

Zu diesem Buch

Das Dresdner Stadtmuseum ist im April 2000 Schauplatz einer sonderbaren Konfrontation. Ein pensionierter Geschichtslehrer präsentiert sein neues Buch und vertritt die These, bei der Bombardierung der Stadt am 13. und 14. Februar 1945 habe es entgegen vieler Zeitzeugen-Berichte keine Tieffliegerangriffe auf Flüchtlinge und Zivilisten gegeben. Sie seien nichts als eine Legende. Die mehr als zweihundert überwiegend älteren Zuhörer reagieren empört. Lautstark wird dem Autor vorgeworfen, er verhöhne die Opfer. Zeitzeugen fordern, die Geschichte müsse in »die richtige Richtung« erforscht werden. Doch was ist »richtig«?

Ein knappes Jahr später: Im Berliner Deutschen Theater diskutieren Historiker und Publizisten über den Reichstagsbrand. Wer hat das deutsche Parlamentsgebäude am Abend des 27. Februar 1933 in Brand gesteckt: die Nazis oder ein holländischer Anarchist? Die Runde denkt nicht daran, ihre Ansichten gesittet auszutauschen. Als hätte jemand erneut gezündelt, entbrennt erst auf dem Podium, dann zwischen Podium und Plenum ein handfester Streit. Von »Fälschungen« und »Lügen« ist auf beiden Seiten die Rede, und von der »Nazi-Unschuldslegende«.

Die Diskussionen in Dresden und in Berlin wurden zum eigentlichen Anstoß für das vorliegende Buch. Denn sie sind symptomatisch für den Umgang mit unserer Vergangenheit. Die deutsche Geschichte des 20. Jahrhunderts steckt voller Legenden: Laut Brockhaus versteht man unter Legenden »unverbürgte Erzählungen«. Sie klingen plausibel, halten aber einer historischen Überprüfung nicht stand. Trotzdem können Legenden eine enorme Wirkung entfalten. Mitunter lösen sie politisches Handeln erst aus oder legitimieren radikale Maßnahmen. Häufig wirken Legenden im Bewußtsein der Menschen weiter, selbst wenn sie schon lange widerlegt sind. Warum ist das so? »Die Wissenschaft ist zu kalt für uns. Wir ziehen Mythen und Legenden vor«, schreibt der ehemalige sowjetische Diplomat Valentin Falin in seinen Erinnerungen. Anders formuliert: Geschichte ist nicht allein vergangene Wirklichkeit. Geschichte ist vor allem auch das Bild, das sich Menschen von vergangener Wirklichkeit machen.

Die Deutung lange zurückliegender Ereignisse dient häufig aktuellen politischen Auseinandersetzungen. Politik und Geschichte sind eng miteinander verwoben. Das schafft Raum für Legenden. Sie wachsen durch die Verfälschung historischer Tatbestände, durch Halbwahrheiten und Irrtümer, durch Frustration und Vorurteile, durch zeitgenössisch oder im nachhinein entstandene Vereinfachungen komplexer gesellschaftlicher und politischer Zusammenhänge. Mitunter glauben sogar die Urheber solcher Legenden nach kurzer Zeit selbst an das Konstrukt, das sie in die Welt gesetzt haben. Öfter allerdings wird die Leichtgläubigkeit einer einseitig informierten Öffentlichkeit ausgenutzt. Der Reiz zeithistorischer Legenden liegt darin, daß sie in der Regel nicht reine Lügen sind, sondern auch einige Brocken Wahrheit enthalten – allerdings verfälschte, aus dem Zusammenhang gerissene, Wesentliches verschweigende. Deshalb braucht man, um sie zu entlarven, einen sehr genauen Überblick über die wirklichen Ereignisse – und den unbedingten Willen zur Differenzierung.

Unser Buch präsentiert zwölf der wirkungsmächtigsten historischen Legenden der deutschen Geschichte aus dem Zeitraum von 1914 bis 2001. Es beschreibt ihre Entstehung, ihre Wirkung und die politischen Kontroversen, die sie auslösten. Es zeigt die tatsächlichen Hintergründe, benennt die Akteure, die jene Legenden am Leben erhielten, und ihre Motive. Von der »Kriegsschuldfrage« 1914 und der »Dolchstoßlegende« 1918, die Beginn und Ende des Ersten Weltkrieges markieren, spannt sich der Bogen bis zum selbsterklärten Anspruch der CDU, sie habe im Gegensatz zur SPD stets unbeirrt eine Politik verfolgt, die auf die deutsche Einheit zielte.

Anhand der zwölf Kapitel werden verschiedene Typen von historischen Legenden erkennbar. Die Propagandabehauptung der deutschen Kommunisten, die Nazis hätten 1933 den Reichstag in Brand gesteckt, ist ein Beispiel für zweckgebundene historische Legenden. Charakteristisch dafür ist, daß ihre Urheber die Tatbestände vorsätzlich und zielgerichtet verfälschen, die tatsächlichen Zusammenhänge verdrängen. Damit dient die Legende den politischen Zielen ihrer Urheber. Ähnliches gilt für Konrad Adenauers fintenreiches Spiel, mit dem er gleichzeitig den Westalliierten die weitgehende Souveränität der Bundesrepublik und der rebellierenden bundesdeutschen Gesellschaft die Zustimmung zur Wiederbewaffnung abrang. Eine Variante dieses ersten Typs sind die Legenden, die Persönlichkeiten belasten sollen, indem Jahre zurückliegende Handlungsspielräume übertrieben oder überhaupt erst postuliert werden. Die Behauptung von der »vergebenen Chance« für Deutschlands Wiedervereinigung durch die Stalin-Note 1952 gehört dazu.

Außer diesen zweckgebundenen Legenden gibt es solche, die eine Ersatzfunktion ausüben sollen und dort besonders gut »gedeihen«, wo kollektives Nichtbegreifen oder Nichtbegreifenwollen anzutreffen sind. So lassen sich unangenehme Ereignisse verdrängen oder allgemeine Schuldgefühle verringern. Klassisches Beispiel dafür ist der Streit um den Angriff Deutschlands auf die Sowjetunion im Juni 1941. Hier prallen die Positionen direkt aufeinander – »Präventivschlag« oder »Überfall auf einen friedliebenden Vertragspartner«? Eine Variante dieses Typs sind Legenden, die verharmlosen oder rechtfertigen, wo Realität und Verantwortung aufgrund eindeutiger Fakten nicht zu leugnen sind. Man kann das am heftigen Streit um die Rolle der Wehrmacht im Zweiten Weltkrieg ablesen, zusammen mit der Goldhagen-Debatte die wichtigste geschichtspolitische Kontroverse der neunziger Jahre.

Ein dritter Typ von Legenden dient der individuellen Entlastung von Politikern, Militärs oder anderen Persönlichkeiten des öffentlichen Lebens. Beispielhaft dafür sind die Dolchstoßlegende, mit der Paul von Hindenburg, Erich Ludendorff und andere führende Generäle ihre Rolle beim Zusammenbruch der deutschen Armee 1918 verschleierten, und die Vorwürfe Helmut Kohls gegen die SPD hinsichtlich der Deutschlandpolitik, mit der sich der Altbundeskanzler in der CDU-Spendenaffäre wehrte.

Eine vierte Art von Legenden umfaßt pauschale Verdächtigungen und Schuldzuweisungen, in der Regel, wenn auch nicht immer, gegen Juden gerichtet. Die sogenannten Protokolle der Weisen von Zion oder die verbreitete Erzählung von der »jüdischen Kriegserklärung gegen Deutschland 1939« sind solche Fälle. Diese Lügen gebären weitere Behauptungen, etwa den scheinwissenschaftlichen »Beweis«, in Auschwitz und anderen Konzentrationslagern habe es keine Gaskammern gegeben. Im Gegensatz zu den ersten drei Typen von zeithistorischen Legenden spielen diese antisemitischen Topoi in unserem Buch keine Rolle. Das hat zwei Gründe:

Einerseits widerlegen eine Vielzahl empfehlenswerter Bände diese Lügen. Andererseits sind sie aus guten Gründen und im Gegensatz zu den anderen deutschen Legenden strafrechtlich sanktioniert.

Wer sich mit Legenden beschäftigt, eckt unweigerlich an. Manche Rezensenten werden uns »Anhänger der Nazi-Unschuldsthese« schimpfen oder »Stalin-Apologeten«, andere in uns »Weißwäscher« wahlweise der SED-Diktatur, der Schweizer Banken oder des »US-amerikanischen Imperialismus« sehen. Man wird uns vorwerfen, politisch zu weit links zu stehen oder zu weit rechts, anti-national zu sein oder nationalistisch, auf die Gefühle und Ansichten von Zeitzeugen zu viel oder zu wenig Rücksicht zu nehmen. Wer so argumentiert, übersieht in der Regel eines: Ob es um die Verbrechen der Wehrmacht geht oder um die angebliche Beteiligung der NVA an der Niederschlagung des »Prager Frühlings« 1968, um das vermeintliche »Hineinschlittern Europas« in den Ersten Weltkrieg oder das Verhalten Erich Honeckers während der Polenkrise 1980/81 – überall verbergen sich Empfindlichkeiten, Schutzbehauptungen, überall wird Geschichte als politisches Argument benutzt.

Für uns Deutsche mit unserer oft vergangenheitsbezogenen Sicht auf die Gegenwart bietet das 20. Jahrhundert, das Jahrhundert der Weltkriege, der Ideologien und der politischen Katastrophen, mehrere historische Umbrüche – und damit viel Stoff für Legenden. Mitverantwortlich für ihr Weiterleben sind oft wenig informierte, dafür um so mehr nach »Sensationen« gierende Journalisten. Unser Buch widerlegt ein Dutzend zeithistorischer Legenden – in journalistischer Sprache und teilweise sehr zugespitzt, aber zugleich mit wissenschaftlicher Genauigkeit. Es wagt den Spagat, kontroverse Themen pointiert darzustellen, ohne den Leser mit einem unüberschaubaren Anmerkungsapparat zu überfordern.

Dieses Buch ist entstanden aus jahrelanger Beschäftigung mit Legenden der deutschen Zeitgeschichte. Wir haben darüber seit 1991 eine Vielzahl von Artikeln in verschiedenen Zeitungen veröffentlicht. Dennoch sind alle Kapitel im vorliegenden Band neu recherchiert. Wir haben nicht nur die aktuelle und historische Literatur herangezogen, sondern auch mit Experten und Augenzeugen gesprochen sowie Zeitungen, Zeitschriften und Archivalien ausgewertet. Dabei stießen wir neben vielem Bekannten auf Neues, bislang Verschüttetes oder Übersehenes. Wer weiß schon, daß sich deutsche Generäle und Diplomaten im Sommer 1914 bereits Wochen vor dem Attentat auf den österreichisch-ungarischen Thronfolger Franz Ferdinand in Sarajevo sehr konkret mit dem Gedanken an einen Präventivkrieg beschäftigten – und darüber ganz offen sprachen?

Berlin, 20. Februar 2002
Lars-Broder Keil, Sven Felix Kellerhoff

»Für einen Fußtritt reicht es noch!«, ruft der deutsche Michel seinem britischen Pendant John Bull zu, während er mit Rußland und Frankreich gleichzeitig ringt. Das personifizierte Großbritannien will Deutschland gerade in den Rücken fallen. Eine typische Darstellung der angeblichen »Einkreisung« des wilhelminischen Kaiserreichs im Sommer 1914. Zeichnung von Thomas Theodor Heine im »Simplicissimus«, August 1940.
(VG Bild-Kunst, Bonn 2002)

»Wir sind alle hineingeschlittert«?

Der Ausbruch des Ersten Weltkrieges 1914

»Eine schwere Stunde ist heute über Deutschland hereingebrochen. Neider überall zwingen uns zu gerechter Verteidigung. Man drückt uns das Schwert in die Hand!« Zehntausenden Berlinern spricht Kaiser Wilhelm II. mit diesen Worten aus der Seele. Sie haben sich am Nachmittag des 31. Juli 1914 auf dem Schloßplatz in Berlin versammelt, um Seine Majestät zu hören. Mit Hurra-Rufen und dem Absingen der Kaiserhymne »Heil Dir im Siegeskranz« beginnt die Kundgebung, und sie endet mit Wilhelms Aufruf: »Jetzt geht in die Kirche, kniet nieder vor Gott und bittet ihn um Hilfe für unser braves Heer!«[1]

Wenige Stunden zuvor hatte der preußische Kriegsminister General Erich von Falkenhayn dem Reichskanzler Theobald von Bethmann Hollweg und dem Chef des Auswärtigen Amtes, Staatssekretär Gottlieb von Jagow, mitgeteilt: »Zustand der drohenden Kriegsgefahr befohlen.« Die Order ist offiziell »geheim«, doch Mund-zu-Mund-Propaganda trägt sie rasch in die Öffentlichkeit und umgehend in die Redaktionen der Zeitungen. Auf Extrablättern können die Berliner die Nachricht daher schon bald nach der kaiserlichen Ansprache lesen. Ein erst tausend-, dann bald zehntausendkehliger Chor stimmt an: »Lieb Vaterland, magst ruhig sein/Fest steht und treu die Wacht/Die Wacht am Rhein.«[2]

Nicht nur in der Reichshauptstadt, auch in der bayerischen Residenz München kocht am 31. Juli 1914 die Stimmung. Ein staatenloser Postkartenmaler notierte rückblickend: »Mir selbst kamen die damaligen Stunden wie eine Erlösung aus den ärgerlichen Empfindungen der Jugend vor. Ich schäme mich auch heute nicht, es zu sagen, daß ich, überwältigt von stürmischer Begeisterung, in die Knie gesunken war und dem Himmel aus übervollem Herzen dankte, daß er mir das Glück geschenkt, in dieser Zeit leben zu dürfen. Ein Freiheitskampf war angebrochen, wie die Erde noch keinen gewaltigeren bisher gesehen; denn sowie das Verhängnis seinen Lauf auch nur begonnen hatte, dämmerte auch schon den breitesten Massen die Überzeugung auf, daß es sich dieses Mal nicht um Serbien oder auch Österreichs Schicksal handelte, sondern um Sein oder Nichtsein der deutschen Nation.«[3] Schon zwei Tage später meldete sich Adolf Hitler freiwillig bei einem königlich-bayerischen Regiment; kein halbes Jahr zuvor war er noch glücklich gewesen, vom Wehrdienst in der österreichisch-ungarischen Armee wegen Untauglichkeit freigestellt worden zu sein.

Legenden ganz unterschiedlicher Art haben in den vergangenen 88 Jahren den Ausbruch des Ersten Weltkrieges überwuchert. Waren Deutschland und seine Verbündeten im Juli 1914 tatsächlich eingekreist von einer übermächtigen Allianz aus Frankreich, Großbritannien und Rußland, wie der Kaiser in seiner Rede vom Balkon des Berliner Schlosses behauptete und wie es auch Adolf Hitler empfand? Hatten Wilhelm II., seine Regierung und sein Militär nur noch die Chance, mit einem Präventivkrieg diesen Ring von Feinden zu zerschlagen?

Oder sind die europäischen Mächte im Sommer 1914 ungewollt in den Krieg »hineingeschlittert«? Der britische Staatsmann David Lloyd George hat diesen Gedanken 1933 auf eine seither immer wieder zitierte Formulierung gebracht: »Die Nationen schlitterten über den Rand in den brodelnden Hexenkessel des Krieges, ohne eine Spur von Besorgnis oder Bestürzung.« Nicht so bekannt, aber ebenfalls vielsagend ist eine andere Stelle aus den Kriegsmemoiren des liberalen Politikers, der von 1908 bis 1916 als Schatzkanzler und Kriegsminister zweiter Mann des Kabinetts in London war und dann bis 1922 als Premierminister die britische Politik bestimmte: »Die Welt war [im Juli 1914] außergewöhnlich glücklos im Hinblick auf die Qualität ihrer Staatsmänner in diesem schrecklichen Notfall. Hätte es damals in Deutschland einen Bismarck, einen Palmerston oder einen Disraeli in Großbritannien, einen Roosevelt in Amerika oder einen Clemenceau in verantwortlicher Position in Frankreich gegeben, hätte die Katastrophe abgewendet werden können – und meiner Ansicht nach wäre sie abgewendet worden. Aber es war nicht ein Politiker solcher Qualität zu sehen auf der Kommandobrücke eines großen Staates.«[4]

War der Erste Weltkrieg also das Ergebnis der Hilflosigkeit der europäischen Regierungen? Gibt es so etwas wie »Kriegsschuld« an der Katastrophe von 1914 gar nicht? Diese Auffassung ist bis heute weit verbreitet. Im jüngst erschienenen Opus magnum des britischen Militärhistorikers John Keegan etwa wird diese Auffassung besonders anschaulich: »Die Tragödie der diplomatischen Krise vor Ausbruch der Kämpfe im August 1914, die sich zu der vier Jahre dauernden Tragödie des Großen Krieges steigern sollte, besteht darin, daß die Staatsmänner und Diplomaten von den Ereignissen, die sie unter Kontrolle zu halten suchten, zunehmend überwältigt wurden.«[5]

Besonders gern wird Lloyd Georges Wort verkürzt zitiert – auf das von ihm gar nicht formulierte Diktum »Wir sind alle hineingeschlittert«. Ehrhardt Bödecker zum Beispiel, Bankier in Berlin, Museumsstifter und bekennender Preußen-Bewunderer, bringt es im Katalog zu seiner mustergültig unkritischen Ausstellung im Brandenburg-Preußen Museum Wustrau fertig, den Krieg 1914–1918 nur einmal zu erwähnen – mit dem Lloyd-George-Zitat und unter der Überschrift »Englisches Eingeständnis über die Ursachen des Ersten Weltkrieges«.[6]

Doch auch abseits der Preußenverherrlicher ist das Wort des britischen Kriegspremiers präsent. Das zeigte sich, als der Bundestag über die Unterstützung für den amerikanischen Schlag gegen den internationalen Terrorismus nach den Anschlägen auf New York und Washington am 11. September 2001 abstimmte. Als einziger SPD-Abgeordneter lehnte der Volkswirt Uwe Jens die überparteiliche Entschließung ab. Als Grund führte Jens an: »Die Gefahr, daß wir – wie 1914 – in einen Weltkrieg hineinschlittern, ist gegeben. Davor will ich warnen.«[7] Die »Frankfurter Allgemeine Zeitung«, ansonsten nicht für Schnellschüsse bekannt, sekundierte dem Abgeordneten: »Wer nach den Terrorattacken von New York und Washington auf die hochexplosive Lage in der moslemischen Welt rund um Afghanistan schaut, wo der mutmaßliche Drahtzieher der Anschläge, Usama bin Ladin, vermutet wird, kann sich ebenfalls wohl kaum des Gefühls erwehren, er blicke in einen brodelnden Hexenkessel. Damals wie heute wurde die nachfolgende Krise durch ein terroristisches Attentat ausgelöst.«[8] Selbst Michael Howard, ein bekannter britischer Militärhistoriker, sah zwischen der Julikrise 1914 und der Septemberkrise 2001 Parallelen.[9] Natürlich sind solche Vergleiche zulässig – sie zeigen allerdings nur, daß zwischen 1914 und 2001 so gut wie keine Ähnlichkeit festzustellen ist. Einerseits haben die politischen Rahmenbedingungen des Jahres 1914 mit denen des Jahres 2001 nun wirklich gar nichts gemein. Andererseits ist höchst zweifelhaft, ob Lloyd Georges Wort die Situation im Jahr 1914 überhaupt angemessen beschreibt.

Denn trug nicht vielleicht doch das Deutsche Reich die Hauptschuld am Ersten Weltkrieg? Im Artikel 231 des Versailler Vertrages zwischen Deutschland und seinen Kriegsgegnern vom Juni 1919 heißt es unmißverständlich: »Die alliierten und assoziierten Regierungen erklären, und Deutschland erkennt an, daß Deutschland und seine Verbündeten als Urheber für alle Verluste und Schäden verantwortlich sind, die die alliierten und assoziierten Regierungen und ihre Staatsangehörigen infolge des ihnen durch den Angriff Deutschlands und seiner Verbündeten aufgezwungenen Krieges erlitten haben.«[10] Diese Passage des Versailler Vertrages führte in Deutschland umgehend zu heftigen Protesten. In den Zeitungen und nahezu allen Parteien, von der Sozialdemokratie bis zur äußersten Rechten, war die Empörung über diese Zuweisung der Kriegsschuld einmütig. Die Außenpolitik der Weimarer Republik stand stets unter dem Druck, das aufgezwungene Bekenntnis zur alleinigen Kriegsschuld revidieren zu müssen. Der Artikel 231 destabilisierte so die erste parlamentarische Demokratie auf deutschem Boden von Beginn an.

Auch die Bundesrepublik Deutschland erlebte ihre Kriegsschulddebatte. Denn der Hamburger Historiker Fritz Fischer spitzte den Vorwurf der Alleinschuld des Deutschen Reiches am Ersten Weltkrieg weiter zu. Seine These: Das kaiserliche Deutschland habe spätestens seit 1911 planmäßig auf den großen europäischen Krieg hingesteuert. Bewußt hätten die Reichsleitung und die militärische Führung den Konflikt im Juli 1914 eskalieren lassen, um eine möglichst günstige Ausgangsposition für den seit langem gewünschten Annexions- und Expansionskrieg zu erreichen. Wie 1939 sei es der deutschen Politik auch 1914 um die Hegemonie auf dem Kontinent und um den »Griff nach der Weltmacht« gegangen. 1959 warf er seinen Kollegen und der bundesdeutschen Öffentlichkeit den Fehdehandschuh hin und löste einen mehr als zwei Jahrzehnte währenden Historikerstreit aus. Als »Fischer-Kontroverse« ist die Debatte um die deutsche Verantwortung für den Ersten Weltkrieg längst selbst in die Geschichte eingegangen.

Führte die deutsche Reichsleitung den Konflikt also gezielt herbei? Oder hatte Lloyd George recht: Ist Europa in den Ersten Weltkrieg ungewollt »hineingeschlittert«? Oder war der »Große Krieg«, wie der Konflikt 1914–1918 in Großbritannien und Frankreich bis heute heißt, eine gerechte und gerechtfertigte Maßnahme des Deutschen Reiches gegen die drohende Einschließung durch feindlich gesinnte Mächte? Der Erste Weltkrieg – ein Präventivkrieg?

»Unterwegs entwickelte mir Moltke seine Auffassung unserer militärischen Lage«, erinnerte sich der deutsche Außenminister, Staatssekretär von Jagow, an ein Gespräch mit dem Chef des deutschen Generalstabes. Auf einer Autofahrt von Potsdam nach Berlin Ende Mai oder Anfang Juni 1914 ging es Moltke um essentielle Fragen: »Die Aussichten in die Zukunft bedrückten ihn schwer. In zwei bis drei Jahren würde Rußland seine Rüstungen beendet haben. Die militärische Übermacht unserer Feinde wäre dann so groß, daß er nicht wüßte, wie wir ihrer Herr werden könnten. Jetzt wären wir ihnen noch einigermaßen gewachsen. Es bliebe seiner Ansicht nach nichts übrig, als einen Präventivkrieg zu führen, um den Gegner zu schlagen, so lange wir den Krieg noch bestehen könnten. Der Generalstabschef stellte mir demgemäß anheim, unsere Politik auf die baldige Herbeiführung eines Krieges einzustellen.«[11]

Eine eindeutige Äußerung. Da forderte der oberste deutsche Soldat, der Neffe des berühmten preußischen Generals gleichen Namens, vom deutschen Chefdiplomaten, einen europäischen Krieg zu inszenieren. Und zwar Wochen vor dem Attentat von Sarajevo, bei dem am 28. Juni 1914 der österreichisch-ungarische Thronfolger Franz Ferdinand und seine Frau ermordet wurden. Allerdings galt der »jüngere Moltke«, wie der seit 1906 amtierende Generalstabschef hinter seinem Rücken leicht despektierlich genannt wurde, keineswegs als konsequenter Kriegstreiber. Im Gegenteil: Laut Jagow gelüstete es ihn nicht nach »Kriegslorbeeren«, und General Falkenhayn notierte über den Offizierskollegen, der mal für und mal gegen eine aggressive Politik eintrat: »Seine Stimmungswechsel sind kaum oder gar nicht zu erklären.«[12]

Moltke war allerdings mit seiner unentschiedenen Haltung kein typischer Repräsentant des obersten Offizierskorps des kaiserlichen Heeres. General Colmar von der Goltz zum Beispiel, unter anderem Berater der türkischen Armee und Modernisierer der deutschen Pioniertruppen, schrieb 1906 an einen osmanischen General: »Schade nur, daß die Konferenz von Algeciras [auf der die erste Marokko-Krise mit einer diplomatischen Niederlage des Deutschen Reiches beigelegt wurde – K. u. K.] uns wieder einen unabsehbaren Frieden gebracht hat und daß der Soldat sich dabei vorkommen muß wie der Spielmann, der immer und ewig ein Instrument spielt, das keinen rechten Ton gibt.«[13]

Jagow erinnerte sich, er habe Moltke auf der Fahrt von Potsdam nach Berlin widersprochen: »Ich entgegnete ihm, daß ich mich nicht dazu verstehen könnte, einen Präventivkrieg heraufzubeschwören. [...] Den Ernst unserer Lage verhehlte ich mir zwar nicht. Ich habe auch nie den Gedanken eines Präventivkrieges prinzipiell und a limine verurteilt. Ein solcher kann unter Umständen als Defensivkrieg zur unvermeidlichen Aufgabe einer vorausschauenden Politik werden. Aber abgesehen davon, daß der geeignete Moment vielleicht schon verpaßt war, hoffte ich noch, unser Verhältnis zu England würde sich so weit bessern lassen, daß ein allgemeiner Krieg ziemlich ausgeschlossen oder doch weniger gefährlich sein würde.«[14] Sowohl Jagow als auch Moltke fühlten sich also im Frühsommer 1914 eingekreist. Zwar zogen sie unterschiedliche Schlüsse daraus, aber die Analyse der beiden war identisch: Deutschland sei von Feinden umzingelt.

Diese Sicht der Dinge fiel auch bei Wilhelm II. auf fruchtbaren Boden, obwohl der Monarch einen Krieg eigentlich fürchtete. Der Kaiser sprach am 21. Juni 1914, genau eine Woche vor dem Attentat von Sarajevo, mit dem Hamburger Bankier Max Warburg. Laut Warburgs Notizen schwankte Wilhelm II. zwar noch, neigte aber schon einem Präventivkrieg zu: »Die Rüstungen Rußlands, die großen russischen Bahnbauten waren seiner [Wilhelms II.] Ansicht nach Vorbereitungen für einen Krieg, der im Jahr 1916 ausbrechen konnte [...]. Bedrängt von seinen Sorgen, erwog der Kaiser sogar, ob es nicht besser wäre, loszuschlagen, anstatt zu warten.«[15] Sechs Wochen später, am 4. August 1914, griff Wilhelm II. den gleichen Gedanken wieder auf, als er im Berliner Stadtschloß den inzwischen vollzogenen Schritt in den Krieg vor den Abgeordneten des Reichstags begründete: »Die Feindseligkeit, die im Osten und Westen seit langer Zeit um sich gegriffen hat, ist nun zu hellen Flammen aufgelodert. Die gegenwärtige Lage ging nicht aus vorübergehenden Interessenkonflikten oder diplomatischen Konstellationen hervor. Sie ist das Ergebnis eines seit langen Jahren tätigen Übelwollens gegen Macht und Gedeihen des Deutschen Reiches. [...] In aufgedrungener Notwehr, mit reinem Gewissen und reiner Hand ergreifen wir das Schwert.«[16]

Der letzte Satz allerdings ist bereits Teil der Legendenbildung. Denn so real die Einkreisung Deutschlands durch eine mindestens potentiell feindliche Koalition war, so wenig traf diese Situation das Reich unverschuldet. Die langfristigen Ursachen des Ersten Weltkrieges sind durch jahrzehntelange Forschung bis ins Detail bekannt. Unabhängig von ihrer politischen Überzeugung und ihrer Haltung gegenüber den Thesen von Fritz Fischer sind sich die meisten bundesdeutschen und internationalen Historiker einig: Das Deutsche Reich hat sich selbst seit der Absetzung Bismarcks 1890 immer weiter isoliert. Während der »Eiserne Kanzler« den Alptraum einer antideutschen Koalition aus Frankreich, Rußland und England um jeden Preis vermieden hatte, stießen seine Nachfolger die anderen Großmächte eine nach der anderen vor den Kopf.

Erst zerbrach die internationale Isolation der Republik Frankreich gegenüber den Monarchien Rußland und Großbritannien, das Herzstück der keineswegs friedfertigen, aber friedensorientierten Sicherheitspolitik Bismarcks. Dann trat Berlin durch seine Flottenpolitik in einen Rüstungswettlauf mit London und durch die Aufrüstung seines Heeres in eine Konkurrenz mit Paris und St. Petersburg. Doch beide Male geriet das Deutsche Reich ins Hintertreffen. Aus finanziellen und sozialen Gründen konnte Deutschland nicht ebenso stark aufrüsten wie die anderen Großmächte zusammen. Hinzu kam, daß der Konflikt zwischen dem einzigen deutschen Verbündeten von Gewicht, der österreichisch-ungarischen Doppelmonarchie, und Rußland durch die Probleme auf dem Balkan ständig an Brisanz gewann.

Darüber hinaus verschlechterte sich das militärische Kräfteverhältnis ab 1911 von Jahr zu Jahr zuungunsten der Mittelmächte Deutschland und Österreich-Ungarn – trotz des forcierten Schlachtflottenprogramms und der Heeresverstärkung 1912/13. »Patriotische« Organisationen, wie der Deutsche Wehrverein, die Flottenvereine oder der Alldeutsche Verband, trugen diese Botschaft in die breite Öffentlichkeit. Zum Beispiel in populären Publikationen wie dem »Deutschen Wehrkalender«, der in Tabellen, farbigen Bildern und pathetischen Artikeln das deutsche Volk auf den kommenden Krieg vorbereitete: »Es ist meine feste unerschütterliche Überzeugung, daß bei der Weltlage in nicht allzu ferner Zeit das deutsche Volk auf den Schlachtfeldern um nichts weniger als seine Ehre, seine Machtstellung, seine nationale und wirtschaftliche Zukunft zu kämpfen haben wird. Zu diesem Schicksalskampfe kann das deutsche Volk, in erster Linie sein Heer, nicht stark genug sein«, schrieb der Vorsitzende des Wehrvereins, Generalmajor a. D. August Keim, im Juli 1913.[17]

Das Deutsche Reich war im Sommer 1914 umzingelt von Feinden. Einen wahren Kern hatte der Appell von Kaiser Wilhelm II., man habe den Krieg aus »Notwehr« begonnen. Trotzdem ist diese Begründung insgesamt eine historische Legende. Denn Deutschland hatte sich selbst in diese Lage manövriert – durch mehr als zwei Jahrzehnte rücksichtsloser Politik, die stets nur das Ziel kannte, einen eigenen »Platz an der Sonne« zu erobern, wie es der spätere Reichskanzler Bernhard von Bülow bereits 1897 als Chef des Auswärtigen Amtes im Reichstag formulierte. »Aufgedrungen« kann man die Situation im Juli und August 1914 daher nicht nennen. Allerdings haben sich der Monarch und seine führenden Politiker wohl tatsächlich in einer Zwangslage gesehen. Sie erkannten nicht ihre Verantwortung für die katastrophale Konstellation, fühlten sich vielmehr im Recht. Zusätzlich angeheizt wurde die Situation von lautstarker Kriegstreiberei in der Öffentlichkeit und durch einen verbreiteten Sozialdarwinismus. Danach befanden sich alle Völker in einem dauernden »Kampf ums Überleben«, den nur die Stärksten überleben würden. Also jene Völker, die sich am besten auf den kommenden Krieg vorbereiteten.

Mehrmals war Europa zwischen 1898 und 1913 an einem militärischen Konflikt vorbeigeschrammt. Von der Faschoda-Krise zwischen Frankreich und Großbritannien um Kolonien in Afrika über die beiden Marokko-Krisen, die Annexion Bosniens durch Österreich-Ungarn bis hin zu den beiden Balkankriegen gelang es jedesmal gerade eben, eine Eskalation zu vermeiden. Noch funktionierte die Diplomatie, doch von Mal zu Mal wurde der Ausgleich der divergierenden Interessen schwieriger. Die Alternativen zur kriegerischen »Lösung« der Probleme nutzten sich immer mehr ab.

Die Schuld daran trifft jedoch Deutschland und seine Verbündeten nicht allein. Auch in Frankreich drängte eine starke Kriegspartei auf eine gewaltsame Revision des deutsch-französischen Krieges von 1870/71. »In der Begeisterung für Militärparaden, Feste und Musik standen die Franzosen den Deutschen nicht nach; zudem war der Inklusionsgrad militärischer und paramilitärischer Institutionen sehr viel höher. Das deutsche Kaiserreich konnte es sich dank hoher Geburtenraten leisten, den Anteil der Eingestellten niedrig zu halten. Frankreich mußte hier angesichts seiner geringeren Bevölkerungszahl rigider vorgehen und einen weit größeren Prozentsatz der entsprechenden Altersgruppe rekrutieren«, schreibt die Sozialhistorikerin Ute Frevert in ihrer Geschichte der Wehrpflicht.[18] Auch in Rußland drängten mächtige Gruppen auf eine kriegerische Auseinandersetzung mit Deutschland und Österreich-Ungarn – nicht zuletzt, um die innenpolitischen Konflikte des autokratischen Regimes in den Griff zu bekommen. Eine wesentliche Rolle spielten dabei der Balkan und ein rabiater Panslawismus. Allein in Großbritannien war im Sommer 1914 das Interesse an einem europäischen Krieg schwach. Denn einerseits richtete die Weltmacht den Blick mehr auf ihr Kolonialreich, dem Deutschland trotz aller Flottenrüstung noch nicht gefährlich werden konnte. Andererseits beschäftigte die Regierung in London seinerzeit mehr die Eskalation in Irland, also ein massiver Konflikt im Inneren.

Der Berner Militärhistoriker Stig Förster bilanziert die Situation am Vorabend des Ersten Weltkrieges treffend: »Insgesamt zeigt die Untersuchung der längerfristigen Kriegsursachen, daß die Katastrophe des Jahres 1914 die Menschen nicht aus heiterem Himmel traf. Viele Faktoren trugen dazu bei, eine Situation entstehen zu lassen, in der es nur noch weniger Schritte bedurfte, den allgemeinen Krieg auszulösen. Aber war der Krieg deshalb unvermeidlich? Die Frage zu stellen heißt, sie zu verneinen. [...] Denn die Entscheidung über Krieg und Frieden lag unter den damaligen Verhältnissen immer noch bei den politischen und militärischen Führungen Europas. Es bleibt zu untersuchen, warum sie im entscheidenden Moment für Krieg optierten.«[19]

Warum also kam es im Juli 1914 zu jener folgenreichen Krise, die schließlich in den Ersten Weltkrieg mündete? »Die Dokumente erlauben es nicht, im Jahr 1914 irgendeiner Regierung oder einem Volk den bewußten Willen zu einem europäischen Krieg zuzuschreiben«, stellten führende deutsche und französische Historiker, darunter der Vorsitzende des Verbandes der Historiker Deutschlands, Gerhard Ritter, und der Nestor der französischen Weltkriegsforschung, Pierre Renouvin von der Pariser Sorbonne, im Oktober 1951 auf einer gemeinsamen Tagung in Mainz fest. Sie verabschiedeten eine »Vereinbarung über strittige Fragen europäischer Geschichte«. Ausdrücklich betonten die 17 beteiligten Wissenschaftler, die durchaus die damals herrschende Meinung der Kollegen in ihren Ländern repräsentierten: »Die deutsche Politik zielte 1914 nicht auf die Entfesselung eines europäischen Krieges; sie war in erster Linie bedingt durch die Bündnisverpflichtung gegenüber Österreich-Ungarn. Um der als gefährlich empfundenen Auflösung dieses Staates entgegenzuwirken, hat man der Wiener Regierung Zusicherungen gegeben, die einer Blankovollmacht gleichkamen. Die deutsche Regierung war von der Vorstellung beherrscht, eine Lokalisierung des Konfliktes mit Serbien würde wie 1908/09 möglich sein.«[20] Ausdrücklich sollte die Vereinbarung keine Sprachregelung sein, die künftig die freie Forschung einschränken könnte. Das betonte Karl Dietrich Erdmann, der Herausgeber der Zeitschrift »Geschichte in Wissenschaft und Unterricht«, in der die Erklärung auf deutsch erschien.

Politisch war diese deutsch-französische Historiker-Vereinbarung von 1951 weitsichtig, denn sie ermöglichte es, den vergangenheitspolitischen Streit zwischen den beiden ehemaligen »Erbfeinden« zu beenden. Damit gehört sie zu jenen wichtigen Schritten Anfang der fünfziger Jahre, die der jungen Bundesrepublik den Weg in die westeuropäische Werte-Gemeinschaft und schließlich in die Europäische Gemeinschaft ebneten. Mit der historischen Realität hatte die Erklärung allerdings wenig gemein. Es handelte sich vielmehr um eine bequeme Legende – gewissermaßen die in den Jargon der Geschichtswissenschaft übersetzte und mit dem Siegel der »historischen Wahrheit« geadelte Behauptung von Lloyd George, die europäischen Staaten seien in den Krieg »hineingeschlittert«. Richtig ist genau das Gegenteil. Denn im Juli 1914 steuerte die deutsche Reichsleitung sehr wohl gezielt auf einen europäischen Krieg zu und war sogar bereit, einen Weltkrieg in Kauf zu nehmen. Das hat die kritische deutsche und internationale Geschichtswissenschaft trotz der Verienbarung von 1951 herausgearbeitet – übrigens gegen den massiven Widerstand unter anderem von Gerhard Ritter und Karl Dietrich Erdmann.

Der Anstoß für die Julikrise war ein Attentat: Am 28. Juni 1914 gegen 10.50 Uhr gab der bosnisch-serbische Student Gavrilo Princip in Sarajevo zwei Schüsse auf den Wagen des österreichisch-ungarischen Kronprinzen Franz Ferdinand ab. Der Thronfolger wurde oberhalb des Schlüsselbeins getroffen, das Geschoß blieb in seiner Wirbelsäule stecken. Seiner Frau, Herzogin Sophie, wurde die Bauchschlagader aufgerissen. In vielen Schulbüchern, einfachen Lexika und sonstigen schlichten Geschichtsdarstellungen gilt dieser Anschlag als Auslöser des Ersten Weltkrieges. Die Sachbuchautorin Katja Doubek zum Beispiel schreibt in ihrem »Lexikon der Attentate« über den Anschlag von Sarajevo: »Es war das folgenschwerste Attentat der Geschichte, löste einen Weltkrieg aus und legte damit den Grundstein für einen zweiten, der Europa in Schutt und Asche legte.«[21]

Doch auch das ist eine Legende. »Vom Mord an dem ungeliebten Thronfolger führte kein direkter Weg in die Urkatastrophe unseres Jahrhunderts. Die Politiker haben den Krieg teils militärisch und politisch vorbereitet, teils in Kauf genommen, teils mit immer großzügiger werdenden politischen Zusagen ›entfesselt‹«, urteilt der Historiker Bernd Sösemann. Und weiter: »Das Attentat auf den Erzherzog Franz Ferdinand auf dem Balkan Ende Juni 1914 führte nicht zur Politik des gewagten Handelns Ende Juli in Europa, aber es erleichterte die Planung der Staatsmänner, die den großen Krieg bewußt in ihr Kalkül miteinbezogen hatten.«[22]

Genau eine Woche, bis zum vergleichsweise bescheidenen Begräbnis für den ermordeten Kronprinzen am 4. Juli 1914, geschah wenig. Dann begann die deutsche Reichsleitung um Bethmann Hollweg, bewußt auf einen europäischen Krieg zuzusteuern. Der Kaiser stellte nach Beratungen mit seinem Reichskanzler, einigen Diplomaten und führenden Militärs der Regierung in Wien den berühmten »Blankoscheck« aus. Der österreichisch-ungarische Botschafter in Berlin, László Graf von Szögyeny, meldete seinem Außenminister Leopold Graf Berchtold, »Nach dem Déjeuner [...] ermächtigte mich Seine Majestät [Kaiser Wilhelm II.], unserem Allergnädigsten Herrn [Kaiser Franz Joseph] zu melden, daß wir auf die volle Unterstützung Deutschlands rechnen können. [...] Sollte es sogar zu einem Krieg zwischen Österreich-Ungarn und Rußland kommen, so könnten wir davon überzeugt sein, daß Deutschland in gewohnter Bundestreue an unserer Seite stehen werde.«[23]

Auf den ersten Blick war das nicht mehr als eine Bestätigung des Beistandes, den Deutschland der Habsburger-Monarchie zugesichert hatte – genau wie es Ritter und Renouvin 1951 darstellten. Tatsächlich aber nahm Berlin das Heft des Handelns in die Hand. Während Kaiser Wilhelm II. zur alljährlichen Sommerreise mit seiner Yacht gen Norden aufbrach, wurde sein Reichskanzler tätig. Hunderte Telegramme wurden in den folgenden drei Wochen von Hauptstadt zu Hauptstadt geschickt. Kontinuierlich wurde der Ton aggressiver. Die Politik Bethmann Hollwegs beruhte auf dem Konzept des »kalkulierten Risikos«, das sein Vertrauter Kurt Riezler in einer Notiz vom 8. Juli 1914 so beschrieb: »Kommt der Krieg aus dem Osten, so daß wir also für Österreich-Ungarn und nicht Österreich-Ungarn für uns zu Felde zieht, so haben wir Aussicht, ihn zu gewinnen. Kommt der Krieg nicht, will der Zar nicht oder rät das bestürzte Frankreich zum Frieden, so haben wir doch noch Aussicht, die Entente [Frankreichs mit Großbritannien und Rußland – K. u. K.] über die Aktion auseinander zu manövrieren.«[24] Dieses Konzept hat Golo Mann treffend charakterisiert: als »ungefähr die schlechteste Diplomatie, die es geben konnte«.[25]

Doch es dauerte noch 18 Tage, bis Österreich-Ungarn ein a priori als unannehmbar konzipiertes Ultimatum an die serbische Regierung schickte, die für das Attentat verantwortlich gemacht wurde. Unter anderem wollte man einen Staatsbesuch des französischen Präsidenten in St. Petersburg abwarten – die Gefahr, daß sich die beiden kontinentalen Großmächte auf ein Ultimatum hin unmittelbar zum Vorgehen gegen die Mittelmächte verständigen könnten, erschien zu groß. Am 25. Juli dann gingen zehn Forderungen nach Belgrad ab. Und obwohl Serbien in seiner Antwort dem Ultimatum unerwartet weit entgegenkam, erklärte die Wiener Regierung am 28. Juli 1914 den Krieg. Im Hintergrund, das zeigen bald darauf entstandene Aufzeichnungen führender Wiener und Berliner Politiker, drängte der größere Partner den kleineren, der einen guten Anlaß hatte, zur Aggression.

Der ungarische Ministerpräsident István Graf Tisza etwa riet am 11. September 1914 dem österreichisch-ungarischen Außenminister Graf Berchtold, die Deutschen daran zu erinnern, »daß wir den Krieg auf die klipp und klare Äußerung sowohl Kaiser Wilhelms wie des deutschen Reichskanzlers beschlossen haben, daß sie den Moment für geeignet halten und es mit Freude begrüßen, wenn wir ernst machen«.[26] Und ein ehemaliger Wiener Minister, Josef Maria Baernreither, notierte in seinem Tagebuch Ende 1914: »Krieg mußte aber, wie die Dinge sich durch die Schuld der deutschen und österreichischen Diplomatie entwickelt hatten, kommen. Daher ergriff Deutschland nach dem Mord in Sarajewo die Gelegenheit beim Schopfe und benutzte den Anlaß, der sich auf der österreichischen Seite ergeben hatte. Das ist die Geschichte des Krieges.«[27] Natürlich steckte in solchen Notizen der Versuch, die Schuld der österreichisch-ungarischen Politiker an der Katastrophe kleinzureden und nicht als alleinschuldig dazustehen. Das hatte aber einen guten Grund, denn Ende Juli hatte die Tonlage der Telegramme aus Berlin gewechselt: Nun ließen Bethmann Hollweg und Jagow in Wien auf Frieden und Kompromisse drängen.

Die österreichisch-ungarische Kriegserklärung an Serbien setzte dann am 28. Juli 1914 jenen Mechanismus in Gang, der tatsächlich binnen einer Woche in den Weltkrieg führte: Rußland mobilisierte gegen die Doppelmonarchie, Deutschland stellte den »Zustand drohender Kriegsgefahr« fest und berief ebenfalls seine Reservisten ein. Frankreich reagierte darauf seinerseits mit der Generalmobilmachung. Das Kaiserreich fühlte sich von Ost wie von West bedroht und erklärte erst Rußland, dann Frankreich den Krieg. Und weil das Kriegsszenario des deutschen Generalstabes, der berühmt-berüchtigte Schlieffen-Plan, einen schnellen Vormarsch im Westen unter Verletzung der belgischen Neutralität vorsah – um Frankreich zu schlagen, bevor die russische Massenarmee einsatzbereit war –, wurde auch Großbritannien in den Krieg gezogen: Die Regierung in London konnte den Überfall auf Belgien nicht akzeptieren und erklärte am 4. August 1914 Deutschland den Krieg. Der Weltbrand war da.

Auf deutscher Seite erkannten hellsichtige Köpfe bald, welcher Weg in den Krieg geführt hatte. In den Tagebüchern von Theodor Wolff, dem Chefredakteur des »Berliner Tageblatts«, läßt sich dieser Lernprozeß Schritt für Schritt verfolgen. Der liberale Journalist sprach mit vielen führenden Politikern des Kaiserreiches – und fertigte darüber allabendlich detaillierte Notizen an. Am 29. Oktober 1914 noch schrieb Wolff nach einem Gespräch mit dem Diplomaten Bodo Friedrich Graf von Wedel, die deutsche Reichsleitung habe im Juli 1914 die Kontrolle aus der Hand gegeben, habe sich keine Hintertür offen gelassen und sei, »ohne den Krieg gewollt zu haben, in den Krieg hineingeglitten. Bismarck würde nie einen Krieg gemacht haben, den er nicht gewollt hätte.« Doch bald mehrten sich in seinen Tagebüchern die Hinweise auf das Kalkül der Reichsleitung, einen europäischen Krieg bewußt in Kauf genommen zu haben.

Am 30. Mai 1915 war Wolff bereits überzeugt, der Krieg sei »gemacht« worden. Sein Gesprächspartner Wedel fragte ihn daraufhin: »Wer hat ihn gemacht?«, und Wolff antwortete: »Die einen durch ihre Ungeschicklichkeit, die anderen, wie Jagow, nicht nur dadurch.« Der Diplomat Wedel bestritt natürlich diesen Vorwurf gegen seinen Chef, doch Wolff blieb dabei. Mit der Zeit bestätigten immer mehr Unterhaltungen, daß Bethmann Hollweg, Jagow und Moltke den Krieg in den letzten Julitagen gewollt hatten. Der Direktor der Politischen Abteilung des Auswärtigen Amtes, Wilhelm von Stumm, räumte zum Beispiel ein: »Wir haben nicht geblufft. Wir waren gefaßt darauf, daß wir den Krieg mit Rußland haben würden.«

Am 17. April 1916 war dann die damals offiziell noch immer vertretene Behauptung, das Deutsche Reich sei im Sommer 1914 von feindlichen Mächten überfallen worden, im Freundeskreise Wolffs nur noch einen zynischen Scherz wert. Wilhelm Solf, Chef des Reichskolonialamtes, erinnerte melancholisch an die Entwicklung Deutschlands im Frieden, vor dem Krieg. Wolff warf ein: »Und mitten in diesem Idyll wurden wir ruchlos überfallen!« Die Reaktion hielt der Journalist in seinem Tagebuch fest: »Alle lachen.« Abseits der Propaganda war man sich in Berlin über die tatsächliche Schuld an der Eskalation bewußt.[28]

Golo Mann hat die Rolle der deutschen Verantwortlichen für den Kriegsausbruch 1914 prägnant formuliert: »Monarch, Kanzler, Staatssekretär, Unterstaatssekretär, ein paar Botschafter – heimlich, nach eigenem Belieben hatten sie gehandelt vom ersten Tag der Krise an; so lange, bis die schwere Hand des Generalstabes sich auf das Steuer des Staatsschiffes legte. Sie hätten Österreich mäßigen sollen, und natürlich hätten sie das gekonnt. Statt dessen trieben sie Österreich an, ließen es machen, sabotierten die englischen Vermittlungsvorschläge und fingen in Wien erst dann zu warnen an, als es schon zu spät war.«[29]

Übrigens wußte der britische Elder statesman David Lloyd George selbst genau, daß die europäischen Großmächte im Sommer 1914 nicht in den Krieg »hineingeschlittert« sind. 1932, als seine »War Memoirs« schon weitgehend fertig waren, schrieb Lloyd George in einer Gelegenheitsschrift mit dem Titel »Die Wahrheit über Reparationen und Kriegsschulden« unmißverständlich: »Ich will hier nicht die Frage der Kriegsschuld aufwerfen. Es genügt mir darauf hinzuweisen, daß Deutschland und sein Verbündeter Österreich den Streit mit ihren Nachbarn zur Entscheidung stellten. [...] Die Herrscher Österreichs und Deutschlands wählten den Krieg, und auf dem Gerichtsplatz des Krieges fiel das Urteil gegen sie aus.«[30] Mit dem ungleich bekannteren Diktum in seinen Memoiren ist diese Feststellung kaum zu vereinbaren. Daß Lloyd

George so unterschiedliche »Erklärungen« für den Beginn des »Großen Krieges« beinahe parallel vorlegte, mag am Ziel seiner Erinnerungen gelegen haben: In den für ein englisches Publikum geschriebenen »War Memoirs« hob er »besonders den englischen Außenminister Edward Grey als Versager hervor«, der in jedem Unternehmen von Bedeutung gescheitert sei, das er je unternommen habe.[31]

»Bei der angespannten Weltlage des Jahres 1914, nicht zuletzt als Folge der deutschen Weltpolitik – die 1905, 1909 und 1911 bereits drei gefährliche Krisen ausgelöst hatte –, mußte jeder lokale Krieg in Europa, an dem eine Großmacht unmittelbar beteiligt war, die Gefahr eines allgemeinen Krieges unvermeidbar nahe heranrücken. Da Deutschland den österreichisch-serbischen Krieg gewollt und gedeckt hat und, im Vertrauen auf die deutsche militärische Überlegenheit, es im Juli 1914 bewußt auf einen Konflikt mit Rußland und Frankreich ankommen ließ, trägt die deutsche Reichsführung den entscheidenden Teil der historischen Verantwortung für den Ausbruch des allgemeinen Krieges.«[32] So faßte Fritz Fischer seine Antwort auf die Kriegsschuldfrage zusammen.

Das Deutsche Reich ist 1914 weder schuldlos eingekreist worden, noch sind die europäischen Mächte in den Krieg »hineingeschlittert«. Doch das sind nur die zwei bekanntesten Legenden über den Ausbruch des Ersten Weltkrieges. Darüber hinaus kursieren noch viele weitere. Zum Beispiel das »August-Erlebnis« und die Legenden vom »kurzen Krieg«, vom Drängen der Industriellen zum Krieg und von der wesentlichen Mitschuld Großbritanniens. Sie alle tauchen in populärwissenschaftlichen Büchern und in den Medien immer wieder auf – auch wenn sie von der seriösen Geschichtswissenschaft schon längst widerlegt sind.

Anfang August 1914 kam es in allen Hauptstädten Europas zu Massenaufmärschen. Daraus ist vor allem in Deutschland der Mythos vom »August-Erlebnis« geworden. In den ersten Tagen des Krieges hätten sich die Deutschen über alle gesellschaftlichen und politischen Schranken hinweg verbrüdert und seien gemeinsam aufgebrochen, um den Krieg zu bestehen. Gewöhnlich wird in diesem Zusammenhang auf die Rede Kaiser Wilhelms II. am 1. August 1914 verwiesen: »Ich kenne keine Parteien mehr, ich kenne nur noch Deutsche!«[33] Zum 80. Jahrestag des Kriegsbeginns tauchten diese Berichte in vielen Zeitungen, Zeitschriften und Büchern wieder auf.

Tatsächlich gab es in Deutschland Ende Juli und Anfang August 1914 wilde Ausbrüche von Hurra-Patriotismus. Allerdings erfaßte diese Welle der Begeisterung keineswegs alle Bevölkerungsschichten, wie kritische Studien ergeben haben. Es waren vielmehr vor allem junge Männer bürgerlicher Herkunft in den großen Städten, die sich vom Krieg begeistert zeigten. In Kleinstädten und auf dem Land, in kleinbürgerlichen und bäuerlichen Schichten dagegen herrschten Skepsis und Angst vor. Am Beispiel Darmstadt hat Michael Stöcker gezeigt, daß sich der verbreitete öffentliche Aufruhr vielmehr aus einer Massenpsychose speiste. »Der wütende Eifer, mit dem Bürger in Darmstadt wie an anderen Orten Jagd auf vermeintliche russische Spione machten, spricht ebenso für diese These wie die schrille Gereiztheit, mit der sie auf das leiseste Anzeichen einer ›unpatriotischen Gesinnung‹ reagierten. Solche Erscheinungsformen einer kollektiven Hysterie zeigen, auf welch prekärer Grundlage der angeblich so lautere Patriotismus der Augusttage beruhte.«[34]

Ebenfalls immer wieder ist zu lesen, die deutsche Generalität habe einen kurzen Krieg erwartet. »Weihnachten sind wir wieder zurück« – so oder ähnlich stand es auf vielen Eisenbahnwaggons, die deutsche Soldaten an die Front brachten. Die Gewißheit habe sich auf die Erfahrungen des schnellen Sieges im Krieg gegen Frankreich 1870/71 gestützt und auf die Überzeugung, mit dem Schlieffen-Plan eine überlegene Strategie zu haben, die rasch eine Entscheidung erzwingen würde. Doch auch das ist eine Legende, wie der Militärhistoriker Stig Förster bei der Durchsicht interner Dokumente des Generalstabes herausgefunden hat. Der künftige Generalstabschef Helmuth von Moltke schrieb im Frühjahr 1905 in einer Denkschrift, daß der kommende Krieg »ein langes, mühevolles Ringen mit einem Land sein wird, daß sich nicht eher überwunden geben wird, als bis seine ganze Volkskraft gebrochen ist, und der auch unser Volk, selbst wenn wir Sieger sein sollten, bis aufs Äußerste erschöpfen wird«.

Deshalb veränderte er den Kriegsplan seines Vorgängers Schlieffen, ohne seinen katastrophalen Grundfehler zu beheben: den zwangsläufigen Überfall auf ein aller Wahrscheinlichkeit nach neutrales Land, nämlich Belgien. »Der Generalstabschef und viele seiner Mitarbeiter glaubten jedenfalls nicht, Weihnachten wieder zu

Hause zu sein. Daß sie sich dennoch auf ein derartig selbstmörderisches Unterfangen einließen, ja die Herbeiführung der Katastrophe mit vollem Bewußtsein anstrebten, kann daher nur noch als geradezu verbrecherische Unverantwortlichkeit bezeichnet werden«, urteilt Förster. Kurz darauf brachte es der Militärhistoriker auf eine knappere Formel: Die deutsche Generalität habe im Sommer 1914 »Selbstmord aus Angst vor dem Tode« verübt.[35]

Vor allem, aber nicht nur in der marxistischen Literatur zum Ausbruch des Ersten Weltkrieges wird auf die besondere Rolle der Großunternehmer hingewiesen, die zum Krieg gedrängt hätten. Fast immer fällt in diesem Zusammenhang der Name Hugo Stinnes. Der zweifellos enorm einflußreiche Ruhrindustrielle, der später zu den größten Profiteuren des Krieges und sogar der deutschen Niederlage zählen sollte, drängte jedoch 1914 keineswegs auf einen Waffengang. Im Gegenteil: Seine Geschäftspolitik ging offensichtlich von einer weiteren friedlichen Entwicklung aus. »Der Kriegsausbruch im August 1914 löste bei Stinnes tiefe Enttäuschung und Erschrecken aus; bis zuletzt hatte er sich Hoffnungen auf eine lange Periode des Friedens nach den Balkankriegen gemacht und auch noch an die Möglichkeit einer gewaltlosen oder mindestens lokal eingrenzbaren Lösung der Krise von 1914 geglaubt«, schreibt der Stinnes-Biograph Gerald D. Feldmann.[36] Mit Beginn des Krieges allerdings wechselte Stinnes seine Haltung grundlegend: Nun forderte er sehr weitgehende Kriegsziele einschließlich gewaltiger Annexionen in Europa und Übersee und nahm den Kampf gegen einen »vorzeitigen Frieden« auf. Leicht variiert begegnet einem dasselbe Muster bei vielen deutschen Industriellen. Sie trieben nicht zum Krieg, sondern verhinderten nach Kriegsbeginn einen Friedensschluß auf dem Status quo ante. Mit den Worten Golo Manns: »Nicht die Ziele hatten den Krieg, der Krieg hatte, nachdem er einmal da war, die Ziele ausgeheckt.«[37] Eine Mitverantwortung trugen die Großunternehmer allerdings trotzdem. Denn Banken und Industrien waren zwar nicht am Krieg interessiert, aber an weiterer Aufrüstung, die ihrerseits kriegstreibend wirkte.

Die jüngste Geschichtslegende über den Ausbruch des Ersten Weltkrieges stammt von dem jungen britischen Historiker Niall Ferguson und sorgte 1998/99 für Aufregung. Seiner Ansicht nach trug Großbritannien die Hauptschuld an der Ausweitung des Kontinentalkrieges zum Weltkrieg, weil es in die Auseinandersetzung zwischen Frankreich und Rußland einerseits, Deutschland und Österreich-Ungarn andererseits eingriff, ohne in seiner Existenz bedroht zu sein. Selbst das weitgehende Kriegszielprogramm Bethmann Hollwegs vom September 1914, das unter anderem die Annexion von Ostfrankreich und Deutschlands Hegemonie auf dem Kontinent vorsah, sei keine Gefahr gewesen, sondern nur – wenn auch »wohl um etwa 80 Jahre verfrüht – die Schaffung einer von Deutschland beherrschten europäischen Zollunion. Mit Deutschlands europäischem Projekt hätte Großbritannien mit seinem maritimen Empire leben können.«[38] An anderer Stelle entwarf Ferguson das Bild einer »europäischen Union des Kaisers«, die ohne ein Eingreifen Londons 1914 Großbritannien ebenso gegenübergestanden hätte wie seit 1999 die Länder mit der gemeinsamen Währung Euro.[39]

Zwar stießen Fergusons Überlegungen auf Interesse, weil sie ausgetretene Wege verließen und der Wirtschaftsgeschichte neue Perspektiven eröffneten. Doch seine konkreten Aussagen zum Kriegsbeginn 1914 wurden nahezu einhellig verworfen: »Diese kühnen Behauptungen zeugen nicht nur von völligem Unverständnis für den Charakter des modernen Europa, sondern demonstrieren, daß manche britische Konservative sich nach wie vor nicht von der Fixierung auf die beiden Weltkriege in diesem Jahrhundert lösen können«, kommentierte der Militärhistoriker Stig Förster.[40] Tatsächlich ist es unwahrscheinlich, daß sich ein siegreiches Deutschland mit Annexionen in Europa und Übersee auf Kosten der besiegten kontinentaleuropäischen Staaten zufriedengegeben hätte. Der Kampf um die Weltmacht mit Großbritannien wäre die logische nächste Stufe gewesen. Fergusons Form von spekulativer Geschichtsschreibung führt also nicht weiter – vor allem, weil sie die Methoden verletzt, die bei der Beschäftigung mit »ungeschehener Geschichte« befolgt werden müssen.

Wenige andere Ereignisse der neueren Geschichte sind von so vielen Legenden überwuchert wie der Ausbruch des Ersten Weltkrieges. Das hat mehrere Gründe. Der wichtigste ist, daß der Große Krieg 1914–1918 die »Urkatastrophe des 20. Jahrhunderts« war, wie der US-Diplomat George F. Kennan später formulierte. Mindestens zehn Millionen Menschen verloren in dem Völkerschlachten ihr Leben. Die Vermißten, Verstümmelten und am Überleben Verzweifelten kann niemand zählen. Vier große Monarchien, das

Deutsche Kaiserreich, Österreich-Ungarn, das zaristische Rußland und das Osmanische Reich, gingen in diesem Krieg unter. Ohne den Ersten Weltkrieg wäre der Aufstieg des Bolschewismus im noch blutigeren russischen Bürgerkrieg kaum denkbar, ebensowenig die Erfolge der Faschisten in Italien und der Nationalsozialisten in Deutschland. Den Zweiten Weltkrieg schließlich brach Hitler vom Zaun, um die »Ergebnisse« des Ersten Weltkriegs zu revidieren.

Deshalb ist die Frage der Kriegsschuld bei keinem anderen Konflikt der europäischen Geschichte politisch so wichtig und zugleich so heftig umstritten wie beim Ersten Weltkrieg. »Zum eigentlichen Verhängnis wurde es, daß im Versailler Vertrag politisch das Urteil über die Kriegsschuld gesprochen war, bevor eine sachliche Klärung erfolgen konnte. [...] Die Frage nach den Kriegsursachen wurde damit abgeschnitten und in die Frage nach einer moralischen Kriegsschuld gewendet, für die die Antwort vorweg gegeben war. Die deutsche Geschichtswissenschaft und Publizistik stellten sich daraufhin in den Dienst des politischen Protests gegen die Alleinschuld Deutschlands am Weltkrieg, und sie erlagen dadurch der Gefahr, wissenschaftliche Beweisführungen nur noch zur apologetischen Rechtfertigung werden zu lassen«, bilanzierte 1977 Theodor Schieder, einer der angesehensten bundesdeutschen Geschichtswissenschaftler.[41]

Zwar haben kritische Historiker in jahrzehntelanger Arbeit seit 1959 die meisten offenen Fragen über den Kriegsbeginn 1914 geklärt, doch noch wirken die heftigen geschichtspolitischen Debatten nach, die im Umfeld des verhängnisvollen Artikels 231 losbrachen und bis in die frühen achtziger Jahre andauerten. Hier spielte eine wesentliche Rolle, daß die meisten deutschen Zeitzeugen tatsächlich das Gefühl hatten, im Recht zu sein. Bei dieser Überzeugung blieben sie – auch als die Wissenschaft längst das Gegenteil nachgewiesen hatte. Erst das Aussterben dieser Generation, zu der auch jene Kinder und Jugendliche gehörten, die erst in der Weimarer Republik mit dem Thema Kriegsschuld in Berührung kamen, hat den Raum für eine unpolemische Auseinandersetzung geschaffen.

Außerdem ist wichtig, daß die Formulierung Lloyd Georges, die europäischen Großmächte seien unwillentlich in den »Hexenkessel des Krieges hineingeschlittert«, so prägnant ist, daß sie sich längst von ihrem realen historischen Hintergrund gelöst hat. Sie wird immer wieder als Warnung vor allen möglichen Kriegsgefahren benutzt – und schreibt dabei in der Regel ungewollt ein hochkonservatives, wissenschaftlich längst überholtes Geschichtsbild über das Zustandekommen des Ersten Weltkrieges fort.

Ein weiterer Grund ist der Kontrast zum Kriegsbeginn 1939. Hier steht die Verantwortung Hitler-Deutschlands so eindeutig fest, daß nur wenige Rechtsextreme in ihren Pamphleten dagegen Position beziehen. Wenn nun aber auch der Erste Weltkrieg wesentlich vom Deutschen Reich entfesselt wurde, liegt die Vermutung einer ungebrochenen Kontinuität zwischen dem »zweiten«, dem Kaiserreich, und dem »Dritten Reich« nahe. In diesem Punkt ist Fritz Fischer, bei allen seinen Verdiensten um die Widerlegung der Legenden über die Julikrise 1914, entschieden zu weit gegangen. Indem er das kaiserliche Deutschland in unmittelbare Nähe zur NS-Diktatur stellte, verwischte er entscheidende Charakteristika der beiden politischen Systeme. Notwendige Folge war eine indirekte Relativierung des »Dritten Reiches«. Daher hat sich seine These auch nicht vollständig in der aktuellen Geschichtswissenschaft durchgesetzt. Denn daß bei aller Schuld der deutschen Reichsleitung am Kriegsausbruch 1914 ein grundsätzlicher Unterschied zur Kriegsentfesselung 1939 besteht, ist nicht zu bestreiten. Europa ist in den Ersten Weltkrieg ebensowenig »hineingeschlittert« wie Adolf Hitler das Programm Wilhelms II. »vollstreckt« hat.

»Von hinten erdolcht«?

Das Ende des Ersten Weltkrieges 1918

»Die Parteien haben den Widerstandswillen der Heimat erschüttert. [...] Hinzugekommen ist die heimliche planmäßige Zersetzung von Flotte und Heer und die revolutionäre Zermürbung der Front. So mußten unsere Operationen mißlingen, es mußte der Zusammenbruch kommen. Die Revolution bildete nur den Schlußstein. Ein englischer General sagte mit Recht: ›Die deutsche Armee ist von hinten erdolcht worden.‹«[1] Leiernd liest der ehemalige Chef der Obersten Heeresleitung (OHL) des Deutschen Reiches, Paul von Hindenburg, vor dem Untersuchungsausschuß der Verfassunggebenden Nationalversammlung diese Worte von einem mitgebrachten Blatt ab. Formuliert haben den Text für seinen Auftritt am 18. November 1919 sein ehemaliger Stellvertreter Erich Ludendorff und der deutschnationale Politiker Karl Helfferich. »Der Feldmarschall war in Uniform, einer wuchtigen Bildsäule gleichend [...]. Grau im Gesicht und an Gestalt, hätte er das in Stein gehauene, menschgewordene Götzenbild irgend eines heidnischen Preußenstamms sein können«, erinnert sich ein Ausschußmitglied an den skurrilen Auftritt.[2] Doch Hindenburgs Botschaft ist explosiv: Durch Verrat war der Krieg verlorengegangen! Weder die politische noch die militärische Führung des Kaiserreichs waren verantwortlich, sondern die Politiker der demokratischen und linken Parteien, die am 9. November 1918 die Regierungsverantwortung übernommen hatten, nur zwei Tage vor dem Waffenstillstand.

Gut ein halbes Jahr nach Hindenburgs Auftritt brachte ein Flugblatt von Helfferichs Deutschnationaler Volkspartei (DNVP) zur Reichstagswahl am 6. Juni 1920 dieselbe Botschaft auf den Punkt: »Die Demokraten und Sozialdemokraten haben die Front erdolcht. Sie haben damit über unser Volk den Erzbergerschen Schmach-, Hunger- und Mordfrieden gebracht. Unser Elend ist ihr Werk. Gebt die Quittung für den Dolchstoß bei den Wahlen.«[3] Spätestens seit diesem Flugblatt zählte der Begriff »Dolchstoß« zu jenen Vorwürfen, die nationale und rechtsorientierte Kreise geradezu reflexartig hervorholten, sobald es um den Zusammenbruch des deutschen Kaiserreichs 1918 ging. Für Jahrzehnte war der »Dolchstoß« jedem Deutschen geläufig – und viele akzeptierten diese Erklärung für die schmähliche Niederlage Deutschlands, die am Ende des blutigen Ersten Weltkrieges stand.

Die Behauptung vom »Dolchstoß der Heimat« in den Rücken des »im Felde unbesiegten Heeres« ist die wohl wirkungsmächtigste Geschichtslegende des 20. Jahrhunderts. Mehr noch als der Alleinschuld-Artikel des Versailler Friedensvertrages vergiftete sie das politische Klima in der Weimarer Demokratie – hatten doch gerade jene Parteien diese Republik aus der Taufe gehoben, die angeblich für die Niederlage verantwortlich waren: die SPD, die liberale Deutsche Demokratische Partei (DDP) und das katholische Zentrum. Die erste Demokratie auf deutschem Boden trug bereits schwer genug daran, aus einer Niederlage entstanden zu sein. Als ihr noch dazu die Verantwortung für den Zusammenbruch aufgeladen wurde, sanken ihre Aussichten auf dauerhafte Stabilität gegen Null. Zumal die Weimarer Republik nicht nur von rechts unter Druck gesetzt wurde, sondern ebenso von der extremen Linken, die ihre Revolution von 1918/19 ebenfalls durch Verrat gescheitert glaubte. Angeblich trug für diesen Treuebruch übrigens dieselbe Partei die Verantwortung, die von der Rechten für den »Dolchstoß« haftbar gemacht wurde: die SPD.

Die Dolchstoß-Legende hat sich mit dem Ende des Zweiten Weltkrieges erledigt. Die Katastrophe von 1945 war so total, daß sich weder eine neue Dolchstoß-Legende bilden noch die alte in der Öffentlichkeit weiterbestehen konnte. Damit ist genau das Gegenteil einer Voraussage eingetreten, die 1920 die damals rechte »Süddeutsche Zeitung« wagte. In einer fiktiven Schulprüfung aus dem Jahr 2000, erschienen in einer Sonderbeilage im Vorfeld der Reichstagswahl am 6. Juni 1920, lobt der Lehrer seine Schüler Karl und Max. Denn sie erklären korrekt, daß »die demokratisch-sozialistische Regierung am Unglück des Versailler Friedensvertrages und damit am Unglück Deutschlands schuldig ist. Dies hat auch die Geschichtsschreibung seit Jahrzehnten einhellig festgestellt.«[4]

Wie entstand der schlagkräftige Begriff vom »Dolchstoß«? Weshalb brach die deutsche Westfront im Herbst 1918 zusammen?

Ein deutscher Landser liegt, von einem überdimensionalen Dolch hinterrücks gemeuchelt, tot am Boden. Das im Felde unbesiegte kaiserliche Herr sei, so die »Dolchstoß-Legende«, im Sommer 1918 zusammengebrochen, weil die Revolutionäre ihm in den Rücken gefallen seien. Titelblatt der Süddeutschen Monatshefte vom April 1924. (Archiv Peter Dittmar)

Warum waren die Deutschen davon so überrascht? Und was machte die Dolchstoß-Legende in den zwanziger und dreißiger Jahren so wirkungsmächtig?

»Solange die äußere Front hält, haben wir die verdammte Pflicht zum Aushalten in der Heimat. Wir müßten uns vor unseren Kindern und Kindeskindern schämen, wenn wir der Front in den Rücken fielen und ihr den Dolchstoß versetzten.«[5] Diese Sätze sprach der liberale Reichstagsabgeordnete Ernst Müller-Meiningen am 2. November 1918 bei einer Kundgebung in München – jedenfalls laut seinen Jahre später erschienenen Erinnerungen. Die örtliche Presse berichtete über die Rede, erwähnte allerdings das Wort »Dolchstoß« nicht.[6] Es ist schwer vorstellbar, daß gerade dieser eindringliche Begriff dem Berichterstatter entgangen wäre. Eher ist anzunehmen, daß Müller-Meiningen sich im nachhinein zum Urheber dieses Wortes stilisieren wollte – ob nun bewußt oder unbewußt. Auch in einem der wichtigsten Zeugnisse über die Vorgänge Ende 1918, dem Tagebuch des Obersten im Generalstab Albrecht von Thaer, ist das Wort »Dolchstoß« offenbar nachträglich in eine Notiz vom 7. November 1918 eingefügt worden – mutmaßlich aus denselben Gründen.[7]

Tatsächlich nachweisbar ist die Vorstellung, das deutsche Heer sei von der Heimatfront »erdolcht« worden, erstmals in einem ungezeichneten Artikel der »Neuen Zürcher Zeitung« – und zwar erst Mitte Dezember 1918. Der Autor, offenbar ein Korrespondent des Blattes in London, referierte zwei Aufsätze des britischen Generals Sir Frederick Maurice. Der Bericht schließt mit den Sätzen: »Was die deutsche Armee betrifft, so kann die allgemeine Ansicht [in Großbritannien – K. u. K.] in das Wort zusammengefaßt werden: Sie wurde von der Zivilbevölkerung von hinten erdolcht.«[8] Der Artikel war überschrieben mit »Ein englischer General über die Ursachen des deutschen Zusammenbruchs«; der letzte Absatz wurde eingeleitet mit den Worten: »In anderer Form habe ich so ziemlich überall, in den verschiedensten Kreisen dieselben Ansichten [...] gefunden, wie sie General Maurice aussprach.« Schon am nächsten Tag griff die »Deutsche Tageszeitung«, ein rechtskonservatives Blatt, unter der Überschrift »Die ›erdolchte‹ deutsche Armee« den Bericht auf: »Nach der ›Neuen Zürcher Zeitung‹ erklärt General Maurice in den ›Daily News‹: [...] Die deutsche Armee ist von der Zivilbevölkerung von hinten erdolcht worden.«

Noch vor der Wahl zur Nationalversammlung am 19. Januar 1919 verwiesen zahlreiche Flugblätter, Artikel und Broschüren auf Frederick Maurice und seine angebliche Äußerung.[9]

Als der britische General davon erfuhr, dementierte er, Urheber des Wortes »Dolchstoß« zu sein: »Ich habe niemals an irgendeiner Stelle der Meinung Ausdruck verliehen, daß der Kriegsausgang, so wie er sich abgespielt hat, der Tatsache zu verdanken sei, daß das deutsche Heer vom deutschen Volk rückwärts erdolcht worden sei. [...] Im Gegenteil habe ich immer die Meinung vertreten, daß die deutschen Heere an der Westfront am 11. November 1918 eines weiteren Kampfes nicht mehr fähig waren.«[10] Tatsächlich ist in keinem Artikel von Maurice der Begriff »Dolchstoß« oder »erdolcht« zu finden, wie der DDR-Historiker Joachim Petzold festgestellt hat.[11] Offensichtlich bezog sich Paul von Hindenburg vor dem Untersuchungsausschuß im November 1919 also auf die Presseberichte und Propagandaschriften, in denen auf den britischen General verwiesen wurde. Doch noch 1992 wird im weitverbreiteten Taschenbuch »Legenden, Lügen, Vorurteile«, einem eigentlich sehr empfehlenswerten Lexikon über Mythen der Zeitgeschichte, Maurice als Urheber des Wortes »Dolchstoß« genannt.[12]

Gelegentlich wird auch ein anderer britischer General als Schöpfer des Begriffs angeführt: Neill Malcolm, der Chef der englischen Waffenstillstandskommission. Er soll »bald nach dem Waffenstillstand« vom 11. November 1918 mit Ludendorff ein Gespräch geführt haben. Der ehemalige Erste Generalquartiermeister des deutschen Heeres beklagte sich gegenüber dem englischen Kollegen, Reichsregierung und Zivilbevölkerung hätten die Front nicht ausreichend unterstützt. Malcolm soll daraufhin gefragt haben: »Sie meinen, Sie erhielten einen Stich in den Rücken?« Ludendorff habe mit leuchtenden Augen bestätigt: »Das trifft es exakt – wir wurden in den Rücken gestochen. Von hinten erdolcht.«[13]

Allerdings ist auch das eine Legende. Denn Malcolm kann gar nicht »bald« nach dem Waffenstillstand mit Ludendorff gesprochen haben: Der gescheiterte deutsche General hatte aus Sorge vor der Revolution am 16. November 1918 Deutschland verlassen und war ins neutrale Schweden geflüchtet. Zu diesem Zeitpunkt war Malcolm noch gar nicht in Berlin. Erst Ende Februar 1919 kehrte Ludendorff nach Deutschland zurück. Einem seiner Vertrauten zufolge fand das Treffen der beiden Generäle im Frühsommer 1919 statt – als der Begriff »Dolchstoß« längst ein politischer

Kampfbegriff war. Deshalb kann das Gespräch zwischen Ludendorff und Malcolm nicht so stattgefunden haben, wie es kolportiert wird.

»Die Berufung auf einen englischen General als Erfinder der Dolchstoß-Legende hat sich damit in jeder Hinsicht als eine Irreführung erwiesen«, faßte Joachim Petzold schon 1963 zu Recht zusammen.[14] In Wirklichkeit wurde das Wort von einem Korrespondenten der »Neuen Zürcher Zeitung« geprägt und von deutschnationalen Kreisen gezielt zum Kampfbegriff gemacht. Aber nicht nur der Ausdruck ist eine Legende – das gleiche gilt für den Grundgedanken, der hinter dem Schlagwort steht. Denn das deutsche Heer wurde im Herbst 1918 nicht von hinten »erdolcht«. Der Zusammenbruch der Front, die unweigerlich folgende Bitte um Waffenstillstand und damit die Niederlage waren vielmehr von der politischen und vor allem von der militärischen Führung selbst verschuldet.

»Ich habe aber [am 29. September 1918 – K. u. K.] Seine Majestät gebeten, jetzt auch diejenigen Kreise an die Regierung zu bringen, denen wir es in der Hauptsache zu verdanken haben, daß wir so weit gekommen sind. Wir werden also diese Herren jetzt in die Ministerien einziehen sehen. Die sollen nun den Frieden schließen, der jetzt geschlossen werden muß. Sie sollen die Suppe jetzt essen, die sie uns eingebrockt haben.« Mit diesen Worten löste der Erste Generalquartiermeister Erich Ludendorff, seit Ende 1916 der eigentliche starke Mann des Deutschen Reiches, am Morgen des 1. Oktober 1918 bei seinen Untergebenen im Hauptquartier des Großen Generalstabes im belgischen Heilbad Spa Bestürzung aus. Der Generalstabsoffizier Albrecht von Thaer notierte in sein Tagebuch: »Während Ludendorff sprach, hörte man leises Stöhnen und Schluchzen, vielen, wohl den meisten, liefen unwillkürlich die Tränen über die Backen.«[15] Nicht einmal die engsten Mitarbeiter der OHL, allesamt hochqualifizierte Generalstabsoffiziere und umfassend in Strategie und Kriegsgeschichte gebildet, hatten offenbar aus den täglich eingehenden Meldungen und dem regelmäßigen Blick auf die Lagekarte den Ernst der Situation erkannt.

Um so niederschmetternder war die Wirkung von Ludendorffs Forderung bei der politischen Führung des Reiches und vor allem in der Öffentlichkeit. Der bisherige Kanzler, Georg Graf Hertling, trat zurück. Der Kaiser reagierte mit einer Verfassungsänderung:

Der neue Reichskanzler, Prinz Max von Baden, war erstmals vom Vertrauen des Reichstages abhängig. Die Regierung des süddeutschen Thronfolgers wurde von der SPD, der liberalen Freisinnigen Volkspartei und dem katholischen Zentrum gestützt. Erste Amtshandlung des neuen Kabinetts war es, dem US-Präsidenten Woodrow Wilson eine Note zu schicken, in der um Waffenstillstandsverhandlungen zwischen dem Deutschen Reich und seinen Kriegsgegnern auf der Grundlage von Wilsons 14-Punkte-Programm vom Januar 1918 ersucht wurde.

Doch Ludendorff ging es am 1. Oktober gar nicht mehr um einen erträglichen Waffenstillstand. Vielmehr strickte er, bereits während er seinen Stabsoffizieren von der Besprechung mit Kaiser Wilhelm II. zwei Tage zuvor berichtete, an der Legende vom »Dolchstoß«. Den Begriff gab es noch nicht, die zugrundeliegende Idee aber schon: Nicht die OHL habe die aussichtslose militärische Lage zu verantworten, sondern die politischen Kräfte in der Heimat. Sie hätten die Widerstandskraft des Heeres untergraben, mit der Friedensinitiative des »Interfraktionellen Ausschusses« vom 19. Juli 1917 die Geschlossenheit des deutschen Volkes zerstört und so die Niederlage heraufbeschworen. Auch die großen Streiks in Berlin und anderen deutschen Städten Ende Januar 1918, angetrieben vom Hunger und der Verzweifelung über den fortdauernden Krieg, galten Ludendorff als Beweis für die »Wühltätigkeit« der demokratischen Parteien. Zwar hatten Friedrich Ebert, Philipp Scheidemann und Otto Braun als Mitglieder des Streikausschusses auf ein baldiges Ende des Ausstandes gedrängt. Doch daran erinnerte man sich im Herbst 1918 schon längst nicht mehr.

Tatsächlich ist das deutsche Heer an der Westfront im Herbst 1918 nicht wegen eines »Dolchstoßes« aus der Heimat in sich zusammengebrochen. Auch war keineswegs eine »pazifistische, internationale, antimilitaristische und revolutionäre Unterwühlung des Heeres« verantwortlich, wie es Jahre später der Infanteriegeneral a.D. und Militärhistoriker Hermann von Kuhl in einem Gutachten für den Untersuchungsausschuß des Reichstages über die Ursachen des Zusammenbruchs behauptete.[16]

Der Grund lag vielmehr in mehreren katastrophalen Fehleinschätzungen Ludendorffs. Sie folgten konsequent aus seinem (falschen) Grundkonzept: Der Erste Generalquartiermeister wollte den Kriegsgegnern einen furchtbaren Schlag versetzen, um sie zur Annahme eines »Siegfriedens« zu zwingen. Dahinter stand die

Überlegung, daß eine Fortsetzung des Stellungskriegs an der Westfront höchstens einen Verständigungsfrieden auf der Grundlage des Status quo vom Juni 1914 bringen konnte. Das aber war angesichts der hochgesteckten Kriegsziele des Deutschen Reiches, die seit dem 2. August 1914 entwickelt worden waren und immer phantastischere Züge angenommen hatten, zu wenig.

Der erste folgenreiche Fehler datiert schon vom 9. Januar 1917 – die OHL aus Hindenburg und Ludendorff war gerade vier Monate im Amt. Gegen den entschiedenen Widerspruch des Reichskanzlers Theobald von Bethmann Hollweg wurde der unbeschränkte U-Boot-Krieg beschlossen. Ab dem 1. Februar durften deutsche U-Boote alles versenken, was ihnen vor die Torpedorohre kam. Also auch Handelsschiffe aus neutralen Staaten. Zwar wußten die Verantwortlichen, daß sie damit einen Bruch mit den USA provozierten, möglicherweise sogar deren Eintritt in den Krieg. Ludendorff erwartete jedoch, daß die Offensive unter Wasser binnen weniger Monate eine noch größere Wirkung auf England und Frankreich haben würde als die britische Blockade gegen Deutschland, die bei den Mittelmächten zu extremen Versorgungsproblemen führte. Das traf aber nicht ein: Die Alliierten, durch die US-Navy enorm verstärkt, bekamen den unbeschränkten U-Boot-Krieg bis Ende 1917 in den Griff. Die Zahl der Versenkungen nahm stark ab, die der zerstörten U-Boote rasch zu.

Ludendorffs erster Versuch, die Kriegsgegner durch einen entscheidenden Schlag zur Annahme eines Friedens nach deutschem Diktat zu zwingen, war fehlgeschlagen. Doch statt sein Grundkonzept zu verändern, übertrug der eigentlich starke Mann des Reiches dieselbe Aufgabe, an der die Marine gescheitert war, einfach dem Heer. Seit April 1917 spielte Ludendorff mit diesem Gedanken, seit Oktober ließ er ernsthaft planen. Die Zeit drängte: Spätestens Mitte 1918 würden frische US-Truppen die abgekämpften britischen und französischen Soldaten in den Schützengräben verstärken. Dem mußte man zuvorkommen. Am 21. März 1918 war es dann soweit: Sämtliche deutsche Reserven sowie reguläre Truppen von der Ost- und der Südfront waren im Westen zusammengezogen. Konzentriert griffen sie einen kurzen Abschnitt der britischen Front an. Die simple Strategie dieses Angriffs faßte Ludendorff selbst treffend zusammen: »Wir hauen ein Loch hinein [in die Front der Alliierten – K. u. K.]. Das Weitere findet sich.«[17]

Doch die Offensive, das Unternehmen »Michael«, lief sich schon nach zwei Wochen fest – unter katastrophalen Verlusten. Ludendorff ließ von April bis Mitte Juli noch vier weitere ähnliche Offensiven beginnen – alle mit dem gleichen Ergebnis: wenig Geländegewinn, kein entscheidender Sieg, aber furchtbare Verluste. Der Erste Generalquartiermeister hatte alles auf eine Karte gesetzt – und verloren. Dem ersten Gegenangriff französischer Truppen am 18. Juli 1918 hatte das ausgelaugte deutsche Heer schon nichts mehr entgegenzusetzen. Immer mehr Soldaten weigerten sich, in weitere sinnlosen Gefechte zu ziehen; viele desertierten oder ergaben sich dem Feind. Ein Generalstabsoffizier brachte eine Denkschrift in Umlauf, in der sofortige Verhandlungen mit dem Gegner verlangt wurden, ein anderer forderte ein »großzügiges Ausweichen«, um die Front zu stabilisieren.

Doch Ludendorff ignorierte diese Vorstöße – der nächste große Fehler. Er bot dem Kaiser theatralisch seinen eigenen Rücktritt an. Wilhelm II. jedoch mußte ablehnen, weil die Demission des Generalquartiermeisters kaum absehbare Wirkungen an der »Heimatfront« gehabt hätte. Dann, am 8. August, begannen die Alliierten ihre große Gegenoffensive. Binnen vier Tagen hatte das deutsche Heer alle Gebietsgewinne der Frühjahrsoffensive und große Teile des seit 1914 besetzten Belgiens verloren. Die Truppe befand sich in offener Auflösung – und zwar ohne jede »zersetzende Propaganda«, sondern schlicht wegen Erschöpfung nach mehr als vier Jahren Materialschlacht und fünf fehlgeschlagenen Großoffensiven. Der Militärhistoriker Wilhelm Deist faßt die Vorgänge an der Westfront 1918 treffend zusammen: »Der verdeckte Militärstreik war die politische Antwort auf die Überspannung aller Kräfte der Nation im Dienste einer Militärpolitik mit illusionären außen- und innenpolitischen Zielsetzungen. Die Massenbewegung unter den Soldaten zielte in erster Linie auf die Beendigung des Krieges.«[18] Die demokratischen Parteien SPD, Freisinnige Volkspartei und Zentrum hatten mit dem Zusammenbruch des inneren Gefüges des Heeres nichts zu tun.

Zwischen dem Zusammenbruch des Heeres und dem Ausbruch der Revolution, die Anfang November 1918 dem Kaiserreich den Todesstoß gab, bestand ebenfalls keine direkte Verbindung. Sie wurde vielmehr von einer weiteren Fehlentscheidung führender Militärs losgetreten, an der Ludendorff selbst allerdings nicht mehr beteiligt war – er hatte am 26. Oktober von Wilhelm II. seinen Abschied erzwungen. In einem beispiellosen Akt von Ungehorsam gegenüber seinem Monarchen vollzog Ludendorff »den Bruch mit den bisher als unverbrüchlich geltenden Grundpflichten des preußischen Offiziers«.[19]

Durch die Forderung der OHL nach einem sofortigen Waffenstillstand war den Verantwortlichen der deutschen Marine, den Admiralen Reinhard Scheer, Franz von Hipper und Adolf von Trotha, plötzlich klargeworden, daß der Krieg enden könnte, ohne daß die deutsche Schlachtflotte einen entscheidenden Beitrag geleistet hatte. Sie entschieden, lieber mit »wehenden Fahnen« unterzugehen als »schmählich zu kapitulieren«, und ordneten an, einen spektakulären Angriff auf die haushoch überlegene britische Royal Navy zu unternehmen, die seit Dezember 1917 durch US-Schlachtschiffe verstärkt worden war. Das Ergebnis war beim Kräfteverhältnis von 15 zu 35 modernen Großkampfschiffen abzusehen.[20] Doch bevor es zur unausweichlichen Niederlage der deutschen Marine kommen konnte, rebellierten die seit Jahren wegen Untätigkeit unruhigen Besatzungen: »Aus Kiel und Wilhelmshaven lief die Flotte aus [...], um noch einmal eine Schlacht zu schlagen. Der Admiralstab lehnte sich auf gegen die Liquidierung des Krieges, aber in den Kesselräumen der Schiffe löschten die Matrosen die Feuer. Rote Fahnen erschienen. [...] Was als militärischer Streik begonnen hatte, wurde Meuterei. Aus Meuterei entstand die Gegengewalt der Arbeiter- und Soldatenräte.« Die Revolution war da.[21]

Der militärische Zusammenbruch des Kaiserreichs war eine Folge der politischen und militärischen Fehlentscheidungen der führenden Generäle und Admirale. Die Streiks in der Heimat, die abnehmende Disziplin im Heer und die Verweigerung der Marine waren nicht Ursache, sondern Symptom. Sowohl über Ludendorff wie über Scheer und Hipper wurde kolportiert, sie hätten im Herbst 1918 Nervenzusammenbrüche erlitten – was alle drei vehement bestritten. Ob es sich dabei nur um Gerüchte handelt, ist nicht mehr mit Sicherheit aufzuklären. Fest steht jedoch, daß fast alle führenden Militärs unmittelbar nach der Niederlage begannen, an der Dolchstoß-Legende zu stricken. Dabei handelte es sich keineswegs um eine »instinktive Selbsttäuschung über den wahren Grund seiner fehlgeschlagenen Strategie«, wie der Historiker Siegfried A. Kaehler 1960 schrieb, der Ludendorff gegenüber viel Verständnis zeigte.[22] Vielmehr wußten Ludendorff, Hindenburg und Scheer genau, was sie taten, und wurden im eigenen Interesse tätig. Sie schufen die Legende vom »Dolchstoß der Heimat in den Rücken der Frontsoldaten«, um die Schuld für das eigene Versagen einem Sündenbock aufladen zu können. Binnen kurzem führte die sich überschlagende Propaganda der Revolutionszeit 1918/19 dazu, daß sich die Lüge auch bei ihren Urhebern zur »Wahrheit« verdichtete.

Ihre enorme Wirkung entfaltete diese Legende aus mehreren Gründen. Erstens kam die Forderung nach einem Waffenstillstand für die deutsche Öffentlichkeit sowie nahezu den gesamten Regierungsapparat völlig überraschend – eine Folge der gezielt irreführenden Informationspolitik der OHL. Noch bis in den Sommer 1918 dominierte durch sie in der Öffentlichkeit der Eindruck, ein »Siegfrieden« sei erreichbar. Zweitens bot die Lüge vom »Dolchstoß« auch vielen Frontsoldaten eine bequeme Ausrede. Hunderttausende von ihnen waren 1918 Zeugen oder sogar Teilnehmer des »verdeckten Militärstreiks«. Sie konnten die Erinnerung daran mit dem Hinweis auf den »Dolchstoß« verdrängen. Drittens ließ sich auch die neue, demokratische Regierung unbewußt auf die Legende ein, indem ihre führenden Repräsentanten den heimkehrenden Truppen »bestätigten«, sie seien »im Felde unbesiegt« geblieben. Viertens erinnerte der Gehalt der Dolchstoßlegende an einen im damaligen Deutschland allgemein bekannten, literarischen Mythos: der Ermordung Siegfrieds durch Hagen im Nibelungenlied.[23] Fünftens schließlich brach in Deutschland unmittelbar vor dem Abschluß des Waffenstillstands tatsächlich eine Revolution los. Sie war zwar Folge und nicht Ursache des Zusammenbruchs, aber solche Unterschiede gingen im Kampf der alten Eliten und der großen Mehrheit der Bevölkerung gegen die »bolschewistischen Aufrührer« unter.

Diese Erfahrung haben nach 1945 die Westalliierten und die westdeutschen Politiker sehr ernst genommen. Eines der Hauptziele der Kriegsverbrecherprozesse und der »Re-Education« war es, die Bildung neuer Verharmlosungen zu verhindern. »Für die Zeit der Aufbauphase der Bundesrepublik Deutschland scheint die Kritik der Dolchstoß-Legende ein direktes Korrelat gewesen zu sein zu engagierter demokratischer Gesinnung.«[24] So ist die wahrscheinlich einflußreichste Legende der deutschen Geschichte des 20. Jahrhunderts zugleich der kurzlebigste der großen historischen Mythen.

»Die haben sich vergnügt die Hand gedrückt/Der Brand, der ein Signal wird, ist geglückt.« Hitler und Goebbels freuen sich über den Reichstagsbrand am 27. Februar 1933. Die propagandistische Zeichnung des Künstlers Heinrich Vogeler und der Text von Johannes R. Becher weisen der NSDAP die Schuld an der Brandstiftung zu. Die Zeichnung erschien im Band »Das Dritte Reich«, Moskau 1934.
(VG Bild-Kunst, Bonn 2002)

»Und die Nazis waren es doch«?

Der Reichstagsbrand 1933

»Plötzlich, zu Beginn der Mitternachtsnachrichten, kommt die erregte Stimme des Ansagers aus dem Radio: ›Der Reichstag brennt!‹ Jedes Gespräch in dem kleinen Café erstickt«, erinnert sich Erich Ebermayr an die Nacht vom 27. auf den 28. Februar 1933: »Wir erfahren: Der Deutsche Reichstag in Berlin ist heute abend von Kommunisten in Brand gesteckt worden. [...] Wir sind wie erstarrt. Diese Wahnsinnstat kurz vor den Wahlen, kurz vor dem von Goebbels so groß vorbereiteten ›Tag der erwachenden Nation‹, ist nicht zu begreifen. Was sollte die Kommunisten zu so einer herostratischen Verzweifelungsaktion getrieben haben? Wissen sie nicht, daß dies den Nazis nur höchst willkommen sein kann? [...] Mein Vater sitzt noch arbeitend an seinem Schreibtisch. Ich bringe ihm die Nachricht. Er schweigt ein paar Sekunden, dann sagt er in seinem reinsten Bayrisch: Den ham's doch natürlich selber ang'steckt!«[1]

So oder ähnlich reagierten viele kritisch denkende Menschen in Deutschland und im Ausland, als sie von der Brandstiftung im Gebäude des deutschen Parlaments erfuhren. Wolfgang Stresemann, Sohn des 1929 verstorbenen Reichsaußenministers, erinnerte sich: »Schon um sieben Uhr früh klingelte bei mir das Telefon. Mein Onkel [...] war am Apparat: ›Stell Dir vor, die Nazis haben den Reichstag angezündet. Das ganze Gebäude steht in Flammen.‹ Meine Antwort: ›Nanu, steht denn ihr Wahlkampf so schlecht?‹«[2] Der Schriftsteller Harry Graf Kessler notierte am Tag nach dem Reichstagsbrand: »Niemand, den ich gesprochen habe, glaubt an eine ›kommunistische Brandstiftung‹. Nebenbei muß die Zerstörung des verhaßten Reichstages den NSDAP-Leuten auch, abgesehen von jedem politischen Zweck, sympathisch sein.«[3]

Diese Skepsis war verständlich. Denn daß die Kommunisten ihren Aufstand ausgerechnet mit einem Angriff auf das Parlamentsgebäude einläuten sollten, war höchst unwahrscheinlich. Die gewählte Volksvertretung galt ihnen gerade nicht als entscheidende Institution. Außerdem wurden seit der Schließung der KPD-Zentrale, des Karl-Liebknecht-Hauses, am 23. Februar der Wahlkampf und die Parteiorganisation vom Fraktionsbüro der Kommunisten im Reichstag aus geleitet. Schon deshalb wäre eine Attacke auf das Parlamentsgebäude aus Sicht der KPD kontraproduktiv gewesen.

Wer sich dagegen kurz nach dem Reichstagsbrand ernsthaft die Frage »Cui bono?« stellte, konnte nur zu einem Ergebnis kommen: Nicht die Kommunisten hatten das Feuer gelegt, sondern die Nazis. Jedenfalls waren sie es, die den größten Nutzen aus der Brandstiftung zogen: Noch in derselben Nacht wurden die meisten Abgeordneten und Funktionäre der KPD in Preußen verhaftet – auf der Grundlage von Namenslisten, die Monate vor der Ernennung Hitlers zum Reichskanzler von der Politischen Polizei zusammengestellt worden waren. Auch viele Sozialdemokraten wurden von marodierenden SA-Trupps gefaßt. Teile der NSDAP-»Sturmabteilung« zogen seit dem 22. Februar 1933 aufgrund einer Anordnung des preußischen Innenministers Hermann Göring als »Hilfspolizei« durch die Straßen. Einen Monat nach der sogenannten Machtergreifung zeigte Hitler sein wahres Gesicht. In »wilden Konzentrationslagern« lebten SA-Schläger ihre niederen Triebe aus. Hundertfach wurden in den Tagen und vor allem Nächten zwischen Reichstagsbrand und Wahlen am 5. März 1933 alte Rechnungen »beglichen«. Viele Menschen wurden gequält, nicht wenige halbtot geschlagen, Dutzende ermordet. Der Reichstagsbrand wurde zum entscheidenden Wendepunkt: Von der Nacht des 27. auf den 28. Februar 1933 an herrschte in Deutschland Terror gegen Andersdenkende.

Die Brandstiftung in Paul Wallots Gebäude im Spreebogen nutzte also vor allem den Nazis. Stammten deshalb auch die Brandstifter aus ihren Reihen? Die westlichen Diplomaten in Berlin jedenfalls neigten zu dieser Ansicht. André François-Poncet berichtete seinem Außenminister nach Paris: Zahlreiche Indizien nährten die Auffassung, daß die Brandstiftung im Reichstag »nicht auf einen mysteriösen Holländer, der von der kommunistischen Reichstagsfraktion unterstützt wurde, sondern auf das Geschick und die Verwegenheit von Männern zurückgeht, die unbekannt blieben, obwohl sie in engen Beziehungen entweder zur preußischen Polizei oder zur nationalsozialistischen Hilfspolizei stehen.«[4] Auch der US-amerikanische und der britische Botschafter schickten skeptische Einschätzungen der offiziellen Verlautbarungen in ihre Hauptstädte.

Vor dem damals höchsten Gericht, dem Leipziger Reichsgericht, fand der Prozeß gegen den im brennenden Reichstag festgenommenen Holländer Marinus van der Lubbe und die mitangeklagten Kommunisten Ernst Torgler, Georgi Dimitroff, Blagoi Popoff und Wassil Taneff statt. Der Vorsitzende Richter des 4. Strafsenates, Wilhelm Bünger, und seine Beisitzer verurteilten am 23. Dezember 1933 nur van der Lubbe. Der deutsche Kommunist Torgler und die drei Bulgaren hingegen wurden freigesprochen. Die nationalsozialistische Presse schäumte: »Das Urteil im Reichstagsbrandstifterprozeß, demzufolge Torgler und die drei bulgarischen Kommunisten aus formaljuristischen Gründen freigesprochen wurden, ist nach dem Rechtsempfinden des Volkes ein glattes Fehlurteil.«[5]

Und das, obwohl die Richter der Staatsspitze weit entgegengekommen waren. In ihrer Urteilsbegründung gingen sie davon aus, van der Lubbe müsse mit mindestens einem, wahrscheinlich mehreren anderen, selbstredend kommunistischen Tätern zusammengearbeitet haben. Die Angaben der Sachverständigen, so hieß es, ließen keine andere Deutung zu. Nur eben die vier mitangeklagten Kommunisten mochten die Leipziger Richter nicht verurteilen. Von ihrer Schuld waren Bünger und seine Beisitzer, als bewährte deutsche Juristen jeder Sympathie für Kommunisten völlig unverdächtig, nicht überzeugt.

Seither wogt mal stärker, mal schwächer die Debatte, wer denn nun den Reichstag in Brand gesteckt hat. Ein Kommando der SA? Das nahmen seinerzeit viele in Deutschland, aber auch in den meisten europäischen Hauptstädten an. Ein »Gegenprozeß« zum Leipziger Reichstagsbrandverfahren in London sollte die Täterschaft der Nazis ebenso nachweisen wie zwei »Braunbücher« über den Reichstagsbrand. Diese Meisterwerke der politischen Agitation stammten aus der Feder des emigrierten KPD-Chefpropagandisten Willi Münzenberg, der auch den Londoner Prozeß organisiert hatte.

Gelangte ein SA-Trupp durch den Heizungsgang, der das Kesselhaus des Reichstages mit dem Parlamentsgebäude verband, ungesehen in das Zielobjekt und nach vollendeter Tat wieder hinaus? Wurden Benzin, Phosphor und Fackeln bereits Tage vor der eigentlichen Tat im Reichstagspräsidentenpalais, damals Dienstsitz von Hermann Göring, gelagert? Übernachtete dort auch das Brandstifterkommando selbst, bis der Befehl zum Losschlagen kam?

Oder setzte doch Marinus van der Lubbe allein den Reichstag in Brand? Immerhin hatte der junge Holländer in allen Verhören stets beteuert, einzeln gehandelt zu haben – vor der Polizei ebenso wie beim Untersuchungsrichter und später öffentlich in seinem Prozeß. Als Grund für seine Tat gab van der Lubbe an, mit der Brandstiftung ein Zeichen gegen den Faschismus und die Unterdrückung der Arbeiterklasse setzen zu wollen. Fest steht in jedem Fall: Anfang Februar war der seit einem Arbeitsunfall halbblinde und arbeitsunfähige Maurer in seiner Heimat aufgebrochen und zu Fuß nach Berlin gewandert. Die Nächte verbrachte er in Männerheimen oder Obdachlosenasylen. In der Reichshauptstadt angekommen, erlebte er, wie die Polizei eine Wahlkampfveranstaltung der KPD ohne Angabe von Gründen auflöste. Van der Lubbe entschloß sich, so sein Geständnis, selbst ein Zeichen gegen die Regierung Hitler zu setzen: Er zündelte am Abend des 25. Februar 1933 am Sozialamt Neukölln, im Roten Rathaus und auf dem Dach des Berliner Stadtschlosses. Doch alle drei Brände wurden rechtzeitig entdeckt und gelöscht. Daraufhin machte sich van der Lubbe am folgenden Tag enttäuscht auf den Heimweg und übernachtete im Polizeiasyl in Hennigsdorf nördlich von Berlin. Am 27. Februar wanderte er weiter – allerdings zurück in die Reichshauptstadt. Seinem Geständnis zufolge hatte er den Entschluß gefaßt, den Reichstag anzuzünden. Er kaufte vier Pakete Kohleanzünder und streifte nachmittags durch Berlin-Mitte. Als die letzten Lichter im Parlament erloschen waren, erstieg van der Lubbe, als ehemaliger Maurer gewandt im Klettern, nach seinen eigenen Angaben das Hauptgeschoß des Reichstages, schlug ein Fenster ein und legte mit seinen Kohleanzündern Feuer.

Die Alleintäterschaft van der Lubbes verficht seit Jahrzehnten der ehemalige niedersächsische Ministerialrat Fritz Tobias – erst 1959 in einer Serie im Magazin »Der Spiegel«, dann 1962 in einem voluminösen Buch und immer wieder in Aufsätzen, Zeitungsartikeln und Leserbriefen. Ursprünglich hatte Tobias die Schuld der Nationalsozialisten beweisen wollen, doch seine Recherchen ergaben das Gegenteil. Seinen Untersuchungsergebnissen haben sich zahlreiche Historiker angeschlossen. Doch einen Konsens gibt es nicht, obwohl sich mehrere Gerichte und zahlreiche Autoren der

Täterfrage angenommen haben. Bei unvoreingenommener Analyse des vorliegenden Materials allerdings senkt sich die Waagschale der historischen Plausibilität deutlich auf die Seite der Alleintäterschaft van der Lubbes.

Was geschah am 27. Februar 1933? Kurz nach 21 Uhr wurde im Restauranttrakt des Berliner Reichstagsgebäudes Feuer gelegt. Spätestens um 21.22 Uhr brannten die Stoffbahnen an der Stirnseite des Plenarsaals lichterloh. Wenige Minuten später lief dem Hausinspektor des Reichstags, Alexander Scranowitz, und dem Polizeiwachtmeister Helmut Poeschel im Bismarcksaal des brennenden Reichstags ein junger Mann mit schweißüberströmtem nacktem Oberkörper und wirrem dunklem Haar in die Arme. Mit vorgehaltener Waffe nahmen die beiden Beamten ihn fest. Der Mann trug lediglich ein Taschenmesser, eine Geldbörse und einen holländischen Paß, ausgestellt auf den Namen Marinus van der Lubbe, bei sich. Scranowitz brüllte den Mann an: »Warum hast Du das getan?« Van der Lubbe gab zurück: »Aus Protest!«[6] Etwa um dieselbe Zeit breitete sich der Brand im Sitzungssaal explosionsartig aus. Seine Gewalt wurde so groß, daß bald auch mehrere hundert Feuerwehrleute die Flammen nicht mehr rasch löschen konnten. Als sie gegen 23 Uhr das Feuer endlich unter Kontrolle hatten, war der Plenarsaal total ausgebrannt, andere Teile des Baus beschädigt. Die Untersuchung ergab, wie die verantwortlichen Kripo-Beamten Walter Zirpins und Helmut Heisig vor dem Reichsgericht unter Eid aussagten, daß van der Lubbe den Brand allein gelegt hatte. Übrigens zum Erstaunen der Prozeßbeobachter: Allgemein war erwartet worden, daß die preußische Polizei der Auffassung ihres Dienstherren Hermann Göring folgen und einen »kommunistischen Aufstandsversuch« bestätigen würde.

Soweit ist der Reichstagsbrand ein Kriminalfall. Van der Lubbe wurde nach einem Mammutprozeß zum Tode verurteilt und hingerichtet – übrigens unter groben Verstößen gegen rechtsstaatliche Prinzipien, denn zum Zeitpunkt seiner Tat stand auf Brandstiftung nicht die Todesstrafe. Doch das Urteil gegen den in flagranti ertappten Täter beendete den Streit um das brennende Parlament keineswegs. Noch während die Flammen wüteten, hatte Göring die Behauptung in die Welt gesetzt, die Brandstiftung sei als Auftakt einer kommunistischen Revolution gedacht gewesen. Schon am folgenden Tag reagierten die Kommunisten darauf: Nicht sie hätten den bekennenden Anarchisten van der Lubbe unterstützt. Vielmehr sei der Holländer von den Nazis selbst als Werkzeug benutzt worden. Mit großem Aufwand und oft nicht ganz sauberen Mitteln, zum Beispiel frei erfundenen »Dokumenten«, wurde diese Deutung verbreitet.

Ungeachtet dessen bestritt bis Ende der fünfziger Jahre fast niemand die Verantwortung der Nazis für den Reichstagsbrand. Das war angesichts der noch weit größeren Verbrechen während des »Dritten Reiches« verständlich: Wer sechs Millionen Juden ermordet und den größten Krieg der Weltgeschichte vom Zaune bricht, war zweifellos auch in der Lage, Feuer im Parlamentsgebäude zu legen: »Der Reichstagsbrand erschien geradezu als Paradebeispiel für die terroristische Durchsetzung der Diktatur, als Meisterstück der nationalsozialistischen Überrumpelung der Gegenkräfte«, faßte der Zeithistoriker Hans Mommsen 1964 dieses Denken zusammen.[7]

Doch für die Ansicht, die Nazis hätten den Reichstagsbrand auch tatsächlich zu verantworten, gab es von Anfang an außer dem Argument »Cui bono?« nur sehr schwache »Beweise«. So saß zum Beispiel Walther Hofer, Schweizer Zeithistoriker und NS-Experte, in seiner für Schüler gedachten Quellensammlung »Der Nationalsozialismus« 1957 unter anderem einem gefälschten Dokument auf, das 1933 im Zusammenhang mit der kommunistischen Gegenpropaganda und dem »Braunbuch über Reichstagsbrand und Hitlerterror« entstanden war: der sogenannten Oberfohren-Denkschrift. Das umfangreiche Papier war angeblich vom ehemaligen Fraktionsvorsitzenden der Deutschnationalen Volkspartei (DNVP) im Reichstag, Ernst Oberfohren, veranlaßt worden und berichtete etwa über die vermeintlichen Umstände der Brandstiftung: »Unterdessen gingen die Beauftragten der NSDAP unter Führung des SA-Führers von Schlesien, des Reichstagsabgeordneten Heines, durch die Heizungsgänge vom Palais des Reichstagspräsidenten Göring in den Reichstag. [...] Als der Beobachtungsposten im Reichstag meldete, daß die kommunistischen Abgeordneten Torgler und Koenen das Haus verlassen hatten, begab sich der SA-Trupp an die Arbeit. Bei der genügenden Anzahl war die Brandlegung in wenigen Minuten vollendet.«[8]

Es lohnt sich, einige Punkte dieses »Dokuments« genau in den Blick zu nehmen – denn sie finden sich bei vielen weiteren »Beweisen« für die Schuld der Nazis am Reichstagsbrand wieder. Bei der Oberfohren-Denkschrift handelt es sich um ein schriftliches Zeugnis, das allerdings nur in Abschriften vorliegt, nicht im Original. Sie enthält angebliche Interna über die Brandstiftung einschließlich relativ exakter Angaben über die beteiligten Personen. Sie wurde zunächst auszugsweise und erst später mehr oder weniger vollständig veröffentlicht. Sie ist verbunden mit dem Namen Oberfohrens, also mit einer Persönlichkeit, die 1933 von politischer Bedeutung war und eigenständig nach den Hintergründen des Reichstagsbrandes gesucht haben soll. Allerdings war Oberfohren bereits tot, als das ihm zugeschriebene Dokument mit seinem Namen in Verbindung gebracht wurde.

Das Papier war erstmals am 26. und 27. April 1933 von der britischen Zeitung »Manchester Guardian« auszugsweise veröffentlicht worden. Laut Einleitung stammte die handgeschriebene Denkschrift von jemandem, der mit den deutschnationalen Mitgliedern im Kabinett Hitler in engem Kontakt stand. Im Sommer 1933 folgten weitere Auszüge im ersten »Braunbuch«, im Herbst dann der vollständige Text in einer eigenen Broschüre. Zwischenzeitlich war Oberfohren am 7. Mai 1933 tot aufgefunden worden – laut Polizeibericht hatte er sich selbst erschossen. Kurz darauf gab der »Manchester Guardian« bekannt, die Denkschrift sei auf Initiative Oberfohrens entstanden. Doch Göring und Goebbels seien ihm auf die Spur gekommen, hätten ihn unter Druck gesetzt und in den Selbstmord getrieben. Diese Lesart wurde im »Braunbuch« und folgenden Veröffentlichungen über den Reichstagsbrand ausgeschmückt. Nun hieß es, ein SA-Kommando habe Oberfohren an seinem Schreibtisch ermordet und den Suizid vorgetäuscht.

Diese und weitere Merkwürdigkeiten der Oberfohren-Denkschrift hielten Walther Hofer nicht ab, sie in der ersten Auflage seiner Dokumentensammlung abzudrucken. Sechs Jahre später, bei der Neubearbeitung des Bandes, ließ Hofer diesen Text stillschweigend weg. Denn inzwischen hatte Fritz Tobias das Papier als plumpe Fälschung entlarvt, als ein aus Gerüchten montiertes Machwerk aus Münzenbergs Propagandakampf gegen Hitler. Unbestritten echte Akten, zum Beispiel die 1933 natürlich strikt geheimen Kabinettsprotokolle, die nach 1945 aber für Historiker zugänglich wurden, widerlegen nämlich die Darstellung in der Oberfohren-Denkschrift. So drängte Alfred Hugenberg, der DNVP-Vorsitzende, schon in der ersten Kabinettssitzung der Regierung Hitler am 30. Januar 1933 auf ein Verbot der Kommunisten: »Nach seiner Überzeugung werde es jedoch nicht möglich sein, um die Unterdrückung der KPD herumzukommen. [...] Er ziehe die Unterdrückung der KPD Neuwahlen vor«, hielt der Kabinettsprotokollant Hugenbergs Forderung fest. Hitler dagegen befürchtete »als Folge eines eventuellen Verbots der KPD schwere innenpolitische Kämpfe und eventuell den Generalstreik«. Neuwahlen seien viel weniger riskant als das Verbot der Kommunisten.[9] In der Oberfohren-Denkschrift liest sich das ganz anders: »Ein Verbot der Kommunistischen Partei war für die Änderung dieser Lage notwendig, wurde aber bereits in einer der ersten Kabinettssitzungen seitens der nationalsozialistischen Minderheit vergeblich durchzudrücken versucht.« Hugenberg dagegen habe vor einem KPD-Verbot ausdrücklich gewarnt.[10]

Das Beispiel zeigt, daß der Autor der »Denkschrift« mit den Vorgängen bei den Kabinettssitzungen im Frühjahr 1933 keineswegs vertraut war – womit der Beweiswert seiner Angaben zum Reichstagsbrand gleich Null ist: Wenn der Urheber nämlich keinen Zugang zu Interna aus der DNVP-Spitze hatte, konnte er aus dieser Quelle auch nichts über die »wahren« Hintergründe der Brandstiftung berichten. Auch die Berichte über den angeblichen Mord an Oberfohren hielten einer kritischen Analyse nicht stand. Der ehemalige Abgeordnete und Studienrat erschoß sich vielmehr selbst, weil er in einem Machtkampf in der eigenen Partei gegen seinen ehemaligen Mentor Hugenberg unterlegen war und aus »tiefer Verzweifelung den Freitod vorzog«, wie seine Witwe zwei Jahrzehnte später mitteilte.[11]

Hatte Hofer es 1957 vor allem unter Hinweis auf die Oberfohren-Denkschrift noch für »geschichtlich erwiesen [gehalten], daß es die Nationalsozialisten waren, die den Brand organisierten«, so schrieb er 1963: »Wenn es bis heute auch nicht gelungen ist, eine nationalsozialistische Mittäter- oder Mitwisserschaft dokumentarisch nachzuweisen, so kann andererseits keine Rede davon sein, daß das Gegenteil einwandfrei bewiesen wäre.«[12] Wenige Jahre später änderte Hofer seine Auffassung ein weiteres Mal grundlegend.

Als 1959 der »Spiegel« eine Serie zum Reichstagsbrand veröffentlichte und 1962 die ausführliche Buchfassung von Fritz Tobias erschien, sorgte das für Aufsehen. Zahlreichen Rezensionen folgte eine wahre Artikel- und Leserbriefschlacht. Hans-Bernd Gisevius, ein ehemaliger Gestapo-Mitarbeiter und später eine Randfigur des 20. Juli, der sich nach 1945 selbst zum wichtigen Teilnehmer an der Verschwörung gegen Hitler stilisierte, bezichtigte Hans-Georg Gewehr, 1933 als SA-Sturmführer das Brandstifterkommando in den Reichstag geführt zu haben. Der Bauingenieur Gewehr verlor daraufhin viele Aufträge seiner Heimatstadt Düsseldorf, klagte gegen Gisevius – und siegte auf ganzer Linie: Das Düsseldorfer Landgericht verurteilte Gisevius zum Widerruf. Höhere Instanzen bis hin zum Bundesgerichtshof überprüften das Urteil und präzisierten es. Seither darf man den Namen Hans-Georg Gewehr im Zusammenhang mit dem Reichstagsbrand erwähnen, muß jedoch darauf achten, daß dem Schutz seiner Ehre »gebührend Rechnung getragen und auf die zu seinen Gunsten sprechenden Umstände hingewiesen wird«.[13] Über den tatsächlichen Verlauf der Brandstiftung traf das oberste ordentliche Gericht der Bundesrepublik allerdings keine Feststellung.

So setzte sich die These von Fritz Tobias, Marinus van der Lubbe habe allein den Reichstag angezündet, vorerst nicht durch. Erst die 1964 erschienene Analyse Hans Mommsens in einer der wichtigsten historischen Zeitschriften Deutschlands, den »Vierteljahrsheften für Zeitgeschichte«, verhalf Tobias' Argumenten zur Anerkennung. Mommsen, der heute als der führende deutsche NS-Experte seiner Generation gilt, kritisierte zwar einige Übertreibungen, kam aber inhaltlich zur selben Auffassung. »Damit war die Beweislast umgekehrt: Die Skeptiker sahen sich nun ihrerseits aufgefordert, den schlüssigen Nachweis einer nationalsozialistischen Tatbeteiligung zu erbringen.«[14]

Ende 1966 kündigte die Berliner Tageszeitung »Telegraf« an, der Reichstagsbrand erscheine dank bislang unbekannter Dokumente »in völlig neuem Licht«.[15] Grundlage war ein Interview mit Edouard Calic, einem italienischen Journalisten jugoslawischer Abstammung mit Wahlheimat Frankreich und Deutschland. Mit seinem Auftritt begann die zweite und hitzigste Runde im Streit um den Reichstagsbrand. In den kommenden zwanzig Jahren nämlich baute Calic zusammen mit Hofer die Legende über die Nazibrandstifter im Reichstagsgebäude zu einem undurchschaubaren Gespinst von Verdrehungen, Fälschungen und Beleidigungen aus.

Edouard Calic ist, vorsichtig ausgedrückt, eine schillernde Persönlichkeit. Geboren 1910, arbeitete er seit 1939 in Berlin als

Korrespondent einer kleinen Zagreber Zeitung. 1943 ist er im Nachtrag des Berliner Telefonbuchs als Vertreter der ausländischen Presse verzeichnet. Doch schon 1941 habe ihn die Gestapo mit einem Berufsverbot belegt, behauptet Calic. Im Sommer 1942 sei er verhaftet und ins KZ Sachsenhausen gesteckt worden. Wichtigster Beleg dafür sind seine eigenen, allerdings widersprüchlichen Aussagen. 1945 tauchte Calic wieder in Berlin auf, ging über verschiedene Stationen nach Paris und kam Ende der fünfziger Jahre zurück nach West-Berlin. Aus seiner KZ-Haft leitete Calic später ab, ein besonders vertrauenswürdiger Erforscher der NS-Zeit und insbesondere des Reichstagsbrandes zu sein.

Sein Debüt als Historiker gab Calic 1966 mit dem auf französisch erschienenen Buch »Himmler et son empire«. Zwei Jahre später folgte bei einem angesehenen Frankfurter Verlag der Band »Ohne Maske. Hitler – Breiting Geheimgespräche 1931«. Darin sind die Protokolle zweier angeblicher Unterredungen des damaligen Chefredakteurs der »Leipziger Neuesten Nachrichten«, Richard Breiting, mit dem »Führer« der NSDAP abgedruckt. Im Hinblick auf den Reichstagsbrand entscheidend ist in diesem Band folgender angeblicher Satz Hitlers: »Das Gebäude wie auch die Institution, die es beherbergt, sind eine Schande für das deutsche Volk. Sie müssen eines Tages verschwinden. Ich bin der Meinung: Je früher man diese Schwatzbude verbrennt, desto früher wird das deutsche Volk von fremden Einflüssen befreit sein.«[16] Nun ist bekannt, daß Hitler den Parteien-Parlamentarismus der Weimarer Republik und anderer rechtsstaatlicher Demokratien verachtete, gleichwohl den Reichstag als »deutsche Institution« wie auch das Reichstagsgebäude von Paul Wallot erhalten wollte. Es sollte sogar in den Umbau Berlins zur NS-Welthauptstadt Germania einbezogen werden, wie das Modell dieser größenwahnsinnigen Pläne beweist. Hitlers Leibarchitekt Albert Speer bezeugt ebenfalls, daß der »Führer« gegen seinen Rat das Gebäude renovieren und aus dem Plenarsaal eine Bibliothek machen lassen wollte.[17]

Beide Aufzeichnungen der vermeintlichen Gespräche zwischen Breiting und Hitler erwiesen sich denn auch schnell als Fälschungen. Alfred Deting, 1931 Münchener Korrespondent der »Leipziger Neuesten Nachrichten« und Zeuge des tatsächlichen Gespräches zwischen seinem nationalliberalen Chefredakteur und Hitler, hatte über die beiden Stenogramme eindeutig geurteilt: »Die erste Unterredung ist in weitem Umfang frei erfunden; das zweite Gespräch hat nie stattgefunden.«[18] Zudem wies der »Zeit«-Redakteur Karl-Heinz Janßen zahlreiche Fehler und sprachliche Unstimmigkeiten nach. Seine Analyse zeigt, daß Breiting und Hitler sich in den angeblichen Gesprächen zahlreicher Formulierungen bedienten, die wörtliche Übertragungen aus dem Serbokroatischen sind und teilweise im Deutschen gar keinen Sinn ergeben. Calic behauptete, die Stenogramme im Nachlaß Breitings in Leipzig entdeckt zu haben – einer ergiebigen Quelle, wie sich im weiteren Verlauf der Kontroverse um den Reichstagsbrand erwies. Zwar bestätigte ein Enkel Breitings die »Echtheit« der Stenogramme, die jedoch nie von unabhängigen Historikern überprüft werden durften. Heute bestreitet fast niemand mehr, daß es sich bei »Ohne Maske« um »eine der unverfrorensten Geschichtsfälschungen dieses Jahrhunderts« handelt, wie auch das Berliner Kammergericht 1984 feststellte.

Calic begründete 1968 eine eigene Institution, die sich ursprünglich der Aufklärung von »Ursachen und Folgen des Zweiten Weltkrieges« widmen sollte, sich aber bald ganz auf den Nachweis der NS-Schuld am Reichstagsbrand konzentrierte. Als »Luxemburger Komitee« ist diese Einrichtung, deren Generalsekretär Calic wurde, bekannt geworden. Neben einigen Tagungen und Ausstellungen besteht der Ertrag des Luxemburger Komitees aus zwei Dokumentenbänden, die die Täterschaft der Nazis am Reichstagsbrand nachweisen sollen. Der erste, 1972 erschienene Band führt – so die Herausgeber, unter anderem Walther Hofer und eben Edouard Calic – den »negativen Beweis«, daß Marinus van der Lubbe allein den Reichstag nicht habe in Brand stecken können. Im zweiten Band von 1978 wurde dann der Versuch unternommen, die Täterschaft der Nazis »positiv« zu beweisen.

Tatsächlich handelt es sich bei beiden Bänden um ein Netz von Andeutungen, Verdrehungen und Fälschungen. So findet sich neben Auszügen aus den Vernehmungs- und Prozeß-Unterlagen, der Oberfohren-Denkschrift und weiteren, zweifelhaften Dokumenten im ersten Band ein thermodynamisches Gutachten über den Brand im Plenarsaal, das Prof. Karl Stephan erarbeitet hatte. Es stellt apodiktisch fest, van der Lubbe habe niemals allein und nur mit primitiven Kohleanzündern den Plenarsaal in ein Flammenmeer verwandeln können. Denn Eichenholz gehört nach der Deutschen Industrienorm DIN 4102 zu den nicht leicht entflammbaren Substanzen. Es könne nur schnell entflammt werden, wenn leicht entzündliche Stoffe wie Benzin oder Phosphor die Brandentstehung begünstigten.

Feuerwehrleute mit langjähriger praktischer Erfahrung in der Brandbekämpfung dagegen halten es für durchaus möglich, daß van der Lubbe den Plenarsaal ohne Brandbeschleuniger in ein Flammenmeer verwandelte. Denn das Holz der Abgeordnetenbänke war nicht nur ausgetrocknet, sondern auch gewachst. Auch gab es Stoffbahnen, die gut brennbar waren. Sobald dieses Material Feuer gefangen hatte, stieg die Temperatur unter der Kuppel des Reichstages schnell an. Als sie nach einigen Minuten mehrere hundert Grad erreichte, sprang das Glas und die heißen Gase konnten entweichen – was zu einer großen Sogwirkung und einer schlagartigen Ausweitung des Brandes führte, sobald die Türen des Plenarsaals geöffnet wurden und frischer Sauerstoff zuströmte. Feuerwehrleute nennen dieses bekannte und gefürchtete Phänomen »Flash over«.

Im Anhang des zweiten Dokumentationsbandes ist ein gutes halbes Dutzend Schriftstücke abgedruckt, die fast durchweg gefälscht sind. Sie enthalten Informationen, die nirgends sonst auch nur ansatzweise überliefert sind, sich aber wiederholt gegenseitig bestätigen. Dadurch wird der Eindruck erweckt, die Texte seien echt. In Wirklichkeit beweisen die Übereinstimmungen jedoch nur, daß bis auf eine Ausnahme alle Texte aus der Feder derselben Autoren stammen.

Wer für die manipulierten »Quellen« verantwortlich ist, kann nicht mit Sicherheit festgestellt werden. Ein Hinweis ist, daß knapp die Hälfte der Texte aus dem Nachlaß von Richard Breiting stammen soll, ein anderer, daß »um die Sammlung von privaten Quellen und Zeugnissen [...] sich insbesondere Prof. Edouard Calic durch jahrelange unermüdliche Nachforschungen verdient gemacht« habe.[19] Leicht zu erkennen ist dagegen, daß es sich wirklich um Fälschungen handelt. Das mögen zwei Beispiele veranschaulichen: erstens die sogenannten K-Aufzeichnungen von 1934 und zweitens eine angebliche Erklärung von Paul Löbe, dem langjährigen Präsidenten des Reichstages während der Weimarer Republik. Beide Dokumente erinnern in vielem an die Oberfohren-Denkschrift: Sie liegen nicht im Original vor, sondern nur in Abschriften. Die angeblichen Urheber sind prominente Persönlichkeiten der Zeit um 1933, die jedoch lange vor der Veröffentlichung der »Dokumente« starben. Beide Schriftstücke wurden zuerst in Zusammenfassungen veröffentlicht, später dann in größeren Auszügen. Beide Texte enthalten schließlich ungewöhnlich exakte Angaben zu bestimmten Aspekten der Brandstiftung, die so nur in anderen Quellen aus dem Dunstkreis Calic-Hofer zu finden sind.

Die wichtigste Fälschung sind die sogenannten K-Aufzeichnungen. Denn ihr zentrales Stück, eine angebliche Geheimrede Görings vor seinen Vertrauten, druckte Walther Hofer 1982 in der Neubearbeitung seiner Dokumentensammlung für Schulen ab. Selbst in der aktuellen Ausgabe dieses über eine Million Mal verkauften Klassikers ist diese Fälschung noch zu lesen.[20] Die K-Aufzeichnungen sind angeblich im Nachlaß von Richard Breiting überliefert. Sie sollen von Eugen von Kessel verfaßt worden sein, einem ehemaligen Freikorpskämpfer und Polizei-Offizier, der am 30. Juni 1934 im Zusammenhang mit dem Röhm-Putsch von der SS ermordet wurde. Es handelt sich um ein Sammelsurium von einzelnen Notizen, nicht um einen geschlossenen Text. Hier wird unter anderem über ein Treffen Görings mit einigen Vertrauten in der Reichskanzlei am 23. März 1933 berichtet. Der Reichstagspräsident soll zum SA-Führer Karl Ernst, laut Hofer und Calic der Organisator der Brandstiftung, folgendes gesagt haben: »Die Kerls haben ihre Sache ausgezeichnet gemacht. Ist es nicht schändlich, daß sie von marxistisch verseuchter Polizei und Feuerwehr fast geschnappt worden wären? Die Bude hätte an allen Ecken brennen sollen. Wären Gempps Leute nicht so übereifrig gewesen, hätten die Jungs ganze Arbeit geleistet. Die Jungtürken hatten da mehr Glück, als sie den Tschiragan-Palast verbrannten, und sie sind bestimmt nicht durch einen unterirdischen Heizungsgang gekommen.«[21]

An dieser Darstellung stimmt praktisch nichts. So wäre Göring geradezu töricht gewesen, eine solche Rede im Dienstsitz Hitlers zu halten, der Reichskanzlei, in der überwiegend Beamte aus früheren Jahren der Weimarer Republik arbeiteten. Schon der Termin ist höchst unwahrscheinlich. Denn am 23. März 1933 verabschiedete der Reichstag das Ermächtigungsgesetz. Göring befand sich als Parlamentspräsident den größten Teil des Tages in der Krolloper, dem Ausweichsitz des Parlaments gegenüber dem ausgebrannten Reichstag. Ausgerechnet an diesem spannungsgeladenen Tag sollte er eine Besprechung mit seinem »Brandstifter-Trupp« angesetzt haben? Die preußische Politische Polizei war in

Görings Augen sehr wohl »marxistisch verseucht«, wie er während des Reichstagsbrandprozesses selbst sagte. Aber mit Blick auf die Berliner Feuerwehr, also die »Leute« des Oberbranddirektors Gempp, ist dieser (falsche) Vorwurf niemals erhoben worden. Daß Göring SA-Leute als »Kerls« oder »Jungs« bezeichnet hätte, ist nirgends sonst belegt und paßt nicht zu ihm. Im übrigen »verbrannten« die »Jungtürken«, also jene teils reformorientierte, teils nationalistische politische Bewegung, die seit 1908 im Osmanischen Reich einen wesentlichen Teil der Macht innehatte, keineswegs den Çiragan-Palast in Istanbul, in dem damals das türkische Parlament tagte. Vielmehr brach im Gebäude am 19. Januar 1910 durch die Explosion einer Heizung ein katastrophales Feuer aus. Stehen blieb nur die geschwärzte Mauerschale.

Noch einfacher ist der Fälschungsnachweis für die angebliche Löbe-Erklärung. In einem auf den 30. Jahrestag der Brandstiftung datierten Schreiben soll der SPD-Politiker unter anderem folgendes mitgeteilt haben: »In der Reichstagsbrandnacht befand ich mich in Breslau; als ich nach Berlin zurückkam, nahm ich die kleinen Brandstellen und die Verwüstung des Plenarsaals genauestens in Augenschein. Galle, der Direktor des Reichstages, führte mich herum [...]. Galle äußerte sich erleichtert darüber, daß die dreitausend Bände der Bibliothek nicht auch ein Opfer der Flammen geworden seien. Doch soweit hatte sich Göring nicht vorgewagt. Wir verfügten damals über verschiedene Beweise für die NS-Täterschaft. Eine unserer Quellen war der erwähnte Reichstagsdirektor [...]. Eine weitere Quelle war Oberbranddirektor Gempp, der uns versicherte, die Brandstifter hätten sich durch den unterirdischen Gang in den Reichstag eingeschlichen. Gempp und seine Helfer seien überall auf Brandmittelspuren gestoßen.«[22] Tatsache ist allerdings, daß Paul Löbe von alledem 1959 noch nichts wußte; jedenfalls schrieb er in einem abgedruckten Leserbrief an den »Spiegel«, er habe vom Brand selbst nichts mitbekommen. Und weiter: »Auch in späterer Zeit bin ich in Unkenntnis über die Einzelheiten geblieben.«[23] Bis zu seinem Tode 1967 sagte oder schrieb Paul Löbe niemals mehr zum Reichstagsbrand als in seinem Leserbrief von 1959. Dann, 1978, tauchte plötzlich seine angebliche Erklärung von 1963 auf – übrigens nur in einer Abschrift von 1971. Schwer vorstellbar ist auch, daß sich der SPD-Politiker ausgerechnet beim Schmuckstück des deutschen Parlaments, der Bibliothek, geirrt haben könnte: In der Erklärung von 1963 soll er geschrieben haben, wenigstens die »dreitausend Bände der Bibliothek« seien kein Opfer der Flammen geworden. Tatsächlich jedoch umfaßte das Reichstagsmagazin 300 000 Bücher, wie Löbe selbst in seinen (echten) Erinnerungen von 1954 schrieb.

Die beiden Dokumentenbände von 1972 und 1978 wurden in Öffentlichkeit und Fachwissenschaft mit Interesse aufgenommen. Spannend entwickelte sich zum Beispiel die publizistische Auseinandersetzung zwischen der »Zeit« und dem »Tagesspiegel«. Während die Hamburger Wochenzeitung massiv Position gegen Calic, Hofer und das Luxemburger Komitee bezog, druckte die Berliner Tageszeitung Unterstützungsartikel von Jürgen Schmädecke ab, einem Mitarbeiter der Historischen Kommission zu Berlin. Wirkliche Neuigkeiten allerdings kamen dabei und auch zum fünfzigsten Jahrestag des Reichstagsbrandes 1983 nicht zum Vorschein.

1986 kam die Kontroverse dann wieder richtig in Schwung, als sechs Historiker und Publizisten um Fritz Tobias und Hans Mommsen die Fälschungen des Luxemburger Komitees sehr polemisch attackierten. Sie wiesen zahllose Fehler, Ungenauigkeiten und begründete Zweifel am Beweis für die Beteiligung von Nationalsozialisten am Reichstagsbrand nach. Ihr Buch war bewußt als Streitschrift gedacht – und es erreichte seinen Zweck. In einem Flugblatt zur Buchvorstellung äußerte sich Walther Hofer zu den gegen ihn erhobenen Vorwürfen: »Einziger Zweck der neuen Publikation ist es, unseren einwandfreien dokumentarischen Nachweis der nationalsozialistischen Urheberschaft am Reichstagbrand von 1933 zu diskreditieren und dadurch die längst widerlegte Legende von der Alleintäterschaft Marinus van der Lubbes und der Unschuld der Nationalsozialisten an der Brandstiftung wieder aufleben zu lassen.«[24]

Immerhin sah sich das Luxemburger Komitee gezwungen, die umstrittenen Dokumente einer unabhängigen Institution zur Prüfung vorzulegen. Denn bis dahin hatte noch niemand außerhalb des engsten Kreises um Calic und Hofer diese Papiere zu Gesicht bekommen. Grundlage aller Kritik war stets der gekürzte, teilweise paraphrasierte Abdruck im Band 2 der Reichstagsbrand-Dokumentation. Nun wurde ein Vertrag mit dem Bundesarchiv in Koblenz geschlossen. Vorgelegt wurden insgesamt 45 Dokumente, die entscheidenden allerdings nur als Abschriften oder Fotokopien. Auf Nachfrage des Bundesarchivs teilte Christoph Graf, ehemaliger Assistent von Hofer und heute Direktor des Schweizerischen Bundesarchivs in Bern, mit, man habe erfolglos nach Originalen gefahndet. Fortan sei »von der Inexistenz der Originale auszugehen«.[25] Die tiefere Wahrheit dieses Halbsatzes wird Graf wohl nicht aufgefallen sein. Denn von den fraglichen Dokumenten dürften niemals »Originale« existiert haben – sie waren ja durchweg gefälscht. Das Bundesarchiv gab den Auftrag daraufhin jedenfalls zurück. Man sehe sich außerstande, eine sachgemäße Prüfung der in Kopien vorgelegten Dokumente vorzunehmen. Das Angebot, die Papiere in Verwahrung zu nehmen und künftig allen interessierten Wissenschaftlern zur Verfügung zu stellen, lehnte das Luxemburger Komitee umgehend ab.

Denn Hofer und Graf hatten eine Alternative gefunden, um den gefälschten Dokumenten das begehrte Echtheitszertifikat ausstellen zu lassen. Das Urkundenlabor der Kantonspolizei Zürich untersuchte 1987/88 die Schrifttypen, das Papier, die verwendeten Tinten und Farbbänder sowie die Unterschriften. Entgegen seiner Mitteilung, die Originale seien »inexistent«, hatte Christoph Graf nun doch eine Originalseite vorzuweisen. Es handelte sich um ein Blatt der K-Aufzeichnungen mit den Seiten 9 und 10. Der Rest der Unterlagen aus den dreißiger Jahren lag den Zürcher Prüfern ebenfalls nur in Kopien vor. Im Gegensatz zu den Experten des Bundesarchivs sahen sie darin kein Problem: Bereitwillig attestierten die Schweizer Beamten, es hätten keine Hinweise auf Anachronismen festgestellt werden können. Eine inhaltliche, also historisch-kritische Prüfung nahm das Polizeilabor freilich nicht vor.

Walther Hofer und seine Anhänger jubilierten und erklärten das Gutachten und ein weiteres über Dokumente aus den späten sechziger Jahren zum »Echtheitsbeweis«. Das freilich hatte das Urkundenlabor nicht festgestellt – sondern nur, daß es keinen Beweis für Anachronismen gebe. Die verwendeten Schreibmaschinentypen wurden in den dreißiger Jahren so bereits verwendet. Das hieß jedoch nicht, daß die Dokumente auch zum angegebenen Zeitpunkt entstanden waren. Denn alte Schreibmaschinen waren auch nach Jahrzehnten noch in Gebrauch. Außerdem bezog sich der Fälschungsvorwurf gegen die Dokumente in keinem Fall auf die technische Ausführung, sondern immer auf den Inhalt – den das Polizeilabor wiederum nicht geprüft hatte.

Doch das Luxemburger Komitee hatte sich zu früh gefreut. Denn eine Feststellung des Zürcher Polizeilabors brachte Hofer und Graf auf einmal in arge Bedrängnis. Das eine Originalblatt der K-Aufzeichnungen trug nämlich ein Wasserzeichen von 1935 – allerdings wurde dieses Dokument bereits in einem angeblichen Brief Breitings vom 10. April 1934 erwähnt. Außerdem war der vermeintliche Autor der K-Aufzeichnungen, Eugen von Kessel, ja unstreitig im Zusammenhang mit dem sogenannten Röhm-Putsch ermordet worden. Mit diesem Widerspruch konfrontiert, behauptete der Schweizer Historiker nunmehr, es handele sich bei dem einzelnen Blatt um die Abschrift eines Stenogramms, die 1935 angefertigt worden sei. Davon hatte man bis dahin freilich nichts gehört.[26]

Damit ging die zweite Runde im Streit um den Reichstagsbrand ihrem Ende entgegen. Ihren Schlußpunkt erreichte sie 1992, als sich Alexander Bahar vornahm, die beiden Dokumentenbände von 1972 und 1978 in einer Neuausgabe zu vereinigen. Einige neue Dokumente wurden hinzugefügt, vor allem die beiden Gutachten der Kantonspolizei Zürich. Das Werk mit über 500 Seiten erschien in der Reihe »Unerwünschte Bücher zum Faschismus« des ebenso kleinen wie linken Freiburger Ahriman-Verlags. Im Impressum der Neuausgabe steht: »Bestellungen an den Verlag werden innerhalb einer Woche bearbeitet. Nichtantwort beweist Nato-Postzensur. In diesem Fall Bestellung per Einschreiben wiederholen – Lektion für fdGO- und Zufallsgläubige, ein Nachhilfeunterricht in Staatsbürgerkunde.«[27]

Die deutsche Einheit ermöglichte die dritte Runde im Streit um den Reichstagsbrand, die noch immer andauert. Denn der Düsseldorfer Autor Hersch Fischler entdeckte Anfang der neunziger Jahre im Bestand des ehemaligen DDR-Staatsarchivs, jetzt Bundesarchiv Berlin, die originalen Prozeßakten von 1933/34. Auf diese rund 50000 Blatt stützen Fischler einerseits, Alexander Bahar und sein Koautor Wilfried Kugel andererseits ihre neuen Versuche, die Schuld der SA nachzuweisen. Bahar und Kugel schrieben 1995 einen Beitrag, den sie gleich mehrfach wiederverwerteten.[28] Tatsächlich ging jedoch auch dieser Schuß nach hinten los, weil die beiden jedes »Dokument« einschließlich der vermeintlichen Göring-Rede vom 23. März 1933 und der Oberfohren-Denkschrift für echt und aussagekräftig halten, was ihre Deutung stützt, jeden Hinweis auf die alleinige Täterschaft Marinus van der Lubbes a priori für manipuliert erklären. Inhaltlich kam die Diskussion daher nicht weiter.

1999 dann starteten die Anhänger der Nazi-Täterschaft am Reichstagsbrand eine neue publizistische Offensive. Alexander Bahar, Wilfried Kugel und Jürgen Schmädecke hatten in der »Historischen Zeitschrift«, dem angesehensten Medium der deutschen Geschichtswissenschaft, einen Aufsatz über den »Reichstagsbrand in neuem Licht« untergebracht. Die Tageszeitung »Die Welt« machte sich ihre Darstellung zu eigen und eröffnete im Januar 2000 eine Serie von Beiträgen, in deren Verlauf alle wichtigen Teilnehmer an der Kontroverse zu Wort kamen. Im Ergebnis blieb es freilich bei der klaren Frontstellung zwischen den Verfechtern der Nazi-Täterschaft und denjenigen, die Marinus van der Lubbe und seine Geständnisse ernst nahmen. Sachliche Fortschritte gab es wieder nicht.[29]

Ein weiteres Jahr später, Anfang 2001, erschien dann eine »lesbare« Darstellung des Reichstagsbrandes aus Sicht des Hofer-Calic-Kreises, wie sie Hans Mommsen, einer der schärfsten Kritiker des Luxemburger Komitees, schon 1981 gefordert hatte. Alexander Bahar und Wilfried Kugel faßten in ihrem Buch »Der Reichstagsbrand« alles zusammen, was in den 68 Jahren seit der Brandstiftung als »Beweise« für die Schuld der Nazis angeführt worden war, und ergänzten damit ihre Recherchen im Bundesarchiv. Der voluminöse Band trägt den Untertitel »Wie Geschichte gemacht wird«. Gemeint war wohl, wie die »Legende« von der Alleintäterschaft van der Lubbes gemacht worden sei. Vier Fünftel des Buches allerdings widmen sich dem »Nachweis«, daß es eben doch die Nazis gewesen seien, die sich des holländischen Anarchisten als Werkzeug bedient hätten.

Auf der gewöhnlich freien inneren Einbandseite druckten die Autoren ihre »Rekonstruktion der Reichstagsbrandstiftung« ab. Dabei handelt es sich um die wahrscheinlich konzentrierteste Fassung der Legenden um den Brand vom 27. Februar 1933: »Die Reichstagsbrandstiftung kann nach den vorliegenden Fakten – allerdings nur unter allen Vorbehalten eines Indizienbeweises – folgendermaßen rekonstruiert werden: Die Tat muß bereits einige Zeit vor dem 27. Februar 1933 geplant worden sein. Die Idee dazu scheint auf den NSDAP-Propagandachef und Wahlkampfleiter für die Reichstagswahlen am 5. März 1933, Joseph Goebbels, zurückzugehen. Das Ziel war die Ausschaltung der KPD, um den

Rechtsparteien nach Kassierung der KPD-Mandate eine (knappe) parlamentarische Mehrheit zu verschaffen. Göring stellte seine Möglichkeiten als Reichstagspräsident sowie seine tätige Mitarbeit unter Benutzung des Reichstagspräsidentenpalais zur Verfügung, das über einen unterirdischen Gang mit dem Reichstagsgebäude verbunden war. SA-Gruppenführer Graf Helldorf und der Chef der von Göring neu organisierten Politischen Polizei, Rudolf Diels, waren eingeweiht. SA-Untergruppenführer Karl Ernst, Mitglied des Reichstages, übernahm das Oberkommando der Aktion [...]. Einige Zeit vor dem Brand deponierte ein SA-Sonderkommando aus dem Wedding [...] im Keller des Reichstagspräsidentenpalais oder im unterirdischen Gang zum Reichstagsgebäude Brandmittel (Phosphor, Mineralöl, Benzin, Fackeln). Am 27. Februar 1933 um etwa 20 Uhr gelangte ein Kommando von minimal drei, maximal zehn SA-Leuten unter Führung von SA-Sturmführer Hans-Georg Gewehr in den Keller des Reichstagspräsidentenpalais. Das Kommando nahm die deponierten Brandmittel, drang durch den unterirdischen Gang vom Reichstagspräsidentenpalais in das Reichstagsgebäude ein und präparierte dort insbesondere den Plenarsaal mit einer wahrscheinlich erst hier angemischten selbstentzündlichen Flüssigkeit, die nach einer gewissen Latenzzeit den Brand im Plenarsaal auslöste. Das Kommando entkam wieder durch den unterirdischen Gang und den Keller des Reichstagspräsidentenpalais [...]. Van der Lubbe wurde um genau 21 Uhr von der SA zum Reichstagsgebäude gebracht und in dieses eingelassen. Der Plenarsaal war bereits präpariert.«[30]

Für keine einzige dieser Behauptungen konnten die Autoren in ihrem Buch allerdings Belege vorweisen. Aufgewärmt wurden lediglich die aus den beiden Dokumentationsbänden des Luxemburger Komitees bekannten Verdrehungen und Unterstellungen. Mit den Fälschungsvorwürfen setzten sich Bahar und Kugel gar nicht erst ernsthaft auseinander, sondern führten lediglich die Gutachten der Zürcher Kantonspolizei als Echtheitsbeweise an und erklärten den »Amateurhistoriker« Fritz Tobias und alle Verfechter der Alleinschuld van der Lubbes pauschal zu Anhängern einer »NS-Unschulds«- oder »Gestapo-These«. Ob die Nennung Hans-Georg Gewehrs als Anführer des Brandstiftertrupps in der »Rekonstruktion« den Kriterien des Bundesgerichtshof-Urteils genügt, kümmert die Autoren nicht. Sie spekulieren offenbar darauf, daß es kaum zu einer Klage kommen wird, denn Gewehr starb bereits 1976.

Ausführlich stellen Bahar und Kugel auch dar, wie die Löscharbeiten am Abend des 27. Februar 1933 behindert worden seien: »Der Feuerwehreinsatz erfolgte nicht nach den Vorschriften. Erst 28 Minuten nach der ersten Brandmeldung wurde Großalarm gegeben. Andernfalls hätte das Ausbrennen des Plenarsaals verhindert werden können.«[31] Das klingt gut, ist jedoch eine Verdrehung der Tatsachen. In Wirklichkeit war bereits um 21.18 Uhr, vier Minuten nach der Brandmeldung, der erste Feuerwehrzug am Reichstag, eine Minute später der zweite. Zu diesem Zeitpunkt war das Feuer im Plenarsaal noch relativ ungefährlich – erst gegen 21.27 Uhr kam es zu dem verheerenden »Flash over«. Darauf reagierten die Feuerwehrleute, so schnell sie konnten: Um 21.31 Uhr erging Großalarm, nämlich zehnte Alarmstufe, und nochmals elf Minuten später befahl der inzwischen eingetroffene Feuerwehrchef Gempp Generalalarm, also fünfzehnte Alarmstufe.

Richtig ist allerdings, daß sich nach der Ausrückordnung der Berliner Feuerwehr eigentlich auf die erste Feuermeldung hin drei Löschzüge in Gang hätten setzen sollen. Tatsächlich kamen nur zwei – warum, ist heute nicht mehr zu klären. Daß ein Löschzug mehr das Ausbrennen des Plenarsaals hätte verhindern können, ist unwahrscheinlich. Um den Einsatz der Löschzüge übrigens gezielt zu verzögern, hätten in den einzelnen Wachen und in der Leitstelle der Feuerwehr Vertrauensleute der Brandstifter sitzen müssen – was nicht einmal die Verfechter der Nazi-Täterschaft behaupten. In der angeblichen Göring-Ansprache vom 23. März 1933, die in den frei erfundenen K-Aufzeichnungen »überliefert« ist, läßt der Fälscher den Reichstagspräsidenten schließlich scharfe Kritik am zu raschen Einsatz der Feuerwehr üben, die zudem »marxistisch verseucht« gewesen sei. Hier widerlegt sich das Gespinst an Fälschungen selbst.

Der neue Band zum Reichstagsbrand ist in den meisten Rezensionen scharf kritisiert worden. Das hielt seine Verfasser und weitere Verfechter der Nazi-Täterschaft nicht davon ab, noch einen weiteren Schauplatz im Streit um den Reichstagsbrand zu eröffnen. Anlaß dafür bot die Entscheidung Frank Schirrmachers, Mitherausgeber der »Frankfurter Allgemeinen Zeitung«, dem »Spiegel«-Gründer Rudolf Augstein den Ludwig-Börne-Preis zu verleihen. Daraufhin begann ein Kesseltreiben gegen Augstein. In der gewöhnlich seriösen »Neuen Zürcher Zeitung« war von einem »Sündenregister Augsteins« die Rede, das geeignet sei, »den journalistischen Ruf des ›Spiegel‹-Chefs nachhaltig zu schädigen«. Dabei gehe es erstens um »braune« Flecken in der Geschichte des Magazins, vor allem die Beschäftigung ehemaliger NS-Funktionäre an maßgeblichen Stellen der »Spiegel«-Redaktion in den vierziger und fünfziger Jahren. Zweitens wurde die angebliche »›Spiegel‹-Version des Reichstagsbrandes« kritisiert, wonach es sich um die Tat eines Einzelgängers gehandelt habe, Nazis also in keiner Weise involviert gewesen seien.[32]

Die Verbandszeitschrift des Deutschen Journalistenverbandes, »Der Journalist«, stieß ins selbe Horn und nannte den Streit um den Reichstagsbrand und die Preisverleihung an Augstein einen »Skandal der Publizistik, einen Skandal der Wissenschaft«[33]. Ernst genommen hat diese – jedenfalls soweit es den Reichstagsbrand betrifft – sachlich unbegründeten und formal beleidigenden Ausfälle niemand. Rudolf Augstein nahm den Ludwig-Börne-Preis am 13. Mai 2001 entgegen.

Seither haben sich Fischler, Bahar, Kugel und weitere Mitstreiter auf eine andere Taktik verlegt. Weil kaum ein Medium mehr ihre Attacken gegen Augstein, Mommsen und Tobias abdruckt, sind sie ins Internet ausgewichen. Auf einer eigenen Homepage, die hinterhältigerweise den Namen Marinus van der Lubbes als Adresse mißbraucht, wird die These von der Nazi-Täterschaft vertreten.[34] Hinterhältig ist der Verweis auf van der Lubbe, weil allein die These von Tobias den kriminellen, aber subjektiv politisch motivierten Akt der Brandstiftung durch van der Lubbe ernst nimmt. Bei Hofer, Calic, Bahar, Kugel und Fischler dagegen erscheint der holländische Maurer als willenloses Werkzeug in den Händen der Nazis. Diese Diffamierung hat Tradition – im ersten »Braunbuch« von 1933 war der Brandstifter sogar als »Stricher« beschimpft worden.[35]

Journalisten, die sich mit dem Reichstagsbrand beschäftigen und zu dem Schluß kommen, van der Lubbe allein sei der Brandstifter gewesen, werden mit Briefen an ihre Chefredakteure abgestraft.[36] Es gibt keine Anzeichen dafür, daß die Kontroverse um den Reichstagsbrand künftig an Schärfe verliert. Denn das junge Medium Internet bietet die Möglichkeit, Behauptungen jeder Art ungefiltert durch die journalistische Sorgfaltspflicht zu veröffentlichen. Der Streit wird weitergehen.

Entgegen stets wiederholter Behauptungen hat bislang niemand in den 50 000 Blatt Akten des Reichstagsbrandprozesses im Bundesarchiv einen eindeutigen Beweis für die Täterschaft der Nationalsozialisten an dieser Brandstiftung gefunden. Außer Hörensagen, Analogie-Schlüssen und zweifelhaften Zeitzeugen sowie einem Strauß schlecht bis miserabel gefälschter Dokumente ist in den vergangenen 69 Jahren nichts aufgetaucht, was die Täterschaft der Nazis eindeutig belegt.

Dagegen steht eine in sich schlüssige Darstellung der Brandstiftung durch den Einzeltäter van der Lubbe einschließlich mehrerer Geständnisse. Der holländische Maurer wollte mit seiner Tat ein Zeichen setzen gegen die Machtübernahme der Nationalsozialisten. Zuvor hatte er ja bereits an mehreren öffentlichen Gebäuden in Berlin, darunter dem Schloß, gezündelt. Im Reichstag gelang ihm die Brandstiftung, auch dank der vielen brennbaren Stoffbahnen im Restauranttrakt und im Plenarsaal. Durch die Sogwirkung des überkuppelten Sitzungssaals breitete sich das Feuer nach einigen Minuten schlagartig aus, so daß auch Hunderte Feuerwehrleute die Flammen nicht mehr unter Kontrolle bekamen.

Kolportage kontra Indizienkette: Normalerweise zögern Historiker und Journalisten bei einer solchen Ausgangslage nicht mit ihrem Urteil. Beim Reichstagsbrand ist das anders. Der wichtigste Grund ist, daß die Nazis die Brandstiftung im Parlamentsgebäude virtuos ausgenutzt haben. Der brennende Plenarsaal wurde tatsächlich zum Fanal – allerdings genau entgegengesetzt zum Ziel van der Lubbes: Der Reichstagsbrand gab den Nationalsozialisten den Anlaß, ihre Diktatur mit aller Gewalt durchzusetzen. Und abgesehen von Kommunisten und Sozialdemokraten stießen sie dabei auf wenig Gegenwehr.

Ein zweiter wichtiger Grund für den fortdauernden Streit ist die Feststellung im Urteil des Reichsgerichts, van der Lubbe habe Mittäter haben müssen. Doch dies war lediglich ein Kotau der Richter vor der Regierung Hitler, die nicht völlig bloßgestellt werden sollte, nachdem bereits die vier mitangeklagten Kommunisten aus Mangel an Beweisen freigesprochen werden mußten. Denn entgegen immer wieder verbreiteten Gerüchten fanden sich im Reichstag eben keine Hinweise auf zusätzliche Brandmittel, Fackeln oder sonstige Spuren anderer Täter. Auch gab es niemals Indizien dafür, daß irgend jemand in dieser Nacht unrechtmäßig den unterirdischen Heizungsgang benutzt hatte.

Den dritten wesentlichen Grund hat Golo Mann schon 1961 unvergleichlich prägnant formuliert: Es sei »sozusagen volkspädagogisch unwillkommen«, wenn van der Lubbes Alleintäterschaft nachgewiesen würde. Hier muß man dem hochgeachteten Wissenschaftler allerdings widersprechen: Um volkspädagogische Ziele darf sich die Geschichtswissenschaft nicht kümmern. Sie ist allein der historischen Wahrheit verpflichtet – vermitteln müssen diese Wahrheit dann Journalisten, Lehrer und Politiker. Außerdem ändert die Feststellung, daß van der Lubbe allein und ohne Mittäter den Reichstag in Brand gesteckt hat, nichts an den zahllosen Verbrechen während der NS-Herrschaft. Auschwitz wird nicht relativiert, nur weil Göring an der Brandstiftung unschuldig war.

Neue Beweise zum Reichstagsbrand sind nicht mehr zu erwarten. Mit den Prozeßakten ist die wichtigste verschollene Quelle wieder aufgetaucht. Einen schlagenden Beweis hat auch sie nicht erbracht. So muß man aufgrund der vorliegenden Erkenntnisse entscheiden. Zwar bleiben einzelne Ungereimtheiten, Widersprüche und Lücken in der Argumentation jener, die van der Lubbe für den alleinigen Täter halten. Das ist nicht anders als bei allen großen, in der Öffentlichkeit leidenschaftlich diskutierten Kriminalfällen. Minutiös oder bis ins letzte Detail aufklären lassen sich Verbrechen so gut wie nie. Doch angesichts der Belege ist mit Abstand jene Erklärung am plausibelsten, an die schon unmittelbar nach der Festnahme im Reichstag die ermittelnden Polizisten glaubten: Marinus van der Lubbe hat den Reichstag angezündet. Allein und ohne Helfershelfer.

Ein Rotarmist wehrt mit dem Bajonett Hitler ab, der sein wahres Gesicht zeigt, als er den Nichtangriffspakt zwischen der Sowjetunion und Hitlerdeutschland im Juni 1941 für die Rote Armee überraschend bricht. Sowjetisches Plakat aus dem Sommer 1941.
(Archiv Peter Dittmar)

»Stalin zuvorgekommen«?

Der Angriff auf die Sowjetunion 1941

»Wir denken oft mit Grauen an das Schicksal deutscher Frauen und Mädchen, wenn diese bolschewistischen Horden in ein Kulturland wie Deutschland eingefallen wären. Und Gott sei Dank, daß der Führer wieder im rechten Moment zupackte«, schreibt Heinz Heppermann seiner Frau am 17. Juli 1941, nach vier Wochen Krieg an der Ostfront.[1] Der 33jährige Unteroffizier einer Nachrichtenabteilung glaubt offenbar an den Schlußsatz in Hitlers Befehl zum »Fall Barbarossa«, dem Angriff auf die Sowjetunion: »Das Schicksal Europas, die Zukunft des Deutschen Reiches, das Dasein unseres Volkes liegen nunmehr allein in Eurer Hand.« Der Text war den meisten Fronteinheiten am Abend des 21. Juni 1941 bekanntgegeben worden – nur wenige Stunden, bevor die deutsche Artillerie um 3.15 Uhr das Feuer eröffnete.

Die Heimat erfährt die Begründung für den Beginn des Zweifrontenkrieges aus einer Proklamation des »Führers«. Propagandaminister Joseph Goebbels verliest sie um 5.30 Uhr am Morgen des 22. Juni 1941 im Rundfunk, gut zwei Stunden nach dem Beginn des Angriffs. Nach längeren Ausführungen über den Friedenswillen der Regierung Hitler, die Deutschland bis 1941 aufgezwungenen Feldzüge und den Konfrontationskurs Stalins heißt es: »Der Sieg der Achsenmächte auf dem Balkan allein hat zunächst den Plan vereitelt, Deutschland in diesem Sommer in monatelange Kämpfe im Südosten zu verstricken und unterdes den Aufmarsch der sowjetrussischen Armeen immer mehr zu vollenden, ihre Kriegsbereitschaft zu verstärken, um dann gemeinsam mit England und unterstützt durch die erhofften amerikanischen Lieferungen das Deutsche Reich und Italien zu ersticken und erdrücken zu können. [...] Und dies alles, während die Machthaber des Kremls bis zur letzten Minute nach außen hin genau wie im Falle von Finnland oder Rumänien Frieden und Freundschaft heuchelten und scheinbar harmlose Dementis verfaßten. [...] Damit aber ist nunmehr die Stunde gekommen, in der es notwendig wird, diesem Komplott der jüdisch-bolschewistischen Kriegsanstifter und der ebenso jüdischen Machthaber der bolschewistischen Moskauer Zentrale entgegenzutreten. [...] Die Aufgabe ist daher [...] die Sicherung Europas und damit die Rettung aller.«[2]

Offiziell kämpfte die Wehrmacht an der Ostfront einen Präventivkrieg. Nur knapp sei man einem unmittelbar bevorstehenden Angriff der Roten Armee Stalins zuvorgekommen. Über den genauen Zeitpunkt der gerade noch abgewendeten sowjetischen Attacke jedoch schwiegen sich die staatlichen und parteiamtlichen Stellen aus. Der »Völkische Beobachter«, das Zentralorgan der NSDAP, blieb am Tag nach dem Angriff den Termin schuldig: »Nach Durchführung der russischen Generalmobilmachung sind heute nicht weniger als 160 Divisionen gegen Deutschland aufmarschiert. Die Beobachterergebnisse der letzten Tage zeigen, daß die Gruppierung der russischen Truppen und insbesondere der motorisierten und Panzerverbände in einer Weise erfolgt ist, daß das russische Oberkommando zu einem aggressiven Vorgehen gegen die deutsche Grenze an verschiedenen Stellen jederzeit in der Lage ist. [...] Deutschland ist nicht gewillt, dieser Bedrohung seiner Ostgrenze tatenlos zuzusehen. Der Führer hat daher nunmehr der deutschen Wehrmacht den Befehl erteilt, dieser Bedrohung mit allen zur Verfügung stehenden Mitteln entgegenzutreten. In dem kommenden Kampf ist sich das deutsche Volk bewußt, daß es nicht nur zum Schutz der Heimat antritt, sondern daß es dazu berufen ist, die gesamte Kulturwelt vor den tödlichen Gefahren des Bolschewismus zu retten.«[3]

Zunächst jedoch fiel die Botschaft vom Präventivschlag noch nicht auf fruchtbaren Boden: »Im Volk eine leicht deprimierte Stimmung. Das Volk will den Frieden, zwar nicht den verlorenen, aber jeder neu aufgemachte Kriegsschauplatz bereitet ihm Sorgen und Kummer«, notierte Goebbels am Tag des Angriffs.[4] Der Reichspropagandaminister wußte, daß seine Saat Zeit braucht, um aufzugehen. Einen Tag später schrieb er: »Im Volk ist die Stimmung noch schwankend. Der Umschwung kam zu plötzlich. Die Öffentlichkeit muß sich zuerst daran gewöhnen. Das wird nicht lange dauern.«

Goebbels sollte recht behalten – wenn auch auf ganz andere Weise, als er gehofft und erwartet hatte: Seit der ersten großen Gegenoffensive der Roten Armee vor Moskau im Dezember 1941, spätestens aber seit dem Desaster der Wehrmacht in Stalingrad im Herbst 1942 hielten immer größere Teile der deutschen Bevölkerung den Krieg an der Ostfront für einen legitimen Abwehrkampf gegen die nach Westen drängende Sowjetunion. Diese Auffassung hielt sich nicht nur jahrelang über die deutsche Niederlage 1945 hinaus. Sie überlebte auch den Wechsel von der großdeutschen Kriegs- zur bundesdeutschen Konsumgeneration, kursierte aber ab den sechziger Jahren weitgehend nur noch in offen rechten, antidemokratischen Kreisen. Praktisch die gesamte bundesdeutsche Geschichtswissenschaft, aber auch fast alle internationalen Fachleute sahen nun im Angriff vom 22. Juni 1941 einen Überfall Hitler-Deutschlands auf die Sowjetunion.

Für Neonazis und bekennende Antisemiten allerdings gehört die Legende vom Verteidigungskrieg Hitlers gegen Stalin seit 1945 zusammen mit der Leugnung von Auschwitz zum selbstverständlichen Repertoire: »Mit seinem Präventivschlag auf die Sowjetunion rettete Hitler Europa vor der bolschewistischen Mordmaschinerie«, kann man auf einschlägigen Seiten im Internet lesen. Und weiter: »Der heldenhafte Kampf von Wehrmacht und Waffen-SS gegen einen übermächtigen Gegner rettete das Abendland. Ohne den hohen Blutzoll von Hitlers Soldaten hätte Stalin Europa in einen riesigen Archipel Gulag mit vielleicht 50 Millionen ermordeter Menschen verwandelt.«[5]

So radikal formuliert hat die Präventivkriegsthese abseits rechtsextremer Stammtische zwar keine Chance. In abgemilderter Form jedoch gewinnt sie seit Mitte der achtziger Jahre in Deutschland wieder an Boden. Seither machen sich auch gelernte Historiker, Bestsellerautoren und sogar einige Professoren diese Botschaft zu eigen. Zahlreiche russische Intellektuelle haben sich auf ihre Seite geschlagen. Inzwischen gilt sie vielen als historische Wahrheit: »Es dürfte heute erwiesen sein, daß der Krieg gegen die Sowjetunion in erster Linie ein nur schweren Herzens begonnener, aufgezwungener Präventivkrieg war«, schrieb Heinz Trettner im März 1997 an den »Bonner Generalanzeiger«.[6] An sich wäre dieses Wiederaufflackern der Goebbels-Propaganda von 1941 nicht weiter bemerkenswert. Denn nirgends außer im Internet kann man Vorurteile und historische Legenden so bequem studieren wie in den Leserbriefspalten deutscher Regionalzeitungen.

Trettner ist allerdings nicht irgend jemand, sondern ein pensionierter Vier-Sterne-General der Bundeswehr, der 1964 bis 1966 als Generalinspekteur immerhin höchster Offizier der Bundesrepublik war. Mehr als ein halbes Jahrhundert nach der totalen Niederlage des nationalsozialistischen Deutschlands machte sich also ein ehemals führender Repräsentant der demokratischen Bundesrepublik die offizielle NS-Darstellung von 1941 öffentlich zu eigen. Und Trettner steht keineswegs allein: Bücher über »Stalins Vernichtungskrieg« erreichen seit Ende der achtziger Jahre respektable Verkaufszahlen und oft mehrere Auflagen. Selbst die angesehenste deutsche Zeitung, die »Frankfurter Allgemeine«, öffnete dem »Krieg der Diktatoren« Stalin und Hitler 1986/87 ihren redaktionellen Teil.[7] Damit war das Thema endgültig aus dem Dunstkreis neonazistischer Blätter wie der »Deutschen Nationalzeitung« herausgetreten.

Die These vom Präventivkrieg kursiert in zwei unterschiedlichen Versionen. Laut der einen, schlichten, erwarteten der »Führer« und sein Generalstab im Sommer 1941 eine Attacke der Roten Armee: »Hitler hat diese geplante Angriffsabsicht Stalins durch seine Luftaufklärung nicht nur erkannt, sondern auch zerschlagen, indem er zur Überraschung Stalins diesem am 22. Juni 1941 mit seiner Offensive gegen die Sowjetunion knapp zuvorkam.«[8] Diese Behauptung beruht direkt auf der NS-Propaganda. Die andere Deutung geht davon aus, daß Hitler die Sowjetunion auf jeden Fall angreifen wollte, gleichzeitig aber Stalin seinen eigenen Angriff vorbereitete. Die Wehrmacht wäre dann am 22. Juni 1941 nur »zufällig« der Roten Armee zuvorgekommen: »So war ›Barbarossa‹ zwar kein Präventivkrieg im engsten Sinne, sondern der Zusammenprall zweier Stoßrichtungen totalitärer Eroberungspolitik, wobei der eine Angreifer dem anderen um eine geringe Zeitdifferenz zuvorkam.«[9]

Die erste Version der Legende ist einfach zu widerlegen. Es genügt nachzuweisen, daß die Expansionspläne des Nationalsozialismus Richtung Ostmitteleuropa unabhängig von der Politik des Kremls entwickelt wurden und sich die deutsche Seite 1940/41 von der Roten Armee nicht bedroht fühlte. Schwieriger ist die zweite Version der Präventivkriegsthese zu entkräften. Denn sie stützt sich einerseits auf einige zwar verfälschte oder vorsätzlich fehlinterpretierte, jedoch im Kern echte Dokumente. Andererseits besteht über Stalins wahre Pläne bis heute keineswegs Einigkeit in der historischen Forschung, und an Rücksichtslosigkeit konnte sich der langjährige sowjetische Diktator mit dem »Führer« des »Dritten

Reiches« durchaus messen. Schließlich hat jeder der beiden eine zweistellige Millionenzahl von Menschenleben auf dem Gewissen. Deshalb ist es wichtig festzustellen: Wer die Behauptung, der deutsche Angriff auf die Sowjetunion sei ein Präventivkrieg gewesen, als Legende entlarvt, relativiert damit keineswegs die Verbrechen Stalins und seines Regimes.

»Die größte Kraft gehörte dazu, im vergangenen Jahr den Entschluß zum Angriff auf den Bolschewismus zu fassen. Ich mußte damit rechnen, daß im Laufe dieses Jahres Stalin zum Angriff übergeht; es galt, so früh als irgend möglich anzutreten; als frühester Termin ergab sich der Juni 1941. Auch zum Krieg führen braucht man Glück. Wenn ich jetzt daran denke: Was haben wir für ein Glück gehabt«, sagte Hitler am 17. September 1941 beim Mittagessen im »Führerhauptquartier«.[10] Nicht einmal seinem engsten Kreis ersparte er also die Propaganda-Behauptungen, denen zufolge der Angriff nur eine Reaktion auf die sowjetische Bedrohung gewesen sei. Es ist allerdings unwahrscheinlich, daß seine Zuhörer ihm glaubten. Denn unter den regelmäßigen Teilnehmern der Runde waren einige hohe Militärs, die sehr genau wußten, wann und wie der Entschluß zum Krieg im Osten gefallen war.

Hitler fabulierte schon in »Mein Kampf« von 1924/25, dessen Bedeutung für seine spätere Politik allerdings meist stark überschätzt wird, vom notwendigen Krieg um Lebensraum im Osten: »Wir Nationalsozialisten [...] stoppen den ewigen Germanenzug nach dem Süden und Westen Europas und weisen den Blick nach dem Land im Osten [...]. Wenn wir aber heute in Europa von neuem Grund und Boden reden, können wir in erster Linie nur an Rußland und die ihm untertanen Randstaaten denken.« An anderer Stelle in »Mein Kampf« hatte Hitler bereits den Drang nach Osten historisch zu »begründen« versucht: »Wollte man in Europa Grund und Boden, dann konnte dies im großen und ganzen nur auf Kosten Rußlands geschehen, dann mußte sich das neue Reich wieder auf der Straße der früheren Ordensritter in Marsch setzen, um mit dem deutschen Schwert dem deutschen Pflug die Scholle, der Nation aber das tägliche Brot zu geben.«[11]

Von der sogenannten Machtergreifung 1933 bis zum Frühjahr 1939 standen sich das nationalsozialistische Deutschland und die kommunistische Sowjetunion unversöhnlich gegenüber. Hitler hatte den deutschen Kommunismus mit nicht für möglich gehaltener Härte zerschlagen und viele zehntausend Menschen ins Exil treiben, einsperren oder ermorden lassen. Stalin wiederum unterstützte jahrelang offen den Widerstand gegen den Nationalsozialismus. Die beiden totalitären Staaten führten sogar einen blutigen Stellvertreterkrieg gegeneinander – 1936 bis 1939 in Spanien. Nach ersten vorsichtigen, streng geheimen Kontakten im Frühjahr 1939 schlossen die beiden Diktatoren dann am 23. August, überraschend für fast die gesamte Welt, einen Nichtangriffspakt, den »Hitler-Stalin-Pakt«.

Für die Verfechter der Präventivkriegsthese ist dieses Abkommen von entscheidender Bedeutung. Mal sehen sie darin Hitlers ehrlichen Willen, die gegen Deutschland gerichtete »Einkreisungspolitik« aufzubrechen, also die Verhandlungen von Frankreich und Großbritannien einerseits mit Polen und der Sowjetunion andererseits. Der »Führer« habe zu einem Ausgleich mit dem Herrn im Kreml kommen wollen. Darum habe er auch im Sommer 1941 noch gerungen – obwohl doch das nationalsozialistische Deutschland bis dahin ausnahmslos alle anderen Verträge rücksichtslos gebrochen hatte. Andere Deutungen gehen weiter. Zum Beispiel Joachim Hoffmann, inzwischen pensionierter Historiker am Militärgeschichtlichen Forschungsamt der Bundeswehr: »Der Pakt vom 23. August 1939 hatte Hitler dazu ermutigt, Polen anzugreifen und als Folge hiervon, wie erwartet, einen europäischen Krieg entstehen lassen.«[12] Noch weiter wagte sich Ernst Topitsch vor. Der emeritierte Professor für Philosophie der Universität Graz sieht im sowjetischen Diktator die treibende Kraft: »Der erste Schachzug – die Auslösung des europäischen Krieges mit Hilfe des Paktes vom 23. August 1939 – gelang, wobei Stalin einen längeren Abnutzungskrieg erwartete.«[13] Demnach wäre der Zweite Weltkrieg also auf ein erfolgreiches politisches Vabanquespiel des Kreml-Herren zurückzuführen.

Doch derlei Spekulationen sind haltlos. Denn Hitler hatte seinem Generalstab schon am 3. April 1939 die Weisung erteilt, den Angriff auf Polen vorzubereiten. Am 23. Mai monologisierte er stundenlang vor seinen obersten Generälen und machte ihnen klar, daß sein Entschluß zum Krieg unumkehrbar sei: »Es entfällt also die Frage, Polen zu schonen, und bleibt der Entschluß, bei erster passender Gelegenheit Polen anzugreifen.«[14] Zu diesem Zeitpunkt war eine Übereinkunft mit Stalin noch völlig illusorisch. Tatsächlich sah Hitler im Nichtangriffspakt zwar eine willkommene Rückendeckung für die Zerschlagung Polens und den immerhin denkbaren Gegenangriff der Großmächte Frankreich und Großbritannien im Westen, aber keine Voraussetzung für einen Angriff. Der Preis für das Abkommen war, Stalin ein gutes Drittel der Beute zu überlassen, nämlich ganz Ostpolen. Außerdem sollten die baltischen Staaten, ein Teil Rumäniens und Finnland zur sowjetischen Interessensphäre gehören. In einem geheimen Zusatzprotokoll wurde diese Aufteilung fixiert. Dadurch erwiesen sich Hitler und Stalin als gleichermaßen skrupellos. Dem ersten Abkommen folgten noch einige weitere, die die wirtschaftliche Zusammenarbeit regelten, Lieferungen von Rüstungsgütern gegen Rohstoffe und ähnliches. Doch daß es sich bei dem Pakt der Diktatoren um ein reines Zweckbündnis handelte, war immer klar.

Die unerwartet schnellen Siege der Wehrmacht in den »Blitzkriegen« gegen Dänemark und Norwegen im April und gegen Holland, Belgien und Frankreich im Mai und Juni 1940 veränderten die Lage. Stalin ließ Truppen an der Interessengrenze mitten durch Polen aufmarschieren, annektierte die drei baltischen Staaten und einen Teil Rumäniens. Gleichzeitig rüstete die Rote Armee auf. Für die Anhänger der Präventivkriegsthese ein Beweis, daß Stalin sich auf einen eigenen Angriff gegen Hitler-Deutschland vorbereitete. Mancher sieht sogar einen konkreten Plan schon für einen Angriff im Sommer 1940, wie Wolfgang Strauss: »Während die Deutschen an der Maginotlinie kämpften, wollte Stalin gegen Polen und Deutschland losschlagen, Berlin erobern, das Reich zerschmettern.«[15] Doch viel näher liegt es, anzunehmen, daß der Moskauer Diktator mit den Annektionen die günstige Situation ausnutzen wollte, war doch der ungeliebte Bündnispartner im Westen durch den bevorstehenden Kampf um England gebunden. Übrigens ging Stalin bei seinen Maßnahmen stets nur an den Rand dessen, was Hitler noch akzeptieren konnte. So ist auch der Aufmarsch einiger zusätzlicher Divisionen an der Grenze zu verstehen.

Für manche Vertreter der Präventivkriegsthese sind nicht die Annektionen im Sommer 1940 der Wendepunkt, sondern der einzige Besuch des sowjetischen Außenministers Wjatscheslaw Molotow bei seinen Berliner Bündnispartnern im November 1940. Für Hellmut Diwald, den inzwischen verstorbenen Rechtsaußen der deutschen akademischen Geschichtswissenschaft, stand das außer Frage: »Ob für den Präventivkrieg Hitlers allein die Gespräche mit [...] Molotow am 12. und 13. November 1940 den Anstoß gaben, oder ob es die Geheimgespräche zwischen der Sowjetunion und den USA waren, von denen Hitler informiert wurde, oder die Meldungen über die Umrüstung der Roten Armee den Ausschlag gaben: Sämtliche Überlegungen dieser Art treten in den Hintergrund gegenüber der Tatsache, daß sich Hitler nach dem Molotow-Besuch entschloß, den Krieg gegen die Sowjetunion als unvermeidlich anzusehen und entsprechend vorzubereiten.«[16]

Ähnlich sieht das Werner Maser, ein anderer in der Zunft meist geschnittener Zeithistoriker. Über das Ergebnis des Molotow-Besuchs schreibt er: »Hatte Stalin sein beim Abschluß des Hitler-Stalin-Paktes verpfändetes Wort, daß er den Pakt sehr ernst nähme [...], seit September 1939 mehrfach gravierend gebrochen, so tat Hitler dies jetzt. Instinktiv hatte er erkannt, daß er unmittelbar zwischen Kampf und Unterwerfung wählen müßte. Jetzt war er überzeugt, den von ihm seit Anbeginn seiner politischen Karriere zum wesentlichen Programmpunkt seiner Politik erhobenen, jedoch vorerst zurückgestellten Krieg gegen die Sowjetunion nicht länger aufschieben zu können.«[17]

Allerdings zeigt ein Blick in die Quellen, daß auch diese Begründung für Hitlers Sorge vor einem sowjetischen Angriff unzutreffend ist. Denn der deutsche Diktator hatte, vom Sieg an der Westfront berauscht, den Schwenk nach Osten gedanklich bereits im Hochsommer vollzogen, fast vier Monate vor Molotows Besuch in Berlin. Am 22. Juli 1940 notierte der Generalstabschef des Heeres, Generaloberst Franz Halder, in sein Kriegstagebuch: »Der Führer will sich die militärpolitische Initiative nicht aus der Hand nehmen lassen [...]. Stalin kokettiert mit England, um England im Krieg zu halten und uns zu binden, um Zeit zu haben, das zu nehmen, was er nehmen will und was nicht mehr genommen werden kann, wenn Frieden ausbricht. Er wird Interesse haben, daß Deutschland nicht zu stark wird. Aber es liegen keine Anzeichen für russische Aktivität gegenüber uns vor. Russisches Problem in Angriff nehmen.«[18]

Auf den Tag elf Monate später klang das in Hitlers Proklamation an das deutsche Volk ganz anders: »Während Deutschland im Frühjahr 1940 seine Streitkräfte [...] weit von der Ostgrenze zurückzog, [...] begann bereits zu dieser Zeit der Aufmarsch russischer Kräfte in einem Ausmaß, der nur als eine bewußte Bedrohung Deutschlands aufgefaßt werden konnte.«[19] Aber diese Begründung war nur für das deutsche Volk gedacht. Daß sie auch nach sechs Jahrzehnten von Historikern ernst genommen werden könnte, würde die damals Verantwortlichen wahrscheinlich sehr amüsieren.

Am 31. Juli 1940 war dann Hitlers Entscheidung gefallen, wie Halders Notizen zeigen: »Im Zuge dieser Auseinandersetzung muß Rußland erledigt werden. Frühjahr 1941. Je schneller wir Rußland zerschlagen, um so besser. Beginn des Feldzuges: Mai 1941. Fünf Monate Zeit zur Durchführung. Am liebsten noch in diesem Jahre. Geht aber nicht, um Operationen einheitlich durchzuführen. Ziel: Vernichtung der Lebenskraft Rußlands.«[20] Der bereits vorher sicherheitshalber begonnene »Operationsentwurf Ost«, der am 5. August 1940 vorgelegt wurde, vermerkt als Kriegsziel: »Zweck des Feldzuges ist es, die russische Wehrmacht zu zerschlagen und Rußland unfähig zu machen, in absehbarer Zeit als Gegner Deutschlands aufzutreten [...]. Die Russen werden uns nicht den Liebesdienst eines Angriffs erweisen. Wir müssen damit rechnen, daß das russische Heer uns gegenüber in der Abwehr bleibt.«[21]

Während im Westen die Luftschlacht um England tobte und eine Invasion der Insel vorbereitet wurde, arbeiteten die Generalstäbe Pläne für den kommenden Krieg im Osten aus. Doch zum ersten Mal erreichte Hitler ein militärisches Ziel nicht: Großbritannien wehrte die Attacken ab. Ungeachtet dessen gingen die Vorbereitungen für den Angriff auf die Sowjetunion weiter. Am 18. Dezember 1940 erließ er die streng geheime »Weisung Nr. 21 Fall Barbarossa«: »Die deutsche Wehrmacht muß darauf vorbereitet sein, auch vor Beendigung des Krieges gegen England Sowjetrußland in einem schnellen Feldzug niederzuwerfen.« Doch schon in der daraufhin entworfenen, ebenfalls streng geheimen »Aufmarschanweisung Barbarossa« begann die Verschleierung der wahren Absichten: »Für den Fall, daß Rußland seine bisherige Haltung gegen Deutschland ändern sollte, sind als Vorsichtsmaßnahme alle Vorbereitungen zu treffen, die ermöglichen, auch vor Beendigung des Krieges gegen England Sowjetrußland in einem schnellen Feldzug niederzuwerfen.« Im inneren Zirkel allerdings wurde weiterhin Klartext gesprochen. Zum Beispiel in den Lagebeurteilungen der Generalstabsabteilung Fremde Heere Ost, die am 15. März 1941 feststellte: »Teilmobilmachung und Aufschließen russischer Truppen zur Grenze ist Defensivmaßnahme und dient lediglich zur Verstärkung der Grenzsicherung.« In einem Bericht vom 20. Mai heißt es: »Die derzeitige grenznahe Aufstellung der Masse der [sowjetischen] Kräfte läßt folgende Möglichkeiten des Einsatzes zu: 1. Präventiv-Offensive. Sie ist mit Grund des militärischen Aufmarsches möglich [...], jedoch aus folgenden Gründen unwahrscheinlich: a. militärisch: Trotz der beim Russen häufig anzutreffenden Überheblichkeit und Selbstüberschätzung und entsprechender Äußerungen über eine beabsichtigte Offensive kann angenommen werden, daß die oberste Führung den geringen Ausbildungsstand und die innere Schwäche der Roten Armee kennt [...]. b. politisch: Die Tatsache, daß bisher weit günstigere Gelegenheiten eines Präventivkrieges (schwache Kräfte im Osten, Balkankrieg) von der UdSSR nicht ausgenutzt wurden, ferner das gerade in letzter Zeit fühlbare politische Entgegenkommen und festzustellende Bestreben der Vermeidung möglicher Reibungspunkte lassen eine Angriffsabsicht unwahrscheinlich erscheinen.« Auch Anfang Juni 1941, gut zwei Wochen vor dem Angriff, war sich der Generalstabschef des deutschen Heeres sicher: »Der russische Aufmarsch kann präventiven und defensiven Charakter haben. Defensive Absichten sind anzunehmen«, sagte Halder bei einer Besprechung mit den Armee- und Heeresgruppenchefs.[22] Auch Goebbels hatte nur sechs Tage vor dem Angriff keineswegs Angst vor einem bevorstehenden Überfall der UdSSR: »Der Führer erklärt mir ausführlich die Lage. Der Angriff beginnt, sobald unser Aufmarsch beendet ist. Das wird im Laufe etwa einer Woche der Fall sein. [...] An personellem und materiellem Wert sind sie mit uns überhaupt nicht zu vergleichen. Der Durchstoß geht an verschiedenen Stellen vor sich. Sie werden glatt aufgerollt. Der Führer schätzt die Aktion auf etwa vier Monate, ich schätze viel weniger. Der Bolschewismus wird wie ein Kartenhaus zusammenbrechen. Wir stehen vor einem Siegeszug ohnegleichen.«[23]

Hitler und seine oberste Generalität bereiteten also den Angriff auf die Sowjetunion vor, ohne sich von ähnlichen Maßnahmen der Roten Armee unter Druck gesetzt zu fühlen. Aber was plante Stalin? War er tatsächlich zufrieden mit dem Gebietsgewinn an der Westgrenze der Sowjetunion? Oder hatte er eine »Langzeitstrategie gegen den Westen« im Sinne? Benutzte er Hitler – erst gegen das harmlose Polen, dann gegen die Westmächte? Steuerte der KPdSU-Generalsekretär bewußt auf eine Auseinandersetzung mit Deutschland hin? Das behauptete 1985 nicht als erster, aber mit einer bis dahin unbekannten gedanklichen Stringenz der Philosoph Ernst Topitsch in seinem Buch »Stalins Krieg«. Wer diese Darstellung ohne Vorwissen liest, kann leicht ihrer Argumentation erliegen. Brillant fügte Topitsch bruchstückhafte Informationen zu einem Bild zusammen, in dem Hitler als das Werkzeug Stalins erscheint. Nicht auf neue Dokumente, sondern auf eine radikale Umwertung bekannter Zeugnisse gestützt entwarf der Grazer Professor eine völlig neue Interpretation des 20. Jahrhunderts: Wie sein Lehrmeister Lenin habe Stalin danach gestrebt, die Welt dem Kommunismus zu unterwerfen. Dazu zettelte er den Zweiten Weltkrieg an und provozierte danach seinen ungeliebten Verbündeten Hitler zum Angriff, um vor Großbritannien und den USA als Opfer dazustehen. Mit deren Unterstützung eroberte die Rote Armee dann halb Europa, »ohne mit den anglo-amerikanischen Streitkräften die Klingen kreuzen [zu müssen] – das haben stellvertretend die Deutschen und Japaner besorgt.«[24]

Bald darauf lieferten andere Autoren jene »Geheimdokumente« nach, die Topitschs Entwurf scheinbar untermauerten. Der erste war 1986 ein Überläufer aus dem sowjetischen Armeegeheimdienst namens Wladimir Resun. Unter dem Pseudonym »Viktor Suworow« veröffentlichte er in britischen Militärzeitschriften und bald darauf in einem Buch mit dem Titel »Der Eisbrecher. Hitler in Stalins Kalkül« seine Deutung des Zweiten Weltkrieges. Danach verfolgte der Kreml-Herr ein klares Konzept, das er in einer geheimen Sitzung des Politbüros am 19. August 1939 umrissen haben soll. Diese Deutung geht auf eine Meldung der französischen Nachrichtenagentur Havas zurück, die im Herbst 1939 verbreitet, aber damals kaum wahrgenommen wurde. Stalin soll ausgeführt haben: »Ich wiederhole vor Ihnen noch einmal, daß es in unserem Interesse liegt, wenn zwischen dem [Deutschen] Reich und dem anglo-französischen Block Krieg ausbricht. Es ist für uns essentiell, daß dieser Krieg so lange dauert wie möglich, damit die zwei Parteien sich gegenseitig zur Erschöpfung bringen. Aus diesen Gründen wollen wir den von Deutschland vorgeschlagenen Pakt akzeptieren und erreichen, daß sich der Krieg, sobald er erst erklärt ist, so lange wie möglich hinzieht.«[25]

Die Rede vom 19. August 1939 taucht bei Anhängern der Präventivkriegsthese oft auf: Für Joachim Hoffmann ist sie »programmatisch«, für Wolfgang Strauss ein »sensationeller Fund«, für den ehemaligen NPD-Vorsitzenden Adolf von Thadden »sehr bedeutungsvoll«. Walter Post meint, die Rede belege Stalins Ziel, »einen europäischen Krieg auszulösen, der zur Schwächung der ›imperialistischen Kapitalisten‹ und zur Ausweitung des sowjetischen Machtbereichs führen sollte«. Viktor Suworow schreibt: »Am 19. August traf Stalin Entscheidungen, die die Weltgeschichte umkehren sollten.« Die Tageszeitung »Die Welt« referierte 1996 die Rede ausführlich, die »jetzt in den sowjetischen Geheimarchiven gefunden« worden sei.[26]

Dabei ist der Text Historikern schon seit 1958 bekannt – und gilt ebenso lange als wahrscheinlich gefälscht. Vier Indizien weisen darauf hin: Erstens gibt es keinen russischen Originaltext, sondern nur eine französische Fassung; diese allerdings gleich in vier abweichenden Versionen. In den Moskauer Sonderarchiven – übrigens in erbeuteten deutschen Aktenbeständen – ist lediglich die Meldung der Nachrichtenagentur Havas entdeckt worden. Zweitens hat der Genfer Journalist, der das Dokument 1939 der Agentur zuspielte, mehrfach unterschiedlich dargestellt, wie und wann er in seinen Besitz gekommen sein will. Außerdem veröffentlichte er einmal zusammen mit der »Rede« vom 19. August ein zweifelsfrei gefälschtes anderes Dokument als »echt«. Drittens wurde die Meldung erst nach dem Beginn des Krieges und dem sowjetischen Einmarsch in Ostpolen am 17. September 1939 bekannt. Alle in der angeblichen Rede enthaltenen Informationen waren zu diesem Zeitpunkt einem aufmerksamen Beobachter frei zugänglich – der Inhalt beweist also nicht die Herkunft des vermeintlichen Textes aus gut unterrichteten Kreisen der KPdSU. Viertens ist seit dem Ende der Sowjetunion bekannt, daß zu Stalins Zeit im Politbüro keine Wortprotokolle geführt, sondern lediglich die Beschlüsse niedergelegt wurden. Der russische Militärhistoriker und ehemalige Generaloberst Dimitri Wolkogonow durfte das Beschlußprotokoll der Politbürositzung vom 19. August 1939 einsehen und hat festgestellt, daß es an diesem Tag nur um Nebensächlichkeiten ging, nicht um die grundsätzliche Strategie im aufziehenden Krieg.

Echt ist die Rede also wohl nicht – gut erfunden aber schon. Denn sie verknüpft verschiedene Fakten sehr geschickt. Einerseits war der 19. August 1939 tatsächlich ein Wendepunkt: Am frühen Nachmittag lehnte der sowjetische Außenminister, Wjatscheslaw Molotow, gegenüber dem deutschen Botschafter in Moskau, Friedrich Werner Graf von der Schulenburg, direkte Gespräche mit Reichsaußenminister Joachim von Ribbentrop noch ab. Anderthalb Stunden später, bei einem erneuten Besuch Schulenburgs, war Molotow dann plötzlich einverstanden und überreichte sogar den Entwurf eines Nichtangriffspaktes. Die deutsche Seite vermutete wahrscheinlich zu Recht, daß Stalin direkt eingegriffen habe. Gleichzeitig ließ der Diktator die Verhandlungen mit einer französisch-britischen Militärkommission platzen. In der Nacht vom 19. auf den 20. August wurde dann der erste Vertrag zwischen Deutschland und der Sowjetunion unterschrieben, ein Wirtschaftsabkommen.

Andererseits erläuterte Stalin nur knapp drei Wochen später, am 7. September 1939, seine politischen Ziele. Überliefert wurden diese Äußerungen in Aufzeichnungen von Georgi Dimitroff, dem Generalsekretär der Kommunistischen Internationale (Komintern). Stalin sagte unter anderem: »Der Krieg wird zwischen zwei Gruppen kapitalistischer Staaten geführt (armen und reichen in Bezug auf Kolonien, Rohstoffe usw.) um die Neuaufteilung der Welt, um die Weltherrschaft! Wir haben nichts dagegen, daß sie ordentlich aufeinander einschlagen und sich schwächen [...]. Wir können manövrieren, die eine Seite gegen die andere aufbringen, damit sie sich noch stärker in die Haare kriegen.«[27]

Auf den ersten Blick scheint diese Aufzeichnung den Inhalt der Rede vom 19. August zu bestätigen. Es besteht jedoch ein entscheidender Unterschied: Zwischen dem angeblichen Termin der Rede im Politbüro und Stalins tatsächlichem Gespräch mit Dimitroff lagen der deutsche Überfall auf Polen am 1. und die Kriegserklärungen der Alliierten gegen Deutschland am 3. September 1939. Aus der Krise um Polen, die möglicherweise wie zuvor jene um Österreich, um das Sudetenland und um die Besetzung der verbliebenen Tschechoslowakei durch ein Zurückweichen Großbritanniens und Frankreichs vor Hitler hätte »gelöst« werden können, war ein Krieg um die Hegemonie in Europa geworden. Wer die Rede vom 19. August für authentisch erklärt, unterstellt Stalin einen konkreten Plan, diesen Krieg herbeizuführen. Die unzweifelhaft echte Äußerung vom 7. September dagegen zeigt den Kreml-Herrn »nur« als skrupellosen Taktiker, der jede Situation zu seinem Vorteil auszunutzen bereit war.

Noch wichtiger als die angebliche Politbüro-Rede sind für die Anhänger der Präventivkriegsthese zwei weitere Texte aus dem

Frühjahr 1941: eine Rede, die Stalin am 5. Mai vor Absolventen der sowjetischen Militärakademie hielt, und ein Aufmarschplan der Roten Armee vom 15. Mai, den Verteidigungsminister Semjon Timoschenko und Generalstabschef Georgi Shukow unterschrieben hatten.

Über Stalins Rede erfuhr die deutsche Generalstabsabteilung Fremde Heere Ost später aus Verhören kriegsgefangener sowjetischer Offiziere, die Zeugen der Rede geworden waren, folgendes: Stalin soll vom unvermeidbar kommenden Krieg gegen Deutschland gesprochen haben. Als Zeitpunkt habe er das Jahr 1942 genannt. Die Rote Armee müsse sich auf einen eigenen Angriff vorbereiten. Viel mehr allerdings wurde während des Zweiten Weltkrieges und lange danach über den 5. Mai 1941 nicht bekannt – ein ergiebiges Feld für Spekulationen. So leitet Wladimir Resun alias Viktor Suworow aus der Tatsache, daß die Rede zu Stalins Lebzeiten nie veröffentlicht wurde, weitreichende Schlüsse ab: »Es ist begreiflich, daß sie vor dem Krieg nicht publik gemacht werden konnte, aber unmittelbar nach Kriegsausbruch hätte sie doch veröffentlicht werden müssen! Oder wenn schon nicht alles zur Veröffentlichung geeignet war, so hätte Stalin immerhin zu Beginn des Krieges [...] sagen können: Ich hatte euch alle gewarnt. Ich habe schließlich vom Krieg gegen Deutschland schon am 5. Mai gesprochen. Seht her, ein kleines Zitat aus meiner Geheimrede! Aber Stalin hat nichts dergleichen gesagt. Und dafür gibt es nur einen Grund: Er hatte von einem unvermeidlichen Krieg gesprochen, hatte Deutschland als den Hauptfeind bezeichnet, allerdings über die Möglichkeit eines deutschen Angriffs kein Wort verloren.« An anderer Stelle legt Suworow Stalin sogar folgende Worte in den Mund: »Ja, ich will Hitler angreifen ... 1942.«[28] Joachim Hoffmann kennt zwar nach eigenen Angaben den Text der Rede auch nicht vollständig, aber sicher ist sich der ehemalige Bundeswehrhistoriker trotzdem: »5. Mai 1941 – Stalin proklamiert den Angriffskrieg«. Hoffmann weiß auch, daß der sowjetische Diktator an diesem Tag »Kriegsdrohungen ausstieß«. Wolfgang Strauss hält die Rede für eine »politische Ouvertüre«, Ernst Topitsch sieht darin eine Bestätigung seiner These, Stalin habe für 1942 einen Angriff geplant.[29]

Unterstützt wurden diese weitgehenden Interpretationen durch eine Wand von Desinformationen, die um Stalins Rede errichtet wurde. Das Zentralorgan der KPdSU, die »Prawda«, meldete am

6. Mai nur die Tatsache der Rede. Verschiedene Quellen im Kreml berichteten dem britischen Journalisten Alexander Werth und dem deutschen Botschaftsrat Gustav Hilger abweichende Versionen. Eine eigentlich geplante Publikation in Stalins gesammelten Werken unterblieb nach dem Tod des Diktators. Im Zuge der Perestroika und nach dem Zusammenbruch der Sowjetunion wurden dann in Rußland gekürzte oder paraphrasierte Fassungen veröffentlicht – meist jedoch entweder mit eindeutig apologetischer Tendenz zugunsten Stalins oder als Beweis seines Willens zum Krieg.

Während das Redemanuskript nach offiziellen Angaben nicht mehr existiert, kann man seit 1998 eine Zusammenfassung lesen, die wissenschaftlich einwandfrei dokumentiert ist. Sie enthält keine Hinweise auf die von den Verfechtern der Präventivkriegsthese stets angenommenen Ausführungen Stalins über den unmittelbar bevorstehenden Krieg oder die sowjetischen Pläne zum Erstschlag. Auch der von Suworow zitierte Satz »Ja, ich will Hitler angreifen ... 1942« findet sich darin nicht. Vielmehr geht es in der Rede um eine Bilanz des Umbaus der Roten Armee, die Mängel in der Ausbildung ihres Nachwuchses und die Gründe für den Erfolg der Wehrmacht im Krieg gegen Frankreich. Ihren Höhepunkt erreicht die Rede bei der Frage, ob die Wehrmacht unbesiegbar sei – was Stalin verneinte. Beim anschließenden Bankett allerdings ergriff der Kreml-Herr nochmals das Wort und sagte laut der Aufzeichnung, die ein Mitarbeiter des sowjetischen Volkskommissariats für Verteidigung verfaßte, in einem Trinkspruch: »Die friedliche Politik hat für unser Land den Frieden gesichert. Die friedliche Politik ist eine gute Sache. Bis zu einer bestimmten Zeit haben wir die Linie der Verteidigung vertreten, [... solange wir] die Armee noch nicht mit modernen Kampfmitteln ausgerüstet haben. Jetzt aber, da wir unsere Armee umgestaltet haben, sie reichlich mit Technik für den modernen Kampf ausgerüstet haben, jetzt, da wir stark geworden sind, jetzt muß man von der Verteidigung auf den Angriff übergehen. Bei der Verwirklichung der Verteidigung unseres Landes sind wir verpflichtet, offensiv zu handeln.«[30]

Eine Tagebuchaufzeichnung des Generalsekretärs der Komintern, Georgi Dimitroff, über die Veranstaltung am 5. Mai bestätigt die Zusammenfassung von Rede und Trinkspruch weitgehend. Auch nach diesem Bericht ging es in Stalins Ansprache um den Umbau der Roten Armee, um die Mängel der Militärschulen und um die Frage, warum die Wehrmacht über die französische Armee triumphieren konnte und ob sie unbesiegbar sei. Dimitroff zufolge sagte Stalin außerdem später beim Bankett: »Unsere Politik des Friedens und der Sicherheit ist gleichzeitig eine Politik der Kriegsvorbereitung. Es gibt keine Verteidigung ohne Angriff. Man muß die Armee im Geiste des Angriffs erziehen. Man muß sich auf den Krieg vorbereiten.«[31]

Diese Erkenntnis war nun auch 1941 nicht gerade neu – in der lateinischen Fassung »si vis pacem, para bellum« ist sie seit der römischen Antike geläufig. Man darf daraus zwar nicht schließen, Stalin habe eine friedfertige Außenpolitik verfolgt. Sein Umgang mit Finnland, Rumänien, den drei baltischen Staaten und natürlich Ostpolen beweist das Gegenteil. Aber ebensowenig kann man in dem Trinkspruch die Ankündigung eines Erstschlages gegen Deutschland sehen. Schließlich faßte Stalin lediglich in drei Sätzen die damals gültige Militärdoktrin der Roten Armee zusammen. Sie sah nämlich vor, den Krieg im Falle eines feindlichen Angriffs so schnell wie möglich auf das Territorium des Gegners zu tragen.

Zehn Tage nach der Ansprache im Kreml legten der sowjetische Verteidigungsminister Semjon Timoschenko und Generalstabschef Georgi Shukow einen Aufmarschplan vor, der einen Präventivschlag gegen die Wehrmacht vorsah: »Wenn man in Betracht zieht, daß Deutschland sein gesamtes Heer einschließlich rückwärtiger Dienste mobilisiert hat, so besteht die Möglichkeit, daß es uns beim Aufmarsch zuvorkommt und einen Überraschungsschlag führt. Um das zu verhindern, halte ich es für notwendig, dem deutschen Oberkommando unter keinen Umständen die Initiative zu überlassen, dem Gegner beim Aufmarsch zuvorzukommen und das deutsche Heer schon dann anzugreifen, wenn es sich im Aufmarschstadium befindet und keine Front aufbauen [...] kann.«[32]

Dieser Plan ist für Anhänger der Präventivkriegsthese ein zentraler Beweis für die sowjetische Aggression gegen Deutschland. Joachim Hoffmann formuliert es eindeutig: »Der Generalstabsplan vom 15. Mai bedeutete in einem zentralen Punkt ein Abgehen von der bisherigen Lehre: Denn nicht mehr sollte ein feindlicher Angriff mit einem vernichtenden Schlag beantwortet werden, sondern mit einem vernichtenden Schlag sollte die Rote Armee einem feindlichen Angriff zuvorkommen.«[33] Stalin habe Kenntnis von diesem Plan gehabt – es habe sich dabei nicht, wie gelegentlich behauptet, um eine private Planungsarbeit Shukows gehandelt.

Dabei ist es völlig unerheblich, ob der sowjetische Diktator diesen Plan nun abgezeichnet hat oder nicht – jedenfalls ist bis heute nicht ein einziger aus diesem Aufmarschplan abgeleiteter Angriffsbefehl dokumentiert, wie auch Hoffmann, Suworow, Topitsch und ihre Mitstreiter einräumen. Statt dessen führen sie Indizien für angeblich ergangene Anweisungen ins Feld. Diese beruhen jedoch auf Spekulationen – wie zum Beispiel Suworows Hinweis, die sowjetischen Fronteinheiten hätten im Juni frische Lederstiefel als Ersatz für ihre Segeltuchschuhe erhalten, was für einen unmittelbar bevorstehenden Angriff spreche. Außerdem folgte der Timoschenko-Shukow-Plan im wesentlichen den früheren Entwürfen für die Konzentration von Truppen, die mindestens bis ins Jahr 1938 zurückreichen. Richtig ist, daß Stalin im Frühjahr 1941 seine Truppen an der Demarkationslinie zum deutsch besetzten Teil Polens verstärkte. Daß diese Einheiten aber tatsächlich offensiv eingesetzt werden sollten, wird stets nur behauptet.

An dieser Stelle kommt ein weiteres Argument ins Spiel. Unstreitig war die Rote Armee vom Angriff der Wehrmacht völlig überrascht und wurde schon in den ersten Tagen und Wochen trotz verbissener Gegenwehr weit zurückgeworfen. Die Wehrmacht erlitt zwar höhere Verluste als bei allen Feldzügen bis dahin zusammen. Doch auf sowjetischer Seite fielen noch weit mehr Soldaten oder wurden verwundet. Massenhaft zerstörten die deutschen Panzer und Flugzeuge feindliches Kriegsgerät, das gar nicht mehr zum Einsatz kam. Bald wurden die ersten großen Kesselschlachten geschlagen und Hunderttausende Rotarmisten gefangengenommen. Offensichtlich waren die sowjetischen Streitkräfte am 22. Juni 1941 alles andere als kriegsbereit.

Das beeindruckt Hoffmann, Suworow, Post und andere Verfechter der Präventivkriegsthese jedoch keineswegs. Sie schließen im Gegenteil, die Rote Armee sei so rasch zurückgeworfen worden, weil sie statt in Verteidigungsstellung beim Aufbau einer Angriffsformation überrascht worden sei. »Gehaltene oder nicht gehaltene Reden Stalins [...] oder Einschätzungen über die Angriffsfähigkeit aufgrund der vorangegangenen ›Säuberungen‹ im Führerkorps [sind] gegenstandslos, wenn wir uns auf die tatsächliche Sachlage konzentrieren [...]. Die Kräftekonzentration der Roten Armee in den weit vorspringenden [...] Frontbogen von Białystok und Lemberg – dort war die Masse der mechanisierten Korps aufmarschiert – sind nur mit eigenen Angriffsabsichten erklärbar. Wären sie Bestandteil einer Defensivaufstellung, dann müßte den sowjetischen militärischen Planern [...] Unfähigkeit und Stümperei unterstellt werden«, schreibt Klaus Ulrich Hammel, pensionierter Oberst im Generalstab der Bundeswehr.[34] Noch deutlicher wird Wolfgang Strauss: »Eingestellt auf einen Angriffskrieg gegen Deutschland, erlitt der sowjetische Militärapparat durch den deutschen Gegenangriff am 22. Juni einen politisch-psychologischen Kollaps, der bereits in den ersten Monaten des Krieges zur Niederlage des kommunistischen Systems und zum Auseinanderfallen der Sowjetunion hätte führen können.«[35] Werner Maser argumentiert ähnlich: »Der deutsche Angriff stieß in die sowjetischen Vorbereitungen hinein, die spätestens Mitte Juli 1941 abgeschlossen sein sollten. Er vereitelte nicht nur ihre Vollendung, sondern zwang der UdSSR zugleich das Dilemma auf, zu der Zeit über eine Armee zu verfügen, die auf die Verteidigung nahezu gar nicht und auf die Offensive noch nicht ausreichend vorbereitet war.«[36]

Selbst die Beinahe-Niederlage der Roten Armee in den ersten Kriegswochen muß also als Beweis für die These herhalten, eigentlich habe Stalin Hitler überfallen wollen. Allerdings sahen das die deutschen Generalstabsoffiziere und auch die höchsten Repräsentanten des »Dritten Reiches« ganz anders. Generaloberst Halder notierte am 22. Juni 1941: »Der Feind war von dem deutschen Angriff überrascht. [...] Seine Truppen in der Grenzzone waren in weiten Unterkünften verteilt. Die Bewachung der Grenze selbst war im allgemeinen schwach.«[37] Goebbels schrieb zwei Tage später: »Militärische Entwicklung im Osten über alles Erwarten gut. Unsere neuen Waffen tun ihre verheerende Wirkung. Die Russen kommen zitternd aus ihren Bunkern heraus und sind einen Tag lang nicht vernehmungsfähig.«[38]

Abgesehen davon, daß es für einen Präventivkrieg keine Beweise gibt, sondern nur hochspekulative Schlüsse aus unvollkommen überlieferten Aufmarschplänen und ähnlich vagen Indizien, widersprechen sich Hoffmann, Strauss, Suworow, Maser und ihre Anhänger hier selbst. Denn wenn der Timoschenko-Shukow-Plan vom 15. Mai 1941 tatsächlich die Grundlage für einen Angriffsplan Stalins gewesen wäre, hätten die Generäle der Roten Armee schon völlig naiv sein müssen, ihrem künftigen Gegner nicht dasselbe Manöver zuzutrauen, das sie gerade selber vorbereiteten. Das der sowjetischen Führung unterstellte teuflische Kalkül paßt mit solcher Naivität nicht zusammen. In dem Plan heißt es ja, man solle

»dem Gegner beim Aufmarsch zuvorkommen und das deutsche Heer schon dann angreifen, wenn es sich im Aufmarschstadium befindet«. Der Verteidigungsminister und der Generalstabschef wollten für einen eventuellen Überraschungsschlag der Wehrmacht gewappnet sein. Als dann tatsächlich das eintrat, wovor die beiden obersten sowjetischen Militärs gewarnt hatten, erwies sich die Rote Armee allerdings als völlig unvorbereitet.

Weshalb aber war die Rote Armee so schlecht auf den Angriff der Wehrmacht vorbereitet? Die vom sozialistischen Block jahrzehntelang vertretene Behauptung vom hinterhältigen Überfall der Wehrmacht auf das friedliebende Vaterland aller Arbeiter und Bauern wurde im Westen nie ernsthaft geglaubt – immerhin gehörte die Sowjetunion bereits seit dem 17. September 1939, dem Einmarsch der Roten Armee in Ostpolen, zu den Profiteuren des europäischen Krieges und wurde am 14. Dezember desselben Jahres wegen ihres ebenso völkerrechtswidrigen Angriffs auf das neutrale Finnland aus dem Völkerbund ausgeschlossen. Friedliebend handelte die Sowjetunion zwischen 1939 und 1941 keineswegs. Außerdem war Stalin mit Warnungen vor dem Angriff geradezu überschüttet worden – von dem Spionagering und Widerstandskreis »Rote Kapelle« in Berlin ebenso wie vom sowjetischen Topspion Richard Sorge in Tokio und sogar direkt vom deutschen Botschafter in Moskau, Schulenburg.

»Wenn Stalin all diese Alarmsignale hartnäckig ignorierte, wenn er seinen Militärs, die langsam die Nerven verloren, kein grünes Licht für das Prävenire gab, wenn er die Situation an der Grenze bis in die Morgenstunden des 22. Juni hinein für kalkulierbar hielt, das Risiko einer Einkesselung der eigenen, exponierten Truppen bei einem Erstschlag der Wehrmacht ausschloß und, wie Goebbels höhnte, ›wie das Kaninchen auf die Schlange‹ starrte, dann hatte all das seine Ursache in der Friedensinitiative des Führerstellvertreters [Rudolf Heß] und in dem Kulissenspiel, das die Briten im Mai und Juni 1941 inszenierten«, schreibt der Würzburger Historiker Rainer F. Schmidt.[39]

Als Heß am 10. Mai 1941, mitten im bisher schlimmsten Bombenangriff der deutschen Luftwaffe auf London, nach Schottland flog, war dies die vielleicht spektakulärste diplomatische Initiative, die zwischen kriegführenden Staaten je stattgefunden hat. In keinem Krieg zuvor oder seither ist ein so hochrangiger Vertreter einer

Kriegspartei in das Land der anderen gereist. Ganz entschlüsselt ist das Rätsel um den Flug des intelligenten, aber geistig verwirrten Heß – er hatte für den Tag seines geplanten Fluges astrologische Gutachten eingeholt und daraufhin entschieden, aufzubrechen – bis heute nicht. Denn die entscheidenden Akten der britischen Geheimdienste MI5 und MI6 sind noch immer gesperrt. Allerdings hat Schmidt in den zugänglichen Archiven genug Hinweise gefunden, um die Hintergründe und vor allem Folgen des Heß-Fluges zuverlässig zu rekonstruieren.

Laut Schmidt war Heß auf eine Täuschung der britischen Geheimdienste hereingefallen, die ihm vorgegaukelt hatten, für Friedensverhandlungen nach seinen Vorstellungen gebe es Spielräume. Als Heß dann tatsächlich in Schottland eintraf, wurde er gefangengenommen und isoliert. Wochenlang verlautete in London kaum etwas über seinen Flug, der weltweit Überraschung und Interesse ausgelöst hatte. Während Hitler tobte, wurde Heß im deutschen Rundfunk schon bald als geistig zerrüttet dargestellt. Er sei das »Opfer von Wahnvorstellungen« geworden. Doch das Kabinett Churchill schwieg. Allerdings ließ der britische Außenminister, Anthony Eden, zeitgleich vertrauliche Informationen vom MI6 über den bevorstehenden deutschen Angriff an den sowjetischen Botschafter in London, Iwan Maiski, durchsickern. Der Minister wollte so Stalin in den Krieg gegen Deutschland hineinziehen und die verzweifelte Situation Großbritanniens verbessern. Im Kreml entstand jedoch ein anderer Eindruck: Verhandelte man in London etwa ernsthaft mit Heß über einen Frieden zwischen Deutschland und dem Empire? Genau das fürchtete Stalin, denn der sowjetische Diktator glaubte fest daran, daß Hitler nach den Erfahrungen des Ersten Weltkrieges keinen Zweifrontenkrieg wagen würde. Sollte Großbritannien dagegen eine Friedensofferte aus Berlin annehmen, rechnete Stalin mit einem sofortigen Angriff der Wehrmacht.

Anfang Juni 1941 zog Churchill dann seinen Botschafter aus Moskau zurück. Wenige Tage später kam ein hochrangiger Unterhändler zu Heß – für Stalin weitere Anzeichen für einen bevorstehenden Frontwechsel Englands. Der Kreml-Herr versuchte, die vermuteten deutsch-britischen Geheimverhandlungen durch großzügige Angebote an Hitler zu unterminieren. In einer Mitteilung der Nachrichtenagentur TASS ließ Stalin am 13. Juni verkünden, alle Gerüchte um einen bevorstehenden deutsch-sowjetischen Krieg seien gegenstandslos. Goebbels jubilierte: »Moskau gibt ein formelles Dementi heraus: Es wisse nichts von Angriffsvorbereitungen des Reiches. Unsere Truppenbewegungen seien anderen Zwekken dienlich. Jedenfalls tue Moskau gar nichts gegen eine angebliche Angriffsabsicht. Großartig!«[40]

Während die Wehrmacht ihren Aufmarsch vollendete, wartete Stalin auf Nachrichten aus Großbritannien: »Die Aussicht auf einen Sturz Churchills und das Szenario einer möglichen Übereinkunft mit Heß als Hitlers Unterhändler, der der Wehrmacht die Tür nach Osten öffnen sollte – all das bot für den Augenblick auch ein Fundament relativer Sicherheit. Denn für die Umbildung der Regierung in London gab es noch keine konkreten Anzeichen, und ein solches Manöver würde Tage, wenn nicht Wochen in Anspruch nehmen. Im Lichte dieser Einschätzung galt es daher, äußerst vorsichtig und zurückhaltend zu taktieren, um nicht einer britischen Provokation aufzusitzen, die die Sowjetunion in den Krieg verwickeln sollte.«[41] Vor diesem Hintergrund erscheint Stalins seltsames Verhalten im Mai und Juni rational: Der sowjetische Diktator war sich sicher, daß Hitler den Befehl zum Angriff der Wehrmacht noch nicht geben würde. Er glaubte, Zeit zu haben. Alle abweichenden Informationen, sofern sie ihn überhaupt erreichten, interpretierte er als Desinformation. Hitler würde keinen Zweifrontenkrieg wagen: Diese Fehleinschätzung Stalins trieb die Rote Armee in eine militärische Katastrophe – nicht die angeblichen Vorbereitungen für einen Angriffskrieg, die so schlecht geplant sein sollen, daß die russischen Truppen trotz der bekanntermaßen drohenden Gefahr auf einen deutschen Angriff nicht vorbereitet waren und völlig überrumpelt wurden.

Zu einem ähnlichen Ergebnis wie Rainer F. Schmidt kommt auch der israelische Historiker und Rußland-Experte Gabriel Gorodetsky: »Hitler [habe mit dem Flug seines Stellvertreters Heß] versucht, die Unterstützung Großbritanniens für den Krieg gegen Rußland zu gewinnen, indem er sich als Retter der westlichen Zivilisation im Kreuzzug gegen den Kommunismus präsentierte. Daher schien Heß' Flug das Ziel zu verfolgen, am Vorabend dieses Krieges oder in seinem Anfangsstadium ein deutsch-britisches Bündnis zu ermöglichen. Moskaus Schlußurteil lautete daher, Heß sei auf Hitlers Weisung mit Friedensvorschlägen nach England gekommen [...]. Es ist tragisch, daß Stalins Wachsamkeit vor Kriegsausbruch auf diese Weise getäuscht und von der realen Gefahr vor seiner Türschwelle abgelenkt wurde.«[42]

Warum hält sich die Legende vom Präventivkrieg Hitlers gegen die Sowjetunion trotz aller widersprechenden Erkenntnisse so hartnäckig? Natürlich geht es um die Umwertung der Geschichte mit dem Ziel, die deutsche Schuld am Zweiten Weltkrieg und seinen Grausamkeiten zu widerlegen oder wenigstens zu mindern. Allerdings setzen die verschiedenen Anhänger der Präventivkriegsthese im Detail dabei durchaus unterschiedliche Schwerpunkte. Am weitesten geht wohl Ernst Topitsch. Nach dem Grazer Philosophen war nicht Hitler, sondern Stalin der Urheber des Zweiten Weltkrieges. Im Rahmen einer angeblichen »Langzeitstrategie gegen den Westen« wäre Hitler nur ein Werkzeug, das Stalin virtuos für seine eigenen Ziele einsetzte. Nicht einmal die Tatsache, daß die Sowjetunion zweimal, im Herbst 1941 und genau ein Jahr später, am Rande des Untergangs stand, bringt Topitsch von seinem Standpunkt ab.

Ähnlich wie Topitsch argumentieren übrigens andere Autoren aus dem Spektrum von rechtskonservativ bis neonazistisch, allerdings nicht mit Blick auf Stalin. Laut Dirk Bavendamm zum Beispiel trieb Roosevelt Deutschland voller Berechnung in den Weltkrieg. Max Klüver berichtet »Neues aus dem britischen Staatsarchiv« und kommt zu dem Ergebnis, das zugleich Titel seines Buches wurde: »Es war nicht Hitlers Krieg«. Der schottische Autor Peter H. Nicoll berichtet von »Englands Krieg gegen Deutschland – Ursachen, Methoden und Folgen des Zweiten Weltkrieges«. Für Hartmut Stern haben »die Juden« Deutschland den Krieg erklärt. Udo Walendy will die »Wahrheit für Deutschland« verkünden, denn die »Schuld Deutschlands am Zweiten Weltkrieg ist widerlegt«. Auf rechtsradikalen Internetseiten sind noch viele weitere Bücher und Aufsätze zur »Schuldfrage am Zweiten Weltkrieg« zu finden.[43] Bei allen Unterschieden ist ihnen eines gemeinsam: Schuld am Zweiten Weltkrieg waren alle anderen, nur nicht Hitler.

Etwas subtiler als diese Autoren geht zum Beispiel der freischaffende Münchner Autor Walter Post vor: »Faßt man [den Begriff Präventivkrieg] im völkerrechtlichen Sinne auf, als offensive Abwehr einer unmittelbaren militärischen Bedrohung, so muß man feststellen, daß dies nur eines unter mehreren Motiven war, die Hitler und die Wehrmachtsführung zum Angriff auf die Sowjetunion veranlaßten. [...] Es ist festzustellen, daß Stalin und die sowjetische Führung am Ausbruch des deutsch-sowjetischen Krieges mindestens eine schwere Mitschuld trifft. Dies ist vielleicht weniger spektakulär [als Stalin die Alleinschuld aufzuladen], aber es genügt vollkommen, um das etablierte Geschichtsbild nachhaltig in Frage zu stellen.«[44]

Wieder anders liegt die Absicht bei Joachim Hoffmann und Franz W. Seidler, zwei Militärhistorikern, die bis zu ihrer Pensionierung beim Militärgeschichtlichen Forschungsamt und an der Universität der Bundeswehr beschäftigt waren. Ihnen geht es vorrangig um die Entlastung der Wehrmacht. Nicht die deutsche Armee habe einen Vernichtungskrieg geführt, sondern Stalin, so Hoffmann. Für Seidler stehen sowjetische »Verbrechen an der Wehrmacht« im Vordergrund des Interesses – diese Schwerpunktsetzung allerdings wäre etwas schwierig, wenn Deutschland der Aggressor war. Die Legende vom »sauberen Krieg« der Wehrmacht ist so die logische Fortsetzung der Legende um den Präventivkrieg Hitlers gegen Stalin.

Der Krieg der Alten gegen die historische Aufarbeitung. Am Streit um die erste Wehrmachtsausstellung entzündet sich eine Debatte über Kriegsverbrechen und Vergangenheitsverdrängung. Zeichnung von Tom Körner für die »taz« im Februar 1997.
(Tom Körner)

»Ritterlich gekämpft«?

Verbrechen der Wehrmacht 1941–1945

»Vor dem deutschen Volk und bei den Toten der deutschen und sowjetischen Wehrmacht schwören wir, daß wir nicht gemordet, nicht geschändet und nicht geplündert haben. Wenn wir Leid und Not über andere Menschen gebracht haben, so geschah das nach den Gesetzen des Krieges.«[1] Es sind große Worte, die Ernst Günther Schenck am 13. Dezember 1955 im Flüchtlingslager Friedland in Niedersachsen findet. Sie treffen die Stimmung der 595 Männer, die an diesem Tag zusammen mit Schenck in Friedland angekommen sind: Fast alle heben gemeinsam mit dem 51jährigen Mediziner die rechte Hand, als er versichert, sie seien unschuldig in der Sowjetunion festgehalten worden. Ernst Günther Schencks Sätze gehen als »Schwur von Friedland« in die deutsche Geschichte ein. Bundesvertriebenenminister Theodor Oberländer und mehrere Bischöfe begrüßen die Heimkehrer, die mehr als zehn Jahre nach Kriegsende aus der Sowjetunion ausreisen durften. Die 596 Männer gehören zu den letzten deutschen Gefangenen, die in die Bundesrepublik zurückkehren.

Der »Schwur von Friedland« ist nur eine von vielen Ehrenerklärungen für die Soldaten der Wehrmacht, die in den fünfziger Jahren formuliert wurden. Bundeskanzler Konrad Adenauer gab am 5. April 1951 im Bundestag sehr deutlich zu verstehen: »Die Kriegsverbrecher, die wider die Gesetze der Menschlichkeit verstoßen haben, verdienen nicht unsere Gnade [...]. Aber der Prozentsatz derjenigen, die wirklich schuldig sind, ist so außerordentlich klein, daß damit der Ehre der früheren deutschen Wehrmacht kein Abbruch geschieht.«[2]

Noch eindeutiger fiel die Erklärung aus, die Dwight D. Eisenhower, im Zweiten Weltkrieg Oberbefehlshaber der alliierten Truppen in Europa, später Nato-Oberbefehlshaber und ab 1952 US-Präsident, am 22. Januar 1951 abgab: »Ich war 1945 der Auffassung, daß die Wehrmacht, insbesondere das deutsche Offizierskorps, identisch mit Hitler und den Exponenten seiner Gewaltherrschaft sei – und deshalb auch voll mitverantwortlich für die Auswüchse dieses Regimes. [...] Ich habe damals in solchen Gedanken gehandelt, denn ein Soldat muß ja für einen Glauben kämpfen. Inzwischen habe ich eingesehen, daß meine damalige Beurteilung der Haltung des deutschen Offizierskorps und der Wehrmacht nicht den Tatsachen entspricht, und ich stehe daher nicht an, mich wegen meiner damaligen Auffassungen zu entschuldigen. Der deutsche Soldat hat für seine Heimat tapfer und anständig gekämpft.«[3]

Diese Äußerungen waren wichtig für den Aufbau der Demokratie in der Bundesrepublik. Die Integration der ehemaligen NSDAP-Mitglieder und der vielen Millionen früherer Wehrmachtssoldaten in die neue Gesellschaft gehörte zu den ganz großen Problemen, denen sich die Regierungsfraktionen, die SPD und auch die westlichen Alliierten gleichermaßen gegenübersahen. Deshalb verzichtete Adenauer bewußt auf eine forcierte Auseinandersetzung mit der erst so kurz zurückliegenden Vergangenheit, förderte sogar die kollektive Neigung zum Beschweigen und Verdrängen. Eines der Mittel dazu waren pauschale Ehrenerklärungen, selbst wenn sie wider besseres Wissen abgegeben wurden. Eisenhower zum Beispiel äußerte sich gegenüber den früheren Wehrmachts- und späteren Bundeswehrgenerälen Hans Speidel und Adolf Heusinger ausschließlich aus aktuellen politischen Erwägungen: Die beiden deutschen Offiziere, führend an der Vorbereitung eines bundesdeutschen Verteidigungsbeitrages für Westeuropa beteiligt, hatten in Übereinstimmung mit vielen anderen ehemaligen Wehrmachtsgenerälen eine solche Anerkennung verlangt und sogar gleich selbst entworfen. Eisenhower, der in seinen Kriegserinnerungen keinen Hehl aus seiner Verachtung für die deutsche Armee gemacht hatte, hielt sich auf Bitten des Hohen Kommissars der USA, John McCloy, bei seinem Deutschlandbesuch 1951 zurück und war »der amerikanischen Staatsräson zuliebe zur Revokation bereit«, schreibt Norbert Frei, Experte für die »Vergangenheitspolitik« in der jungen Bundesrepublik.[4]

Auch Konrad Adenauer wußte es besser – übrigens schon 1946: »Die Gestapo, unsere SS und zum Teil auch unsere Truppen in Polen und Rußland gingen mit beispielloser Grausamkeit gegen die Zivilbevölkerung vor [...]. Man kann also wirklich nicht behaupten, daß die Öffentlichkeit nicht gewußt habe, daß die nationalsozialistische Regierung und die Heeresleitung ständig und aus

Grundsatz gegen das Naturrecht, gegen die Haager Konvention und gegen die einfachsten Gebote der Menschlichkeit verstießen«, schrieb der spätere Bundeskanzler in einem Brief an einen katholischen Geistlichen.[5]

Ernst Günther Schenck schließlich log schlicht, als er den »Schwur von Friedland« leistete. Denn als SS-Standartenführer und »Ernährungsinspekteur der Waffen-SS« war er persönlich an der Hungerpolitik im Osten und an Menschenversuchen in Konzentrationslagern beteiligt. Er empfahl im Februar 1945 sogar, den Hunger der eigenen Soldaten zu nutzen, um sie zu fanatisieren und ihre Kampfkraft zu steigern. Noch Jahrzehnte später hielt Schenck trotzdem gegenüber einer Journalistin nur leicht modifiziert an seiner Lüge vom Dezember 1955 fest. Mit seinem Schwur habe er nur für jene Männer gesprochen, die mit ihm in Friedland ankamen: »Wir – damit sind nur wir 600 gemeint.«[6]

Obwohl kritische deutsche Militärhistoriker seit 1969 in Dutzenden Büchern und Aufsätzen Details über Kriegsverbrechen der Wehrmacht im Zweiten Weltkrieg veröffentlichten, führte erst die Wanderausstellung »Vernichtungskrieg. Verbrechen der Wehrmacht 1941 bis 1944« zu einer breiten Diskussion über den vermeintlich »sauberen Krieg« der deutschen Armee. Zwischen 1995 und 1999 gastierte sie in 33 Städten in Deutschland und Österreich und zog rund 800 000 Besucher an. Sie wurden von einer Tafel empfangen, auf der unter anderem stand: »Die Wehrmacht führte 1941 bis 1944 auf dem Balkan und in der Sowjetunion keinen ›normalen Krieg‹, sondern einen Vernichtungskrieg gegen Juden, Kriegsgefangene und Zivilbevölkerung, dem Millionen zum Opfer fielen. Die deutsche Militärgeschichtsschreibung hat zwar viel zur Aufklärung dieses Tatbestandes beigetragen, sie weigert sich aber einzugestehen, daß die Wehrmacht an allen Verbrechen aktiv und als Gesamtorganisation beteiligt war. Die Ausstellung will genau diesen Beweis führen. [...] Die Ausstellung will kein verspätetes und pauschales Urteil über eine ganze Generation ehemaliger Soldaten fällen. Sie will eine Debatte eröffnen über das neben Auschwitz barbarischste Kapitel der deutschen und österreichischen Geschichte, den Vernichtungskrieg der Wehrmacht von 1941 bis 1944.«[7]

Die rasch als »Wehrmachtsausstellung« über Deutschlands Grenzen hinaus bekannt gewordene Schau löste eine beispiellose vergangenheitspolitische Debatte aus. Zweieinhalb Jahre lang, von

Februar 1997 bis zur vorübergehenden Schließung Ende 1999, war sie ein Dauerthema in Medien und Öffentlichkeit. Der Bundestag beschäftigte sich in zwei Debatten mit der Ausstellung und den Verbrechen der Wehrmacht. Eine Unzahl von Büchern, Broschüren und Internetseiten setzte sich mit den Thesen der Schau auseinander – oder, wohl noch öfter, mit ihrer angeblichen These, nämlich der pauschalen Verurteilung aller deutschen Soldaten. In vielen Städten gab es Demonstrationen. In München konnte die Polizei rechtsradikale Störer und linke Gegendemonstranten nur mit Mühe auseinanderhalten. In Saarbrücken wurde auf die Ausstellung sogar ein Anschlag verübt.

Nach Fälschungsvorwürfen und nachgewiesenen Fehlern zog das Hamburger Institut für Sozialforschung im Herbst 1999 die Wehrmachtsausstellung zurück. In einer komplett neubearbeiteten Fassung wurde sie Ende November 2001 in Berlin wiedereröffnet. Jegliche pauschale Verurteilung deutscher Soldaten vermeidet die neue Schau – doch an der Grundaussage hat sich nichts geändert, betonte ihr Initiator und Finanzier Jan Philipp Reemtsma bei der Eröffnung am 27. November: »Die Wehrmacht war systematisch an Verbrechen gegen die Zivilbevölkerung und an der Ermordung der Juden in Ost- und Südosteuropa beteiligt.«[8] Während seriöse Kritiker der alten Schau wie der polnische Historiker Bogdan Musial der neuen Ausstellung »wissenschaftliche Verläßlichkeit«[9] attestierten, verschob sich die Polemik ihrer rechtsradikalen Gegner nur marginal: »Die Anti-Wehrmacht-Ausstellung ist wieder da! Ab 28. November wird in Berlin gesudelt, anschließend in Bielefeld. Die Drahtzieher legen noch eine Schippe drauf. Hieß die Reemtsma-Propaganda früher noch ›Vernichtungskrieg‹, so lautet der Titel der neuen Ausstellung nunmehr ›Verbrechen der Wehrmacht‹«, schrieb die »Nationalzeitung« pünktlich zur Eröffnung der neuen Ausstellung.[10] Hans Poeppel, Generalleutnant a.D. der Bundeswehr und ehemals Inspekteur des Heeres, gab in einem Leserbrief an die »Frankfurter Allgemeine Zeitung« die neue Strategie der Verharmlosung vor: »Einzelbeispiele sollen die Gesamtorganisation der Wehrmacht diskreditieren. [...] Solange Reemtsma und sein Team nachwachsender Historiker sich noch nicht einmal in Ansätzen um eine Aussage bemühen, die die pauschale Verurteilung der Wehrmacht auf einen erkennbaren Täteranteil reduziert, verdient ihre Ausstellung keine wissenschaftliche Anerkennung.«[11] Waren die deutschen Soldaten von ganz wenigen Ausnahmen abgesehen also doch die »ritterlichsten und tapfersten der kriegführenden Mächte«?[12] Oder stimmt das Gegenteil: War die Wehrmacht eine verbrecherische Organisation?

Die deutschen Feldzüge gegen Polen 1939, gegen Norwegen und Dänemark im Frühling sowie gegen die Beneluxstaaten und Frankreich im Frühsommer 1940 waren reine Angriffskriege und als solche kriegsvölkerrechtlich Verbrechen. Doch nicht nur auf der Ebene der Kriegsplanung verstieß die Wehrmacht gegen geltendes Recht. Im besetzten Polen kam es schon im Herbst 1939 zu zahlreichen Gewaltexzessen und vorsätzlichen Mordaktionen. Überwiegend begangen wurden diese Kriegsverbrechen, also »Verstöße gegen das bis dahin kodifizierte oder gewohnheitsrechtlich anerkannte Kriegsrecht«[13], von Einheiten der SS und der Polizei. Doch erfolgten sie stets unter den Augen der Wehrmacht, oft mit deren Unterstützung, in Einzelfällen sogar durch Wehrmachtseinheiten selbst. Der Befehlshaber der deutschen Besatzungstruppen in Polen, Generaloberst Johannes Blaskowitz, protestierte gegen die Verbrechen an polnischen Intellektuellen, Juden und der Zivilbevölkerung im allgemeinen – und wurde von Hitler abgesetzt. Deshalb führen Verfechter der Legende von der »sauberen Wehrmacht« Blaskowitz gern als Beispiel an.[14] Gelegentlich wird er sogar verklärt: als »Typus des aufrechten Offiziers, dessen Ehrgefühl es nicht zuließ, zu den Verbrechen des NS-Regimes zu schweigen«.[15] So mutig allerdings das Aufbegehren des Generalobersten auch war: Als Kronzeuge gegen den verbrecherischen Charakter der Wehrmachtsführung taugt Blaskowitz nicht. Denn der relegierte Offizier wurde umgehend wieder mit leitenden Aufgaben betraut, wenn auch nicht mehr an der Ostfront.

An der Westfront verletzten Wehrmachtseinheiten 1940, abgesehen vom Angriff selbst, sehr viel seltener das geltende Kriegsvölkerrecht als beim Polenfeldzug. Manches bekannte Beispiel wie das Bombardement der Innenstadt von Rotterdam mit angeblich 30 000 Toten, tatsächlich aber 825 Opfern, erweist sich bei genauerem Hinschauen als »klarer Fall einer Militäraktion, bei der unvermeidbare zivile Verluste entstanden«.[16] Allerdings kam es zu Massakern durch SS-Einheiten, die unter dem Oberbefehl von Wehrmachtsgenerälen standen, etwa im französischen Dorf Le Paradis. Doch insgesamt bemühten sich die deutschen Armee-Offiziere im Jahr 1940 um eine Kriegsführung entsprechend der Haager Landkriegsordnung.

Das änderte sich im folgenden Jahr. Der Überfall auf Jugoslawien begann bereits mit einem Kriegsverbrechen: der gezielten Bombardierung Belgrads. Die jugoslawische Hauptstadt war sogar offiziell zur »offenen Stadt« erklärt worden. Trotzdem wurde sie angegriffen. Im Bericht des eingesetzten Kampfgeschwaders hieß es: »Die Wirkung ist nach Luftbild- und Erddarstellung hervorragend gewesen. Die 50-kg-Sprengbombe hat sich für die Zerstörung eines großen Stadtteils im Verein mit der Brandbombe hervorragend bewährt.«[17] Beim Vormarsch in Jugoslawien verantworteten Wehrmachtseinheiten die Tötung Tausender Zivilisten, die kriegsvölkerrechtlich mindestens zweifelhaft war. Beim Angriff deutscher Fallschirmjäger auf Kreta Ende Mai 1941 ordnete General Kurt Student »Vergeltungsmaßnahmen« gegen die Bevölkerung an, die »mit äußerster Strenge« vollzogen werden sollten. Schätzungsweise 2000 am Kampfgeschehen völlig unbeteiligte Menschen wurden hingerichtet.[18]

All das waren Verbrechen, die beim Vormarsch regulärer Kampftruppen verübt wurden. Furchtbarer noch waren die Untaten, die in den folgenden Jahren während der deutschen Besatzungsherrschaft geschahen. Unter dem Vorwand der »Partisanenbekämpfung« wurden im deutsch besetzten Teil von Jugoslawien mindestens 17000 Juden ermordet. Die Mehrheit dieser Opfer wurde von Wehrmachtssoldaten erschossen. Bis zum 5. Dezember 1941 starben mindestens 11164 jüdische Männer. Weitere 6500, vor allem Frauen und Kinder, saßen im »Judenlager« Sajmiste. Die SS brachte sie bis zum 9. Juni 1942 in einem speziellen Lastwagen um, einer mobilen Gaskammer. Das Ziel war klar definiert: Serbien sollte »judenfrei« werden.[19] In Griechenland eskalierte die Besatzungsherrschaft 1942/43. Auch mit dem ehemaligen Verbündeten Italien ging die Wehrmacht keineswegs zimperlich um. Der Militärhistoriker Gerhard Schreiber hat ausgerechnet, daß während der deutschen Besetzung von September 1943 bis Mai 1945 jeden Tag im Durchschnitt 165 Kinder, Frauen und Männer jeden Alters abseits von Kriegshandlungen getötet wurden – insgesamt fast 100000 unschuldige Menschen.[20]

Mit dem Fortschreitenden des Krieges nahm auch die Zahl der Verbrechen durch Wehrmachtseinheiten in Westeuropa zu. In Frankreich, Belgien und den Niederlanden sowie in Norwegen eskalierte die Gewalt einerseits infolge aufkeimender Widerstandsbewegungen, andererseits durch die Einbindung des regulären

Militärs in den europaweiten Judenmord. Verglichen mit dem apokalyptischen Maß an Untaten, die SS- und Polizei-Einheiten begingen, war die Zahl der Verbrechen durch reguläre Armee-Einheiten zwar gering. Doch von einer sauberen, gar »ritterlich« handelnden Wehrmacht kann ab 1941 auch für die Westfront nicht mehr gesprochen werden: »Die Militärverwaltung in Paris wirkte an der Verfolgung und Deportation der Juden aus Frankreich mit, sie ließ zur Unterdrückung des Widerstandes Hunderte ›Geiseln‹ hinrichten, und bei der Partisanenbekämpfung wurde die französische Zivilbevölkerung zunehmend zum Opfer von Terror und Repressalien«, urteilt der Historiker Ahlrich Meyer.[21]

An der Ostfront haben deutsche reguläre Truppen zwischen 1941 und 1944 noch weit mehr Kriegsverbrechen begangen und zudem den Holocaust umfassend unterstützt. »Die politische und militärische Führung des Deutschen Reiches plante den Krieg gegen die Sowjetunion von vornherein nicht als einen ›Normalkrieg‹, sondern als eine Auseinandersetzung unter herrschaftspolitischen, ideologischen und rassistischen Vorzeichen; genauer: als einen Krieg, in dem es neben dem militärischen Kampf gegen die Rote Armee der Sowjetunion auch um die Vernichtung, das heißt massenhafte völkerrechtswidrige Tötung, ganzer Gruppen der sowjetischen Bevölkerung gehen sollte«, so der Militärhistoriker Wolfram Wette.[22] Als Schlagwort hat sich dafür der Begriff »Vernichtungskrieg« eingebürgert. Durch die gleichnamige Ausstellung des Hamburger Instituts für Sozialforschung ist er seit 1995 einer breiten Öffentlichkeit bekannt geworden. »Vernichtungskrieg« hat eine doppelte Bedeutung: Erstens bezeichnet das Wort die auf Vernichtung ausgerichteten Planungen der Wehrmachtsführung für den Ostkrieg, und zweitens die von den Armeeoberkommandierenden bis hinunter zu Zugführern vor Ort oder sogar einfachen Soldaten tatsächlich verübten Kriegsverbrechen. In beiderlei Verständnis ist der Begriff dem tatsächlichen Geschehen an der Ostfront angemessen.

Das Unternehmen »Barbarossa« ist schon Monate vor dem eigentlichen Angriff als Krieg neuer Art geplant worden. Hitler lehnte am 3. März 1941 den konventionellen Entwurf für die Richtlinien der Besatzungsherrschaft ab und gab seinem militärischen Berater, General Alfred Jodl, eine eindeutige Weisung: »Dieser kommende Feldzug ist mehr als nur ein Kampf der Waffen; er führt auch zur

Auseinandersetzung zweier Weltanschauungen. Um diesen Krieg zu beenden, genügt es bei der Weite des Raumes nicht, die feindliche Wehrmacht zu schlagen. [...] Die jüdisch-bolschewistische Intelligenz, als bisheriger Unterdrücker, muß beseitigt werden.«[23] Noch deutlicher wurde Hitler in einer Besprechung am 30. März 1941. Der Chef des Generalstabes Franz Halder notierte in sein Kriegstagebuch: »Kampf zweier Weltanschauungen gegeneinander. Vernichtendes Urteil über Bolschewismus, ist gleich asoziales Verbrechertum. Kommunismus ungeheure Gefahr für die Zukunft. Wir müssen von dem Standpunkt des soldatischen Kameradentums abrücken. Der Kommunist ist vorher kein Kamerad und nachher kein Kamerad. Es handelt sich um einen Vernichtungskampf. Wenn wir es nicht so auffassen, dann werden wir den Feind zwar schlagen, aber in 30 Jahren wird uns wieder der kommunistische Feind gegenüberstehen. Wir führen nicht Krieg, um den Feind zu konservieren. [...] Kampf gegen Rußland: Vernichtung der bolschewistischen Kommissare und der kommunistischen Intelligenz. [...] Der Kampf wird sich sehr unterscheiden vom Kampf im Westen. Im Osten ist Härte mild für die Zukunft. Die Führer müssen das Opfer von sich verlangen, ihre Bedenken zu überwinden.«[24]

Halder und Jodl, aber auch der Chef des Oberkommandos der Wehrmacht (OKW), Generalfeldmarschall Wilhelm Keitel, sowie viele andere hohe Generäle gaben an ihre Einheiten daraufhin Weisungen heraus, die eindeutig auf einen Krieg entgegen geltendem Völkerrecht zielten. Der 1944 wegen Beteiligung am 20. Juli hingerichtete Generaloberst Erich Hoepner verantwortete zum Beispiel eine »Aufmarsch- und Kampfanweisung Barbarossa« vom 2. Mai 1941, in der es heißt: »Der Krieg gegen Rußland ist ein wesentlicher Abschnitt im Daseinskampf des deutschen Volkes. Es ist der alte Kampf der Germanen gegen das Slawentum, die Verteidigung europäischer Kultur gegen moskowitisch-asiatische Überschwemmung, die Abwehr des jüdischen Bolschewismus. Dieser Kampf muß die Zertrümmerung des heutigen Rußland zum Ziele haben und deshalb mit unerhörter Härte geführt werden. Jede Kampfhandlung muß in Anlage und Durchführung von dem eisernen Willen zur erbarmungslosen, völligen Vernichtung des Feindes geleitet sein. Insbesondere gibt es keine Schonung für die Träger des heutigen russisch-bolschewistischen Systems.«[25]

Derartige Anweisungen haben sich in vielen Varianten erhalten. In dieser Form sind sie zwar den einfachen Soldaten nicht vorgelegt worden. Doch wurden viele Frontoffiziere und alle Stäbe über die Ziele des Feldzuges informiert. Außerdem wurden die ihnen zugrunde liegenden, verbrecherischen Kriegsplanungen in konkrete Befehle umgesetzt, von denen hier nur die beiden bekanntesten erwähnt werden sollen: der »Erlaß über die Ausübung der Kriegsgerichtsbarkeit« vom 13. Mai und der berüchtigte »Kommissarbefehl« vom 6. Juni 1941.

Der sogenannte Gerichtsbarkeitserlaß Barbarossa legte unter anderem fest: »Für Handlungen, die Angehörige der Wehrmacht und des Gefolges gegen feindliche Zivilpersonen begehen, besteht kein Verfolgungszwang, auch dann nicht, wenn die Tat zugleich ein militärisches Verbrechen oder Vergehen ist. [...] Der Gerichtsherr ordnet die Verfolgung von Taten gegen Landeseinwohner im kriegsgerichtlichen Verfahren nur dann an, wenn es die Aufrechterhaltung der Manneszucht oder die Sicherung der Truppe erfordert.«[26] Im Umkehrschluß bedeutete das: Verbrechen gegen die Zivilbevölkerung, die nicht die »Manneszucht« in Frage stellten oder die Sicherheit der Truppe gefährdeten, sollten nicht verfolgt werden. Der Gerichtsbarkeitserlaß hatte zwei Auswirkungen: Erstens war er ein Freibrief für Verbrechen gegen die Zivilbevölkerung. Auf sie mußten Soldaten nun keinerlei Rücksicht mehr nehmen. Zweitens verlagerte der Erlaß die Verantwortung für die Ahndung aller Art von Vergehen in ausgesprochen schwammiger Form auf die Offiziere vor Ort, die in der Regel höchstens über marginale Kenntnisse des geltenden Militärstrafgesetzbuches verfügten. Sie konnten in fast jedem Fall von Strafverfolgung absehen und sich dabei auf einen Erlaß berufen, den OKW-Chef Keitel im Namen Hitlers herausgegeben hatte. Angesichts dessen erscheint es wie Hohn, wenn der Ring deutscher Soldatenverbände in einer Anzeige gegen die Wehrmachtsausstellung noch 1997 behauptete: »Es wird verschwiegen, daß tatsächlich geschehene Verbrechen von deutschen Kriegsgerichten immer sofort geahndet wurden.«[27] Denn der allergrößte Teil der Verbrechen gegen die Zivilbevölkerung kam nie vor ein Kriegsgericht, weil der »Gerichtsherr«, also der Offizier vor Ort, auf Strafverfolgung von vornherein verzichtete.

Ähnlich versuchen die Anhänger der Legende von der »sauberen Wehrmacht« den Kommissarbefehl kleinzureden. Generalfeldmarschall Keitel hatte 16 Tage vor dem Angriff auf die Sowjetunion verfügt: »Im Kampf gegen den Bolschewismus ist mit einem Verhalten des Feindes nach den Grundsätzen des Völkerrechts nicht zu rechnen. [...] Die Truppe muß sich bewußt sein: 1.) In diesem Kampf ist Schonung und völkerrechtliche Rücksichtnahme diesen Elementen [den politischen Kommissaren – K. u. K.] gegenüber falsch. Sie sind eine Gefahr für die eigene Sicherheit und die schnelle Befriedung der eroberten Gebiete. 2.) Die Urheber barbarisch asiatischer Kampfmethoden sind die politischen Kommissare. Gegen diese muß daher sofort und ohne weiteres mit aller Schärfe vorgegangen werden. Sie sind daher, wenn im Kampf oder Widerstand ergriffen, grundsätzlich sofort mit der Waffe zu erledigen.« Auch gefangengenommene politische Kommissare, so Keitels Befehls, sollten »nicht als Soldaten anerkannt [werden]; der für Kriegsgefangene völkerrechtlich geltende Schutz findet auf sie keine Anwendung. Sie sind nach durchgeführter Absonderung zu erledigen.«[28]

Der Befehl, politische Kommissare in jedem Fall zu ermorden, sickerte bereits während des Sommers 1941 durch. Die Politoffiziere der Roten Armee verteidigten sich daraufhin natürlich besonders verzweifelt – wußten sie doch, daß sie umgebracht würden, wenn man sie gefangennahm. So führte dieser Befehl zu der Situation, die er eigentlich vermeiden sollte. Mitte September 1941 beantragte daher der Kommandierende General des 29. Armeekorps, General Rudolf Schmidt, den Befehl vom 6. Juni aufzuheben. Hitler wies das zurück. Erst im Frühjahr 1942 zeigte weiteres Insistieren einzelner Generäle Erfolg. Der Kommissarbefehl wurde im Operationsgebiet ausgesetzt, um bei den sowjetischen Soldaten die Neigung zum Überlaufen und die Kapitulation geschlossener Gruppen zu fördern. Im Kampf gefangengenommene Politkommissare allerdings sollten weiterhin exekutiert werden. Überläufer waren nunmehr ins KZ Mauthausen zu transportieren. Während des Nürnberger Hauptkriegsverbrecherprozesses 1945/46 spielte der Kommissarbefehl eine zentrale Rolle, weil er eindeutig völkerrechtswidrig war. Gerade deshalb versuchen Verfechter der Legende von der »sauberen Wehrmacht«, ihn entweder zu leugnen oder zu verharmlosen.

Exemplarisch dafür ist ein Aufsatz von Oberstleutnant a. D. Horst Rohde, ehemals am Militärgeschichtlichen Forschungsamt in Freiburg tätig. Er analysierte angeblich repräsentativ ausgewählte Akten über die Ausführung des Kommissarbefehls. Rohde kommt zu folgendem Schluß: »Nehmen wir in diesem Fall alle ermittelten Meldungen, also auch die nicht selbst in Augenschein genommenen und überprüften aus den Nürnberger Prozeßakten und von verschiedenen Autoren, so wird auf etwa 700 getötete bzw. gefangene Kommissare hingewiesen. Selbst wenn man davon ausgehen würde, daß sämtliche als ›erschossen‹ gemeldete Polittruks tatsächlich exekutiert worden sind und das gleiche für alle diejenigen gelten würde, die unter den Gefangenen erwähnt werden, wäre das aber noch immer eine Zahl, die zwar groß ist, aber keineswegs das Urteil zuläßt, der Kommissarbefehl sei seitens der Truppen des Ostheeres überwiegend befolgt worden.«[29]

Die Wirklichkeit allerdings sah anders aus. Schon in den ersten sechs Wochen des Krieges meldeten allein die Panzergruppen 3 und 4 sowie die 2. Armee insgesamt 519 erschossene Politkommissare. Diese drei Großverbände umfaßten zusammen jedoch nur etwa ein Achtel der insgesamt am Angriff auf die Sowjetunion beteiligten 3,05 Millionen Mann. Man muß also von mehreren tausend ermordeten Politkommissaren allein in den ersten Wochen ausgehen. Ein anderes Beispiel stützt diese Schätzung: Die 44. Infanteriedivision meldete am 4. Oktober 1941 »122 erledigte Kommissare«.[30] Angesichts von mehr als 200 im Herbst 1941 an der Ostfront eingesetzten Divisionen kann man selbst bei vorsichtigem Überschlag von mindestens 10 000 ermordeten Kommissaren ausgehen. Hinzu gerechnet werden müssen jene sowjetischen Kriegsgefangenen, die von Wehrmachtseinheiten entsprechend einer weiteren Bestimmung des Kommissarbefehls an die SS oder den Sicherheitsdienst (SD) übergeben wurden. Hier schwanken die Schätzungen für die Zeit von Juni 1941 bis Mai 1944 zwischen 140 000 und 580 000–600 000.[31] Der größte Teil von ihnen wurde ermordet – entweder hinter der Front oder in speziellen Anlagen zum Massenmord per Genickschuß, wie sie beispielsweise in den KZs Buchenwald und Sachsenhausen errichtet worden waren. Viele wurden auch nach Auschwitz gebracht. Unter den Opfern der ersten Vergasung mit Zyklon B Ende 1941 waren 600 sowjetische Soldaten, laut KZ-Akten »fanatische Kommunisten« – mit anderen Worten: politische Kommissare.[32] Da die Auslieferung von Kriegsgefangenen an andere Institutionen gegen das Kriegsvölkerrecht verstößt, handelt es sich hier ebenfalls um Verbrechen der Wehrmacht.

Wolfram Wette, einer der kenntnisreichsten Militärhistoriker, hat den Umgang der Wehrmachtsapologeten mit dem Kommissarbefehl prägnant auf den Punkt gebracht: »Das ist ja auch schon wieder so ein typischer Fall, wo die Wahrheit erst ganz, ganz allmählich ans Licht kam. Als am Anfang die Frage nach dem Kommissarbefehl auftauchte, da wurde gesagt: Den gab es gar nicht. Dann hat man das Dokument hergezeigt, und dann hieß es: Aha, es gab ihn doch – er wurde aber sicher nicht weitergegeben an die Divisionen im Osten. Dann brachte man die Dokumente bei mit den Divisionen als Adressaten. Da wurde gesagt: Ja, das ist in der Division aber nicht weitergegeben worden. Dann hat man belegen können, daß sie weitergegeben wurden, und da wurde gesagt: Man hat den Befehl aber nicht ausgeführt. Dann sind auch die Dokumente beigebracht worden, daß bestimmte Tötungsmeldungen nach oben gegangen sind. Da hieß es dann schließlich: Aber eines haben wir immerhin erreicht, wir haben dem Hitler klargemacht, du mußt den Kommissarbefehl zurücknehmen, weil der sowjetische Widerstand dadurch nur immer härter wird.«[33]

Der Kommissarbefehl wurde 1941/42 von Wehrmachtseinheiten »im großen und ganzen« befolgt, urteilt Hans-Erich Volkmann, wissenschaftlicher Leiter des Militärgeschichtlichen Forschungsamtes, im Gegensatz zu seinem ehemaligen Kollegen Rohde.[34] Aber auch in mindestens drei weiteren Feldern setzten reguläre Truppeneinheiten die verbrecherische Kriegsplanung der Wehrmachtsführung um: beim sogenannten Ernährungskrieg, bei der Behandlung der Kriegsgefangenen sowie bei der Bekämpfung tatsächlicher und vermeintlicher Partisanen.

Der Ernährungskrieg gehörte von Beginn an zum Kriegskonzept. Die Wehrmachtseinheiten sollten sich ausschließlich »aus dem Land« versorgen; überschüssige Nahrungsmittel waren ins Reich zu transportieren. Die Ernährung der Zivilbevölkerung in den besetzten Gebieten spielte dagegen in den Überlegungen der Verantwortlichen keine Rolle. Vor Ort wurden diese Anweisungen durchgesetzt – mit verheerenden Folgen: Hunderttausende Zivilisten vor allem in den eroberten Städten wurden kalkuliert in den Hungertod getrieben. Besonders die Wirtschaftsoffiziere, von der Führung in Berlin bis hinunter auf Divisionsebene, drängten auf die Einhaltung der unmenschlichen Hungerpolitik. Der Versorgungsoffizier der 122. Infanteriedivision, die vor Leningrad lag, befahl am 23. Oktober 1941: »Eine Verpflegung oder etwa Massenspeisung von Zivilbevölkerung, die nicht arbeitet, aus Wohltätigkeit oder sonstigen Gründen kommt überhaupt nicht in Frage. [...] Die Verpflegung nichtarbeitender und somit hungernder Zivilbevölkerung ist nicht Sache der Truppe.«[35]

Am 4. November 1941 wurden offiziell »Rationshöchstsätze« für die Versorgung der Stadtbevölkerung im besetzten Gebiet festgelegt. Sie betrugen für Bewohner, die »nützliche Arbeit« im Sinne der Besatzer leisteten, 1 200 Kalorien am Tag, für alle anderen Erwachsenen 850 Kalorien und für Kinder und Juden jeden Alters 420 Kalorien. »Bei diesen Hungerrationen bestand für die betroffene Bevölkerung langfristig kaum Aussicht auf Überleben, zumal jede Überschreitung dieser Höchstsätze verboten wurde, weil sie angeblich ›untragbare Nachteile für die Ernährung der Heimat‹ nach sich zog«, beschreibt der konservative Militärhistoriker Rolf-Dieter Müller die Folgen.[36] Für die sowjetischen Großstädte Leningrad, Moskau und Kiew war sogar von vornherein als Teil der Kriegsführung die vollständige Aushungerung vorgesehen. Nach ersten, erfolglosen Anstößen zu einem Richtungswechsel im August 1941 gab es freilich im Frühjahr 1942 ein Umdenken in einzelnen Punkten– allerdings nicht aus Menschlichkeit, sondern ausschließlich aus pragmatischen Gründen. Denn die Wehrmacht war überfordert, gleichzeitig an der Front zu kämpfen, die ehemals sowjetische Landwirtschaft zu organisieren und die hungernde Stadtbevölkerung unter Kontrolle zu halten. Außerdem wurden Einheimische in großer Zahl als Zwangsarbeiter im Reich benötigt. Angemessen versorgt wurden die Zivilisten in den besetzten Gebieten aber trotzdem nicht.

Der Ernährungskrieg verstieß gegen klare Regeln des Kriegsvölkerrechts und ist daher als Kriegsverbrechen zu klassifizieren. Noch eindeutiger ist die Lage beim Umgang der Wehrmacht mit den gefangenen Rotarmisten. Für die Behandlung der Kriegsgefangenen gab es während des Zweiten Weltkrieges unmißverständliche, kodifizierte Vorschriften. Zwar hatte die Sowjetunion das Genfer Kriegsgefangenenabkommen von 1929 im Gegensatz zu Deutschland nicht unterschrieben. Doch galt dieses Abkommen nach völkerrechtlicher Praxis dennoch für beide kriegführenden Mächte an der Ostfront. Im ersten Befehl über den Umgang mit sowjetischen Kriegsgefangenen vom 16. Juni 1941, sechs Tage vor dem Angriff, wurde zwar auf das Genfer Abkommen verwiesen, um es dann allerdings durch Einzelbestimmungen vollständig auszuhebeln. So wurde den deutschen Soldaten auferlegt, gegen Kriegsgefangene »rücksichtslos und energisch« durchzugreifen sowie jeden Widerstand »restlos« zu brechen. Entgegen dem völkerrechtlichen Grundsatz, Kriegsgefangene mit den gleichen Rationen wie die eigenen Ersatztruppen zu versorgen, legten mehrere Armeeoberkommandos fest, die Gefangenen »mit primitivsten Mitteln (z. B. Pferdefleisch) zu ernähren«. Erhaltene Verpflegungssätze sahen bei voller Arbeitsleistung der Gefangenen Rationen deutlich unterhalb des Existenzminimums vor. Am 17. Juli 1941 bot die Sowjetunion sogar den nachträglichen Beitritt zur geltenden Landkriegsordnung an, doch das Oberkommando der Wehrmacht entschied, es sei »vorteilhafter«, wenn die deutschen Operationen im Osten nicht formal an Kriegsvölkerrecht gebunden waren.[37]

Die Konsequenzen dieses systematisch verbrecherischen Umgangs mit den sowjetischen Kriegsgefangenen wurden im Herbst 1941 deutlich. Während die Lager in Polen bis zum 20. Oktober insgesamt 54 000 Tote gemeldet hatten, starben allein in den zehn Tagen vom 21. bis zum 30. Oktober weitere 45 690 Kriegsgefangene. Den Generalquartiermeister, General Eduard Wagner, scherte das Schicksal der meist unter freiem Himmel dahinvegetierenden gefangenen Rotarmisten überhaupt nicht: »Nichtarbeitende Kriegsgefangene [...] haben zu verhungern«, sagte er bei einer Besprechung im November 1941.[38] Im sogenannten Generalgouvernement und in der Ukraine waren nach Berechnungen der Verantwortlichen in jenem Herbst am Ende jedes Monats 46 Prozent der Sowjetsoldaten tot, die sich am Monatsanfang in Gefangenschaft befanden. Bis Anfang Februar 1942 starben rund zwei Millionen der 3,35 Millionen Kriegsgefangenen des Jahres 1941. Die Todesrate lag also bei annähernd 60 Prozent. Insgesamt starben bis 1945 von 5,7 Millionen gefangengenommenen Rotarmisten in deutscher Verantwortung rund 3,3 Millionen, also 57,9 Prozent. Zum Vergleich: Im Ersten Weltkrieg waren 5,4 Prozent der russischen Gefangenen in deutscher Hand gestorben. Von den insgesamt 7,67 Millionen Wehrmachtssoldaten in westalliierter Gefangenschaft im und nach dem Zweiten Weltkrieg kamen weniger als ein Prozent um[39], und selbst bei den deutschen Kriegsgefangenen in der Sowjetunion, die ebenfalls eindeutig kriegsrechtswidrig behandelt wurden, lag die Todesrate nach unterschiedlichen Berechnungen zwischen 14,9 und 34,7 Prozent. Das beispiellose Massensterben gefangener Rotarmisten ist das völkerrechtlich eindeutigste und durch Dokumente am besten belegte Kriegsverbrechen, das die Wehrmacht zu verantworten hat. Mit den mörderischen Zuständen in den Gefangenenlagern hatten SS und SD nämlich gar nichts zu tun.

Schwieriger ist dagegen die Beurteilung der Partisanenbekämpfung im rückwärtigen Kampfgebiet. Partisanen sind irregulär kämpfende Gruppen ohne klare Kennzeichnung, die im Rücken einer Armee Anschläge verüben und manchmal sogar größere Operationen starten. Vom Kriegsvölkerrecht waren sie während des Zweiten Weltkrieges im Falle einer Gefangennahme nicht geschützt. Außerdem sah das geltende Recht im Partisanenkrieg durchaus Geiselerschießungen vor. Wenigstens im Sommer und Herbst 1941 gab es aber keine größere Partisanenbewegung in den besetzten Gebieten der Sowjetunion. Stalin hatte am 3. Juli zwar zum Partisanenkrieg aufgerufen, doch bis zum Jahreswechsel griffen nur versprengte Rotarmisten und wenige bewaffnete Zivilisten hinter den deutschen Linien Besatzungstruppen oder Transporte an. Es geht daher zu weit, von einem »Partisanenkrieg ohne Partisanen« zu sprechen, wie das Hannes Heer tat, der Leiter der umstrittenen ersten Wehrmachtsausstellung.[40] Jedenfalls bestand zu diesem Zeitpunkt keine existenzbedrohende Gefahr von Seiten der Partisanen für das deutsche Heer.

Trotzdem wurden von Sicherungseinheiten der Wehrmacht angebliche Partisanen zu Zehntausenden erschossen. Allerdings sind darüber keine vollständigen Berichte erhalten, sondern nur fragmentarische Informationen. Der Befehlshaber des rückwärtigen Heeresgebiets Mitte zum Beispiel faßte im Rückblick für die Monate Juli 1941 bis März 1942 zusammen, man habe insgesamt 63 257 Partisanen getötet – bei deutschen Verlusten von 638 Toten und 1 355 Verwundeten. Die Relation beweist, daß es sich bei den Opfern jedenfalls mehrheitlich nicht um echte Partisanen gehandelt haben kann. Laut einem Bericht der Einsatzgruppe A, einer Formation von SD, SS und Polizei, ermordeten Angehörige der Heeresgruppe Mitte, also Wehrmachtssoldaten, in Weißrußland bis Dezember 1941 »ungefähr 19 000 Partisanen und Verbrecher, das heißt in der Mehrzahl Juden«.[41] Auf »Partisanenlehrgängen« wurde den teilnehmenden Soldaten die Gleichsetzung von Juden und Partisanen eingeschärft: »Wo der Partisan ist, ist der Jude, und wo der Jude ist, ist der Partisan«, zitierte das Landgericht Darmstadt 1954 in einem Urteil die Aussage eines Zeugen.[42]

Mit der Niederlage der Wehrmacht vor Moskau im Dezember 1941 änderte sich allerdings die Lage bei der Partisanenbekämpfung. Durch die weiten Lücken in der zurückgenommenen deutschen Front drangen speziell ausgebildete und ausgesuchte Einheiten der

Roten Armee ins rückwärtige Heeresgebiet vor. Umgehend nahm die Zahl der Anschläge erheblich zu. Statt 30 000 schlecht ausgerüsteter, unorganisierter Partisanen wie im Herbst 1941 waren ein halbes Jahr später mindestens 150 000 hochmotivierte irreguläre Kämpfer hinter der deutschen Front aktiv. Spätestens ab Sommer 1942 war der Krieg gegen die Partisanen für die Wehrmacht nicht mehr zu gewinnen – obwohl die Sicherungsdivisionen und zur Auffrischung von der Front zurückverlegte Kampftruppen sowie SS-Einheiten und Polizei-Kommandos mit gnadenloser Härte gegen die Zivilbevölkerung vorgingen. Kriegsvölkerrechtlich fanden diese Hinrichtungen und Menschenjagden in einer Grauzone statt: Rein formal gab es eine Rechtfertigung für solche Repressalien, auch wenn die deutschen Soldaten in vielen Fällen exzessiv Gewalt anwendeten. Doch die zweifelhafte Rechtslage beim Partisanenkampf ab 1942 ändert nichts daran, daß im zweiten Halbjahr 1941 Wehrmachtseinheiten logistisch im großen Maßstab und in vielen Fällen auch direkt am Massenmord an sowjetischen Juden beteiligt waren.

Das Bild vom verbrecherischen Krieg der Wehrmacht an der Ostfront wäre allerdings unvollständig, wenn man die wenigen rühmlichen Ausnahmen überginge. In Einzelfällen nämlich widersetzten sich Wehrmachtssoldaten den verbrecherischen Anordnungen, soweit es in ihrer Macht stand. Der Operationsoffizier der 295. Infanteriedivision, Oberstleutnant Helmuth Groscurth, zum Beispiel erfuhr am 20. August 1941 von 90 jüdischen Kindern, deren Eltern bereits ermordet worden und die in einem Schulhaus in Bjelaja Zerkow eingesperrt waren. SD-Männer wollten die Kinder umbringen, doch Groscurth verhinderte das und wandte sich an seinen Oberbefehlshaber, den Generalfeldmarschall Walter von Reichenau. Der jedoch war ein fanatischer Nazi und entschied, »daß die einmal begonnene Aktion in zweckmäßiger Weise durchzuführen sei«. Die Kinder wurden in den Tod geschickt, Groscurth gerüffelt, aber nicht weiter bestraft.[43] Bekannt ist auch der Fall des Feldwebels Anton Schmid, der im Ghetto von Wilna bis zu 300 Juden rettete. Für sein selbstloses Handeln wurde er vor ein Kriegsgericht gestellt, zum Tode verurteilt und hingerichtet. Seit Mai 2000 heißt eine Kaserne der Bundeswehr in Rendsburg (Schleswig-Holstein) nach Schmid.

»Daß die Wehrmacht an Kriegsverbrechen beteiligt war, ist dokumentiert. Und daß das Wissen darum unter Soldaten und in der Heimat weit verbreitet war, wird durch Gestapoberichte und Zeitzeugen belegt«, bilanziert der Militärhistoriker Hans-Erich Volkmann. Trotzdem ließ die deutsche Gesellschaft »unter dem überwältigenden Eindruck des totalen Zusammenbruchs [...] 1945 nur eine kurze historische Schrecksekunde lang Anzeichen kollektiver Selbstbezichtigung erkennen. Rasch hat sie danach die Reihen zwischen Wissenden und Tätern wieder geschlossen.«[44] Die Verdrängung der Wehrmachtsverbrechen erfolgte in den vergangenen knapp 60 Jahren auf unterschiedliche Weise – und jede dieser Strategien der Verharmlosung brachte eigene historische Legenden hervor.

Die Grundlage der frühesten Entschuldigung wurde am 9. Mai 1945 gelegt. Im letzten Bericht des Oberkommandos der Wehrmacht heißt es: »Seit Mitternacht schweigen nun die Waffen. [...] Damit ist das fast sechsjährige Ringen zu Ende. Es hat uns große Siege, aber auch schwere Niederlagen gebracht. Die deutsche Wehrmacht ist am Ende einer gewaltigen Übermacht ehrenvoll unterlegen.« Kein Wort davon, daß Deutschland den Zweiten Weltkrieg bewußt vom Zaun gebrochen hat. Damit war das Fundament für die Legende vom »sauberen Krieg« gelegt. Doch der letzte OKW-Bericht bot auch den einzelnen Soldaten eine Generalrechtfertigung: »Der deutsche Soldat hat, getreu seinem Eid, im höchsten Einsatz für sein Volk für immer Unvergeßliches geleistet. [...] Die einmalige Leistung von Front und Heimat wird in einem späteren gerechten Urteil der Geschichte ihre endgültige Würdigung finden. [...] Jeder Soldat kann daher die Waffe aufrecht und stolz aus der Hand legen.«[45]

Dieses Denken dominierte in den Köpfen sehr vieler ehemaliger Wehrmachtsangehöriger in Westdeutschland. Es fand seinen Ausdruck zum Beispiel in der Ehrenerklärung, die die beiden ehemaligen Wehrmachtsgenerale Speidel und Heusinger im Januar 1951 Dwight D. Eisenhower abtrotzten. Weil aber der Judenmord und die Greuel an der Zivilbevölkerung im Westen und in Italien, vor allem aber an der Ostfront und auf dem Balkan nicht geleugnet werden konnten, bürgerte sich rasch die Unterscheidung zwischen der angeblich »sauberen« regulären Armee und den verbrecherischen, irregulären SS-, SD- und Polizei-Einheiten ein. Mit der Realität hatte das allerdings wenig zu tun, denn die Divisionen der

Waffen-SS agierten genauso wie jede Heereseinheit und waren in der Regel sogar den Armeeoberkommandos der Wehrmacht unterstellt. An der Verbreitung dieser Legende wesentlich beteiligt waren erstens ehemalige hohe Wehrmachtsoffiziere, deren »strategische Erinnerungen« bereits wenige Jahre nach Kriegsende in teilweise recht hohen Auflagen erschienen. Am bekanntesten sind die Memoiren des Generalfeldmarschalls Erich von Manstein unter dem bezeichnenden Titel »Verlorene Siege«. Gemeinsam ist diesem Genre von Büchern, daß ihre Autoren den Krieg zum großen Völkerringen verklärten und einen Bogen schlugen vom deutschen Kampf gegen die Sowjetunion zum Kalten Krieg der fünfziger Jahre. Sie kamen damit einem verständlichen, aber zutiefst unehrlichen Bedürfnis der westdeutschen Gesellschaft nach Rechtfertigung entgegen. Zweitens wurde die Verdrängung der schmutzigen Kriegserfahrungen gefördert von Trivialromanen und Illustrierten-Artikeln über den Zweiten Weltkrieg. In Blättern wie »Kristall«, »Quick«, »Der Stern« und »Revue« erschienen »Tatsachenberichte« über das Leben und Leiden an der Front. Von Wehrmachtsverbrechen war darin nur äußerst selten die Rede, oft dagegen wurde das »Lied vom braven Mann« gesungen.[46]

Noch weiter ging eine andere Verharmlosungsstrategie, die ausgerechnet mit dem Urteil des Nürnberger Hauptkriegsverbrecherprozesses spielt. Darin hieß es: »Die Anklagevertretung hat auch verlangt, den Generalstab und das Oberkommando der deutschen Wehrmacht zu einer verbrecherischen Organisation [wie Gestapo, SD, SS und das Führerkorps der NSDAP – K. u. K.] zu erklären. Der Gerichtshof ist der Ansicht, daß Generalstab und Oberkommando nicht für verbrecherisch erklärt werden sollten.«[47] Für viele Anhänger der Legende von der »sauberen Wehrmacht« hat dieser Satz große Bedeutung. Alfred de Zayas, deutsch-amerikanischer Historiker hart an der Grenze zum Rechtsextremismus, zum Beispiel schrieb: »In Nürnberg wurden das Oberkommando der Wehrmacht und der Generalstab des Heeres angeklagt, eine sogenannte verbrecherische Organisation gewesen zu sein. Bekanntlich wurden beide Institutionen aber eben nicht verurteilt. [...] Der Freispruch bedeutete in der Konsequenz, daß die Alliierten die bloße Zugehörigkeit zur Wehrmacht nicht als verbrecherisch ansahen, und daß der Wehrmachtssoldat nicht ohne individuelles Verfahren zum Verbrecher gestempelt werden konnte.«[48] Walter Post, ein Verfechter der Legende vom Präventivkrieg Hitlers gegen Stalin, argumentierte 1999 im Interview mit der rechtslastigen Wochenzeitung »Junge Freiheit« ähnlich: »Man muß die ganze Ausstellung [die alte Wehrmachtsausstellung – K. u. K.] mit einem Strafrechtsprozeß vergleichen. Einem Prozeß gegen die Wehrmacht und ihre Angehörigen. [...] Und ich muß Ihnen wohl nicht sagen, daß bei einem Prozeß dieser Art ein vollkommen schiefes Urteil herauskommt. Ich werde mich in meinen Publikationen bemühen, die Dinge einigermaßen richtigzustellen, indem ich erstens das Völkerrecht darstelle, zweitens das Belastungs- und drittens das Entlastungsmaterial vorlege. Und ich hoffe, daß das eine einigermaßen korrekte Darstellung sein wird.« Auf die Nachfrage: »Hätte die Wehrmacht dann, wie bei den Kriegsverbrecherprozessen in Nürnberg, auch mit einem Freispruch zu rechnen?«, antwortete Post kurz: »Mit Sicherheit!«[49]

Allerdings lohnt es sich, das Nürnberger Urteil genau zu lesen. Unmittelbar nach der von Anhängern der Legende von der »sauberen Wehrmacht« gern angeführten Stelle heißt es nämlich: »Ist auch die Anzahl der beschuldigten Personen größer als im Falle der [ebenfalls nicht zur verbrecherischen Organisation erklärten – K. u. K.] Reichsregierung, so ist sie doch so klein, daß Einzelprozesse gegen diese Offiziere den hier verfolgten Zweck besser erreichen würden als die hier verlangte Erklärung.« Von einem »Freispruch« des OKW kann also nicht die Rede sein – von einem »Freispruch« für die gesamte Wehrmacht übrigens schon gar nicht, denn darum ging es in Nürnberg überhaupt nicht.

Ganz anders funktioniert eine Entlastungsstrategie, die nach dem »Historikerstreit« 1986/87 Anhänger gewann. Ihre Hauptvertreter, Joachim Hoffmann und Franz W. Seidler, argumentierten, die enorme Brutalisierung der Kriegsführung an der Ostfront sei eine Folge der sowjetischen Kriegsführung. Dieser Gedanke setzt jedoch voraus, daß nicht Deutschland der eigentliche Aggressor war, sondern die Sowjetunion; folgerichtig verfechten Hoffmann und Seidler, übrigens beide ehemals als Historiker in Diensten der Bundeswehr, die Legende vom Präventivkrieg Hitlers gegen Stalin. Hoffmann brachte, nach erheblichen, zum Teil vor Gericht ausgetragenen Querelen, seine Sicht der Dinge bereits 1983 im offiziellen Werk des Militärgeschichtlichen Forschungsamtes über den Zweiten Weltkrieg unter: »[Deutsche] Kriegsgefangene und besonders Verwundete [wurden] in der Regel entweder unmittelbar nach der Gefangennahme oder nach einer ersten Vernehmung erschossen. Bei diesen Erschießungen oder Verstümmelungen, die ›gleichartig und gleichzeitig‹ in den ersten Tagen [des Kriegs an der Ostfront] und an den verschiedensten Frontabschnitten einsetzten, dürfte es sich auch nicht nur um spontane Ausschreitungen sowjetischer Soldaten gehandelt haben. Es liegen zahlreiche Beweise dafür vor, daß derartige Handlungen auf ausdrücklichen Befehl hin oder mit Duldung von Truppenführern verschiedener Grade [...] begangen wurden.« Immerhin gestand Hoffmann in diesem Beitrag noch zu: »In dem Weltanschauungs- und Vernichtungskrieg in Osteuropa sind Grausamkeiten von erschreckenden Ausmaßen begangen worden – allerdings, wie man hervorheben muß, waren die beiden Kriegführenden praktisch vom ersten Tag an in gleicher Weise hieran beteiligt.«[50] Ein gutes Jahrzehnt später, 1995, hatte sich Hoffmanns Wahrnehmung verschoben. In seinem Buch »Stalins Vernichtungskrieg 1941–1945« schrieb der inzwischen pensionierte Bundeswehrhistoriker: »Ein gewichtiges Argument in der sowjetischen Kriegspropaganda stellten die Greueltaten dar, die auf deutscher Seite tatsächlich oder auch nur angeblich verübt worden sind. [...] Sie sind, will man den rechten Maßstab gewinnen, vor dem Hintergrund überdimensionaler sowjetischer Menschheitsverbrechen zu sehen. So gilt es, Spreu vom Weizen zu trennen [...]. Denn bevor die Deutschen in der Sowjetunion oder in den von ihr annektierten Gebieten auch nur eine Untat begehen konnten, hatten die Bolschewiki von sich aus bereits Millionen und Abermillionen unschuldiger Menschen vernichtet.«[51] Nun ist unbestritten, daß der Herrschaft Stalins noch mehr Unschuldige zum Opfer gefallen sind als Hitler, der allerdings auch deutlich kürzer an der Macht war. Was aber die furchtbaren Verbrechen des NKWD und anderer Terrorinstitutionen der Sowjetunion gegen die eigene Zivilbevölkerung mit den deutschen Kriegsverbrechen zu tun hatten, bleibt Hoffmanns Geheimnis.

Nach Ansicht von Franz W. Seidler, ehemals an der Universität der Bundeswehr in München tätig, führten erst grausame Verstümmlungen deutscher Soldaten durch Rotarmisten zu der Eskalation der Gewalt. In seinem Buch »Verbrechen an der Wehrmacht« veröffentlichte er insgesamt 306 Berichte der sogenannten Wehrmachtsuntersuchungsstelle, die Kriegsverbrechen an deutschen Soldaten im Auftrag des OKW dokumentierte. Seidler leitet seine Dokumentation folgendermaßen ein: »Die meisten Opfer der sowjetischen Mordtaten hätten gewünscht, ihrem Leben würde schnell mit einer Kugel vor der Friedhofsmauer oder mit dem Strick am Galgen ein Ende bereitet werden, wie es die Deutschen bei ihren Hinrichtungen praktizierten. Die Verstümmlungen lassen ahnen, was die deutschen Opfer der Roten Armee litten, bevor sie starben. Wenn der Betrachter der Bilder versucht, sich in ihre Lage zu versetzen, als sie gemartert, gepeinigt, erschlagen und so zugerichtet wurden, wie ihre Kameraden sie fanden, wird ahnen, wozu Menschen ohne Moral fähig sind.«[52]

Viele der von Seidler zum Teil mit erschreckenden Fotos bebilderten Fälle zeigen tatsächlich sowjetische Kriegsverbrechen: Morde an Verwundeten, hingerichtete Kriegsgefangene und Attacken auf Sanitätspersonal. Wie verläßlich die Berichte sind und wie weit propagandistisch gefärbt, ist unklar; die Wehrmachtsuntersuchungsstelle ist jedenfalls mit Sicherheit keine objektive Quelle. Interessanter sind jedoch Seidlers Formulierungen: hier deutsche »Hinrichtungen«, dort sowjetische »Mordtaten«; hier der schnelle Tod durch Kugel oder Strick, dort Marter und Verstümmelung; hier mitleidende »Kameraden«, dort »Menschen ohne Moral«. So wird unterschwellig der Eindruck der »sauber« kämpfenden Wehrmacht und der »marodierenden« Roten Armee erweckt.

Zu den Legenden über die vermeintlich »saubere Wehrmacht« zählt auch die Legende vom »Befehlsnotstand«. Schon in den Nürnberger Prozessen beriefen sich Angeklagte und Zeugen immer wieder darauf, sie hätten verbrecherische Befehle ausführen müssen, weil sie andernfalls selbst ermordet worden wären. Nun gibt es im deutschen Recht den Begriff »Befehlsnotstand« gar nicht. Allerdings bleibt straffrei, wer ein Verbrechen nur unter Androhung von Gewalt begeht. Jedoch ist bis heute nicht ein einziger Fall vor Gericht dokumentiert, in dem ein deutscher Soldat den Vollzug eines Mordbefehls verweigerte und daraufhin selbst getötet wurde. Im Gegenteil: Sowohl aus Wehrmachtseinheiten wie bei Polizei- und SS-Kommandos sind Beispiele bekannt, in denen Männer verbrecherische Anweisungen zurückwiesen. Wenn überhaupt, ließen ihre Vorgesetzte sie versetzen oder beschimpften sie als »Weichlinge«. Sehr wohl hingerichtet wurden dagegen Soldaten, die sich einem Befehl durch Desertion entzogen.

Von den vielen Legenden zur Relativierung deutscher Kriegsverbrechen soll noch eine letzte erwähnt werden: die mathematischen Kunststücke, die Zahl der an Kriegsverbrechen beteiligten deutschen Soldaten zu schönen. In der alten Wehrmachtsausstellung wurde zwar keine Zahl genannt, doch »subkutan« der Eindruck eines Pauschalurteils über alle 19 Millionen Soldaten erweckt. Für den damaligen Ausstellungsleiter Hannes Heer waren sogar »60 bis 80 Prozent« der Wehrmachtssoldaten in individuell zurechenbare kriegsrechtswidrige Mordtaten verstrickt.[53] Dagegen richten sich Behauptungen der Wehrmachts-Verteidiger. Der ehemalige Generalmajor der Bundeswehr Jürgen Schreiber zum Beispiel ging von sehr geringen Zahlen aus: »Selbst, wenn man unterstellt – ich weiß auch nicht die Zahlen –, daß 5 000, 10 000 oder wieviel Wehrmachtsoldaten [an Kriegsverbrechen] mitbeteiligt waren, was ist das denn prozentual von der Gesamtzahl von 17 oder 19 Millionen? Da kann man doch nicht so tun, als wenn das ›die Wehrmacht‹ war.«[54] Eine abenteuerliche Rechnung schließlich stellte Walter Post auf. Danach machten sich genau 1 095 Soldaten der 6. Armee am völkerrechtswidrigen Mord an politischen Kommissaren schuldig. Post erweiterte seine »Untersuchung« auf andere Kriegsverbrechen und kam auf eine Gesamtzahl von 6 180 Soldaten der 6. Armee, die sich an Kriegsverbrechen beteiligt hätten, also nicht einmal anderthalb Prozent ihrer Stärke am 22. Juni 1941, nämlich rund 416 000 Mann.[55]

Mit der Realität allerdings haben solche Rechnungen nicht viel gemein. Das zeigt schon ein Blick ins Kriegstagebuch der 6. Armee, das im Militärarchiv des Bundesarchivs einzusehen ist. Am 7. Dezember 1941 vermerkte der zuständige Nachrichtenoffizier: »Die Armee meldet der Heeresgruppe, daß im Armeebereich das Partisanenunwesen so gut wie beseitigt ist. Sie schreibt dies den rigorosen Maßnahmen zu, die angewandt wurden. Neben den eigentlichen Partisanen wurden auch die vielen, ohne Ausweis im Land herumstreichenden Elemente beseitigt, hinter denen sich Agenten und der Nachrichtendienst der Partisanen verbergen. Im Zuge dieser Aktion sind im Armeebereich mehrere Tausend öffentlich erhängt und erschossen worden. [...] Als Erfahrung ist festzustellen: Nur solche Maßnahmen führen zum Ziel, vor denen die Bevölkerung noch mehr Furcht hat als vor dem Terror der Partisanen.«[56]

Keine andere zeitgeschichtliche Legende hat in den vergangenen Jahren zu so emotional aufgeladenen Auseinandersetzungen geführt wie die von der angeblich »sauberen« Wehrmacht. Obwohl die Fakten klar sind und sich alle seriösen Militärhistoriker nur in der Formulierung ihrer Urteile unterscheiden, nicht aber grundlegend in der Sache, dominierte in weiten Teilen der Bevölkerung das bequeme Bild, Verbrechen habe nur die SS begangen, während die Wehrmacht mißbraucht worden sei. Der wichtigste Grund dafür war ein unehrliches, aber menschlich verständliches Bedürfnis: »Praktisch jede deutsche Familie hatte ihre eigenen Erfahrungen mit Krieg, Verlust und oft auch Verbrechen gemacht. Heimkehrende Kriegsgefangene und verurteilte Kriegsverbrecher verband die unkritische Selbstsicht, Opfer der Weltläufte und des NS-Systems geworden zu sein«, faßt der Nachwuchshistoriker Jens Scholten im Begleitband zur ARD-Serie »Karrieren im Zwielicht« zusammen.[57] Die Legende vom »sauberen Krieg« der Wehrmacht ist eine der großen Lebenslügen der Bundesrepublik – neben der Behauptung von der »Stunde Null« und neben dem angeblich steten Bemühen um die deutsche Einheit. Mehr noch als der Massenmord an den europäischen Juden, der trotz der Nürnberger Verfahren und des großen Auschwitzprozesses in Frankfurt am Main von 1963 bis 1965 erst mit der US-Fernsehserie »Holocaust« 1979 Eingang ins allgemeine Bewußtsein der deutschen Bevölkerung fand, bestand in Westdeutschland ein gesellschaftlicher Konsens, die Verbrechen der Wehrmacht kollektiv zu beschweigen.

Ein weiterer Grund für die Dauerhaftigkeit der Legende war der Kalte Krieg. Die aktuelle Bedrohung der jungen deutschen Demokratie durch den kommunistischen Block verklärte den Blick auf die Jahre vor 1945. Schien doch die Herrschaft der SED in Ostdeutschland und der anderen prosowjetischen Regimes das Feindbild vom »asiatischen Bolschewismus« zu bestätigen, das von den Nazis befördert, aber nicht erfunden worden war. Die Spaltung der Welt ersparte den Menschen in Westdeutschland auch, den Blick auf jene Länder zu richten, in denen die furchtbarsten Wehrmachtsverbrechen stattgefunden hatten. Wenn über Verbrechen in Polen oder der Tschechoslowakei gesprochen wurde, war fast immer die Vertreibung der Deutschen aus ihrer ostmitteleuropäischen Heimat gemeint – und fast nie der Massenmord an jüdischen und christlichen Zivilisten. Ähnlich konnte die Verantwortung für den Ernährungskrieg kleingeredet werden, dessen Folgen Millionen deutscher Soldaten bei ihrem Einsatz an der Ostfront kennengelernt hatten. Denn die Sowjetunion litt wegen ihrer ineffizienten Landwirtschaft in den dreißiger Jahren ebenso wie nach 1945 immer wieder unter Nahrungsmangel – also schien das massenhafte

Verhungern sowjetischer Zivilisten während der deutschen Besatzung weniger an verbrecherischen Plänen der Wehrwirtschaftsoffiziere gelegen zu haben, als an der Unfähigkeit »des Russen«, die eigene Zivilbevölkerung selbst zu versorgen.

Schließlich verstehen es die Wehrmachts-Apologeten, die Frage der Kriegsverbrechen mit aktuellen politischen Themen zu verknüpfen. So behaupten sie, die Darstellung deutscher Greueltaten im Zweiten Weltkrieg richte sich eigentlich gegen die Bundeswehr. Das allerdings ist absurd, denn bei aller berechtigten Kritik an geschichtspolitisch zweifelhaften und mitunter sogar antidemokratischen Tendenzen in der heutigen deutschen Armee ist jeder Vergleich mit der Wehrmacht für die Bundeswehr eine Beleidigung.

Der Aufschwung des Geschichtsbewußtseins in Deutschland seit den achtziger Jahren spülte die braune Vergangenheit ins Bewußtein der Öffentlichkeit – weit stärker noch als während der Studentenunruhen 1967/68. Die jahrzehntelang im wesentlichen stabile Lebenslüge der bundesdeutschen Gesellschaft, die den Wechsel von der Kriegsgeneration zur Generation der Söhne und Töchter noch überstanden hatte, brach mit dem Auftreten der Enkel in sich zusammen. Nach Stichproben zeigte sich eine deutliche Mehrheit der Besucher der alten Wehrmachtsausstellung vom dort präsentierten Material erschüttert, während unter den Leserbriefschreibern scharfe Gegnerschaft vorherrschte. Wer an der Legende festhalten wollte, ging gar nicht erst in die Wanderausstellung. Die Schau trieb die virulente geschichtspolitische Auseinandersetzung auf die Spitze. Das ist bei der überarbeiteten Fassung anders, weshalb hier auch die Aufregung bislang deutlich geringer blieb. Gegen die neue Ausstellung treten eigentlich nur noch Vertreter des rechtskonservativen bis rechtsextremen Spektrums auf. Daher könnte die Schau »Verbrechen der Wehrmacht. Dimensionen des Vernichtungskrieges« einen gesellschaftlichen Konsens über Kriegsverbrechen begründen – ähnlich wie vor mehr als zwei Jahrzehnten die Serie »Holocaust« zum millionenfachen Judenmord. Denn eine kritische Überprüfung der Fakten erweist zweifelsfrei, daß die These der neuen Ausstellung zutrifft: Im Zweiten Weltkrieg haben deutsche Soldaten in vielen hunderttausend Fällen gemordet, geplündert und geschändet – und zwar oft, wenn auch nicht immer auf höheren Befehl. Die Wehrmachtsführung hat einen Vernichtungskrieg geführt, im vollen Bewußtsein der absehbaren Folgen. Dennoch ist jedes pauschale Urteil unangemessen. Eine sehr große Mehrheit der deutschen Soldaten machte sich nicht schuldig an Kriegsverbrechen – weder im engen strafrechtlichen noch im viel weiteren moralischen Verständnis.

Die Legende von der »sauberen Wehrmacht« ist im wesentlichen ein westdeutsches Phänomen. Sie entstand in der alten Bundesrepublik, und nur in Westdeutschland konnte sie sich über die Jahrzehnte halten. Das liegt allerdings nicht an einer intensiveren Aufarbeitung der deutschen Geschichte in der ehemaligen DDR, sondern ausschließlich an der Dominanz einer anderen, genauso unehrlichen Legende: der Lüge vom Antifaschismus. So gut wie jeder ehemalige Wehrmachtssoldat in Ostdeutschland konnte sich durch politisches Engagement zugunsten des SED-Regimes vom allgemeinen Pauschalurteil über die »faschistische« Wehrmacht selbst befreien. Doch das ist ein eigenes Thema.

In der Debatte um die Rolle der Schweiz im Zweiten Weltkrieg türmen sich die Verdächtigungen in Sachen Raub- und Totengold zu erdrükkenden Bergen. Zeichnung von Gerhard Mester vom September 1996. (Gerhard Mester)

»Den Krieg verlängert«?

Die Rolle der Schweiz bis 1945

»Schweizer Banken haben Hitlers Raubgold aufgekauft und so dem Reich die kriegswichtigen Rohstoffkäufe ermöglicht. Ohne die Schweizer Bankiers wäre der Zweite Weltkrieg früher zu Ende gegangen, und Millionen von Menschen wären am Leben geblieben.«[1] Mit diesen Worten empfiehlt die Kommunistische Partei Deutschlands (KPD), heute trotz ihres klangvollen Namens nur noch eine Splittergruppe der deutschen Linken, im Internet das Buch »Die Schweiz, das Gold und die Toten« von Jean Ziegler. Vor derlei Beifall von der falschen Seite ist der Genfer Soziologie-Professor und leidenschaftliche Kritiker Schweizer Banken sowenig gefeit wie jeder andere Publizist. Allerdings zitiert der KPD-Buchtip den Klappentext des Buches fast wörtlich – statt »Millionen« schreibt Zieglers Verlag von »Hunderttausenden« Menschenleben – und trifft dessen Kernthese ziemlich genau.

Seine Botschaft hat Ziegler selbst in Interviews zugespitzt: »Wie Sie wissen, hatte Hitler zwei Probleme. Auch auf dem Höhepunkt seiner Macht war er angewiesen auf den Weltmarkt, um die strategisch wichtigen Rohstoffe für die Wehrmacht und die SS zu bekommen. Er mußte Öl, Chrom und weitere Rohstoffe aus Ländern außerhalb seines Einflußgebietes kaufen. Dafür brauchte er Geld. Konvertierbares Geld, also nicht Reichsmark. Deshalb stahl er Gold in elf besetzten Nachbarstaaten, Goldreserven der internationalen Banken, und er stahl Gold in den Konzentrationslagern, Zahngold und Eheringe. All das kam nach Berlin, wurde eingeschmolzen, mit dem Hakenkreuz gekennzeichnet und in die Schweiz geschickt. Und jeden Monat überwies die Schweizerische Nationalbank Millionen und aber Millionen konvertierbarer Schweizer Franken nach Berlin und ermöglichte es Hitler so, Rohstoffe zu kaufen und den Krieg fortzusetzen. So wuschen die Schweizer Banken nicht nur das gestohlene Geld der kriminellen Vereinigung NS-Regime. Sie verlängerten den Krieg. Ab 1943 verlängerten sie den Krieg.«[2]

In seinem Buch geht Ziegler noch weiter. Nicht erst 1943 wäre der Zweite Weltkrieg ohne die »Hehlerei« der Schweizer zu Ende gewesen, weil die deutsche Reichsbank »nicht einmal für zwei Monate verzichten [konnte], in der Schweiz Devisentransaktionen, vor allem Umwandlung von Gold in freie Devisen, durchzuführen.« Vielmehr hätte Hitler den Krieg entweder gar nicht beginnen können, weil Deutschland schon Anfang 1939 bankrott war, oder spätestens im folgenden Jahr aufgeben müssen: »Ohne Hehlerei des Beutegoldes keine Devisen für das Reich, ohne international taugliche Devisen keine strategischen Rohstoffkäufe auf dem Weltmarkt, und ohne strategische Rohstoffe keine Wehrmacht. Hitler war den helvetischen Hehlern ausgeliefert. Ab 1940 war er ein gebundener Klient. Mächtig zwar, aber abhängig. Der Traum jedes Bankiers. Astronomische Gewinne lockten.«[3]

Ähnlich sieht das der Hamburger Publizist Peter-Ferdinand Koch: »Wenn die Schweiz Berlin nur einen Monat lang den Geldhahn zugedreht hätte, wären die Waffen herstellenden KZ-Produktionsstätten zum Erliegen gekommen.«[4] Einig sind sich Koch und Ziegler auch in einer weiteren Frage. Nicht ihre Armee habe die Eidgenossenschaft vor deutscher Besetzung geschützt, sondern die Kollaboration mit dem NS-Regime: »Hitlers Angriff auf die Schweiz ist nicht erfolgt. Der Räuber benutzte, schonte seine Hehler bis zum Schluß.«[5]

Moderater im Ton, aber genauso hart in der Sache zeigte sich 1997 Stuart Eizenstat, Staatssekretär im US-Handelsministerium unter Präsident Bill Clinton, im Vorwort zu dem unter seinem Namen bekanntgewordenen Report: »Der Bericht erwähnt auch die Rolle der neutralen Staaten, die Raubgold im Austausch für lebensnotwendige Güter und Rohstoffe annahmen und so das Nazi-Regime unterstützten und seinen Krieg verlängerten. Dies dauerte ungeachtet verschiedener Warnungen der Alliierten an, auch als diese Länder schon längst keinen Grund mehr hatten, eine deutsche Invasion zu fürchten. Unter den neutralen Staaten kommt in diesem Bericht der Schweiz die größte Aufmerksamkeit zu.«[6]

Während in der Schweiz Peter Ferdinand Koch ignoriert und Jean Ziegler als notorischer Nestbeschmutzer kaum ernstgenommen wurde, löste Eizenstats Vorwurf einen Sturm der Entrüstung aus: »Der Eizenstat-Bericht der Historiker ist sachlich und ausgewogen. Sein Vorwort jedoch [...] enthält Vorwürfe, die wir nicht akzeptieren. Die Schweiz habe aufgrund ihrer Exporte und Finanztransaktionen mit Deutschland dazu beigetragen, den Krieg zu verlängern. Der Bericht enthält kein einziges Indiz, das diesen Vorwurf bestätigen würde«, sagte der damalige Schweizer Außenminister Flavio Cotti bei einer Konferenz über den Bericht am 20. Juni 1997 in Bern. Quer durch die Schweizer Parteien, von den Sozialdemokraten bis zu den Konservativen, war die Ablehnung einhellig: »Unbewiesen«, »völlig inakzeptabel« und »absurd« sei die »Kriegsverlängerungsthese«.[7]

Ihre schiere Ablehnung genügte der Schweizerischen Volkspartei (SVP) nicht. Christoph Blocher, Chef dieser populistischen Sammlungsbewegung weit rechts im politischen Spektrum, sagte am 18. März 1997 im Berner Parlament: »Wer die Lage der Schweiz im Zweiten Weltkrieg geschichtlich zusammenfassen will, muß das Wesentliche sehen, nämlich daß die Verantwortlichen damals einen einzigen Auftrag hatten, einen Riesenauftrag: dieses Land vor dem Krieg zu verschonen. Sie haben diesen Auftrag erfüllt, und das zählt: durch die militärische Landesverteidigung, durch Neutralität, durch die Kriegsvorsorge [...] und durch eine kontrollierte Handelspolitik nach allen Seiten. Das waren die vier Säulen der damaligen Politik.«

Gleich fünf Gründe, warum die Wehrmacht die neutrale Schweiz anders als die ebenfalls neutralen Länder Dänemark, Norwegen, Belgien, Holland und Luxemburg nicht überfiel, führt der amerikanische Autor Stephen P. Halbrook auf: erstens die als Miliz organisierte Armee, die bei 4,2 Millionen Einwohnern 850 000 Soldaten zu mobilisieren vermochte; zweitens die dezentrale Machtverteilung: »Kein Herrscher konnte das Land übergeben, wie dies in Österreich, in Tschechien und in der Slowakei und später in Dänemark geschah.« Drittens der Wille, dem Nationalsozialismus »Widerstand bis in den Tod« zu leisten. Viertens das Konzept der bewaffneten Neutralität. Fünftens die alpine Landschaft und die Strategie des »Reduit«, des Rückzugs in eine uneinnehmbare »Alpenfestung«.[8]

Verlängerten die Geschäfte der Schweiz mit Nazi-Deutschland tatsächlich den Zweiten Weltkrieg? Hätte das Völkerschlachten in Europa ohne die Banken in Zürich und Bern, Basel und Genf bereits 1943 oder sogar schon 1940 beendet sein können? Schonte Hitler die Eidgenossenschaft, weil sie als Finanzdrehscheibe viel wertvoller war denn als besetztes Gebiet? Oder waren der Goldtransfer für und die Rüstungsexporte nach Deutschland legitime Mittel der Neutralitätspolitik?

Die Schweiz hat ab Mitte der dreißiger Jahre und vor allem im Zweiten Weltkrieg moralisch zweifelhafte Geschäfte mit dem »Dritten Reich« gemacht. Erstens ging es dabei um private Gelder von NS-Verfolgten, die ermordet wurden – die sogenannten nachrichtenlosen Konten. Zweitens um große Mengen an Goldbarren, die Schweizer Bankiers vom Deutschen Reich und deutschen Privatbanken ankauften und in konvertierbaren Devisen bezahlten, vor allem in Schweizer Franken – das sogenannte Raubgold. Sowohl das Problem der nachrichtenlosen Konten als auch das Problem des Raubgoldes war nach 1945 stets bekannt. In Büchern von Wirtschaftshistorikern, zum Teil sogar in offiziellen Beschlüssen der Schweizer Regierung, des Bundesrates, konnte man Details darüber schon seit Ende der fünfziger Jahre nachlesen. Die Öffentlichkeit interessierte sich dafür allerdings kaum – in der Schweiz selbst ebensowenig wie in den USA. Auch als 1985 der Schweizer Werner Rings ein sehr kritisches Buch über »Raubgold aus Deutschland – Die Golddrehscheibe Schweiz im Zweiten Weltkrieg« publizierte, blieb die Resonanz verhalten.

Gerüchte über astronomische Guthaben von NS-Opfern auf geheimen Konten bei Schweizer Banken kursieren allerdings schon lange. Mehrfach gingen die Eidgenössische Bankenkommission und die Schweizerische Bankiersvereinigung solchen Meldungen nach. Die Ergebnisse ähnelten sich stets: Entweder wurde die Existenz herrenloser Vermögen ganz bestritten oder lediglich in geringer Höhe eingeräumt. Auch ein Bericht des Wirtschaftsjournalisten Beat Balzli in der Züricher »Sonntagszeitung« vom Herbst 1994, in dem der aktuelle Gesamtwert solcher Konten auf 2,6 Milliarden Franken geschätzt wurde, blieb im wesentlichen folgenlos.

Genau das Gegenteil erreichte dann am 28. April 1995 der israelische Journalist Itamar Levin mit einem Bericht in der Wirtschaftszeitung »Globes« (Tel Aviv): Im Zionistischen Zentralarchiv sei ein offizielles schweizerisches Dokument aufgetaucht, wonach sich die Schweizer Behörden 1946 verpflichtet hätten, eine globale Entschädigung für die herrenlosen jüdischen Vermögen bei Schweizer Banken in Höhe von 300 Millionen Franken zu bezahlen. Levin rechnete diese Summe mit Zins und Zinseszins sowie der Inflation über fast 50 Jahre hinweg hoch und kam auf 7,7 Milliarden Franken, die Schweizer Banken angeblich den Nachkommen der Holocaust-Opfer oder jüdischen Organisationen schuldeten. Der Bericht machte weltweit Schlagzeilen und löste eine bis dahin einzigartige Kampagne aus. Fortan wetteiferten Zeitungen und Nachrichtenmagazine um die Veröffentlichung immer höherer Summen, die angeblich auf Schweizer Geheimkonten lagerten oder gleich, der Einfachheit halber, dem Eigenkapital der Banken zugeschlagen worden seien.

Allerdings beruhte Levins Artikel auf einem Mißverständnis. Denn das Papier, auf das er sich bezog, war weder offiziell noch ging es darin überhaupt um nachrichtenlose Konten. Vielmehr handelte es sich um ein internes Informationsblatt der »Schweizerischen Zentralstelle Flüchtlingshilfe« und faßte lediglich die Ergebnisse des Washingtoner Abkommens von 1946 zusammen. Diese Vereinbarung, von den Westalliierten der Schweiz unter massivem Druck abgerungen, sollte die bereits unmittelbar nach Kriegsende bekannten anrüchigen Goldgeschäfte mit Nazi-Deutschland und die deutschen Guthaben bei Schweizer Banken liquidieren. Der israelische Journalist und Schweiz-Experte Shraga Elam bilanzierte Levins »Enthüllung« zynisch so: »Um es mit einer ironischen Verknüpfung von zwei abgegriffenen Redensarten zusammenzufassen: Hier hat eine fette Zeitungsente die Büchse der Pandora aufgepickt.«[9]

Trotzdem brach nun ein fast fünf Jahre währender Sturm von vielen richtigen, aber noch mehr falschen »Enthüllungen« über die Schweiz herein. Einige hauptsächlich eigennützige US-Anwälte heizten die Empörung mit Sammelklagen gegen Schweizer Banken vor US-Gerichten noch an. Hier ging es dann um Summen, die man nur noch als phantastisch bezeichnen kann: Gizella Weisshaus, deren Eltern und sechs Geschwister im Konzentrationslager Auschwitz umgebracht worden waren, verklagte im Oktober 1996 mehrere Schweizer Banken im Namen aller Holocaust-Opfer auf 20 Milliarden Dollar. Der eingeklagte Betrag errechnete sich nach Darstellung ihres Anwalts Edward Fagan aus den während des Kriegs von Holocaust-Opfern auf Schweizer Banken deponierten Vermögenswerten von geschätzt rund 500 Millionen Dollar, was nach heutigem Wert etwa sechs Milliarden Dollar entsprechen würde. Hinzu kämen rund vier Milliarden Dollar an versteckten Vermögenswerten. Die zweite Forderungstranche von zehn Milliarden Dollar wurde mit dem mutmaßlichen Zins- und Anlageertrag der erwähnten Gelder begründet. Belege für diese Schätzungen konnten nicht vorgelegt werden. Anderthalb Jahre später klagte

Fagan für Christoph Meili, einen ehemaligen Wachmann bei einer Züricher Großbank, auf 2,56 Milliarden Dollar Schadensersatz. Meili hatte am 8. Januar 1997 alte Bankakten vor dem Shredder gerettet, war daraufhin wegen »Vertrauensbruch« entlassen und angezeigt worden. Mit Fagans Hilfe emigrierte Meili als politisch Verfolgter in die USA und wurde dort zum Kronzeugen gegen die gesamte Schweiz. Wahrscheinlich die höchste Summe nannte der Hamburger Buchautor Peter-Ferdinand Koch: »Solide Schätzungen gehen von 50 Milliarden US-Dollar ungeklärter Vermögenswerte aus.«[10] Überzeugend belegen konnte er diese Zahl allerdings auch nicht.

Die Sammelklagen von Fagan und anderen US-Anwälten setzten die Schweiz durch eine geschickte Instrumentalisierung der Medien massiv unter Druck. Schließlich führten sie zu einem Vergleich mit den verklagten Schweizer Banken, die 1998 immerhin 1,25 Milliarden Dollar auf Sperrkonten einzahlten. Von dem Geld haben die einstigen Kläger jedoch bisher noch nicht viel bekommen. Denn erst im Sommer 2001 wurde eine erste Tranche von 43 Millionen Dollar zur Auszahlung freigegeben. Vorher mußten komplizierte Verfahren eingehalten und die Frage der Anwaltshonorare geklärt werden. Gizella Weisshaus und andere Betroffene sind jedenfalls verbittert – kaum waren der Vergleich und die Honorare ausgehandelt, verlor Rechtsanwalt Fagan das Interesse an seiner Mandantin. Mit Meili hat sich der Jurist ebenfalls überworfen – immerhin sollte der ehemalige Wachmann ein Viertel seiner Entschädigung an Fagan bezahlen.[11]

Angesichts der schlagzeilenträchtigen Klagen ging die seriöse Recherche einiger kritischer Schweizer Journalisten mangels Sensationalität fast unter. Denn sie dokumentierten Unterschlagungen von viel geringerem Umfang, oft »nur« einigen tausend Franken. Beat Balzli zum Beispiel forschte weiter und deckte auf, mit welchen Tricks sich findige Banker und Rechtsanwälte in den dreißiger und vierziger Jahren bereicherten. Leidtragende waren vor allem jene jüdischen Deutschen, die im Vertrauen auf die Verschwiegenheit und Zuverlässigkeit Schweizer Banken auf deren Konten Geld deponieren wollten. Harte Devisenvorschriften drängten sie in die Illegalität; professionelle Schmuggler brachten sie um ihre Notgroschen. Schweizer Juweliere kauften Schmuck an, den ihnen verzweifelte Flüchtlinge weit unter Wert anboten, und drückten die Preise sogar noch weiter. Unter falschem Namen oder nur unter

Nummern geführte Konten verschwanden spurlos, nachdem sich ihre Inhaber eine Zeitlang nicht gemeldet hatten. Noch einfacher erklärt sich das »Verschwinden« von Konten, die unter den Namen von Strohmännern geführt wurden: »Die Juden wurden jedoch Opfer dieser Diskretion und somit ihres eigenen Sicherheitsdenkens. Der beinahe wasserdichte Schutz vor den Schnüffeleien der Nazis wurde den Erben nach dem Krieg zum Verhängnis [...]. In internen Statistiken für nachrichtenlose Vermögen tauchen diese Gelder nie auf. Schließlich besteht mit dem Strohmann ein Kundenkontakt. Er ist ganz offiziell der Kontobesitzer«, stellte Balzli fest.[12]

Heute räumt die Schweiz offiziell ein, daß es etwa 26 000 nachrichtenlose Konten gebe, die mit großer Wahrscheinlichkeit Holocaust-Opfern zuzurechnen sind. Weitere 46 000 Konten werden in einer Datenbank erfaßt, weil auch bei ihnen ein Zusammenhang mit Opfern des Nationalsozialismus möglich sei. »Die zentrale Erfassung aller 4,1 Millionen aus der Zeit vor 1945 stammenden Konten, die bei den Schweizer Banken eruiert wurden, erachtet die Eidgenössische Bankenkommission dagegen weder als notwendig noch als sinnvoll«, teilte die Berner Bundesregierung am 30. März 2000 mit.[13] Ob es hier noch weitere Aufklärung geben wird, ist zweifelhaft.

Zu einem weitgehenden Abschluß sind inzwischen auch die Untersuchungen über den zweiten umstrittenen Komplex der Schweizer Finanzbeziehungen mit dem »Dritten Reich« gekommen: das Goldgeschäft. Die zur Untersuchung der schweizerischen Beziehung zu NS-Deutschland eingesetzte Unabhängige Experten-Kommission um den Züricher Wirtschaftshistoriker Jean-François Bergier legte ihre Forschungsergebnisse in mehreren Zwischenberichten und im Herbst 2001 in 25 wissenschaftlichen Einzelstudien vor. Das Goldgeschäft bilanzierte die Kommission schon 1998 in einem gesonderten Bericht: »Die Schweiz war während des Zweiten Weltkrieges der wichtigste Umschlagplatz für Gold aus dem Machtbereich des »Dritten Reiches«. 79 Prozent aller Goldlieferungen nach dem Ausland wickelte die Reichsbank über die Schweiz ab. Davon entfielen anteilsmäßig 87 Prozent auf die Schweizerische Nationalbank (SNB) und 13 Prozent auf schweizerische Geschäftsbanken. Die Goldsendungen der Reichsbank an die SNB beliefen sich je nach Berechnung auf insgesamt 1,6 bis 1,7 Milliarden Franken.« Diese Ergebnisse bestätigen die Schätzungen, die Werner Rings nach wesentlich weniger aufwendigen Recherchen schon 1985 veröffentlicht hatte. Danach gelangten während des Krieges Goldbarren im Wert von 1,716 Milliarden Franken aus Deutschland in die Schweiz.[14]

Dieses Gold diente überwiegend der Bezahlung von Rohstofflieferungen aus anderen, offiziell »neutralen« Staaten wie der Türkei, Spanien, Portugal und vor allem Schweden. Alle diese Staaten und sogar Unternehmen in kriegführenden Ländern wie den USA machten bis weit in die vierziger Jahre hinein profitable Geschäfte mit dem Deutschen Reich. Die Goldgeschäfte über die Schweiz abzuwickeln, war für das Deutsche Reich sicher am bequemsten. Doch es hätte auch andere Wege gegeben, auf dem Weltmarkt Rohstoffe mit Gold zu bezahlen. Immerhin ein Fünftel des deutschen Goldverkehrs ging nicht über die Schweiz, sondern über andere Staaten.

Den ganz überwiegenden Teil des Raubgoldes hatten deutsche Fachleute planmäßig aus jenen Zentralbanken europäischer Staaten entwendet, die zwischen 1938 und 1943 annektiert oder erobert wurden. Der Anteil des »Totengoldes«, also von Goldbarren, die aus Zahngold, Eheringen und Schmuck ermordeter Juden gegossen wurden, ist gering. Laut dem Bericht der Bergier-Kommission gelangten derartige Barren »mit einem Gewicht von insgesamt 119,49 Kilogramm, deren Wert sich auf 581 899 Franken belief, ins Depot der Reichsbank bei der SNB«. Insgesamt war »Totengold« im Wert von 12,6 Millionen Franken aus den Konzentrationslagern und Ghettos an die Reichsbank gegangen.[15] Die SNB ahnte immerhin, daß ein Teil des ihr angebotenen Goldes »aus dem Eigentum von Privatleuten aus den besetzten Gebieten« stammen könnte, wie der Bankjustitiar Max Schwab auf der Direktoriumskonferenz am 2. Dezember 1943 feststellte.[16] Der größte Teil des »Totengoldes« wurde jedoch noch im ursprünglichen Zustand im Frühjahr 1945 im Thüringer Bergwerk Merkers von US-Soldaten geborgen.

Endgültige Sicherheit über die Menge des »Totengoldes«, das in Schweizer Tresore gelangt ist, gibt es zwar nicht. Dafür sind die verfügbaren Unterlagen zu ungenau. Eine Legende ist allerdings die Behauptung, daß in Schweizer Goldmünzen aufgrund geringfügig erhöhter Quecksilberanteile sehr wahrscheinlich Zahngold aus Auschwitz enthalten sei, wie britische Medien 1997 verbreiteten. Die Herkunft des Goldes, das in der Schweiz zur Münzprägung verwendet wurde, ist bis ins Detail nachgewiesen: Es handelte sich ausschließlich um Barren, die bereits vor 1939 im Eigentum der SNB waren. Allerdings öffneten die Schweizer selbst den Spekulationen Tür und Tor, denn sie ließen Goldmünzen mit falschen Ausgabejahren prägen. Sicher ist auch, daß es sich beim »Totengold«, dem düstersten Kapitel der deutsch-schweizerischen Finanzgeschäfte während des Zweiten Weltkrieges, nur um einen kleinen Teil der Goldtransaktionen handelte. Übertrieben jedenfalls in Bezug auf die Schweiz ist die Darstellung von Jean Ziegler: »Die Eheringe, Zahngoldkronen, Armbänder, Golduhren, Ohrbehänge und Schmuckstücke jeglicher Art, welche die Henker ihren Opfern raubten und dem SS-Wirtschaftsverwaltungshauptamt übergaben, wurden wie gesagt bei der Reichsbank deponiert, von dieser zu Barren geschmolzen und mit den reichsdeutschen Hoheitsstempeln versehen. Auch diese Barren wurden in großer Zahl in die Schweiz verfrachtet, von der SNB quittiert, von Schweizer Privatbanken gelagert und auf dem Weltmarkt gegen Devisen verkauft.«[17]

Doch Ziegler übertreibt nicht nur beim schmutzigen Goldgeschäft zwischen SNB und deutscher Reichsbank – als ob die tatsächlichen Vorgänge nicht schon düster genug wären. Das zeigt eine Szene in seinem Buch, die der ehemalige Genfer Abgeordnete als »persönliche Erinnerung« bezeichnet: »Meine Heimatstadt Thun liegt an einer wichtigen Eisenbahnstrecke [...]. In den Jahren 1941 bis 1944 drang allnächtlich fast ununterbrochen ein dumpfer Lärm von dort zu unserem Haus am Hang hinauf. Er stammte von den endlosen deutschen Güterzügen, die gen Süden, nach Italien, rollten, und von italienischen und deutschen Zügen, die nach Norden, ins Rheinland, fuhren. [...] An einem Spätnachmittag im Dezember 1943 ging ein ungewöhnlich heftiger Schneesturm über Thun nieder [...]. Der Himmel war pechschwarz und die Luft vom Geruch von Bränden erfüllt. Tote Schwäne und vor Schreck gelähmte Enten strandeten am Seeufer. Am Bahnhof kam es unterdessen zu einer Katastrophe: Dutzende mit dem Kürzel DRB und dem schwarzen Adler gekennzeichnete Waggons stürzten wie tödlich getroffene Tiere um [...]. Gleich Leichen auf einem Schlachtfeld lagen Flugabwehrkanonen, Panzertürme, Lkw mit zerbrochenen Scheiben und schwere Maschinengewehre verstreut auf den Gleisen. Das Kanonenrohr eines umgestürzten Panzers hatte sich verbogen. Nun glich er einem sterbenden Elefanten [...]. Der Bahnhof glich einem Schlachtfeld. Gegen Abend trafen auf dem Bahnhofsvorplatz Militärlastwagen ein, gefolgt von einer Eskorte dunkler Limousinen, deren Nummernschilder sie als Diplomatenautos auswiesen. Den Limousinen entstiegen Männer in Filzhüten und Ledermänteln. Ein Gendarm erklärte mir, es seien Mitarbeiter der Legation des Deutschen Reiches in Bern. Die Männer in den Ledermänteln erteilten den Schweizer Soldaten in barschem Ton kurze Befehle, die diese voller Respekt vor den Fremden sogleich ausführten.«[18]

Die sehr genaue Beschreibung einer Szene, die Ziegler mit neuneinhalb Jahren erlebt haben will, nötigt auf den ersten Blick Respekt ab. Allerdings erweist sich beim genaueren Hinschauen, daß diese »Erinnerung« von vorne bis hinten erfunden ist. Es gab im Dezember 1943 keinen verheerenden Schneesturm über Thun, der Schwäne sterben und Enten vor Schreck gelähmt stranden ließ, hat der Ziegler-Kritiker und rechtsliberale Politiker Felix Auer festgestellt: Weder in den Unterlagen des Schweizerischen Bundesarchivs »noch in solchen der Stadt Thun, der Kirchengemeinde, der Berner Gebäudeversicherungsanstalt sowie der Bundesbahnen, der Bahnhofsleitung Thun, der Bern-Lötschberg-Bahn und der Meteorologischen Anstalten finden sich Angaben über den ›schlimmen Thuner Schneesturm‹. Auch nicht über ein Eisenbahnunglück und entgleiste Lokomotiven, geschweige denn über Dutzende von umgestürzten Reichsbahnwaggons und einem sich daraus ergießenden Waffenarsenal. [...] Weder heute noch lebende Bahnangestellte, Feuerwehrleute, Kioskfrauen, Anwohner der Bahn und des Bahnhofs oder andere Thuner noch Polizisten oder Soldaten haben die minutiös geschilderte Katastrophe miterlebt oder wenigstens im nachhinein davon gehört.«[19]

Das können sie auch nicht, denn es gab 1943 in Thun gar kein Zugunglück. Ein Unfall wie der beschriebene, bei dem schwere Waffen bis hin zu Panzern von den Waggons gekippt sein sollen, ist für den gesamten Zweiten Weltkrieg in der Schweiz nicht belegt. Zieglers gesamte Schilderung ist Fiktion. Ob es sich um eine böswillige, also bewußte Erfindung handelt oder um eine falsche Erinnerung, läßt sich nicht mit Sicherheit feststellen. Falls Ziegler seine Leser nicht vorsätzlich täuschen wollte, muß er aber während des Krieges Erlebnisse gehabt haben, die zu dieser falschen Erinnerung geführt haben. Guido Koller vom Schweizerischen Bundesarchiv hat rekonstruiert, wie das geschehen sein könnte.

Am 23. September 1941 kam es in Kiesen bei Thun zu einem schweren Zugunglück. Ein Schnellzug stieß frontal auf einen Nahverkehrszug. Zehn Menschen starben, vierzehn wurden zum Teil schwer verletzt. Der Unfall bestimmte damals für mehrere Tage alle Zeitungsschlagzeilen in der Schweiz. Anderthalb Jahre später, im Mai 1943, spielte dieser Unfall im öffentlichen Bewußtsein noch einmal eine große Rolle, als der Prozeß die Schuld der beteiligten Bahnbeamten klären sollte. Das Ergebnis war, daß hauptsächlich ihre Überlastung für den Unfall verantwortlich gemacht wurde. Denn tatsächlich waren im Herbst 1941 wie im gesamten Zweiten Weltkrieg die Transitstrecken durch die Schweiz mit deutschen Güterzügen überlastet. Vor allem Kohlen für Italien, aber wahrscheinlich auch Flugzeugteile aus der Gegend um Turin für Deutschland wurden durch den Gotthardtunnel geschleust. Selbst kleinere Mengen Kriegsgüter transportierte die Wehrmacht vertragswidrig über diese Strecke, wenn die komplett durch das Gebiet der Achsenmächte führende Brennerstrecke überlastet war. Auch gab es viele plombierte Züge, die die Schweizer Behörden gar nicht kontrollierten.[20] Allerdings waren keine Panzerlieferungen dabei – das wäre für die mindestens formal auf ihre Neutralität achtende Schweiz zu viel gewesen, bilanziert Koller: »Wenn man Zieglers Erzählung von ihren fiktiven Anteilen befreit, bleiben ein Kern undeutlicher Kindheitserinnerungen an ein Zugunglück und ein unbearbeiteter Bestand von Informationen und Gerüchten über deutsche Kriegsmaterialtransporte durch die Schweiz. Historische Substanz wird darin kaum sichtbar.«[21]

Zieglers Fiktionen zum Trotz hat die »Kriegsverlängerungsthese« manches Indiz für sich. Denn nicht nur bei den Goldgeschäften und der Unterschlagung von Guthaben von NS-Verfolgten haben sich im Zweiten Weltkrieg Schweizer Unternehmen und Privatleute bereichert. Die Wirtschaftsbeziehungen zwischen den Achsenmächten und der Schweiz waren bis 1945 intensiv. Der US-Wirtschaftshistoriker Gerald L. Weinberg brachte es vor dem Bankenausschuß des US-Kongresses auf den Punkt: »Der Bericht, der hier als Eizenstat-Bericht bezeichnet wird, scheint mir im wesentlichen sehr gut zu sein. Seine Feststellung, daß Schweizer Finanz- und Handelsunterstützung für Deutschland den Krieg verlängert hätte, ist herausfordernd, aber zweifelsfrei korrekt. Die Deutschen kauften [in der Schweiz] keine Kuckucksuhren, so daß jeder deutsche Soldat mit einer ausgestattet werden konnte, die ihn aufwecken sollte, wenn die Zeit kam, ein anderes, neutrales Land zu überfallen.«[22]

Tatsächlich exportierten Schweizer Unternehmen während des Zweiten Weltkrieges Waffen, Munition, vor allem aber Zünder und Militäroptik im Wert von über einer Milliarde Franken, davon für 820 Millionen Franken an Deutschland, Italien und Rumänien. »Der unternehmerische Spielraum der exportorientierten Schweizer Rüstungsindustrie war groß. Während einzelne Betriebe ab 1943 auf einen Sieg der Alliierten setzten, hielten andere ihren langjährigen deutschen Geschäftspartnern bis zuletzt die Treue«, bilanziert der Historiker Peter Hug in seiner Studie zum »Schweizer Kriegsmaterialhandel zur Zeit des Nationalsozialismus«.[23] Die ökonomischen Beziehungen zwischen Deutschland und der Eidgenossenschaft stehen im Mittelpunkt jener 25 Studien, die die Unabhängige Expertenkommission im Herbst 2001 vorlegte. Zu einer eindeutigen Bestätigung der These von der Kriegsverlängerung jedoch kommen die rund 50 Wissenschaftler dieser Kommission nicht.

Das liegt freilich nicht an den Gegenargumenten, die von einigen Schweizer Politikern angeführt werden. Der Schweizer Rechtspopulist Christoph Blocher zum Beispiel hat eine scheinbar einleuchtende Rechnung aufgemacht: »Ein renommierter deutscher Wirtschaftshistoriker bezifferte 1984 die gesamten Kriegskosten Deutschlands mit umgerechnet 1200 Milliarden Franken. Deutschland hat von der Schweiz Rüstungsgüter im weiteren Sinne von 1,35 Milliarden Franken bezogen. Wenn man der absurden These der Kriegsverlängerung [...] folgen wollte, dann hätten die Deutschen mit der Schweizer Unterstützung rein rechnerisch gesehen lediglich 2,36 Kriegstage finanzieren können.«[24]

So allerdings kann man nicht argumentieren. Denn die Schweizer Rüstungsexporte waren qualitativ wichtig, erklärte der Schweizer Historiker Stefan Frech in der »Neuen Zürcher Zeitung«: »Für die deutsche Kriegswirtschaft waren die Schweizer Warenlieferungen insgesamt bedeutsam, aber nur in spezifischen Fällen und Phasen unentbehrlich. Die Rolle des eigentlichen Kriegsmaterials wurde in der bisherigen Forschung überschätzt. Es waren vor allem die Zulieferprodukte, die insbesondere zwischen 1942 und 1944 zum deutschen ›Rüstungswunder‹ beitrugen. Bei einzelnen Produkten wie Maschinen kann von einer Abhängigkeit von bis zu 100 Prozent ausgegangen werden [...]. Es bleibt der eklatante Unterschied zwischen der sehr hohen qualitativen Bedeutung, die sich in den allermeisten Einschätzungen der deutschen Behörden niederschlägt, und der verschwindend kleinen quantitativen Relevanz.«[25]

Auch der deutsche Wirtschaftshistoriker, auf den Blocher verwies, hat sich inzwischen als Kritiker der Schweizer Handelsbeziehungen mit dem »Dritten Reich« bekannt. Willi A. Boelcke, emeritierter Professor der Universität Stuttgart, sagte der Züricher Finanzzeitung »Cash«: »Der Vormarsch der Russen gegen Deutschland wäre ohne diese Hilfe rascher erfolgt, weil die deutsche Panzerwaffe nicht mehr so mobil gewesen wäre. Bei den Bomben- und Granatzündern war die Wehrmacht fast vollständig von der Schweizer Uhrenindustrie abhängig. Für den Hochlauf der deutschen Rüstungsproduktion waren die Werkzeugmaschinenimporte aus der Schweiz unentbehrlich. Allerdings verlor der Schweizer Rüstungsexport ab 1943 langsam an Bedeutung. Mitte 1944 räumte Rüstungsminister Speer ein, die Lieferungen der Schweiz wären für ihn nicht mehr wichtig.«[26] Die »Kriegsverlängerungsthese« allerdings lehnte auch Boelcke ab. Dabei handele es sich um eine »unergiebige Diskussion«. Die eigentliche Frage müsse lauten: »Hat die Schweiz genug getan, um diesen Krieg zu verkürzen? Diese Frage ist, offen gestanden, bedrohlicher für die Schweiz [...], weil sie von den realen Möglichkeiten ausgeht, die dem Land zur Verfügung standen, den Krieg zu verkürzen, ohne dabei die eigenen Interessen zu gefährden.«

Dennoch greift es zu kurz, der Schweiz eine Mitschuld an den Toten des letzten Kriegsjahres aufzuladen. Es ist richtig, daß seit dem Frühsommer 1944 mehr Menschen durch den Krieg ums Leben kamen als in den knapp fünf Jahren zuvor. Die eigentliche Achillesferse der deutschen Kriegswirtschaft waren allerdings nicht die Lieferungen aus der Schweiz, sondern der Eisenerznachschub aus Schweden und – vor allem – die Öl- und Benzinlieferungen aus Rumänien und aus den chemischen Fabriken zur Kohleverflüssigung in Deutschland. Erst als hier durch die immer stärkere Zerstörung der Schienenwege durch US-Bomber der Nachschub stockte, verlor die Wehrmacht ihre Fähigkeit zur effizienten Verteidigung. Die Eröffnung der Zweiten Front gegen Deutschland durch die Invasion in der Normandie am 6. Juni 1944, die Stalin bereits seit 1941 immer wieder gefordert hatte, konnte aufgrund des verständlichen Sicherheitsdenkens britischer und amerikanischer Generäle nicht früher kommen. Sie wollten ihren Aufmarsch so lange wie möglich fortsetzen, um die Risiken des Scheiterns auf ein Minimum zu reduzieren. Andererseits war die Rote Armee angesichts ihrers eigenen Versorgungsnotstandes 1943 noch gar nicht in der Lage, selbst bei geringerer deutscher Gegenwehr wesentlich schneller nach Westen vorzustoßen.

Sehr wahrscheinlich haben die Schweizer Lieferungen die Neuausrichtung der deutschen Rüstungsindustrie ab 1942 erleichtert – wie der zuständige Minister Albert Speer ohne diese Lieferungen zurechtgekommen wäre, läßt sich nicht beantworten. Aber daß der Zweite Weltkrieg schon 1943 hätte beendet werden können, wenn Schweizer Unternehmen auf ihre Lieferungen an das »Dritte Reich« verzichtet oder Schweizer Banken die Goldgeschäfte verweigert hätten, ist Legende. Denn Deutschland konnte in diesem Krieg nur durch vollständige Eroberung niedergerungen werden – das war von Anfang an klar. Nicht nur, weil US-Präsident Franklin D. Roosevelt und der britische Premier Winston Churchill die »bedingungslose Kapitulation« gefordert hatten. Sondern vor allem, weil die Nationalsozialisten nach der Erfahrung der Kapitulation 1918, als deutsche Truppen fast überall weit auf fremdem Territorium gestanden hatten, im Osten sogar Hunderte Kilometer, diesmal einen »Kampf bis zum letzten« führen wollten. Darauf waren Bevölkerung und Wehrmacht eingeschworen worden. Der verlustreiche Abwehrkampf wurde in den letzten Kriegsmonaten aufrechterhalten von fliegenden Exekutionskommandos, die echte oder vermeintliche Deserteure und »Wehrkraftzersetzer« hinter der deutschen Front gnadenlos ermordeten. Anzunehmen, daß ohne Schweizer Exporte an Deutschland die Panzer des Heeres und der Waffen-SS irgendwann im Jahre 1943 einfach stehengeblieben wären, sich ihre Besatzungen aus Einsicht den Westalliierten oder der Roten Armee ergeben hätten und die NS-Führer in Berlin widerstandslos in alliierte Gefängnisse marschiert wären, zeugt von falschen Vorstellungen über den Zweiten Weltkrieg.

Als »Golddrehscheibe« war die Schweiz für das »Dritte Reich« äußerst hilfreich, für den Bahntransit wichtig und als Lieferant spezieller Technik nützlich. Daß sich die Eidgenossenschaft im

Zweiten Weltkrieg strikt an das Prinzip der Neutralität gehalten habe, ist allerdings genauso eine Legende wie die Behauptung, der Krieg hätte ohne die tätige Hilfe der Schweiz 1943 geendet. Ebenfalls historisch unbegründet ist die Behauptung vor allem rechter Schweizer Politiker, die kluge Neutralitätspolitik und die Verteidigungsstreitmacht hätten ihrem Land das Schicksal von Belgien oder den Niederlanden erspart. Erstens, weil die Neutralität 1939 bis 1945 eben nicht annähernd so strikt durchgehalten wurde, wie die Schweiz in den Jahrzehnten seither immer wieder behauptete. Das war gar nicht möglich, weil die Schweiz ab Sommer 1940 eingekreist war von deutschen oder mit Deutschland verbündeten Ländern. Zweitens, weil die deutsche Wehrmacht weit größere und gefährlichere Ziele als die Schweiz mit ihrem anfangs mehr in Plänen als in der Realität existierenden »Alpenreduit« überrannt hat. Noch im Spätsommer 1943 besetzten deutsche Soldaten in einem blitzartigen Vormarsch große Teile Italiens, des einstigen Verbündeten Hitlers, der auf die alliierte Seite gewechselt war. Ähnliche Pläne für einen Angriff auf die Schweiz hat es im deutschen Generalstab immer wieder gegeben. Daß der Chef des deutschen Geheimdienstes Abwehr, Admiral Wilhelm Canaris, Hitler den Angriffsplan ausgeredet haben soll, weil er familiäre Beziehungen in die Schweiz hatte und außerdem Bern als Spionagestützpunkt brauchte, ist allerdings auch eher eine Anekdote als historische Wahrheit. Der Einfluß des noch kurz vor Kriegsende wegen Hochverrats hingerichteten Marineoffiziers auf die Führung des »Dritten Reiches« war zu keinem Zeitpunkt so groß, daß er eine Entscheidung Hitlers hätte revidieren können.

Betrachtet man die Rolle der Schweiz im Zweiten Weltkrieg nüchtern, bietet sich ein unerfreuliches Bild. Das liegt nicht an der These von der angeblichen Kriegsverlängerung, die von falschen Voraussetzungen ausgeht, daher methodisch fraglich ist und sachlich nicht weiterführt. Es liegt auch nicht an den Geschäften mit dem geraubten Gold der europäischen Zentralbanken und dem geringen, aber besonders widerlichen Handel mit Totengold. Nicht einmal die äußerst ambivalente Flüchtlingspolitik, die einerseits Zehntausenden NS-Verfolgten das Leben rettete, aber mindestens ebensoviele brüsk zurückwies, bestimmt das Bild. Entscheidend ist, daß sich ab Mitte der dreißiger Jahre viele schweizerische Bankiers und Privatleute hemmungslos am Leid der NS-Verfolgten bereicherten. Sie konnten keinerlei politische oder ökonomische Rechtfertigung anführen.

Dabei sollte man jedoch nicht vergessen, daß die Schweiz zu keinem Zeitpunkt mehr war als Nutznießer der Verbrechen, die deutsche Täter unter der NS-Herrschaft verübten. Stuart Eizenstat, der im Vorwort zu dem nach ihm benannten Bericht die These von der Kriegsverlängerung erst so richtig ins Bewußtsein der Schweizer Öffentlichkeit rückte, sieht das inzwischen ähnlich: »Das Schweizer Verhalten während des Zweiten Weltkrieges war nicht makellos. Aber die Schweiz kam deswegen in den USA zu schlecht weg [...]. Plötzlich befanden sich die Schweiz und Nazi-Deutschland in einem Topf. Nichts liegt weiter von der Wahrheit als das.«[27]

»Und schossen auf Wehrlose«?

Die Zerstörung Dresdens 1945

»Kurz nach Mittag wurden wir plötzlich und unerwartet von amerikanischen Flugzeugen angegriffen [...]. Frauen und Kinder wurden aus Bordwaffen und von Bomben wahllos getötet. Es war Massenmord.« So erinnert sich Gerhard Kühnemund an den 14. Februar 1945. Der damals 15jährige Hitlerjunge aus Dresden berichtet: »Während wir uns buchstäblich ins Gras einkrallten, sah ich persönlich zumindest fünf amerikanische Jagdbomber, die aus einer Höhe von 120 bis 150 Metern mit ihren Geschützen das Feuer gegen die Zivilbevölkerung eröffneten. Mein Gefährte von der Luftwaffe, der mein Leben bei den Nachtangriffen gerettet hatte, wurde neben mir bei diesem Angriff getötet. In seinem Rücken war ein Loch von der Größe eines Handtellers.«[1]

Auch Helmut Dahringer schilderte 55 Jahre nach dem Angriff furchtbare Erlebnisse: »Überall brannte es [...]. Uns an Körper und Händen festhaltend, konnten wir in dem fürchterlichen Feuersturm unter Aufbietung all unserer Kräfte die Elbwiesen erreichen, wo sich viele hingeflüchtet hatten. Dort wurden wir von nicht sehr hoch fliegenden Flugzeugen mit Bordwaffen beschossen. Wenige Meter von mir entfernt wurde eine Frau tödlich getroffen.«[2] Kaum weniger dramatisch lesen sich die Erlebnisse, über die Erika von Sehlen 1985 berichtete: »Vom Hindenburgufer an der Elbe entlang waren wir gerade in Höhe der auch heute wieder benutzten Dampferanlegestelle unterhalb der Brühlschen Terrasse angelangt, als der Tieffliegerangriff begann. Wir hörten Flugzeuglärm, sahen aus der Elbe Fontänen hochspritzen und aus den Rauch- und Dunstwolken herauskommende Flugzeuge, schießend und Bomben abwerfend.«[3]

Diesen Erinnerungen von Zeitzeugen über Tieffliegerangriffe auf Dresden unmittelbar nach den schweren Bombardements am späten Abend des 13., in den frühen Morgenstunden und am Mittag des 14. Februar 1945 lassen sich fast beliebig viele weitere Zeugnisse hinzufügen. Zu praktisch jedem runden Jahrestag erscheinen in wichtigen deutschen Zeitungen Artikel und Leserbriefe dazu. Die Wochenzeitung »Wochenpost« widmete dem Thema 1995 sogar eine Sondernummer mit dem Titel »Feuersturm«, die Dutzende Zeugenberichte enthält.[4]

Der Kern ist in nahezu allen Erinnerungen identisch: Am Mittag des 14. Februar seien kleine, wendige US-Jagdflugzeuge des Typs P-51 »Mustang« unmittelbar nach dem Ende der Bombenangriffe im Tiefflug auf das brennende Dresden herabgestoßen. Sie hätten regelrechte Menschenjagden unternommen und gezielt auf verängstigte Flüchtlinge geschossen. Viele der Ausgebombten hatten sich vor den Flammen auf die zwei großen Freiflächen in der Stadt gerettet, die Elbwiesen und den Großen Garten. Hier fühlten sie sich relativ sicher vor den Flammen, die Dresden verschlangen. Doch dieser Glaube habe getrogen.

Die Augenzeugin Gisela Güldner berichtete vierzig Jahre später, »damit die Geschichte unseren Nachkommen keine Verfälschung dokumentiert«, in einem Leserbrief ihre Erlebnisse: »Die Flugzeuge kreisten dicht über den Baumwipfeln. Flieger schauten aus ihren Kanzeln heraus und richteten ihre Maschinengewehre direkt auf uns und schossen auf Wehrlose. Dem Wahnsinn nahe, hoben Mütter ihre Kinder den Schießenden entgegen; die Flieger knallten sie einfach nieder.«[5] Solche Vorstellungen halten sich bis in die Gegenwart. Fritz Kehrer aus der Schweiz kritisierte Ende November 2001 in einem Leserbrief an das Magazin »Der Spiegel« scharf, daß ostdeutsche Lehrerinnen wegen antiamerikanischer Aussagen nach dem 11. September gemaßregelt wurden. Als Maßstab verwies er auf die alliierten Angriffe vom 13. und 14. Februar 1945: »Wurden etwa bei Terrorangriff auf Dresden die auf den Elbwiesen geflüchteten Menschen von amerikanischen Tieffliegern nicht wie Hasen gejagt und abgeschossen?«[6]

Es gibt zahlreiche Bücher über die Angriffe auf Dresden. In fast allen finden sich Berichte über die Tieffliegerangriffe. Zum Beispiel in Axel Rodenbergers Band »Der Tod von Dresden«, in Max Seydewitz' »Zerstörung und Wiederaufbau von Dresden« und in David Irvings »Der Untergang Dresdens«. Walter Weidauer schildert in »Inferno Dresden« die Angriffe, Maximilian Czesany übernimmt in »Alliierter Bombenterror« die Darstellung Rodenbergers, und auch im neuesten Buch von Franz Kurowski mit dem Titel »Bomben über Dresden« aus dem Jahr 2001 finden sich 16 Seiten lange Erörterungen über die Tieffliegerangriffe.

Hitler prophezeite 1935: »In zehn Jahren werdet Ihr Eure Heimatstätten und Städte nicht mehr erkennen!« Er dachte dabei an seine architektonischen Pläne, nicht an die Zerstörung durch die gewaltigen Luftangriffe der Alliierten Anfang der vierziger Jahre. Zeichnung aus dem »Nebelspalter«, Frühjahr 1945.
(Archiv Peter Dittmar)

Ergreifend sind diese Beschreibungen alle. Aber sind sie auch wahr? Am Mittag des 14. Februar 1945 habe es keine Tieffliegerangriffe auf Dresden gegeben, ebensowenig in der Nacht vom 13. auf den 14. Februar, nachdem die britische Luftwaffe in zwei Wellen die Stadt angegriffen hatte, stellen Historiker nüchtern fest. Trotz der kaum zu überschauenden Fülle von Erinnerungen aller Art gebe es keinen wirklich stichhaltigen Beweis für diese Attakken, urteilen der Augenzeuge und Luftkriegsexperte Götz Bergander sowie der pensionierte Konstanzer Geschichtslehrer Helmut Schnatz. Die Tieffliegerangriffe wären technisch wie zeitlich unmöglich gewesen, unabhängig davon für die Piloten lebensgefährlich. Ein wichtiger Hinweis ist, daß die vermeintlichen Angriffe in den sonst akkuraten Einsatzberichten der Jägerstaffeln nicht beschrieben sind. Entsprechende Befehle gab es nachweislich nicht. Keiner der laut Irving und anderen Autoren an den Angriffen beteiligten Piloten hat sich jemals darüber geäußert. Die in den »Mustangs« installierten Kameras, die bei jedem Feuerstoß automatisch mitliefen, zeichneten keine Menschenjagden auf. Die unmittelbar nach den Attacken entstandenen Unterlagen der deutschen Behörden erwähnen Bordwaffenangriffe im Stadtzentrum mit wenigen Ausnahmen nicht – ebensowenig wie die Meldungen der britischen und amerikanischen Staffeln.

Schließlich gibt es zahlreiche Zeugnisse von Überlebenden, die von den Tieffliegerangriffen nichts mitbekommen haben. Der wohl bekannteste von ihnen ist Victor Klemperer, der jüdische Romanist, den das Bombardement vor der drohenden Deportation aus Dresden bewahrte. In seinen Tagebüchern notierte Klemperer über das Ende des Bombenangriffs am Mittag des 14. Februar 1945, das er auf den Brühlschen Terrassen oberhalb der Elbe mitten im Stadtzentrum erlebte: »Ich ging, ein wenig erleichtert, langsam zurück; nach wenigen Schritten hörte ich über mir das bösartig stärker werdende Summen eines rasch näherkommenden Flugzeuges. Ich lief rasch auf die Mauer zu, es lagen schon mehr Menschen dort, warf mich zu Boden, den Kopf gegen die Mauer, das Gesicht in die Arme gelegt. Schon krachte es, und Kiesgeröll rieselte auf mich herab. Ich lag noch eine Weile, ich dachte ›Nur jetzt nicht noch nachträglich krepieren!‹ Es gab noch einige entferntere Einschläge, dann wurde es still.« Von Tieffliegern keine Rede, obwohl sich Klemperer doch genau gegenüber den Elbwiesen befand, auf denen angeblich zu just dieser Zeit die Menschenjagden durch US-Flugzeuge stattfanden. Nirgends in seinen Erinnerungen schildert Klemperer Tieffliegerangriffe, obwohl er auf das Bombardement ausführlich eingeht.[7]

Die Tieffliegerangriffe sind nur eine der zahlreichen Legenden, die sich um das Bombardement Dresdens ranken. Andere betreffen den Grund für den Angriff, den angeblichen Abwurf von flüssigem Phosphor aus Kanistern und die Gesamtzahl der Opfer. All diese Legenden sind bis heute in der sächsischen Hauptstadt und über sie hinaus sehr präsent. Wer gegen sie öffentlich auftritt, erlebt massive Anfeindungen. Zum Beispiel der pensionierte Geschichtslehrer Helmut Schnatz aus Konstanz, der im Frühjahr 2000 die These aufstellte, daß es am 13. und 14. Februar 1945 keine Tieffliegerangriffe auf Dresden gab. Bei der Vorstellung seines Buches bricht der Ost-West-Gegensatz erneut auf. Mehr als zweihundert ältere Dresdener empören sich. Als »tobendes Altersheim« beschreibt ein Journalist später das Publikum halb ratlos, halb zynisch.

Geschichte müsse in die »richtige Richtung« erforscht werden, fordert eine Frau. Alles andere sei eine »Verhöhnung der Opfer«. Aus einem älteren Mann bricht es heraus: »Es ist einfach eine Gemeinheit, was Sie hier erzählen.« Dann erstickt seine Stimme in Tränen. Als er sich gefaßt hat, fährt er fort: »Ich protestiere dagegen, daß fremde Historiker wie Sie über Dresden schreiben.« Das Publikum unterstützt das Statement mit Zwischenrufen: »Die Wahrheit, nichts als die Wahrheit«, fordert eine Frau jenseits der 70, und ein Mann sekundiert: »Die wollt Ihr ja nicht verstehen, Ihr Wessis.«[8]

Was geschah wirklich in Dresden am 13. und 14. Februar 1945? Wie kam es tatsächlich zu dem vernichtenden Angriff, der oft als »deutsches Hiroshima« oder gar als »greatest single holocaust by war«[9] bezeichnet wird? Wie viele Opfer forderte dieser Angriff? Wie entstand die Legende von den Tieffliegerangriffen, und warum hält sie sich seit Jahrzehnten?

Wann immer die Rede auf alliierte Kriegsverbrechen im Zweiten Weltkrieg kommt, steht die Zerstörung Dresdens weit oben auf der Liste der Vorwürfe. Militärisch hatte der Angriff auf die bis Anfang 1945 von Bomben beinahe verschonte Stadt tatsächlich wenig Sinn: »Weder entschied diese Bombardierung eine Schlacht um die Stadt noch führte sie zur rascheren Beendigung des Krieges«, schreibt der Militärhistoriker Gerd R. Ueberschär.[10] So muß es also einen anderen Grund für den zerstörerischen Massenangriff auf die weltberühmte Barockstadt gegeben haben. Genannt werden unter anderem Rache, Neid auf die Kulturgüter der Stadt und schierer Haß auf die Deutschen.

Tatsächlich hatten die Bombenattacken auf deutsche Städte aus britischer Sicht einen anderen Hintergrund: Sie galten als Reaktion auf entsprechende deutsche Angriffe und waren über lange Zeit hinweg die einzige mögliche Offensive gegen das »Dritte Reich«. Schon am 11. Mai 1940, einen Tag nach seiner Ernennung zum Premierminister eines Kriegskabinetts, ordnete Winston Churchill an, daß alle Luftangriffe auf zivile Ziele eine »angemessene Erwiderung« finden sollten. Nach wenigen Tagen folgten der Ankündigung Taten: Am 15. Mai 1940 unternahm die Royal Air Force (RAF) den ersten strategischen Angriff auf Industrieanlagen im Ruhrgebiet. Am Tag zuvor hatte die deutsche Luftwaffe die Innenstadt von Rotterdam bombardiert, was rund 800 Menschen das Leben kostete. So erschien der RAF-Angriff als Reaktion. In Wirklichkeit jedoch war er die Umsetzung einer schon lange für den Fall des Krieges vorgesehenen Konzeption. Bis in den August 1940 hinein konzentrierten beide Seiten ihre Angriffe auf die gegnerische Infrastruktur. Allerdings wurden oft auch Zivilisten getroffen.

Am Abend des 24. August 1940 fielen erstmals deutsche Bomben auf London. Allerdings versehentlich: Zwei Bomber, die ihre Orientierung verloren hatten, entledigten sich ihrer tödlichen Fracht zufällig über der britischen Hauptstadt. Die RAF antwortete mit vier Angriffen auf Berlin binnen der folgenden elf Nächte. Sie richteten zwar keine großen Schäden an, doch die psychologische Wirkung war enorm. Für Hitler waren die britischen Bombenabwürfe der Anlaß, den Luftkrieg auf zivile Wohngebiete auszudehnen. Am Abend des 4. September 1940 sprach der »Führer« im Sportpalast in Berlin: »Wenn die britische Luftwaffe zwei- oder drei- oder viertausend Kilogramm Bomben wirft, dann werfen wir jetzt in einer Nacht 150000, 180000, 230000, 300000, 400000, eine Million Kilogramm. Wenn sie erklären, sie werden unsere Städte in großem Maße angreifen – wir werden ihre Städte ausradieren!«[11]

Der weitere Kriegsverlauf sollte Hitlers Ankündigung Lügen strafen. Zwar zerstörte die Luftwaffe 1940/41 Teile des Zentrums von London, außerdem Coventry und viele andere zivile Ziele. Doch der Schrecken, den die RAF dagegensetzte, übertraf die deutschen Angriffe bei weitem. Besonders, seit im Februar 1942 Air Marshal Arthur Harris das britische Bomber Command leitete. Er ordnete Massenangriffe auf deutsche Städte an, zum Beispiel auf Lübeck (28. März 1942), Rostock (24. bis 27. April 1942), Köln (31. Mai 1942) und Hamburg (24. Juli bis 3. August 1943). Bekannt ist der Air Marshal bis heute unter dem respektvollen Namen »Bomber« Harris. Seine Besatzungen verpaßten ihm einen anderen, weniger schmeichelhaften Spitznamen: Sie nannten ihn »Butcher« (»Schlächter«), weil Harris seine Männer ohne Rücksicht auf Verluste auch schwer verteidigte Ziele angreifen ließ.

Seit 1943 flogen die britische RAF und die United States Army Air Forces (USAAF) koordinierte Nacht- und Tagesangriffe. Zwar waren die Verluste der Bomber immer noch groß, doch die Schäden an Industrieanlagen, vor allem aber in deutschen Städten waren noch größer. Das offizielle Ziel der Angriffe auf Wohngebiete, den Widerstandswillen der deutschen Bevölkerung zu brechen und damit dem NS-Regime die Grundlage seiner Macht zu entziehen, erreichten die Bomber allerdings nicht. Auch die Waffenproduktion wurde bis in den Herbst 1944 nicht wesentlich geschwächt – der Ausstoß an Flugzeugen, Panzern und Kanonen wuchs vielmehr stetig. Der Grund: massiver Einsatz von Zwangsarbeitern, die Verlagerung von Fabriken unter die Erde und eine allgemeine Effizienzsteigerung der deutschen Rüstungsindustrie, die Albert Speer erreichte.

Über die Gründe für die Zerstörung Dresdens ist viel spekuliert worden. Sicherheit wird man nicht gewinnen können. Fest steht allerdings, daß »Bomber« Harris und sein Stab skeptisch waren – freilich nicht aufgrund moralischer Bedenken. Vielmehr wußten das Bomber Command sowie das Oberkommando der 8. und der 15. USAAF-Luftflotte zu wenig über die Luftverteidigung der Stadt. Fest steht weiterhin, daß der Angriff durch die Westalliierten der Roten Armee beim weiteren Vorrücken helfen sollte. Die Stadt galt nicht nur als wichtiges Verkehrszentrum. Für die Sowjetunion war Dresden »ein mächtiger Verteidigungsknoten der Faschisten in Sachsen«, eine »Rüstkammer Deutschlands« und eine »Nachschubquelle, die das Material für die Vernichtung friedliebender Völker lieferte«.[12] Als die »Großen Drei« Churchill, Stalin und Roosevelt auf der Konferenz von Jalta vom 4. bis zum 11. Februar 1945 zusammentrafen, stand die Luftkriegsstrategie für die folgenden Wochen fest: Neben Berlin sollten die bislang nicht oder nur wenig bombardierten Städte in Ostdeutschland attackiert werden.

Eher ins Reich der Legenden dagegen gehören andere Erklärungen für den Angriff: So habe Churchill Dresden vernichten wollen, um der Führung des »Dritten Reiches« einen Zufluchtspunkt zu verstellen. Die Westalliierten, voran die Amerikaner, fürchteten vielmehr einen Rückzug der NS-Spitze in die propagandistisch aufgebauschte »Alpenfestung«. Schon gar nicht wurde die Stadt wegen ihrer besonderen Kunst- und Bauschätze ausgewählt, schreibt der Historiker Rainer Pommerin: »Kulturräume wurden wahllos, eher zufällig mitgetroffen, jedoch keineswegs als besonders für die Bombardierung geeignet ausgesucht.«[13]

Realistisch ist eher, daß Churchill mit der verstärkten Luftoffensive dem Bündnispartner im Osten imponieren wollte. Er wollte wohl beweisen, daß die Westalliierten ebenfalls ihre ganze Kraft auf die Niederwerfung des »Dritten Reiches« konzentrierten, woran Stalin damals zweifeln konnte. Denn im Januar 1945 war der Vormarsch an der Westfront ins Stocken geraten. Dresden kam dabei wahrscheinlich in den Blick, weil es als einzige deutsche Großstadt bis dahin noch so gut wie unzerstört war. Dieses nachvollziehbare Motiv ist keine Rechtfertigung für den militärisch weitgehend sinnlosen und in seiner Wirkung kalkuliert grausamen Angriff. Allerdings kann man das Kriegsverbrechen Dresden nicht gegen die viel zahlreicheren Verstöße der deutschen Wehrmacht und der ihr angegliederten Verbände der Waffen-SS aufrechnen. Ganz zu schweigen vom Holocaust, der eben kein Kriegsverbrechen war, sondern außerhalb jedes Zusammenhanges mit Kampfhandlungen stattfand.

»Wir fühlten uns so sicher, daß wir auch am Abend des 13. Februar die Sirenen zwar hörten, aber nicht beachteten. Es hatte immer wieder in den vergangenen Wochen zuvor umsonst Fliegeralarm gegeben«, erinnert sich Arnulf Baring, damals 13 Jahre alt, an die Minuten vor der ersten Angriffswelle. Um 22.03 Uhr wurde klar: Diesmal war es kein Fehlalarm. 235 viermotorige »Lancaster« warfen binnen 25 Minuten ihre Bomben ab. Über die Folgen schreibt Baring: »Die Hitze war so groß, daß man es in der Nähe der Fenster nicht aushalten konnte.«[14] Gut drei Stunden später, zwischen 1.25 und 1.55 Uhr morgens am 14. Februar, luden noch einmal 524

»Lancaster« ihre mörderische Fracht über der Stadt ab. Das Zielgebiet war fast die ganze Innenstadt. Insgesamt fielen in der Nacht knapp 1 500 Tonnen Sprengbomben und rund 1 180 Tonnen Stabbrandbomben.[15] Die Wirkung war verheerend: Die Dächer der überwiegend barocken Häuser im Stadtzentrum wurden fortgerissen. Die Brandsätze lösten einen Feuersturm aus, der Temperaturen jenseits von 1 000 Grad Celsius entwickelte. Er nahm selbst jenen Menschen, die einigermaßen vor Flammen und Bombensplittern geschützt in Kellern saßen, die Luft zum Atmen. Viele erstickten an Kohlenmonoxid.

»Aus Kanistern floß Benzin und Phosphor wie Regen herab«, berichtet Max Seydewitz.[16] Und Ernst Heinrich Prinz von Sachsen erinnert sich: »Da sahen wir am oberen Rand des Tals ein feuriges Phänomen, das sich auf uns zu bewegte. Es entpuppte sich als eine 80 Meter breite und drei Meter hohe Phosphorwand, die durch den Wind in unsere Richtung getrieben wurde.«[17] Auch das ist eine Legende. Denn die alliierten Luftstreitkräfte setzten beim Angriff auf Dresden keine Phosphorbomben ein. Vielmehr warfen RAF und USAAF am 13. und 14. Februar 1945 rund 700 000 Stabbrandbomben aus Magnesium mit einer Füllung aus Aluminium und Eisenoxid ab. Das zeigen die Einsatzberichte der britischen und amerikanischen Einheiten eindeutig. Zwei Körnchen Wahrheit stecken allerdings doch in den Berichten über »Phosphor-Regen«: Einerseits hatte die RAF ab 1941 tatsächlich bei vielen Angriffen kanisterartige Brandbomben eingesetzt, deren Benzin-Kunstharz-Füllung mit Phosphor gezündet wurde. Andererseits verwendeten die britischen Bomber ab 1943 besondere Leuchtbomben, die sogenannten Christbäume, die in Tropfen abzubrennen schienen. Erst nach ihren ersten Einsätzen eskalierte die Phosphor-Angst in Deutschland. »Christbäume« wurden auch über Dresden zur Beleuchtung benutzt.

Ziemlich genau zehn Stunden nach dem zweiten Nachtangriff sollten dann 311 schwere Bomber des Baumusters B-17, die berühmten »Fliegenden Festungen« der USAAF, den Verschiebebahnhof in der Friedrichstadt zerstören. Diese dritte Bomberwelle eskortierten 187 Langstreckenjäger vom Typ P-51 »Mustang«. Der US-Angriff, bei dem etwa 470 Tonnen Spreng- und knapp 300 Tonnen Brandbomben abgeworfen wurden, verfehlte aufgrund schlechten Wetters und der Rauchschwaden über der brennenden Innenstadt sein Ziel. Statt konzentriert den Bahnhof zu treffen, explodierten die Bomben verstreut über dem Stadtzentrum, aber auch in Außenbezirken.

Gelegentlich ist zu lesen, Dresden habe eine Woche oder sogar länger gebrannt. Tatsächlich wüteten die Flammen in der Stadt vom ersten Angriff am späten Dienstagabend bis über den dritten Angriff am Mittag des 14. Februars, des Aschermittwochs, hinaus. Am Donnerstag erloschen die Großbrände, doch noch schwelte es weiter. Die Luftaufnahmen eines deutschen Aufklärungsflugzeugs vom Freitag, dem 16. Februar, zeigen noch vereinzelt Brandrauch. »Man kann wohl sagen, daß Dresden drei Tage und drei Nächte gebrannt hat. Reicht das nicht? Müssen es sieben gewesen sein?«[18]

Der dreifache Angriff auf Dresden am 13. und 14. Februar 1945 war nicht der schwerste auf eine deutsche Stadt im Zweiten Weltkrieg. Hamburg, Berlin, Essen, Duisburg und Dortmund traf es schlimmer, wenn man die Zahl der angreifenden Bomber oder die Menge der abgeworfenen Spreng- und Brandladungen betrachtet. Gemessen am Anteil der zerstörten Gebäude war das Schicksal von Düren (zu 99 Prozent zerstört), Paderborn (95 Prozent) und Köln (70 Prozent) weitaus härter als das von Dresden (60 Prozent).[19] Es gibt allerdings auch andere Berechnungen, die auf »nur« 40 Prozent Zerstörung in Dresden kommen.

Dennoch ist kein anderer Bombenangriff so symbolkräftig geworden wie der auf Dresden. Das liegt einerseits an der schlagartigen Zerstörung einer bis dahin fast unversehrten Stadt. Viel wichtiger aber sind die Gerüchte um die Zahl der Opfer. Bereits unmittelbar nach dem Ende der Angriffe kursierten Phantasiezahlen, gegen die sich die offiziell festgestellten Angaben im Bewußtsein der Öffentlichkeit nie mehr durchsetzen konnten. Schwedische Zeitungen, die Anfang 1945 als nahezu einzige Medien einigermaßen unkontrolliert aus Deutschland berichten konnten, gaben die Zahl der Toten nach dem Hörensagen mit 100 000 bis 200 000 an. Ein angeblich vom stellvertretenden Leiter des Propaganda-Amtes diktierter Bericht soll 350 000 bis 400 000 Tote nennen. Der Bericht ist allerdings weder im Original noch als verläßliche Abschrift in Archiven greifbar. Offizielle Stellen der Stadt Dresden meldeten am 10. März 1945 dagegen 18 375 Gefallene und insgesamt 35 000 Vermißte. Propagandaminister Goebbels sprach wenig später von 40 000 Toten. Warum wohl hätte er die Zahl der Opfer herunterreden sollen? Ein Bericht des zuständigen

Höheren SS- und Polizeiführers vom 22. März 1945 vermerkte: »Bis zum 20. März abends wurden 20204 Gefallene, überwiegend Frauen und Kinder, geborgen. Es ist damit zu rechnen, daß die Gesamtzahl der Gefallenen bis auf 25000 ansteigen wird. Da die Gerüchte die Wirklichkeit weit übertreffen, kann von den tatsächlichen Zahlen offen Gebrauch gemacht werden.« Außerdem vermerkt der Bericht, 6865 Opfer seien auf dem Altmarkt eingeäschert worden. Jahre später kursierte eine Fälschung des Berichts, bei der einfach an die Zahlen jeweils eine Null angehängt wurde. So wurden aus 20204 geborgenen Toten 202040 Opfer, aus 6865 eingeäscherten Toten 68650. Als ob die echten Zahlen nicht schlimm genug sind![20]

Je länger der Angriff zurücklag, desto mehr stiegen die Opferzahlen, die in Büchern und Artikeln genannt wurden. Am wirksamsten sind wohl die Angaben von David Irving. Heute ist er allgemein als Rechtsextremist und Auschwitz-Leugner bekannt – in den sechziger und siebziger Jahren genoß er aber als Kenner des Zweiten Weltkrieges und des »Dritten Reiches« einen guten Ruf – zu Unrecht, wie das Gutachten von Richard J. Evans im Prozeß Irving gegen Lipstadt im Frühjahr 2000 bewies. Denn schon in seinen ersten Büchern manipulierte Irving hemmungslos seine Quellen.[21] Am folgenreichsten sind seine Schätzungen der Opferzahlen: 1964 schrieb er in seinem Buch »Der Untergang Dresdens« von 135000, später von 60000 bis 100000 Toten.[22] Trotzdem kursiert nach wie vor das Gerücht von 135000 Toten – meist unter Berufung auf Irving.

Doch es finden sich durchaus noch höhere Opferzahlen. So schrieb »Die Welt« zum 30. Jahrestag des Angriffs 1975 von 250000 bis 400000 Toten.[23] Ein »Unabhängiger Pressedienst« aus Garbsen in Niedersachsen verbreitete im Februar 2001 die Zahl von 255000 Opfern. Ganz sicher sind sich die Urheber dieser Meldung aber auch nicht, denn sie schieben zwei weitere Angaben nach: 300000 Tote, die einer nicht näher bezeichneten »Jubiläumsausgabe« des Brockhaus von 1956 entnommen sein soll, und die »gesicherten Angaben der Dresdner Ordnungspolizei« vom 20. März 1945, nach denen es 202040 Tote gegeben habe. Tatsächlich handelt es bei den »gesicherten Angaben« um den durch Anhängen einer Null gefälschten Bericht des Höheren SS- und Polizeiführers vom 22. März 1945. Die Unabhängigkeit dieses Pressedienstes ist übrigens ebenso relativ wie seine Verläßlichkeit: Die angegebene

Adresse für E-Mail-Kontakte ist die der Republikaner-Fraktion in der Garbsener Bürgerschaft.[24]

Auch eine angebliche Untersuchung des Statistischen Bundesamtes wird gern kolportiert. So schreibt Franz Kurowski, der auf dem Umschlag seines neuesten Buches als »hervorragender Kenner des Luftkrieges« bezeichnet wird, das Statistische Bundesamt in Wiesbaden habe bei eigenen Berechnungen die Zahl von 60 000 Todesopfern der Angriffe ermittelt. Das Statistische Bundesamt hat diese Zahl jedoch nie genannt. Sie wurde lediglich 1956 in einem Aufsatz in der vom Statistischen Bundesamt herausgegebenen, aber nicht verantworteten Zeitschrift »Wirtschaft & Statistik« nach einer älteren Angabe zitiert.[25]

Die bisher wohl höchste Anzahl von Opfern des Angriffs auf Dresden stammt von dem mehrfach vorbestraften Rechtsterroristen Manfred Röder. Bei der Präsentation des Buches von Helmut Schnatz über die vermeintlichen Tieffliegerangriffe im Dresdner Stadtmuseum im Frühjahr 2000 verstieg sich der bekennende Neonazi zu der Behauptung, der Angriff habe 480 000 Menschenleben gefordert.

Die nüchterne Untersuchung von Götz Bergander, der selbst Augenzeuge des Angriffes war, kommt auf etwa 35 000 Tote, die meisten offiziellen Angaben gehen von Opferzahlen zwischen 25 000 und 40 000 aus. Man sollte den Schrecken nicht klein reden, der in diesen Zahlen steckt – gerade angesichts der kurzen Dauer der drei Angriffswellen von insgesamt 63 Minuten.[26] Götz Bergander schreibt: »Wer die Zerstörung Dresdens miterlebt hat, dem erscheinen 35 000 Tote zu wenig. Dennoch akzeptiere ich die Möglichkeit, daß diese Zahl der Wahrheit am nächsten kommt.«[27]

Von allen Legenden über die Zerstörung Dresdens ist die der Tieffliegerangriffe am verbreitetsten. Die Augenzeugenberichte sind Legion und klingen so grauenerregend, daß man Skrupel hat, sie in Frage zu stellen. Zwei Autoren, Götz Bergander und Helmut Schnatz, haben es dennoch getan. Sie kommen weitgehend unabhängig voneinander zu ähnlichen Ergebnissen: Tieffliegerangriffe in der Nacht des 13. Februar 1945 wären nicht nur Himmelfahrtskommandos gewesen, sondern der sichere Selbstmord der angreifenden Piloten. Dagegen wären Tieffliegerangriffe am Mittag des 14. Februar 1945 zwar prinzipiell möglich gewesen, sind jedoch zeitlich auszuschließen. Einige besonders erschütternde Schilderungen von Augenzeugen schließlich enthalten Beschreibungen von Details der angeblichen Angriffe, die technisch schlicht unmöglich sind.

Als die erste Welle britischer Bomber Dresden angriff, lösten die Brandbomben sofort einen vernichtenden Feuersturm aus. Ein gebläseartiger Sog fegte durch die Stadt und hinauf in den Himmel. »Infolge extremer Hitze äußerste Turbulenz über dem Zielgebiet«, notierte ein britischer Flieger.[28] Gemessen wurden zum Beispiel beim Feuersturm in Hamburg im Juli/August 1943 Windgeschwindigkeiten von mehr als hundert Stundenkilometern – Windstärke 11 nach der Beaufortskala. Wie so ein Feuersturm Bombenflugzeuge durchschüttelt, hat der USAAF-Pilot William Craig anhand seiner Erfahrungen in anderthalb Kilometer Höhe über Tokio beschrieben: »Während sich das Feuer ausbreitete und verstärkte, kamen die Bomber über dem Zielgebiet in Schwierigkeiten. Die heftigen Aufwinde des in der Stadt tobenden Wirbelsturms zerrten an den Flugzeugrümpfen und drohten sie auseinanderzureißen. [...] Die Turbulenzen schleuderte die B-29 in Sekunden Hunderte Meter weit empor und wieder hinab.«[29] Die B-29 »Superfortress«, 1945 der modernste Bombertyp der USAAF und nur im Pazifik im Einsatz, war mit über 50 Tonnen Fluggewicht fast doppelt so schwer wie die britischen »Lancaster«-Bomber, die Dresden bei Nacht angriffen, und gleich achtmal größer als die leichten »Mosquitos« der RAF, die angeblich die nächtlichen Tiefflüge unternommen haben sollen. Doch in wenigen hundert Meter Höhe wären diese überwiegend aus Holz gebauten Maschinen vom Feuersturm schlicht zerrissen worden. Davon abgesehen, waren nach Recherchen von Helmut Schnatz die am Angriff auf Dresden beteiligten »Mosquitos« auch gar nicht mit Maschinengewehren bewaffnet. Tieffliegerangriffe während der beiden nächtlichen Bombardements können deshalb ausgeschlossen werden. Daß sie deshalb heute in keinem »ernstzunehmenden Beitrag« mehr erwähnt würden, wie Bergander schreibt, ist allerdings eher Wunsch als Wirklichkeit.[30]

Im Prinzip möglich wären dagegen Tieffliegerangriffe nach der Bombardierung in den Mittagsstunden gewesen. Möglich, weil um diese Zeit zwar noch Flammen wüteten, aber kein Feuersturm mehr. Außerdem haben die Begleitjäger vom Typ P-51 »Mustang« bei vielen Einsätzen Bodenziele im Tiefflug beschossen. Über Dresden wäre das am 14. Februar freilich riskant gewesen, denn Rauchschwaden und Wolken von Staub behinderten die Sicht. Piloten von schnellen Jagdflugzeugen wären also beim Sturzflug ein sehr hohes Risiko eingegangen.

Unmöglich freilich sind die Angriffe aus zeitlichen Gründen: Um 12.23 Uhr am 14. Februar endete nach sechs Minuten das Bombardement durch den amerikanischen Hauptverband. Von 12.29 bis 12.31 Uhr warfen 21 verspätete Bomber ihre tödliche Fracht ab, und spätestens ab 12.38 Uhr war der Luftraum über der Stadt frei von US-Jagdflugzeugen. Entwarnung gab die Dresdner Luftüberwachung um 12.48 Uhr, als alle angreifenden Flugzeuge mindestens 40 Kilometer entfernt waren. Wenn es also Tieffliegerangriffe gegeben hätte, dann könnten sie nur wenige Minuten gedauert haben. Denn solange die eigenen Kameraden Bomben fallen lassen, wäre kein US-Pilot in den Tiefflug übergegangen. Für ausgedehnte »Menschenjagden« auf den Elbwiesen und im Großen Garten war demnach gar keine Zeit.

Doch auch aus anderen Gründen können viele Schilderungen nicht stimmen. So ist in Zeitzeugenberichten immer wieder von koordinierten Angriffen durch Verbände von Jagdflugzeugen die Rede. Das hätte jedoch Fähigkeiten im Formationstiefflug erfordert, über die die Kampfpiloten nicht verfügten und die selbst heute nur von hochtrainierten Kunstflugstaffeln beherrscht werden. Denn aus dem Blickwinkel von Piloten, die mit mindestens 100 Meter pro Sekunde fliegen, war die Dresdner Innenstadt winzig.

»Aus der A-Gruppe der 55. Jagdstaffel flog eine P-51 so tief, daß sie in einen Wagen raste und explodierte.« So schildert David Irving einen spektakulären Zusammenstoß mitten in Dresden.[31] Das ist wirklich geschehen. Der Pilot, ein Leutnant namens Leon, griff im extremen Tiefflug den Dienstwagen eines deutschen Verwaltungsoffiziers an. Dabei muß seine »Mustang« irgend etwas am Boden gestreift haben – jedenfalls explodierte die Maschine. Allerdings nicht in Dresden, sondern in der Nähe von Donauwörth: also 320 Kilometer südwestlich der sächsischen Hauptstadt. Irving wußte seit 1963, daß der Vorfall nicht in Dresden stattfand: Ein an diesem Tiefangriff beteiligter Pilot schrieb ihm, der Vorfall sei »auf dem Rückweg geschehen, als wir Gelegenheitsziele beschossen«[32]. Im übrigen erreichte die A-Gruppe der 55. Jagdstaffel aufgrund fehlerhafter Navigation niemals ihr Ziel Dresden, sondern flog versehentlich Prag an.

Außerdem geraten in den Berichten über die vermeintlichen

Tieffliegerattacken die beiden Nachtangriffe und der Tagesangriff oft durcheinander. So zitiert Max Seydewitz, was Rudolf Mauersberger, der Kantor der Kreuzkirche, über den zweiten Nachtangriff berichtet: »Auf der Tiergartenstraße schossen die Tiefflieger ebenfalls in die Menge, wobei der Alumniinspektor, Herr Studienrat Gebauer, schwer verwundet wurde, der Hausinspektor und ein 12jähriger Junge aus dem Kreuzchor, der neben Herrn Gebauer lag, getötet wurden.«[33] Bei David Irving liest sich das so: »Die amerikanischen Jäger griffen die im Süden an den Großen Garten grenzende Tiergartenstraße mit Bordwaffen an. Hier hatten die Überlebenden des berühmten Dresdner Kreuzchors Schutz gesucht. Nach Meldungen wurde hier der Chorleiter schwer verwundet und ein Chorknabe getötet.«[34] Der britische Autor, der an die nächtlichen Tiefflüge nicht glaubte, verlegte also kurzerhand die Schilderung von Mauersberger um zehn Stunden – vom Nachtangriff der Briten auf den mittäglichen der US-Kampfflieger.

Ebenfalls ins Reich der Legenden gehören die Berichte von Augenzeugen, die britische oder amerikanische Piloten in ihren Kanzeln erkannt haben wollen. Eine Dresdnerin etwa behauptete, ihre Gesichter hinter dem Cockpitglas genau gesehen zu haben: »Das können Sie mir glauben, denn es war für lange Zeit das einzige Mal, daß ich einen Neger sah.«[35] Ob tatsächlich farbige Piloten an dem Angriff auf Dresden beteiligt waren, ist unbekannt – es gab nur relativ wenige von ihnen in der USAAF. In jedem Fall ist es jedoch unmöglich, über eine Entfernung von 100 Metern und mehr in der Kanzel eines mindestens 360 Stundenkilometer schnellen Tieffliegers etwas zu erkennen. Ganz zu schweigen von den Atemmasken und Brillen, die Piloten in der Regel tragen.

Schließlich ist auch die ergreifende Schilderung von Müttern, die den Piloten ihre Kinder entgegenhielten, nicht schlüssig. Zunächst psychologisch: Welche Mutter wird ihr Kind schon dem sicheren Tod aussetzen? Die natürliche Reaktion dagegen ist: Deckung suchen und das Kind notfalls mit dem eigenen Körper beschützen. Außerdem kreisen Piloten, die im Tiefflug angreifen wollen, nicht »dicht über den Baumwipfeln«. Sie suchen sich ihre Ziele üblicherweise aus gut 1000 Meter Höhe, gehen dann in den Sturzflug und schießen. Schließlich haben Jagdflugzeuge keine Maschinengewehre, die auf ein Ziel »ausgerichtet« werden können – vielmehr sind alle Bordwaffen starr und parallel zur Flugrichtung eingebaut. Die sechs MGs einer »Mustang« waren so eingestellt, daß die Bahnen ihrer Geschosse etwa 400 Meter vor dem Propeller zusammenliefen – und zwar genau in der Propellerachse. Denn die Hauptaufgabe von Jagdflugzeugen war der Kampf mit gegnerischen Jägern, nicht der Angriff auf Bodenziele. Daher konnten »Mustangs« nur im Steil- oder Sturzflug für maximal anderthalb oder zwei Sekunden Bodenziele beschießen.

Wenn also weder in der Nacht des 13. noch am Mittag des 14. Februar 1945 Tieffliegerangriffe auf Dresden stattfanden: Wieso gibt es so viele und so stark emotionalisierte Berichte von Augenzeugen darüber? Mindestens drei miteinander verwobene Gründe sind erkennbar: Erstens der verbreitete Schock über die unvorstellbare Gewaltorgie, die Dresden binnen 14 Stunden verschlang. Angesichts solcher Erfahrungen verschwimmt bei vielen Zeitzeugen die Erinnerung. Denn sie bauen »auf einer Basiswahrheit auf, nämlich den persönlichen Eindrücken, die einige wüste, die Existenz und das Leben bedrohende Stunden hinterlassen haben«.[36] Ein wohl besonders häufiges Phänomen dabei ist die Zusammenfassung anderer Erlebnisse mit den besonders schrecklichen Erfahrungen. Denn spätestens ab Herbst 1944 haben britische und amerikanische Tiefflieger, aber auch sowjetische Jagdbomber sehr oft Flüchtlingstrecks und Kolonnen angegriffen. Auch in der Umgebung von Dresden ist derlei offenbar vorgekommen – nur eben nicht am 13. und 14. Februar 1945.

Zweitens gab es in Dresden an just diesen Tagen Vorkommnisse, die durchaus den Eindruck von Tieffliegerangriffen hervorrufen konnten. So rasten neun schnelle »Mosquitos« unmittelbar vor Beginn des nächtlichen Bombardements als Zielmarkierer in Höhen von 100 bis 200 Metern über Dresden. Direkt nach dem Ende der US-Angriffe am folgenden Mittag lieferten sich dann amerikanische und deutsche Flugzeuge einen kurzen Luftkampf im Tiefflug über dem Elbtal, also genau über der Innenstadt von Dresden. Dagegen wird immer wieder behauptet, die wenigen deutschen Jäger, die bei Dresden stationiert waren, hätten Startverbot gehabt. In Wirklichkeit griffen Jagdflugzeuge des Typs Focke-Wulf 190 westlich von Dresden sehr wohl die US-Bomber an und schossen eine B-17 ab. Solange aber feindliche Jäger in der Luft waren, schossen die »Mustangs« aus purem Selbstschutz nicht auf Bodenziele.

Ein weiterer, oft geschilderter Beleg für Tieffliegerangriffe ist leicht zu entkräften. Die gefährlichen Brandbomben, von denen über 700 000 Stück über Dresden abgeworfen wurden, entwickelten nämlich beim Aufschlag auf den Boden ein scharfes Knattern, das dem Peitschenklang von Maschinengewehren ähneln kann.

Wie die Legende von den Tieffliegern über Dresden entstand, ist also nachvollziehbar. Warum aber wirkt sie über Jahrzehnte hinweg und sorgt noch heute für aufschäumende Emotionen in Dresden? Andere Orte wurden noch härter getroffen als die Barockstadt an der Elbe. Der Grund dürfte in der doppelten politischen Instrumentalisierung durch die SED und durch westdeutsche Rechtsextreme liegen. Helmut Schnatz nennt den Vorgang eine »informelle rot-braune Allianz«.[37] In der DDR wurde der militärisch nicht zu rechtfertigende Angriff auf Dresden immer wieder als Beispiel für die Brutalität des »Imperialismus« der »Anglo-Amerikaner« angeführt. Der langjährige Dresdner Bürgermeister Walter Weidauer zum Beispiel erweitert die Vorwürfe in der 1966 erschienenen Fassung seines immer wieder aufgelegten Klassikers »Inferno Dresden« auf die Bundesregierung: »So grauenhaft die Stunden während der anglo-amerikanischen Bombenangriffe gewesen sind, sie verblassen vor dem, was den Bürgern der deutschen Städte droht, wenn die Bonner Politiker um Erhard und Strauß und ihre Militaristen um [Bundesverteidigungsminister Kai-Uwe von] Hassel die Möglichkeit erhalten, Atomwaffen zu besitzen und einzusetzen. [...] Die Städte schützen heißt die Ultras bändigen; das heißt, mit aller Macht dafür zu sorgen, das die Erhard, Strauß und Kumpane, die Günstlinge des aggressiven deutschen Monopolkapitals, keine Verfügungsgewalt über die Atomwaffen erhalten.«[38]

In der Bundesrepublik dagegen diente die Mahnung an den Angriff auf Dresden, in Verbindung mit hemmungslosen Übertreibungen der an sich schon sehr hohen Zahl von 35 000 Todesopfern, als Argument beim Aufrechnen deutscher und alliierter Kriegsverbrechen. So zitierte Erich Schwinge, Jurist, Militärrichter der Wehrmacht und Verteidiger in Kriegsverbrecherprozessen, einen Artikel des britischen Labour-Politikers Richard Crossmann, nach dem die Zerstörung Dresdens eines jener Verbrechen gegen die Menschlichkeit gewesen sei, die vor den Nürnberger Gerichtshof gehört hätten, und schließt daraus, daß »Churchill unter die Angeklagten des Hauptkriegsverbrecherprozesses gehört hätte«.[39]

Doch das Beispiel Dresden »eignet« sich auch für völlig andere Zwecke, nämlich für historische Aufklärungsarbeit der besonders geschmacklosen Art. Im Internet publizierte eine Antifa-Aktion einen »Tatsachenbericht«, in dem nach Art der Holocaust-Leugner der Angriff auf Dresden als der »größte Betrug des 20. Jahrhunderts entlarvt« wird: »Das wichtigste Beweismittel für die ›Bombenangriffe‹ auf Dresden wären natürlich Fotos. Doch trotz intensivster Suche in allen verfügbaren Brieftaschen, Pralinenschachteln und Hosentaschen konnten keine Fotos der sogenannten Bombenangriffe gefunden werden. Uns sind natürlich die Fotos bekannt, auf welche die ›Dresdenhoaxer‹ immer wieder hinweisen. Aber die Fotos von zerstörten Häusern, die sie vorlegen, haben keinerlei Beweiskraft, weil aus ihnen nicht hervorgeht, auf welche Weise die Häuser zerstört worden sind. Auf aktuellen Luftbildern ist zudem kein einziger ›Bombentrichter‹ zu sehen. Bezeichnend ist auch, daß es keine einzige forensische Untersuchung der sogenannten Opfer gegeben hat. Wahrscheinlich haben sie nie existiert. Wenn man heute durch Dresden fährt, sieht man jedenfalls so gut wie keine Leichen.«[40] Was als Satire auf die widerlichen Methoden der Holocaust-Leugner gedacht ist, erweist sich selbst als ausgesprochen pietätlos.

»Souveränität gegen Wehrbeitrag«?

Die Entscheidung zur bundesdeutschen Wiederbewaffnung 1950

»Um die Souveränität zurückzugewinnen, war ein aktiver Beitrag der Bundesrepublik Deutschland zur Verteidigung des Westens notwendig.« So formuliert 1995 Bundesverteidigungsminister Volker Rühe (CDU) in seinem Geleitwort zu einem Sammelband über fünf Jahrzehnte deutsche Militärpolitik seit 1945. Es ist zugleich die regierungsoffizielle Interpretation jener politischen Vorgänge, die zwischen dem Beginn des Koreakrieges am 25. Juni 1950 und der Vereidigung der ersten Bundeswehrfreiwilligen am 13. November 1955 zur Erlangung der kaum noch eingeschränkten Souveränität der Bundesrepublik Deutschland sowie zu ihrer Aufnahme in die Nato führten. Volker Rühe faßt das Ziel dieser Politik anschaulich zusammen: »Sicherheit für Deutschland und Sicherheit vor Deutschland, wie unsere Nachbarn es damals sahen, [mußten] durch konsequente Westintegration miteinander verbunden werden.«[1]

Auch der Tübinger Zeithistoriker Anselm Döring-Manteuffel sieht einen engen Zusammenhang zwischen Souveränität und Aufstellung bundesdeutscher Streitkräfte: »Adenauers Reaktion auf den Beginn des Koreakrieges zeigte, daß er die politische Situation erkannte, die die zu erwartende Forderung der USA nach westdeutschen Truppen bot. Jetzt brauchte der Westen die Bundesrepublik als aktiven Partner im Kalten Krieg. Daraus ließ sich Gewinn ziehen: Gleichberechtigung, Souveränität, Partnerschaft.«[2] Prägnant wie kaum ein anderer hat der Politikwissenschaftler Jürgen Weber von der Evangelischen Akademie in Tutzing dieselbe Auffassung formuliert: »Der Angriff der kommunistischen Truppen Nord-Koreas auf Süd-Korea wirkte in der westlichen Welt wie ein Donnerschlag. [...] Am Horizont der Möglichkeiten tauchte die Chance auf, den deutschen Wunsch nach einem baldigen Abbau der Besatzungskontrollen und vermehrter politischer Handlungsfreiheit zu verbinden mit dem amerikanischen Drängen nach deutschen Truppen. Diese Chance wollte Adenauer ergreifen.«[3]

Zurück geht diese Version auf den Gründungskanzler selbst. In Bundestagsreden, Interviews, Hintergrundgesprächen und schließlich in seinen Memoiren hat Adenauer stets und nur leicht variiert dieselbe Position vertreten: »Die Wiederbewaffnung würde meines Erachtens weitgehende Folgen für die politische Stellung unseres Volkes in der Welt haben. Auf dem Weg über die Wiederbewaffnung konnte die volle Souveränität der Bundesrepublik erreicht werden.«[4]

Diese Interpretation hat Eingang gefunden in viele Schulbücher und auch in offizielle historische Ausstellungen wie »Fragen an die deutsche Geschichte« im Deutschen Dom in Berlin: »Bundeskanzler Adenauer will die noch fehlende Gleichberechtigung in enger Anlehnung an die Weltmacht USA auf dem Wege der westeuropäischen Integration gewinnen. [...] Den entscheidenden Schlüssel sieht Adenauer in dem Angebot einer westdeutschen Wiederbewaffnung, an der die Westmächte unter dem Eindruck des Koreakrieges überaus interessiert sind.«[5] Ganz ähnlich stellte im Herbst 2001 das Magazin »Der Spiegel« in einem kritischen Bericht über den Einsatz deutscher Soldaten im »Krieg gegen den Terrorismus« fest: »Die USA förderten die Wiederbewaffnung, weil sie deutsche Soldaten im Kalten Krieg benötigten.«[6]

Der streitbare Berliner Zeithistoriker und Adenauer-Biograph Henning Köhler, der den Gründungskanzler mit Sympathie betrachtet, aber nicht schrankenlos bewundert, stellt diese geläufige Deutung allerdings auf den Kopf: »Tatsächlich ließe sich das Argument umkehren und überspitzt die These vertreten, daß der Bundesrepublik bedeutende Konzessionen gemacht wurden und der Weg zu den Westverträgen von 1952 [EVG-Vertrag und sogenannter Deutschlandvertrag – K. u. K.] geöffnet wurde, um den ungestümen Drang Adenauers zur Wiederbewaffnung im Sommer 1950 zu mäßigen und zu kanalisieren. Denn nicht Adenauer stellte sich verständnisvoll zur Verfügung, um einem Wunsch der Alliierten zu willfahren und die widerstrebenden Deutschen erneut zu Soldaten zu machen, sondern er allein drängte die Alliierten zur Tat.«[7]

Erreichte Adenauer die Souveränität der Bundesrepublik durch virtuose Nutzung der politischen Umstände im Sommer 1950? Immerhin war die Wiederbewaffnung Westdeutschlands das um-

US-Außenminister John Foster Dulles lockt Konrad Adenauer verhalten in die Nato – doch der Bundeskanzler ist bereits voll ausgerüstet und kann es kaum erwarten, seinen Verteidigungsbeitrag zu leisten. Zeichnung von Fritz Behrendt.
(Fritz Behrendt)

strittenste politische Projekt der ersten Hälfte seiner Kanzlerschaft. Mußte Adenauer diesen Preis den Westalliierten für die Erlangung der staatlichen Unabhängigkeit zahlen? Lautete sein Kalkül also: Wehrbeitrag gegen Souveränität? Oder ist genau das Gegenteil richtig: Drängte Adenauer die USA, Großbritannien und Frankreich, möglichst bald eine westdeutsche Armee zuzulassen? War die Ablösung des Besatzungsstatuts gewissermaßen ein Nebenprodukt seines vorrangigen Ziels, rasch bundesdeutsche Streitkräfte aufzustellen?

Bei der Potsdamer Konferenz im Sommer 1945 waren sich die Regierungschefs der Anti-Hitler-Koalition einig, daß man das besiegte Deutschland schnell und gründlich demilitarisieren müsse. Zuzulassen seien lediglich deutsche Schutz- und Kriminalpolizei – alle anderen Aufgaben der Sicherheitspolitik wollten die Siegermächte mit eigenen Kräften übernehmen. Doch sehr lange hielt diese Übereinkunft nicht. Die sowjetische Militäradministration in Deutschland begann schon im Sommer 1947, in ihrer Besatzungszone den Aufbau deutscher Truppen vorzubereiten. Binnen Jahresfrist wurden aus Gedankenspielen konkrete Projekte: »Am 2. Juli 1948 setzte Stalin seine Unterschrift unter einen Beschluß, der die Schaffung kasernierter Polizeibereitschaften mit einer Stärke von 10000 Mann vorsah, die ausdrücklich mit automatischen und ähnlichen Waffen aus militärischen Beständen auszurüsten waren und erklärtermaßen eine reguläre militärische Ausbildung erhalten sollten«, schreibt der Militärhistoriker Gerhard Wettig.[8]

Auch führende US-Militärs stellten bereits früh Überlegungen an, im absehbaren Konflikt mit der Sowjetunion auf die Deutschen als Reservoir für eine gemeinsame Abwehrstreitmacht zurückzugreifen. Hans Ehard, 1947 bayerischer Ministerpräsident, meinte nach einem Treffen mit der US-Militärregierung zu seinem Staatssekretär Karl Schwend: »Stellen Sie sich vor, Herr Schwend, die wollen wieder eine Wiederbewaffnung von uns, die wollen unseren Verteidigungsbeitrag haben.«[9] Matthew Ridgway zum Beispiel, General der US-Army, war sich sicher, daß ein sowjetischer Angriff auf Westeuropa ohne »die beste Infanterie in Europa«, eben die deutsche, nicht aufgehalten werden könne. Hatte die Wehrmacht nicht den zahlenmäßig und technisch weit überlegenen westlichen Truppen 1944/45 monatelang und der anstürmenden

Roten Armee sogar über zwei Jahre einen zähen Abwehrkampf geliefert? Andere Experten des US-Verteidigungsministeriums ergänzten in einem geheimen Report vom Januar 1950, die »militärischen Fähigkeiten des deutschen Mannes« gehörten zu den besten in der ganzen Welt.[10]

Das Oberkommando der US-Streitkräfte empfahl der politischen Führung am 2. Mai 1950 in einer internen Stellungnahme: »Bei den westeuropäischen Staaten, vor allem Frankreich, [ist] die Einsicht in die Notwendigkeit herbeizuführen, die gegenwärtige Abrüstungs- und Entmilitarisierungspolitik im Hinblick auf Westdeutschland zu ändern, so daß Westdeutschland wirkungsvoll zur Sicherheit Westeuropas beitragen kann.« Diesen Vorstoß allerdings wiesen US-Präsident Harry S. Truman und sein Außenminister Dean Acheson zurück. Am 16. Juni 1950, neun Tage vor dem Ausbruch des Koreakrieges, nannte der Präsident den Vorschlag der Stabschefs »entschieden militaristisch und meiner Auffassung nach unrealistisch unter den gegenwärtigen Bedingungen«. Acheson erklärte eine Wiederbewaffnung Westdeutschlands kurze Zeit darauf für »verfrüht«.[11]

Aber nicht nur westliche Militärs, auch ehemalige deutsche Wehrmachtsgeneräle drängten schon früh auf den Wiederaufbau deutscher Streitkräfte. Hans Speidel, ehemaliger Stabschef von Erwin Rommel und nach dem 20. Juli 1944 vom NS-Regime als Widerständler abgesetzt und eingesperrt, war die treibende Kraft. Er knüpfte ein Netzwerk aus ehemaligen Offizieren, führte Gespräche mit Politikern und verfaßte Denkschriften. Deren gemeinsamer Nenner lautete: »Ein Hauptziel der Sowjetunion ist die Erringung der Vorherrschaft in Deutschland als entscheidender Schritt zur Gewinnung des Primats über ganz Europa.«[12] Natürlich hatten solche Befürchtungen eine reale Grundlage, denn die Sowjetunion agierte in allen Staaten ihrer Einflußsphäre in Mittel- und Osteuropa aggressiv, um kommunistische Regierungen an die Macht zu bringen. Doch bedeutender für diese Einschätzung, das zeigt fast jede der Denkschriften, waren die antibolschewistischen Feindbilder, die in deutschen Offizierskreisen schon seit Jahrzehnten wirkten. Speidel plädierte zunächst nur zwischen den Zeilen, später zunehmend offen für einen westdeutschen Verteidigungsbeitrag.

Auch Konrad Adenauer spielte schon früh mit dem Gedanken, als Beitrag zur gemeinsamen Sicherheitspolitik der westlichen Demokratien eigene deutsche Truppen aufzustellen. Am 11. November 1949 erschien in der französischen Zeitung »L'Est Républican« ein Interview mit dem Bundeskanzler, in dem er für eine künftige westeuropäische Armee deutsche Kontingente anbot: Die Bundesrepublik sei »bereit, sich in das europäische Verteidigungssystem zu integrieren«.[13] Kurz darauf erschien ein weiteres Gespräch, diesmal mit der Zeitung »L'Epoque«. In seinen Erinnerungen faßte Adenauer die Wirkung seines Vorstoßes in einer für ihn typischen Art zusammen: »In der Auslandspresse wurde plötzlich im November 1949 die Frage der Wiederbewaffnung Deutschlands besprochen.«[14] Kein Wort darüber, daß er selbst diese – übrigens nicht besonders intensive – Debatte losgetreten hatte.

Für erheblichen Wirbel sorgte allerdings ein drittes Interview, das der Bundeskanzler dem amerikanischen Regionalblatt »Cleveland Plain Dealer« gab, weil US-Präsident Truman es, wie Adenauer zu wissen glaubte, regelmäßig las. Der Kanzler offerierte diesmal einen westdeutschen militärischen Beitrag zur Verteidigung Westeuropas, lehnte aber gleichzeitig eine Wiederaufrüstung oder gar Söldnerdienste deutscher Männer in fremden Armeen kategorisch ab. Doch diese Unterscheidung drang nicht durch. Die französische Nachrichtenagentur verkürzte das Gespräch auf die Aussage, Adenauer fordere die Wiederbewaffnung und die Beteiligung der Bundesrepublik an einer westeuropäischen Armee unter einem westeuropäischen Oberbefehlshaber. Deutsche und alliierte Politiker sowie die Weltpresse reagierten so scharf ablehnend, daß Adenauer umgehend zurückruderte. Seine Ausführungen seien entstellt wiedergegeben worden – für die Kurzfassung stimmte das sogar. Der Bundeskanzler gab der »Deutschen Presse-Agentur« ein weiteres Interview, in dem er »ein für allemal« eine deutsche Wiederaufrüstung ausschloß.[15] Doch ehrlich war das nicht. In Wirklichkeit hatte Adenauer das Gespräch mit dem »Plain Dealer« als Versuchsballon gestartet. Zwar war die öffentliche Reaktion für ihn enttäuschend, aber immerhin wußte er jetzt, daß er das Thema Wiederbewaffnung bis auf weiteres nur intern ansprechen konnte.

In der Sache aber blieb der Kanzler hart. So ließ er einen Brief an Bundespräsident Theodor Heuss entwerfen, in dem er das Staatsoberhaupt scharf rügte. Heuss hatte sich gegenüber der Nachrichtenagentur »Associated Press« gegen eine Wiederbewaffnung ausgesprochen: »Selbst wenn die westlichen Alliierten die Schaffung einer westdeutschen Armee vorschlügen, würde er [Theodor Heuss – K. u. K.] sich dagegen wehren«, hieß es in der gedruckten Fassung dieses Gesprächs in der »Frankfurter Allgemeinen Zeitung«.[16] Im Briefentwurf Adenauers heißt es, Heuss' Äußerungen könnten zu »Schlußfolgerungen führen, die mit den von mir in letzter Zeit wiederholt dargelegten Auffassungen über die Frage der militärischen Sicherheit [...] nicht in Einklang zu bringen sind«. Abschließend wurde Adenauer geradezu grob, indem er daran erinnerte, daß »die Richtlinien der Politik der Bundesregierung vom Bundeskanzler zu bestimmen sind«[17]. Dieser Text blieb in der Schublade – abgeschickt wurde nur eine deutlich entschärfte Version. Doch sprach Adenauer offenbar einige Tage später mit dem Chef des Bundespräsidialamtes Manfred Klaiber Klartext. Darauf läßt eine Notiz Klaibers auf dem Kanzler-Brief in den Akten des Bundespräsidialamtes schließen. Über den genauen Inhalt des Gesprächs kann man nur spekulieren, doch wahrscheinlich ist, daß Adenauer seine Kritik an Heuss' Äußerung lieber mündlich als schriftlich weitergab. Eine Reaktion des Staatsoberhauptes ist nicht bekannt – allerdings hielt sich Heuss fortan beim Thema Wiederbewaffnung spürbar zurück. Die Episode beweist, wie ernst dem Bundeskanzler diese Frage trotz seiner öffentlichen Dementis schon im Dezember 1949 war.

In den folgenden Monaten setzte Adenauer alles daran, den Westalliierten Zugeständnisse in zweierlei Hinsicht abzuringen: Erstens wollte er als Gegengewicht zur im Aufbau befindlichen Kasernierten Volkspolizei der DDR eine militärähnlich organisierte und bewaffnete Bundespolizei aufbauen und zweitens verlangte er eine Sicherheitsgarantie für die Bundesrepublik. Zu diesem Zeitpunkt nämlich gingen die Verantwortlichen in der Nato davon aus, daß eine stabile Frontlinie bei einem sowjetischen Angriff am Rhein oder schlimmstenfalls sogar bei den Pyrenäen liegen würde. Von der Verteidigung Westdeutschlands war dagegen in den internen Papieren nicht die Rede. Angesichts dessen waren Adenauers Sorgen durchaus berechtigt und nicht vorgeschoben – allerdings von seinem charakteristischen Pessimismus geprägt. Zu Recht attestiert der Adenauer-Biograph Henning Köhler dem Kanzler schon im gesamten ersten Halbjahr 1950 »Kriegshysterie«. Und selbst sein wissenschaftlicher Konkurrent Hans-Peter Schwarz, Bonner Zeithistoriker und bekennender Bewunderer Adenauers, stellt in seiner monumentalen, über 2000 Seiten starken Biographie fest: »Alle Anzeichen deuten darauf hin, daß er 1948, 1949 und 1950 im tiefsten Innern eine östliche Aggressionsabsicht für höchst wahrscheinlich hielt. Anders wäre sein ständiges Vorprellen überhaupt nicht verständlich: ein Vorprellen, das eben nicht die Antwort auf westalliierte Anregungen ist, sondern die Westmächte davon überzeugen soll, daß die Bundesrepublik militärischer Verteidigung bedarf – durch die Westalliierten, aber auch durch eigene Truppen, seien das nun Polizeitruppen oder reguläre Divisionen.«[18]

Nach dem gängigen Bild vom Weg zur westdeutschen Wiederbewaffnung änderte der Überfall Nord-Koreas auf Süd-Korea am 25. Juni 1950 die politische Lage grundlegend. US-Generalstabschef Omar Bradley, im Zweiten Weltkrieg maßgeblich am alliierten Erfolg beteiligt, stellte jetzt fest: »Der Kommunismus ist bereit, zur Erreichung seiner Ziele Waffen einzusetzen. Dies stellt einen grundlegenden Wandel dar, und dies hat einen Wandel in unserer Einschätzung der Bedürfnisse der Vereinigten Staaten erforderlich gemacht.«[19] Der Koreakrieg löste in Westdeutschland Panik aus, war doch die Situation auf den ersten Blick nahezu identisch: Im fernen Asien wie mitten in Europa war ein Land geteilt, die eine Hälfte kommunistisch besetzt und von einem Marionettenregime beherrscht, der andere Teil an den Westen angelehnt. Nordkoreanische Truppen überfielen den Süden – und stellte die DDR nicht ebenfalls eigene, als Kasernierte Volkspolizei deklarierte Truppen auf?

Tatsächlich ist der 25. Juni 1950 ein wichtiges Datum für die Entscheidung zugunsten der Wiederbewaffnung Westdeutschlands. Doch es war nicht der entscheidende Wendepunkt. Adenauer drängte die Westalliierten bereits seit Monaten in diese Richtung, hatte bis dahin aber keine wesentlichen Zugeständnisse erreicht. Lediglich ein eigener Sicherheitsberater wurde ihm zugestanden – bezeichnenderweise ein Offizier der alten Wehrmacht: der ehemalige Panzergeneral Gerhard Graf von Schwerin. An einen zivilen Sicherheitsexperten oder gar einen ausländischen Berater ist offensichtlich nie gedacht worden.[20] Die erste Denkschrift der neuen Dienststelle Schwerins betraf die Aufstellung einer Bundesgendarmerie. Doch vorerst blieb der Vorstoß der Bundesregierung, die Westalliierten sollten eine 30000 Mann starke Bundespolizei genehmigen, unbeantwortet.

Einen neuen Anlauf unternahm der Kanzler Anfang Juni 1950 –

fast drei Wochen vor dem Überraschungsangriff Nord-Koreas. Der 74jährige Adenauer war durch eine Lungenentzündung geschwächt und bat deshalb die drei Hohen Kommissare der Westmächte einzeln zu Gesprächen in sein Privathaus in Rhöndorf. »Wahrscheinlich hat die relative Ruhe des Krankenlagers seinen Entschluß gefördert, die Sicherheitsfrage frontal anzugehen [...]. Davon versprach er sich eine große Wirkung: Die Hohen Kommissare, jeder auf sich gestellt und mit dem konfrontiert, was Adenauer darlegte, würden möglicherweise positiver reagieren, als wenn sie als Gruppe auftreten«, beschreibt Köhler das Kalkül. Adenauer schlug den Vertretern der Westalliierten vor, zehn bis zwölf deutsche Panzerdivisionen aufzustellen. Andernfalls würde sich im Falle einer sowjetischen Invasion eine Flüchtlingswelle von mindestens acht Millionen Menschen in Richtung Frankreich in Bewegung setzen. Für die Übergangszeit, bis die deutschen Divisionen einsatzbereit seien, könnte man in Frankreich eine »internationale Legion« aufbauen, um deutsche Freiwillige auszubilden.[21] Die Hohen Kommissare reagierten jedoch ablehnend. Der französische Hohe Kommissar André François-Poncet verwies auf Europa als einzige Lösung des westdeutschen Sicherheitsbedürfnisses – offenbar dachte man in Frankreich schon vor Ausbruch des Koreakrieges über Konzepte wie die spätere Europäische Verteidigungsgemeinschaft (EVG) nach.

Auch dieser Vorstoß Adenauers schien also gescheitert. Dann kam der Koreakrieg – und änderte vieles. Während die internationale Presse sowie die Regierungen in Washington und London die neue Situation sofort erkannten, verhielt sich Adenauer zunächst ruhig. Erst zwei Wochen nach dem Angriff ließ er seinen außenpolitischen Berater Herbert Blankenhorn sondieren. Nun suchten die Alliierten um deutsche Unterstützung nach – zum Teil allerdings mit überaus kühnen Vorstellungen. So machte der stellvertretende Hohe Kommissar der USA, General George P. Hays, den Vorschlag, »daß Angehörige gewisser früherer Formationen, wie Angehörige von bestimmten Panzerdivisionen, durch militärische oder zivile Stellen aufgefordert würden, sich an bestimmten Orten zu melden, um dort zusammengefaßt, aus dem Kampfgebiet herausgeführt und außerhalb dieses Gebiets in ruhigeren Regionen zu deutschen Kampfeinheiten zusammengeschlossen und bewaffnet zu werden.«[22] Eine abenteuerliche Vorstellung: Ziemlich genau fünf Jahre nach der totalen Niederlage der deutschen Wehrmacht sollten also einige ihrer besonders kampferfahrenen Verbände gewissermaßen auferstehen. Realistisch waren solche Pläne nicht, aber sie zeigen, daß Adenauers Saat nun endlich aufzugehen begann.

Ebensowenig realistisch, aber dafür um so ernster gemeint war der Vorschlag, den Adenauer am Nachmittag des 17. August 1950 den Hohen Kommissaren unterbreitete. Wer das Ruhrgebiet und damit das Herz der deutschen Stahlindustrie kontrolliere, werde den dritten Weltkrieg gewinnen, betonte der Bundeskanzler. Deshalb müßten die Alliierten erstens ihre Militärpräsenz in Westdeutschland stark erhöhen, zweitens eine Sicherheitsgarantie für die Bundesrepublik geben und drittens der Aufstellung einer westdeutschen Schutztruppe von bis zu 150000 Mann zustimmen. Die Vertreter der Siegermächte reagierten reserviert – ihnen ging Adenauers Drängen zu weit. Aber man verständigte sich darauf, das Thema im Auge zu behalten; im übrigen wurde Vertraulichkeit vereinbart.

Als am nächsten Tag in der »New York Times« ein Interview mit Adenauer erschien, in dem der Kanzler die zentralen Punkte seiner Forderung ansprach, fühlten sich die Alliierten neuerlich provoziert. Der Kanzler hatte am 16. August, einen Tag vor dem Treffen mit den Hohen Kommissaren, den »Times«-Korrespondenten empfangen. Freigegeben worden war der Text am Morgen des 17. August. Zweifellos wollte Adenauer so Druck auf die Westalliierten ausüben – doch wieder hatte er sich verrechnet: »Nichts macht die damalige Einstellung Adenauers deutlicher als Tatsache und Zeitpunkt dieses Interviews. Panik stand bei ihm im Vordergrund. Nüchterne Überlegungen blieben ausgeschaltet, denn es mußte doch kontraproduktiv wirken, streng geheime Sachverhalte, die er mit den Hohen Kommissaren erörterte, in die Öffentlichkeit zu bringen.«[23] Vom Ärger um das Interview findet sich in Adenauers Erinnerungen kein Wort. Das ist verständlich. Denn sowohl der französische Hohe Kommissar François-Poncet als auch sein US-Kollege McCloy redeten dem Kanzler ins Gewissen. Er solle sich mäßigen und nicht weiter »Defätismus« verbreiten.[24]

Doch noch gab Adenauer nicht auf. Er sah bereits die nächste Chance, von den Westalliierten die Zustimmung zur Wiederbewaffnung Westdeutschlands zu bekommen: Für Mitte September 1950 waren eine Außenministerkonferenz der drei Westmächte und eine Sitzung des Nato-Rates in New York geplant. Seit dem 21. August, also unmittelbar nach dem Desaster des Interviews, arbeitete Blankenhorn ein Konzept zur Sicherheitspolitik aus, mit dem Adenauer den Westmächten seine Position klarmachen wollte.

Diesmal griff Adenauer tief in die politische Trickkiste. Er verteilte sein Anliegen auf zwei verschiedene Texte: das eigentliche Sicherheitsmemorandum, das nicht wesentlich über die Besprechung mit den Hohen Kommissaren vom 17. August hinausging, und ein zweites, kürzeres Papier über die »Frage der Neuordnung der Beziehungen der Bundesrepublik zu den Besatzungsmächten«. Beide Papiere wurden am 29. August abgeschlossen, denn John McCloy sollte sie am 30. August persönlich mit nach New York nehmen. Doch im Bundeskabinett erweckte Adenauer wider besseres Wissen den Eindruck, die beiden Memoranden müßten erst am 5. September fertiggestellt werden. So waren die Minister überrascht, als der Bundeskanzler sie am 31. August davon in Kenntnis setzte, die Papiere seien bereits ohne Regierungsbeschluß an die Adressaten abgegangen. In dieser hoch geheimen Sitzung wurde kein Protokoll geführt, doch Verkehrsminister Hans-Christoph Seebohm notierte sich Stichpunkte über Adenauers Ausführungen: »Fast sicher Krieg, fast sicher Einladung zur Teilnahme Deutschlands an Verteidigung. Nur anzunehmen bei voller Gleichberechtigung.«[25] Doch von einer »Einladung« konnte ebensowenig die Rede sein wie von einem »fast sicher« drohenden Krieg – vielmehr hatte Adenauer durch sein wiederholtes Insistieren auf die Wiederbewaffnung selbst dafür gesorgt, daß diese Frage in New York auf die Tagesordnung kam. Als einziges Kabinettsmitglied begehrte übrigens Innenminister Gustav Heinemann auf und trat einige Wochen später zurück – alle anderen billigten das eigenmächtige Vorgehen Adenauers nachträglich.

Doch Adenauer trickste nicht nur seine Minister aus – er verstand es auch, mit den beiden Memoranden die bis heute wirksame Legende zu begründen, die Bundesrepublik habe 1950 einen Wehrbeitrag nur gegen die Rückgewinnung der Souveränität angeboten. Während das eigentliche Sicherheitsmemorandum lange lediglich in Umrissen bekannt war und erst 1977 im Wortlaut veröffentlicht wurde, sickerten Einzelheiten aus dem zweiten Papier rasch durch. Seine zentrale Passage lautet: »Wenn die deutsche Bevölkerung die Pflichten erfüllen soll, die ihr im Rahmen der europäischen Gemeinschaft [gemeint ist Westeuropa, nicht die spätere

Europäische Wirtschaftsgemeinschaft, aus der die EU entstand – K. u. K.] aus der gegenwärtigen Lage und ihren besonderen Gefahren erwachsen, muß sie innerlich hierzu instand versetzt werden. Es muß ihr ein Maß von Handlungsfreiheit und Verantwortlichkeit gegeben werden, das ihr die Erfüllung dieser Pflichten sinnvoll erscheinen läßt. Wenn der deutsche Mensch Opfer jeder Art bringen soll, so muß ihm wie allen anderen westeuropäischen Völkern der Weg zur Freiheit offen sein.«[26]

Durch die Trennung in zwei Memoranden und deren Formulierung entstand der falsche Eindruck eines Gegengeschäfts. Das ist falsch, weil stets der Bundeskanzler die treibende Kraft war und nicht die Westalliierten. Sie versuchten vielmehr, den vorpreschenden Bundeskanzler zu bremsen. Daher beschlossen die westlichen Außenminister in New York und im Anschluß der Nato-Rat, eine integrierte westeuropäische Armee anzustreben, zu der auch die Bundesrepublik einen Beitrag leisten könnte. Allerdings, so informierte McCloy den Bundeskanzler, solle Westdeutschland seine Mitarbeit freiwillig erklären, dürfe seine Einbeziehung nicht als ein Gegengeschäft betreiben und »an die Teilnahme keine politischen Bedingungen knüpfen«. Der amerikanische Hohe Kommissar hatte Adenauers Spiel also durchschaut.[27]

Gleichwohl spielte der Kanzler weiter. Denn er wußte genau, daß ein von der Bundesregierung angebotener Verteidigungsbeitrag in der deutschen Öffentlichkeit nicht akzeptiert worden wäre. Deshalb strickte er an der Legende vom Geschäft »Wehrbeitrag gegen Souveränität«. Zwar begriffen auch einige Gegner der Wiederbewaffnung Adenauers Kalkül. Martin Niemöller zum Beispiel, evangelischer Pfarrer, hessischer Kirchenpräsident und neben Gustav Heinemann einer der prominentesten Kritiker des deutschen Wehrbeitrages, schrieb am 4. Oktober 1950 einen offenen Protestbrief an den Bundeskanzler, in dem es unter anderem heißt: »Wenn die westlichen Alliierten von Westdeutschland einen Beitrag an Waffen und Soldaten verlangen, dann sollen sie das selbst offen befehlen und sich nicht hinter einer deutschen Demokratie verstecken.«[28] Genau das aber taten die Westmächte nicht – sie hätten auch gar keinen Grund gehabt, denn die Initiative zur deutschen Wiederbewaffnung war vom Bundeskanzler ausgegangen.

Trotzdem hielt Konrad Adenauer an seiner Darstellung fest. Im Bundestag erklärte er am 8. November 1950: »Die Bundesregierung ist der Auffassung, daß die Bundesrepublik Deutschland, wenn sie von den westlichen Mächten dazu aufgefordert werden wird, bereit sein muß, einen angemessenen Beitrag zu dem Aufbau dieser Abwehrfront [gegen die drohende sowjetische Invasion Westeuropas – K. u. K.] zu leisten, und zwar um ihren Fortbestand, die Freiheit ihrer Bewohner und die Weitergeltung der westlichen Kulturideale zu sichern. Voraussetzung für die Leistung eines solchen Beitrages ist die völlige Gleichberechtigung Deutschlands in dieser Abwehrfront mit den übrigen an ihr teilnehmenden Mächten.«[29] Von dieser Darstellung rückte er fortan nicht mehr ab.

Warum drängte Adenauer derart auf die Wiederbewaffnung, obwohl sie der jungen Bundesrepublik, in der vom kommenden Wirtschaftswunder noch nichts zu spüren war, unabsehbare politische und ökonomische Lasten auferlegen würde? Und warum hält sich die Legende vom Geschäft »Wehrbeitrag gegen Souveränität«, obwohl die kritische Geschichtsschreibung über die Ära Adenauer und selbst viele Bewunderer des Gründungskanzlers längst die tatsächlichen Umstände der Entscheidung für die westdeutsche Wiederbewaffnung beschrieben haben?

In die Irre führt die damals allgegenwärtige Propaganda aus Ost-Berlin, die noch immer in manchen Köpfen nachwirkt. Danach war Adenauer ein Repräsentant oder genauer ein »Agent« des »preußisch-faschistischen Militarismus« und vor allem an einem Überfall auf den »friedliebenden ersten Arbeiter-und-Bauern-Staat auf deutschem Boden« interessiert. An diesem Bild stimmt nun gar nichts: Weder war der erste Bundeskanzler ein Militarist noch ein Anhänger der preußischen Militärtradition noch ein Kriegstreiber. Im Gegenteil: Als Ungedienter und Katholik zeigte er sich stets skeptisch gegenüber dem vermeintlich typisch preußisch-protestantischen Militär. 1954, als alle Weichen längst gestellt waren, warnte Adenauer den US-Außenminister vor einem zu raschen Aufbau der Bundeswehr – es drohe eine Wiederkehr der »preußischen Militärkaste«.[30] Es ist daher kein Zufall, daß – mit den Worten Henning Köhlers – ausgerechnet eine »schwäbische Wiederbewaffnungsinitiative« um Hans Speidel und den Wohnungsbauminister Eberhard Wildermuth vorwärts drängte.[31] Höchstens kann man den ersten Bundeskanzler als »in der Wolle gefärbten Zivilisten«[32] bezeichnen. Der Diplomat Rolf Friedemann Pauls hat Adenauers Verhältnis zum Militär treffend als »nicht persönlich, sondern institutionell und unsentimental«[33] beschrieben.

Adenauer drängte aus zwei wesentlichen Gründen auf eine baldige Wiederbewaffnung der Bundesrepublik: Erstens glaubte er, ein Staat könne nur dann als wirklich souverän gelten, wenn er über eigene Streitkräfte verfügte. Diesen Gedanken hat Adenauer immer wieder formuliert – in den späten vierziger Jahren allerdings nur äußerst zurückhaltend, da zu dieser Zeit in der deutschen und internationalen Presse teils heftig über Sinn oder Unsinn eines deutschen Wehrbeitrages gestritten wurde. Die Debatte ging auf Denkschriften unter anderem des ehemaligen Panzergenerals Hasso von Manteuffel zurück, mit dem Adenauer schon 1947 über das Thema Wiederbewaffnung gesprochen hatte. Es gibt keinen Hinweis darauf, daß der damalige Vorsitzende der CDU in Nordrhein-Westfalen seinerzeit anders dachte als 1956, als er im Bundesvorstand seiner Partei offen sagte: »Ein Staat, der überhaupt keine Wehrmacht hat, ist kein Staat.«[34]

Zweitens fürchtete Adenauer im Jahr 1950 tatsächlich einen angeblich kurz bevorstehenden Angriff der Kasernierten Volkspolizei oder gleich der Roten Armee auf die Bundesrepublik – und zwar über seinen üblichen Pessimismus hinaus. »Die entscheidende Zuspitzung erhielt das von Adenauer gezeichnete Bild [...] durch die detaillierte Schilderung des rasanten Aufbaus der Volkspolizei-Armee. Hier haben die Informationen von Friedrich Wilhelm Heinz [dem Leiter des ersten Nachrichtendienstes im Kanzleramt, der wegen völlig übertriebener Berichte bald abgesetzt wurde – K. u. K.] eine unheilvolle Rolle gespielt. Seine Elaborate schufen ein Bedrohungsszenario, das Adenauer tief beeindruckte«, schreibt Köhler. So sehr trieben den Bundeskanzler seine Ängste um, daß er selbst in seiner Weihnachtsansprache am 25. Dezember 1950 nicht davon lassen konnte: »Das vergangene Jahr hat uns diese ernste Gefahr in unübersehbarer Deutlichkeit gezeigt. In dieser Situation muß auch der Friedfertige seine Kräfte sammeln und sein Herz bereit machen zur Verteidigung seiner entscheidenden Lebensgüter gegen den ihn bedrohenden Angriff.«[35]

Mit seinen Ängsten stand Adenauer nicht allein, hatte aber weder die Mehrheit der Deutschen noch die Mehrheit seiner Anhänger hinter sich. In der jungen Bundesrepublik herrschte in Sachen Wiederbewaffnung eindeutig Skepsis vor. An den zahlreichen Demonstrationen gegen die Pläne der Regierung nahmen Hunderttausende Menschen teil. Die »Ohne-mich«-Bewegung wie später die Ablehnung der Atombewaffnung der Bundeswehr dominierten in den fünfziger Jahren eindeutig den politischen Protest in der jungen Demokratie – sie spielten als Themen eine weit wichtigere Rolle als etwa die Forderung nach der Wiedervereinigung Deutschlands. Die Erinnerung an den verheerenden Zweiten Weltkrieg, an die Bombennächte und die furchtbaren Erfahrungen an der Front wirkten fort. Als klar wurde, daß auch die Bundeswehr eine Wehrpflichtarmee werden sollte, kam die Sorge Hunderttausender Mütter hinzu, bald ihre Söhne einrücken zu sehen – einem ungewissen Schicksal entgegen.[36]

So viel Widerstand hätte auch Adenauer nicht überwinden können, wenn die tatsächlichen Umstände der Entscheidung über die Wiederbewaffnung bekannt gewesen wären. Deshalb verschleierte er die Verantwortung. Durch die Behauptung, als Gegenleistung für den Wehrbeitrag werde die Bundesrepublik ihre Souveränität gewinnen, bekam der Kanzler die Möglichkeit, für sein politisches Ziel Wiederbewaffnung eben doch die notwendige Zustimmung in der Bevölkerung zu gewinnen. Denn das Besatzungsstatut galt Millionen Menschen in Westdeutschland als Makel. Wer für seine Abschaffung sorgte, konnte im Gegenzug innenpolitisch große Veränderungen durchsetzen. Adenauer wußte gleichzeitig, daß ein alleiniger Vorstoß seitens der Bundesregierung aussichtslos gewesen wäre: »Nun war es absolut notwendig, daß das deutsche Volk wenigstens in seiner überwiegenden Mehrheit einen Verteidigungsbeitrag bejahte. [...] Ich hatte keinen Zweifel, daß es uns gelingen würde, wenn einmal die Frage gestellt war, die überwiegende Mehrheit des deutschen Volkes von der Richtigkeit unserer Auffassung zu überzeugen, aber die westalliierten Regierungen mußten uns durch Stellung der Frage dabei helfen«, schrieb er unbewußt ehrlich in seinen Memoiren.[37]

Im Rückblick ist klar, daß es 1950 keine Alternative zur vollständigen Westintegration der Bundesrepublik und damit zur Wiederbewaffnung gab. Adenauers Politik war im großen und ganzen richtig. Doch sollte man situationsbedingtes politisches Taktieren nicht zu staatsmännischer Genialität verklären. Geblieben ist die Erinnerung an Adenauers vermeintliches Geschäft »Wehrbeitrag gegen Souveränität« – in Wirklichkeit eine bewußt in die Welt gesetzte politische Legende. Weitgehend vergessen wurden dagegen die maßlos übertriebene Kriegsangst des Kanzlers und der innenpolitische Kampf um die Wiederbewaffnung.

Während Bundeskanzler Konrad Adenauer und die drei Außenminister der westlichen Alliierten im Mai 1952 den Deutschlandvertrag unterzeichnen wollen, versucht Stalin, in die Verhandlungen einzugreifen. Zeichnung von David Low vom Mai 1952. (»Der Spiegel«)

»Die Chance zur Einheit vergeben«?

Die Stalin-Note von 1952

»Wenn wir überdenken, was wir 1952 ausgelassen haben. [...] Die Sowjetunion bietet uns nationale Streitkräfte an, so wie wir sie heute auf Grund der Westeuropäischen Union und der Pariser Verträge haben, und die drei Westmächte lehnen dieses Angebot auf Veranlassung des Bundeskanzlers ab.« Als der FDP-Abgeordnete Thomas Dehler diese Sätze in den späten Abendstunden des 23. Januar 1958 im Deutschen Bundestag Konrad Adenauer entgegenschleudert, löst er tumultartige Reaktionen aus. Doch Dehler ist nicht zu stoppen – auch nicht durch den Zwischenruf von Georg Kliesing (CDU): »Ihr Ziel ist hier heute abend eine neue Dolchstoßlegende.« Ungewohnt scharf attackiert der FDP-Politiker in einer anderthalbstündigen Rede die Haltung des Bundeskanzlers vor allem im Jahr 1952. Die damals auf dem Tisch liegende Stalin-Note sei eine Möglichkeit zur Wiederherstellung der Einheit gewesen, man habe aber nicht einmal versucht, ein Wort zu wechseln. »Hier, Herr Bundeskanzler Dr. Konrad Adenauer, haben Sie bewiesen, daß Sie alles taten, um die Wiedervereinigung zu verhindern.«[1]

Nach Dehler spricht, Mitternacht ist schon vorbei, der frühere CDU-Minister Gustav Heinemann, nun Abgeordneter der SPD. Er kritisiert, daß Adenauer 1952 gegenüber der Sowjetunion eine Politik der Stärke betrieb: »Wie sieht denn nun das Ergebnis dieser ganzen Politik heute aus? Sie müssen ja selber sagen, daß die DDR stärker im Spiele ist als je zuvor. Wahrscheinlich fühlte die Sowjetunion in all diesen Jahren, daß ihr mehr und mehr an Stärke zuwuchs. Heute ruft die CDU, ruft die Bundesregierung nach der Viererkonferenz. Als der Osten sie anbot, war die wegwerfende Antwort: ›Belanglos!‹ Herr Bundeskanzler, was Sie in diesen Jahren getrieben haben, war die gleiche Politik der Preissteigerung in der deutschen Politik, wie wir sie hier auch in der Wirtschaft erleben. Ich erachte es für die historische Schuld der CDU, daß sie bis zum Jahre 1954 in dieser leichtsinnigen Weise die damaligen

Möglichkeiten ausgeschlagen hat, denen wir heute nachtrauern müssen.«[2]

Zwei Jahre vor diesen Reden, die in die Parlamentsgeschichte als »Abrechnung mit Adenauer« eingegangen sind, hatte der Journalist Paul Sethe den Nährboden für das Urteil über Adenauers Ostpolitik und die verpaßte Chance zur Einheit bereitet. Am 6. Juni 1956 kommentierte Sethe in der Tageszeitung »Die Welt«: »Noch einmal steigen wie quälende Schatten die Erinnerungen an die Jahre zwischen 1952 und 1954 herauf. Damals erklärten die Russen, daß sie um der internationalen Entspannung willen bereit seien, den Preis der Wiedervereinigung zu zahlen. [...] Damals dachte man mit peinigender Sorge immer wieder an Bismarcks Wort von dem Rauschen des Mantels, mit dem Gott durch die Geschichte schreite, und an die Aufgabe des Staatsmannes, den Zipfel des Mantels zu ergreifen. Wir haben ihn nicht ergriffen. Nun ist die Gunst der Stunde vorbei.«[3]

Kaum ein Ereignis aus der Frühzeit der Bundesrepublik gibt bis heute so viel Raum für Spekulationen wie der Notenwechsel des Jahres 1952. Am 10. März hatte der damalige stellvertretende sowjetische Außenminister Andrej Gromyko den Botschaftern der drei Westalliierten in Moskau ein Schreiben seiner Regierung überreicht. Westdeutschland befand sich gerade in der Endphase der Verhandlungen über den Eintritt in die Europäische Verteidigungsgemeinschaft (EVG). Zeitgleich war der sogenannte Deutschlandvertrag unterschriftsreif, der das Verhältnis der Bundesrepublik zu seinen künftigen Partnern regeln würde. In dieser Phase bot die Sowjetunion die Wiedervereinigung an. Gleichzeitig unterbreitete Stalin den Westmächten den Entwurf eines Friedensvertrages, über den auf einer Viermächtekonferenz mit einer gesamtdeutschen Regierung verhandelt werden sollte. Weitere Punkte der Note: Abzug der alliierten Truppen ein Jahr nach Inkrafttreten des Vertrages, eigene nationale Streitkräfte, Gewährleistung demokratischer Freiheiten, Integration ehemaliger Offiziere und Generäle der Wehrmacht in die Gesellschaft. Deutschland sollte im Gegenzug dazu verpflichtet werden, »keinerlei Koalitionen oder Militärbündnisse einzugehen, die sich gegen irgendeinen Staat richten, der mit seinen Streitkräften am Krieg gegen Deutschland teilgenommen hat«.[4]

Der Westen war nicht überrascht über den Vorstoß aus Moskau. Der CDU-Politiker Ernst Lemmer beispielsweise hatte dem amerikanischen Hohen Kommissar Kenneth Dayton Wochen zuvor von einem Gespräch mit DDR-Außenminister Georg Dertinger berichtet. Die Sowjetunion beschäftige sich ernsthaft mit der Wiedervereinigung, sofern Gesamtdeutschland neutralisiert werde.[5] Die Westalliierten verlangten in ihrer Antwortnote eine internationale Kontrolle für freie Wahlen, drängten auf Handlungsfreiheit der gesamtdeutschen Regierung, die auch die Möglichkeit einschloß, Bündnissen beizutreten, und forderten das Offenhalten der Grenzfrage an Oder und Neiße. Da sie von dieser Position nicht abrückten, stellte die Sowjetunion Ende September den Noten-Wechsel ein. Der bereits eingeschlagene Weg zur Zweistaatlichkeit wurde unbeirrt fortgesetzt.

Hätten Deutschland die Jahrzehnte der Trennung erspart werden können? Haben die Westmächte Verhandlungen nur aus falsch verstandenem Mißtrauen gegenüber der Sowjetunion ausgeschlagen? Welche Rolle spielte Konrad Adenauer? Und vor allem: Waren die Sowjets wirklich bereit, die DDR für ein neutrales Deutschland zu opfern? Oder ging es nur darum, die Westintegration der Bundesrepublik zu stören?

Die Westmächte hielten die Stalin-Note nicht von Anfang an für ein Störmanöver. So notierte der Leiter der Deutschlandabteilung im amerikanischen Foreign Office, Frank Roberts, am 14. März über die französische Haltung zu den Vorschlägen: Im Pariser Außenministerium sei man jetzt der Meinung, »daß sie sehr viel mehr als ein taktischer Schritt sind, nämlich ein ernstgemeinter, aber sehr gefährlicher Versuch, die deutsche Frage zu lösen«. Zudem plädierten zwei Mitarbeiter von US-Außenminister Dean Acheson dafür, die Ernsthaftigkeit der Offerte zu testen und gesamtdeutsche Wahlen am 16. November 1952 vorzuschlagen. Doch der Geschäftsträger der US-Botschaft, Hugh Cumming, schloß ein ernsthaftes Interesse Moskaus in einem Brief an Außenminister Acheson aus und bezeichnete die Note als Propaganda.[6] Daher entschieden die Westmächte, auf eine Überprüfung des Angebots zu verzichten. Das war nicht ohne Risiko, weil die Sowjets »uns Verhandlungen aufgezwungen haben«, wie Roger Makins, Leiter der Wirtschaftsabteilung im Foreign Office, notierte.[7] Gustav Heinemann brachte das Dilemma des Notenwechsels am 8. Juni 1952 in einer Rede in der Frankfurter Paulskirche auf den Punkt: »Er hat nicht dazu geführt, daß Rußland Farbe bekennen mußte hinsichtlich dessen, was hinter seinen Vorschlägen steckt, sondern er hat die Westmächte demaskiert und herausgebracht, daß sie – jedenfalls zur Zeit – überhaupt keine deutsche Einheit wollen.«[8]

Tatsächlich gewann die Debatte um den Vorrang von Westintegration oder Wiedervereinigung an Fahrt. Die Stimmung in der Bundesrepublik war umgeschlagen, besonders nach dem Eintreffen der zweiten sowjetischen Note am 9. April, in der die Sowjets freien Wahlen zustimmten. Es kam zu Demonstrationen. Die SPD pochte auf ein Ausloten des Stalin-Angebotes. Bereits am 14. März hatte der »Neue Vorwärts« geschrieben: »Wenn die Bundesregierung sich damit begnügen wollte, die Sowjetnote ungeprüft als unbequeme Propaganda und Störung ihrer westlichen Verhandlungen abzulehnen, dann würde sie sich dem Verdacht aussetzen, daß sie die sogenannte westliche ›Integration‹ und den sogenannten ›Verteidigungsbeitrag‹ der Bundesrepublik als Selbstzweck betrachte.«[9] Am 22. April wandte sich der SPD-Vorsitzende Kurt Schumacher, der die Westintegration als »Verstoß gegen das Gebot der nationalen Solidarität« bezeichnet hatte, in einem Brief an Adenauer. Nachdrücklich sprach er sich für Viermächteverhandlungen aus. Nur so könne man feststellen, »ob die Sowjetnote eine Möglichkeit bietet, die Wiedervereinigung Deutschlands in Freiheit durchzuführen«.[10]

Auch die Presse drängte. Allen voran Paul Sethe, der in Stalins Politik eine »jähe Wendung« ausmachte und schon vor der Note Adenauers autoritären Politikstil kritisiert und ihm den Verlust der Fähigkeit attestiert hatte, »zu verhandeln, um die Absicht des Gegners kennenzulernen«. Die Nation werde sich nur dann mit der deutschen Spaltung abfinden, schrieb der Journalist in einem Kommentar, »wenn ihr ganz deutlich geworden sei, daß alle Versuche zur Herstellung der deutschen Einheit am schlechten Willen der Russen gescheitert sind«.[11]

Obwohl die Noten an die Westmächte adressiert waren und Deutschland weder an den Beratungen noch an der Formulierung der Antwort-Noten beteiligt war, wird Adenauer nicht ohne Grund eine entscheidende Rolle am Geschehen zugeschrieben. Der Kanzler hatte bereits in der Kabinettssitzung am 11. März seinen Minister für gesamtdeutsche Fragen, Jakob Kaiser, in die Schranken gewiesen. Kaiser, der Deutschland als Brücke zwischen Ost und West sah, hatte vorgeschlagen, sich positiv zur Note zu stellen. Adenauer hingegen bezeichnete die Note als »Propaganda der Sowjets nicht an uns, sondern an Frankreich«, was Kaiser nicht abhielt, die sowjetische Offerte einen Tag später im Rundfunk als »gewichtiges politisches Ereignis« zu preisen. »Ganz Deutschland fragt heute, ob der Vorschlag der Sowjetunion an die Westmächte verstärkte Hoffnung bedeutet. Darauf kann ich nur antworten: Das wird die Erfahrung lehren. Deutschland und die Westmächte werden jedenfalls sorgsam zu prüfen haben, ob sich wirklich im Verhältnis zwischen Ost und West ein Wendepunkt andeutet.«[12] Adenauer stauchte Kaiser in der nächsten Kabinettssitzung am 14. März zusammen: Oberste Pflicht sei es jetzt zu schweigen.[13] Am 16. März nahm Adenauer beim Treffen des Evangelischen Arbeitskreises der CDU in Siegen zu der Note erstmals öffentlich Stellung. »Neutralisierung bedeutet für uns die Erklärung zum Niemandsland. Damit würden wir zum Objekt und wären kein Subjekt mehr«, warnte er.[14] Damit machte der Kanzler klar: Er will das Angebot nicht einmal prüfen. Dies verdeutlichte er einen Tag später auch im Gespräch mit den Alliierten Hohen Kommissaren. Und gegenüber seinem Parteikollegen Eugen Gerstenmaier argumentierte er: »Das Ergebnis ist, daß wir zum Schluß zwischen zwei Stühlen sitzen; im Osten wird sich überhaupt nichts ändern, auch nach langen, langen Verhandlungen wird sich zeigen, daß es nur eine Finte war; und beim Westen wird der Effekt der sein, daß es heißt, die Deutschen sind doch unzuverlässige Kantonisten.«[15]

Vor dem Hintergrund seiner Erfahrungen in der Weimarer Republik schien es Adenauer verantwortungslos, Deutschland erneut in eine »Schaukelstellung« zu bringen, in eine Position, die es Deutschland erlaubt, je nach Interessenlage zu paktieren. Der Kanzler wollte Deutschland außerdem als Akteur auf die Bühne der Weltpolitik zurückbringen. Eine Neutralisierung würde für ihn dagegen früher oder später in einer Sowjetisierung enden. Von seiner Haltung überzeugt, propagierte er eine Politik der Stärke. »Mit Sowjet-Rußland kann man nur verhandeln, wenn man mindestens gleich stark ist [...] aber nicht früher«, schrieb der Kanzler am 7. April 1952 in einem nie abgeschickten Briefentwurf an den Freiburger Historiker Gerhard Ritter, der Adenauer massiv kritisiert hatte.[16]

Bot die Stalin-Note wirklich eine historische Chance? Eine Antwort darauf kann nur der Blick auf das Verhalten der Sowjetunion und der SED-Spitze vor und während der Noten-Kampagne geben.

Nach dem Beginn des Korea-Krieges im Juni 1950 geriet die Sowjetunion auch in ihrer Europapolitik unter Druck – vor allem durch die in der Folge des Krieges beschleunigte Einbindung Westdeutschlands in ein militärisch stärkeres Westbündnis. Stalin versuchte, sich mit eigenen Vorschlägen zu profilieren. DDR-Präsident Wilhelm Pieck, Ministerpräsident Otto Grotewohl und SED-Generalsekretär Walter Ulbricht hatte er im Mai 1950 während einer Moskau-Reise bereits angehalten, sich stärker dem Thema Wiedervereinigung zu widmen.[17] Die SED-Führung folgte der Aufforderung auf ihre Art, indem sie nun Wiederbewaffnung und Westintegration angriff. Ulbricht demonstrierte das beim Empfang einer westdeutschen Delegation von Arbeitern und Handwerkern. Die innerdeutsche Verständigung sei so schwer, klagte Ulbricht, weil »Sie den Adenauer haben«, und sich in Westdeutschland nicht andere Leute finden, »die die Verantwortung übernehmen«.[18] Auf einer Tagung des Nationalrates der Nationalen Front Mitte 1950 rief Grotewohl die westdeutsche Bevölkerung zum Widerstand gegen die westlichen Besatzungsmächte auf. Die »revolutionäre Arbeiterklasse« zeigte aber wenig Interesse, sich auf eine Kampagne unter kommunistischem Vorzeichen einzulassen. Dafür regten sich linksliberale wie rechtsnationale Kreise, die Adenauers West-Politik ablehnten und die für Zugeständnisse an Moskau plädierten. Den Rücktritt von Innenminister Gustav Heinemann im Oktober 1950 werteten die Sowjets als Signal für die Spaltung des bürgerlichen Lagers. Die »oppositionelle Bourgeoisie«, so glaubte Moskau, habe das Zeug dazu, die Massen zu gewinnen, da sie im Gegensatz zur sozialdemokratischen Scheinopposition wirklich für die Parolen des Friedens eintrete.[19]

Auf einer Außenministerkonferenz in Prag am 20./21. Oktober 1950 wurde das weitere Vorgehen festgelegt. Die DDR sollte Adenauer die Bildung eines gesamtdeutschen Rates vorschlagen, der gleichberechtigt aus Vertretern Ost- und Westdeutschlands zusammengesetzt sei und eine provisorische gesamtdeutsche Regierung vorbereiten sollte. Adenauer lehnte das Angebot ab und forderte seinerseits freie Wahlen. Darauf reagierte Moskau nicht. Offensichtlich hatte Stalin auch keine positive Antwort erwartet. Ihm ging es nur darum, einen Zusammenhang zwischen deutscher Spaltung und Wiederbewaffnung zu konstruieren und die Aufmerksamkeit der Öffentlichkeit auf seine Bemühungen um die nationale Einheit zu lenken.

Am 24. Februar 1951 begannen dann die Vorarbeiten für die Stalin-Note. Wie aus sowjetischen Quellen hervorgeht, wandte sich an diesem Tag der für den deutschsprachigen Raum zuständige Leiter der 3. Europäischen Abteilung im Außenministerium, Michail Gribanow, mit der Idee an Gromyko, den Westmächten auf der für Herbst 1951 geplanten Sitzung der Außenminister einen Friedensvertrag vorzulegen. Dieser Plan verschwand in der Schublade, nachdem eine sich über Monate hinziehende Vorkonferenz der stellvertretenden Außenminister in Paris kläglich gescheitert war, weil die sowjetische Seite unter Leitung von Gromyko nicht einmal bereit war, in der Frage einer gemeinsamen Tagesordnung Entgegenkommen zu zeigen. Das lag weniger am Starrsinn des stellvertretenden sowjetischen Außenministers, sondern vielmehr daran, daß zu diesem Zeitpunkt die alliierten Verhandlungen über die Integration Westdeutschlands in eine Sackgasse geraten waren und Moskau offenbar abwarten wollte, ob ein ernsthafter Vorstoß überhaupt noch nötig war. Diese Erfahrung mit sowjetischer »Hinhaltetaktik« hatten die Westmächte noch vor Augen, als 1952 die Stalin-Note präsentiert wurde.

Am 3. August 1951 trug Gribanow seine Idee erneut vor. Einen Monat später lag ein 15seitiger Entwurf auf dem Tisch. Er zeigte deutlich, daß es Moskau um eine komplette Abkopplung Deutschlands vom Westen ging. Offen war von der Übertragung der politisch-wirtschaftlichen Ordnung der DDR auf ein künftiges Gesamtdeutschland die Rede.[20] So sollten die volkseigenen Betriebe und Agrarstrukturen zusammen mit anderen »demokratischen Umgestaltungen« überall verbindlich werden. Diese Passagen wurden in der 1952 überreichten Note durch allgemeine Formulierungen ersetzt. Nach Ansicht von Gromyko sollte »das Ganze« zweckmäßig formuliert sein.

Parallel zu den Aktivitäten der Sowjets erneuerte Grotewohl am 15. September 1951 in einer Regierungserklärung sein Angebot zu gesamtdeutschen Beratungen unter dem Motto »Deutsche an einen Tisch« – diesmal an den Bundestag. Auch dieser Schritt war mit Moskau abgesprochen. Grotewohl ging sogar soweit, gesamtdeutsche Wahlen zu akzeptieren. Adenauer und der SPD-Vorsitzende Kurt Schumacher wiesen dieses Gesprächsangebot erneut zurück. Schumacher sah darin nur die »neueste und radikalste Variante« in der kommunistischen Taktik, die letztlich auf die »Schaffung Sowjetdeutschlands, die dominierende Rolle der

Sowjets bei der internationalen Kontrolle der Ruhr« hinauslaufe.[21] An das Angebot freier Wahlen glaubte er nicht. Denn in Grotewohls Regierungserklärung fehlte jeglicher Hinweis auf eine Kontrolle von Wahlen.

Stalin zögerte, die Note abzuschicken. In einem Brief vom 25. Januar 1952 drängte Gromyko daher. Man müsse weitere Schritte unternehmen, um die politische Initiative zu behalten. Eine Note an die drei Westmächte »hätte große politische Bedeutung für die Stärkung des Kampfes für den Frieden und gegen die Remilitarisierung Westdeutschlands und würde den Befürwortern der Einheit Deutschlands und des Friedens helfen, die aggressiven Absichten der drei Westmächte zu entlarven«.[22] Wie schon bei den Initiativen in den vorherigen Jahren, zielte die Note in erster Linie auf die Mobilisierung der westdeutschen Öffentlichkeit gegen Adenauers Politik. Wieder sollte die SED den Vorstoß beginnen. Am 15. Februar schlug Grotewohl den Westmächten vor, einen Friedensvertrag zu erarbeiten. Die Sowjets wiederholten in ihrer März-Note diesen Vorschlag, um den Eindruck zu erwecken, sie sei auf deutsche Anregung hin entstanden.

Viele Anzeichen im Text der Note und an der »Begleitmusik« deuten darauf hin, daß hier kein ernstgemeintes Angebot vorlag. Die Verträge zur Westintegration standen kurz vor der Unterzeichnung. Trotzdem legte sich Moskau in seiner ersten Note auf eine Reihenfolge der Verhandlungen fest, die für den Westen unannehmbar war. Stalin konnte also nicht mit sofortiger Zustimmung rechnen, sondern allenfalls mit einer Antwort-Note des Westens, auf die er reagieren würde. Hinzu kommt: Hätte die Sowjetunion tatsächlich den Westen von einer Wiedervereinigung zu erträglichen Bedingungen überzeugen wollen, hätte sie andere Angebote machen müssen. Aus ihren früheren Initiativen wußte sie nur allzu gut, daß Westdeutschland Wert auf freie Wahlen legte. Doch darüber stand in der Note vom März kein Wort. Unerwähnt blieb auch, wie die gesamtdeutsche Regierung gebildet werden sollte. Dann gestand Stalin Deutschland eine eigene Armee und eine eigene Rüstungsindustrie zu, obwohl Moskau klar war, daß Frankreich einem wiederbewaffneten Deutschland ablehnend gegenüberstand. Die Vorschläge zur Militarisierung mußten in Paris Angst vor einem neutralen Gesamtdeutschland wecken. Auffallend ist das völlige Fehlen von zusätzlichen diplomatischen Aktivitäten der sowjetischen Botschaften in Washington, London und Paris im Zusammenhang mit der Note. Auffallend ist auch die gleichgültige Reaktion auf die erste Antwort-Note des Westens. Am 25. März überreichten die Botschafter der Westmächte dem sowjetischen Außenminister Andrej Wyschinski die negative Antwort auf Stalins Note. US-Geschäftsträger Cumming erzählte später, daß der Minister bei dem Gespräch in »völlig entspannter Atmosphäre« weder Befremden noch Enttäuschung gezeigt habe.[23] Offensichtlich war Moskau von vornherein klar, daß die Note abgelehnt wird. Gromyko und seine Leute dürften tatsächlich aufgeatmet haben. Der spätere Botschafter in Deutschland, Juli Kwizinski, erinnert sich an ein Gespräch mit dem damaligen politischen Berater der Sowjetischen Kontrollkommission in Deutschland, Wladimir Semjonow. Nach dessen Aussage wollte Stalin die Initiative nicht in Gang setzen, weil er sie für ein zu großes Risiko hielt. Seine Berater sahen darin aber ein Mittel, den Gegnern Adenauers Munition zu liefern. Erst auf die Zusicherung der Berater hin, daß eine Zustimmung des Westens völlig ausgeschlossen sei, gab er die Note frei. Nicht ohne hinzuzufügen: Sollte das Angebot angenommen werden, würde er sie zur Verantwortung ziehen.[24]

Zwar stimmte Stalin in der zweiten Note vom 9. April freien Wahlen zu – einer zentralen Forderung des Westens. Gleichzeitig hielt er an einer Viermächtekommission fest. Ein unannehmbarer Vorschlag: Den Status des künftigen Deutschlands wollte Stalin auf alliierter Ebene regeln, die innere Ordnung aber allein Vertretern von West- und Ostdeutschland überlassen. Während die Westmächte damit ausgeschlossen blieben, würden die Sowjets über die Moskau-hörige SED mit am Tisch sitzen. Hätte Stalin das Angebot wirklich ernst gemeint, wäre er zudem auf die Option in der Antwort der Westmächte vom 13. Mai eingegangen. Die Westmächte beharrten nicht mehr auf einer UN-Kommission zur Kontrolle von Wahlen, sondern erklärten sich mit einer neutralen Kommission einverstanden. Anstatt dies aufzugreifen, um im Spiel zu bleiben, ging der Kreml in seiner schnell nachgeschobenen dritten Note am 24. Mai – zwei Tage vor Unterzeichnung des Deutschland-Vertrages – darauf gar nicht ein. Vielmehr pochte Moskau auf die alte Konstruktion des Vierer-Kontrollrates in Anlehnung an das Potsdamer Abkommen. Für den Rußlandexperten im Auswärtigen Amt, Hans von Herwarth, war die Note damit »das Schlechteste, was ich jemals gelesen habe«. Herwarth bezweifelte, daß Stalin diese gesehen hat. Ähnlich dachte George F. Kennan, der

US-Botschafter in Moskau, der diese Note als »Werk von untergeordneten Schreiberlingen« bezeichnete.

Stalin hätte den Deutschen durchaus eine neutrale, aber demokratische Ordnung westlichen Zuschnitts zugestehen können, vergleichbar mit Österreich und Finnland. Aber die Note enthielt keine derartige Offerte. Denn im Gegensatz zu den beiden neutralen Staaten war in der DDR bereits ein kommunistisches Herrschaftssystem installiert. Ein sozialistisches System fallenzulassen wäre aus sowjetischer Sicht ein »Rückschritt« gewesen und widersprach Stalins Logik der Machterweiterung und der Idee eines siegreichen Sozialismus. Ein neutrales Deutschland war daher keine Option. Das Politbüromitglied Anastas Mikojan hat dies 1955 gegenüber dem österreichischen Politiker Bruno Kreisky zugegeben. »Schauen Sie, die Neutralität wird auf einem Dokument, auf einem Stück Papier niedergelegt, ein kleiner Staat wird sich hüten, dieses Papier für null und nichtig zu erklären. Aber wenn wir das für ein etwa 80-Millionen-Volk wie die Deutschen niederschreiben würden, da bleibt es wieder nur ein Stück Papier. Was geschieht, wenn dieser Staat von einem Tag auf den anderen erklärt, er kehrt der Neutralität den Rücken, er ist nicht mehr neutral. Sollen wir dann einen Krieg anfangen?«[25]

Vertreter der These, bei der Stalin-Note habe es sich um ein ernsthaftes Angebot gehandelt, führen als Beleg gern eine Bemerkung des führenden italienischen Linkssozialisten Pietro Nenni an. Diesem soll Stalin Ende Juli 1952 bei einem Gespräch im Kreml gesagt haben, er sei bereit, die ostdeutschen Kommunisten für ein schwaches, nach Ost und West gleichermaßen orientiertes Deutschland zu opfern. US-Botschafter Kennan informierte Außenminister Acheson in einem Telegramm mit Verweis auf einen Bericht seines italienischen Kollegen über Nennis Äußerungen, erwähnte aber die angebliche Bemerkung Stalins nicht. Es ist kaum anzunehmen, daß Kennan sie vergessen hat. Nennis Erzählung scheint auch deshalb zweifelhaft, weil er an dem Tag, an dem er mit Stalin gesprochen haben will, nicht auf der Besucherliste des Kreml stand.[26] Nach Kennans Erkenntnissen erfuhr Nenni lediglich aus der Umgebung des Politbüros, daß Stalin den Notenaustausch als »vollkommen nutzlos« ansah. Aus ihrer Sicht war es Stalin darum gegangen, die Unterzeichnung des Deutschland- und EVG-Vertrages zu verhindern. Dieses Ziel hatte er nicht erreicht.

Welches Ziel verfolgte Stalin wirklich? Auf dem XIX. Parteitag der KPdSU im Oktober 1952 referierte er aus seiner Studie »Ökonomische Probleme des Sozialismus in der UdSSR«.[27] In seiner Rede bekräftigte er seine schon vor Jahren vertretene These, daß »imperialistische Staaten« früher oder später ihre Interessenkonflikte in einem Krieg lösen. Deutschland würde sich die ihm zugewiesene Rolle auf Dauer nicht gefallen lassen, vermutete der Kreml-Chef. Anderes zu meinen hieße, »an Wunder glauben«.[28] In den Augen Stalins standen sich zwei feindlich gesinnte Lager gegenüber, von denen eines siegt und eines verliert. Da hatte Neutralität keinen Platz. Nach sowjetischen Unterlagen entstand die Schrift bereits im Frühjahr 1952, also unmittelbar vor oder während der Noten-Initiative.

Wäre es Stalin ernsthaft um die Neutralität Deutschlands als »kleineres Übel« gegangen, hätte er dieses Vorhaben nicht so schnell fallengelassen. Das entsprach nicht Stalins Mentalität. Semjonow berichtet von einer Begegnung mit Stalin im Oktober 1952 in dessen Datscha in Kunzewo. »Stalin interessierte sich noch kurz für einige innere und äußere Aspekte der Entwicklung Deutschlands, das Echo in der Bevölkerung auf die Note der Sowjetunion vom 10. März. [...] Dann fragte er unerwartet, wie unsere Sicherheitsorgane in Ostdeutschland arbeiteten.«[29] Und er wollte ausführlich wissen, wie sich die theoretische Arbeit in der DDR entwickle. Das interessierte ihn offensichtlich mehr.

Weitere Hinweise auf die wahren Gründe gaben Mitarbeiter des amerikanischen Hohen Kommissars, die Mitte März 1952 andeuteten, »daß das ZK der SED und die sowjetische Kontrollkommission den Kampf gegen die Beteiligung Bonns an der westlichen Verteidigung als überholt bezeichnet hätten und daß die Noten vornehmlich das Ziel verfolgten, die Verantwortung für die Spaltung Deutschlands dem Westen zuzuschieben und, darauf gestützt, die Streitkräfte der DDR auszubauen«. In amerikanischen Akten findet sich der Bericht eines im April 1952 geflüchteten Mitarbeiters von DDR-Außenminister Georg Dertinger. Danach habe Dertinger von Botschafter Georgi Puschkin erfahren, »bei der Notenaktion handele es sich lediglich um ein großes taktisches Propagandamanöver, und die Sowjetunion habe keineswegs die Absicht, das DDR-Regime in freien und kontrollierten Wahlen zu opfern«. Anfang Mai 1952 erzählte schließlich ein in London tätiger sowjetischer Diplomat einem Schweizer Kollegen, die Noten-Kampagne sei »zur Stabilisierung der DDR inszeniert«.[30] Tatsächlich hat der Kreml-Chef die Einbindung der DDR in sein Herrschaftssystem nie aufgegeben.

Die SED wiederum agierte auch während der Noten-Kampagne als Funktionsträger sowjetischer Politik. Dies ist für die Beurteilung der Stalin-Note besonders wichtig. Vor allem, weil eine Wiedervereinigung unmittelbar die Macht der Kommunisten tangiert hätte. Sicherlich hat die SED-Führung zuweilen ihre Position überschätzt. Und die von den deutschen Genossen vielbeschworene enge Freundschaft zur Sowjetunion stellte sich aus der Sicht Moskaus eher als nüchternes politisches Kalkül dar. Pieck und Ulbricht hatten alle Säuberungen in der Sowjetunion überlebt und wußten spätestens seit dem Hitler-Stalin-Pakt vom August 1939, daß der Kreml-Chef in der Lage war, die Interessen der deutschen Kommunisten unter den Tisch fallen zu lassen. Beide waren sicherlich nicht frei von Unsicherheit und Irritationen, zumal sie von Stalin nicht über alles informiert wurden. Aber sie kannten die Spielregeln und hätten reagiert, wenn sie nur den leisesten Zweifel an Moskau gehegt hätten. Davon aber war nichts zu spüren. Ihrem Selbstverständnis entsprechend agierten die Kommunisten mit den Kategorien des Klassenkampfes und der Systemauseinandersetzung. Den »Adenauer-Staat« empfand die SED als Bedrohung – und so benahm sie sich auch.

In einer Volkskammerrede am 14. März 1952 versuchte Grotewohl zunächst, das Mißtrauen gegenüber einem Gesamtdeutschland zu zerstreuen, indem er auf den Entwurf der DDR für ein Wahlgesetz in einer gesamtdeutschen Nationalversammlung verwies. Danach sollten aber nicht nur Parteien, sondern auch Organisationen teilnahmeberechtigt sein, also die SED-hörige Freie Deutsche Jugend (FDJ) und Gewerkschaften. Dagegen sollten Organisationen, die der Erhaltung des Friedens feindlich gesinnt waren, ausgeschaltet werden. Diese Formulierungen öffneten Raum für die auf SED-Sicht zugeschnittenen Definitionen von friedlich und feindlich. Was die DDR unter »freien« Wahlen verstand, hatte SED-Chefagitator Gerhart Eisler im März 1951 deutlich gesagt, als er die Einheitslistenwahlen vom 15. Oktober 1950 als »vorbildliche freie, geheime und allgemeine Wahlen« bezeichnete.[31] An dieser Einstellung hat sich auch später nichts geändert. Drei Jahre nach dem Noten-Wechsel sagte der damalige Stasi-Chef Ernst Wollweber am 5. August 1955 in einer Dienstbesprechung vor seinen Offizieren: »Es darf auch keine Illusionen geben bei uns – nach außen können wir das nicht sagen: Wir machen freie Wahlen und lassen dann entscheiden, wie es nach der Wahlentscheidung rauskommt. Wir sind für freie Wahlen, wenn bei diesen freien Wahlen die Arbeiterklasse und ihre führende Partei eine entscheidende Rolle spielen.« Wollweber schloß seine Abhandlung über freie Wahlen mit dem von seinen Offizieren mit Gelächter quittierten Satz: »Wir sind Demokraten, aber keine Idioten.«[32]

Grotewohl griff in seiner Volkskammerrede am 14. März Thesen auf, die schon im Entwurf zur Stalin-Note enthalten waren. Er bezeichnete die Existenz der DDR als Voraussetzung für die deutsche Einheit, die durch Übertragung des »antifaschistisch-demokratischen Modells« der DDR auf die Bundesrepublik zu erreichen sei. Er ging davon aus, daß die Wirtschaft eines wiedervereinten Deutschlands nach den Grundsätzen des Fünfjahrplans der DDR zu organisieren sei.[33] Auch die intern geäußerten sowjetischen Absichten sahen Gesamtdeutschland nur nach dem Modell der DDR.

Trotz des für sie weitreichenden Inhalts der Stalin-Note begrüßte die SED daher diese als »Programm der nationalen Wiedergeburt Deutschlands« und startete eine Propagandaoffensive.[34] Offensichtlich verschwendete sie keinen Gedanken daran, bei einem Aufgehen der DDR in einem neutralen Gesamtdeutschland nach freien Wahlen mit einem Machtverlust rechnen zu müssen. Fritz Schenk, 1952 junger Mitarbeiter im Büro von Bruno Leuschner, dem Chef der Staatlichen Plankommission, erinnert sich: Überall »mußte das ›Friedensangebot des weisen Führers‹ unterstützt werden. Nichts dergleichen war im engsten Führungszirkel der SED und des DDR-Staatsapparates zu spüren. Da spielte die Stalin-Note überhaupt keine Rolle. Dort wurde vielmehr die 2. Parteikonferenz der SED vorbereitet.« Mehrfach in der Woche fuhr Schenk ins sowjetische Hauptquartier nach Berlin-Karlshorst, um Instruktionen für die mit dem geplanten Aufbau des Sozialismus verbundenen Veränderungen für Verwaltungs-, Planungs- und Organisationsrichtlinien entgegenzunehmen. Als die SED in aller Ruhe auch die Vorbereitungen für ein neues, verschärftes Sicherungssystem in Berlin und an der innerdeutschen Grenze fortsetzte, fragte Schenk mit einer gewissen Naivität, ob nicht all dies rückgängig gemacht werden müßte, wenn der Westen auf Stalins Vorschläge einginge. Der junge Mitarbeiter, später unter anderem Ko-

Moderator des »ZDF-Magazins«, erntete »nachsichtig-hochnäsiges Gelächter«.[35]

Gelassenheit kennzeichnete auch den Moskau-Besuch der SED-Führung vom 29. März bis 10. April 1952. Sie befaßte sich zunächst nicht mit der Stalin-Note, sondern mit der Festigung der kommunistischen Herrschaft in der DDR. Die dem Westen angebotenen Wahlen betrachtete Wilhelm Pieck als »Massenkampf zum Sturz der Adenauer-Regierung«. In Piecks Aufzeichnungen über die Moskau-Reise sind vor allen die Unterredungen mit Stalin am 1. und 7. April bedeutsam. Dieser ließ keinen Zweifel daran, die DDR als einen gegen die Bundesrepublik Deutschland gerichteten Staat auszubauen. Bei der Schlußbesprechung am 7. April, zwei Tage vor seiner zweiten Note, informierte Stalin die SED-Spitze über die ablehnende Haltung der Westmächte, aber ohne große Emotionen: »Was für Vorschläge wir zur deutschen Frage auch machen, die Westmächte werden sie ablehnen und sich in keinem Fall aus Deutschland zurückziehen. Es wäre ein Fehler zu glauben, daß es zu einem Kompromiß kommen könnte oder daß die Amerikaner dem Entwurf des Friedensvertrags zustimmen werden.« Dann forderte er die DDR-Genossen auf, sie sollten »ohne Geschrei« eine Volksarmee schaffen und die Bevölkerung auf das »Ende der pazifistischen Periode« vorbereiten.[36] Unter Anleitung sowjetischer Offiziere war bereits eine sogenannte Kasernierte Volkspolizei aufgebaut worden. Offensichtlich wollte Stalin mit dem Angebot einer Nationalarmee in seiner Note nur die schon zuvor begonnene Wiederbewaffnung in Ost-Deutschland legitimieren und ausweiten. Die sah an Stelle der vorhandenen 24 Bereitschaftseinheiten mit 58 000 Mann eine Armee mit 300 000 Soldaten vor – und zwar modern und gefechtsmäßig ausgerüstet. Das deutete nicht darauf hin, daß die Sowjetunion die DDR fallen lassen wollte.

Tatsächlich kündigte Walter Ulbricht auf der SED-Parteikonferenz, die vom 9. bis 12. Juli 1952 stattfand, die »planmäßige Errichtung der Grundlagen des Sozialismus in der DDR« an. Die Schaffung einer Nationalarmee wurde verschoben, um der Bundesrepublik den »Vortritt« zu lassen. Zudem nannte Ulbricht die Verschärfung des Klassenkampfes gegen die »Vasallenregierung in Bonn« unvermeidlich. Diese Kampfparolen, die bis auf die KPD jeden potentiellen Verbündeten in Westdeutschland abschrecken mußten, bewiesen, daß die Schwüre der DDR auf die deutsche Wiedervereinigung nur Lippenbekenntnisse waren.

Zwei Tage nach den eingangs erwähnten berühmten Reden von Thomas Dehler und Gustav Heinemann im Bundestag warnte der Kommentator der »Berliner Morgenpost«: »Doch sollten wir uns besser nicht damit aufhalten, die Vergangenheit zu zitieren, sondern in die Zukunft schauen. Dort warten noch genügend Überraschungen auf uns. Und wir werden ihnen nicht begegnen können, wenn wir jetzt Legenden schaffen. Und eine Legende ist es, daß wir 1952 die Einheit Deutschlands hätten haben können.«[37] Aber der Keim war schon gepflanzt. Anfangs war von der »vertanen Chance« kaum die Rede. Vielmehr drehte sich der Streit um die Weigerung, das Angebot überhaupt zu prüfen. Erst später, nachdem beide deutsche Staaten fest in Wirtschafts- und Militärbündnisse integriert waren, nahm die »Versäumnislegende«, wie Franz Josef Strauß sie einmal nannte, Gestalt an. Der Journalist Paul Sethe schrieb in seinem 1956 erschienenen Buch »Zwischen Bonn und Moskau« auf Adenauer gemünzt: »Der Staatsmann, der nicht das Gefühl für den Wert des historischen Augenblicks hat, bringt sein Land um große Möglichkeiten.«[38] Gustav Heinemann notierte im Mai 1956: Es werde die »historische Schuld« Adenauers bleiben, die von den Sowjets angebotene Wiederherstellung Deutschlands »in den Wind geschlagen zu haben«.[39]

Heinemann hatte Adenauers Politik der Westintegration von Anfang an nicht mitgetragen, diesem wiederum mißfielen Heinemanns gesamtdeutsche Aktivitäten als Präses der Synode der Evangelischen Kirche in Deutschland. Im November 1951 gründete Heinemann die überparteiliche Bewegung »Notgemeinschaft für den Frieden Europas« mit, die eine auf Neutralisierung zielende Wiedervereinigungspolitik verfolgte. 1954 fand Heinemann im ehemaligen Justizminister Thomas Dehler jemanden, der seine Abneigung gegen Adenauer teilte. In einem kurzen Briefwechsel gestand Dehler, auch er sei der Meinung, »daß die Chance, die in der Note vom 10. März 1952 lag, nicht genutzt worden ist«.[40] Aktiv wurde Dehler 1957, nachdem Adenauer am 10. Dezember eine Note des sowjetischen Ministerpräsidenten Nikolai Bulganin zurückgewiesen hatte. Einen Tag später beantragte die FDP-Fraktion eine Große Anfrage im Bundestag, die zu jener turbulenten Nachtsitzung über die Außenpolitik der Regierung und die Atombewaffnung der Bundesrepublik am 23. Januar 1958 führen sollte. Zuvor, am 8. Januar 1958, erneuerte Moskau in einer weiteren Note das Angebot, über eine kernwaffenfreie Zone, den Abzug der Besatzungstruppen und mit der DDR über eine Konföderation zu verhandeln. Adenauer wies auch diese Note als Störmanöver zurück. Drei Tage später schrieb Dehler dem Würzburger Historiker Ulrich Noack, dem Vorsitzenden des Nauheimer Kreises, der die Wiedervereinigung durch Neutralisierung anstrebte. In dem Brief kündigte er seinen Angriff auf Adenauer an und bat Noack, ihm »maßgebende Äußerungen« des Kanzlers zur Verfügung zu stellen. Dieser kam der Bitte gern nach und gab Dehler in einem Begleitschreiben mit auf den Weg: »Ich verspreche mir viel von einem deutlichen Wort von Ihnen im Bundestag, gegen die falsche Weichenstellung unserer Außenpolitik durch Adenauer schon vor zehn Jahren, als er bereits vom nächsten Krieg träumte.«[41] Pikant daran: 1952 hatte Dehler Noacks Vorstellungen, Deutschland solle als neutrales Land friedlich mit Ost- und Westmächten zusammenarbeiten, noch als illusorisch und gefährlich zurückgewiesen und gemeint, Deutschland könne sich nicht »aus dem Strom der Zeit auf eine Insel flüchten«. Damals argumentierte er, Rußland wolle nur die Vorherrschaft für das gesamte deutsche Gebiet, und warnte: »Man kann nicht mit Leuten sprechen, die keine demokratische Legitimation besitzen und ihre Macht nur mit den Mitteln des Terrors ausüben.«[42]

Spätestens seit Sethes Buch und Dehlers Rede ist die Legende von der »verpaßten Chance« nicht mehr aus der Welt zu schaffen gewesen. Für Günter Gaus war der 10. März 1952 »der Stichtag, an dem Paul Sethe das neue deutsche Unglück rechnet«. Der Herausgeber des Nachrichtenmagazins »Der Spiegel«, Rudolf Augstein, klagte am 9. Oktober 1963, eine Woche bevor Adenauer die Kanzlerschaft niederlegte: »Ein möglicher Versuch, die Einheit des Staatsvolkes zu bewahren und den Satelliten-Kommunismus Ulbrichtscher Abscheulichkeit aus dem östlichen Deutschland herauszudrängen, ist nicht unternommen worden, weil der leitende deutsche Staatsmann nicht wollte.« 1981 behauptete Johann Baptist Gradl, ehemaliger Minister für gesamtdeutsche Fragen und bekennender Gegner der Westintegration, auf einer Veranstaltung der Stiftung Bundeskanzler-Adenauer-Haus: »Wir hätten die Sowjets aus Deutschland herausbekommen können.« 1986 äußerte sich SPD-Kanzlerkandidat Johannes Rau in einem Interview mit der »Funkuhr« über die »verpaßten Chancen der Jahre 1952 bis 1955«, und Marion Gräfin Döhnhoff, Herausgeberin der Wochenzeitung »Die Zeit«, antwortete 1999, vom eigenen Blatt zu 50 Jahren Bundesrepublik befragt: »Jedenfalls dachte ich seit der Stalin-Note, Adenauer macht die falsche Politik. Er setzte ausschließlich auf Konfrontation statt auf Gespräche.« Am deutlichsten drückte sich der langjährige sowjetische Außenminister Andrej Gromyko aus. »Die Westmächte zeigten keine Begeisterung. In Bonn jedoch verließen die letzten Reste des gesunden Menschenverstandes Adenauer und seinen Kreis. Die sowjetischen Vorschläge wurden zu einem Propagandaobjekt, und in dem Getümmel ging die Wiedervereinigung Deutschlands verloren. Keine andere Regierung der Nachkriegszeit hat eine so eklatante Fehlentscheidung getroffen. Kein Zweifel: Adenauer hat eine historische Chance verpaßt«, schrieb Gromyko in seinen 1989 auch in Deutschland erschienenen Erinnerungen.[43]

Es ist kein Zufall, daß Heinemann, der dies als einer der ersten aussprach, später im innenpolitischen Klima der Studentenbewegung zur Integrationsfigur des Aufbruchs gegen die kollektive Verdrängung wurde. Er schien Ende der sechziger Jahre als Kritiker der Wiederbewaffnung und der Westintegration mit der nötigen moralischen Autorität ausgestattet. Gleichzeitig wurde Adenauers Politik massiver Kritik unterzogen. Die SPD und andere wiederum versuchten, ihre frühere Kritik an Adenauer mit der Legende der »verpaßten Chance« historisch zu belegen. Ein besonders anschauliches Beispiel lieferte der langjährige SPD-Fraktionschef Herbert Wehner. Am 11. März 1952 äußerte er sich gegenüber dem Hohen Kommissar der USA, John J. McCloy, zu der einen Tag zuvor eingetroffenen Stalin-Note. Die SPD könnte die Alliierten öffentlich zur Annahme von Verhandlungen auffordern, er erwarte aber kein anderes Ergebnis als 1951 bei der Pariser Vorkonferenz – nämlich nichts. In der Bundestagsdebatte am 3./4. April 1952 forderte Wehner dann, den Russen nicht die Tür vor der Nase zuzuschlagen: »Die Bundesrepublik darf nichts versäumen, was geeignet sein könnte, Deutschland aus der Zerreißung heraus und zur Einheit in Freiheit zu führen.« Aber er blieb zurückhaltend, mahnte Klarheit über die Auslegung solcher Begriffe wie »demokratisch, unabhängig und friedliebend« an, die der Osten, wie Wehner wußte, nur für sich beanspruchte.[44] Am 15. Januar 1970 trat Wehner ans Rednerpult des Bundestages, um nach Willy Brandts erster Kanzler-Rede »Zur Lage der Nation« über den Ost-West-Konflikt in Europa und seine Überwindung zu sprechen. Immer wieder wurde Wehner durch Zwischenrufe der

Union unterbrochen. Da platzte ihm der Kragen. Die Ablehnung der Stalin-Note, tobte er, sei einer der schwerwiegenden Fehler, »der mir in der deutschen Politik dieser 20 Jahre überhaupt bekannt geworden ist. Es war ein historisches Versäumnis, nicht in Verhandlungen zu prüfen oder, wie wir damals sagten, auszuloten, was an Substanz drinsteckt.« Der Vorwurf kam überraschend. Im Juni 1960 hatte Wehner in einer vielbeachteten Rede die Aussöhnung der SPD mit Adenauers Politik der Westbindung verkündet.[45]

Historiker versuchen seit Jahrzehnten, den Wahrheitsgehalt der Legende von der »verpaßten Chance« zu ergründen. Vor dem Einblick in sowjetische Unterlagen, der erst nach 1990 möglich war, blieb es weitgehend bei Deutungen und vagen Erklärungen. Vielfach wurden aus dem Verhalten der westlichen Alliierten Hypothesen abgeleitet, die auf mögliche Motive der Russen schlossen. Das gab den Raum für weitere Legenden. Bis heute läuft darum ein kleiner »Historikerstreit«, wie neue Veröffentlichungen zum 50. Jahrestag der Note zeigen. Er reicht von der Ansicht, Stalin und ein Teil der sowjetischen Führung seien bereit gewesen, die SED-Herrschaft zu opfern, um einen neutralen Puffer zu den etwa 100 geplanten Divisionen der Nato zu schaffen, über die These, Moskau habe geglaubt, in einem neutralen Staat mehr Einfluß auf Gesamtdeutschland zu bekommen, bis zur Überlegung, die Politik der Sowjetunion sei angesichts wirtschaftlicher und politischer Probleme von akuten Existenzängsten geprägt gewesen. Genau ein Argument, das schon Gustav Heinemann und Paul Sethe benutzten. Der Essener Historiker Wilfried Loth vertritt gar die These, die DDR sei »Stalins ungeliebtes Kind« gewesen, das er liebend gern losgeworden wäre. Nach Auswertung der sowjetischen Unterlagen muß man allerdings zu dem Schluß kommen, daß Stalin einen Notenwechsel ohne Ergebnis inszenieren wollte, um die Einbindung der DDR in das sozialistische System zu legitimieren und quasi nebenbei den Sturz der Regierung Adenauer zu erreichen.

Der »Leidtragende« wurde Konrad Adenauer. Der Kanzler war entschieden gegen jegliche Neutralisierungspolitik. Zum einen, weil er Deutschland gegenüber den Westmächten als zuverlässigen Partner präsentieren wollte. Zum anderen sah er die Gefahr eines Abdriftens in den sowjetischen Einflußbereich. Aus diesem Grund lehnte er die geforderte Prüfung des sowjetischen Angebots auf Substanz und Ernsthaftigkeit ab. Dafür mußte er sich das lange wirkende Etikett des »Spalters« und »Separatisten« anheften lassen – im Westen wie im Osten. So durfte sich die frühere Ministerin für innerdeutsche Fragen Dorothee Wilms noch Mitte der neunziger Jahre bei einem Besuch auf der Insel Rügen von Ostdeutschen anhören: »Ach, Sie sind bei der Adenauer-Stiftung; ja, ja, der Adenauer ist ja nun schuld, daß wir so lange getrennt waren.«[46]

Die sowjetische Deutschlandpolitik der fünfziger Jahre taugte durch ihre Widersprüchlichkeit aber auch im Westen zur Mystifizierung und Verklärung. Dafür sorgte vor allem die Stalin-Note 1952. Gleichzeitig wurde diese Politik für die jeweils aktuelle innenpolitische Debatte instrumentalisiert. Dies trug entscheidend zur Legendenbildung bei.

Bis heute ist umstritten, ob eine Viermächtekonferenz Klarheit über den sowjetischen Kurs gebracht und die mangelnde Ernsthaftigkeit entlarvt hätte. Relativ sicher kann aber aufgrund der sowjetischen Haltung ausgeschlossen werden, daß Stalin die DDR ernsthaft für ein neutrales Deutschland aufgegeben hätte. Weder zu seinen Bedingungen und schon gar nicht zu Bedingungen, die eine Mehrheit in der Bundesrepublik akzeptiert hätte. »Ich weiß, es gibt schon eine Legende, wonach im Jahre 1952 eine Chance für eine deutsche Wiedervereinigung verpaßt worden sei. [...] Ich kann nur sagen, daß jeder, der das behauptet, bis heute den Beweis schuldig geblieben ist«, sagte der CDU-Abgeordnete Kurt Georg Kiesinger in jener berühmten Nachtdebatte 1958.[47] Eine reale Chance zur Wiedervereinigung hat es 1952 nicht gegeben. Und wo es keine Chance gibt, kann auch keine vergeben werden.

Die Armeen der fünf Warschauer-Pakt-Staaten, darunter auch die NVA, haben mit der Niederschlagung des Prager Frühlings 1968 den europäischen Frieden gesichert, so jedenfalls verkünden es die Militärs und die Medien der DDR. Entgegen der sozialistischen Propaganda war die NVA am Einmarsch in die Tschechoslowakei aber nicht mit eigenen Einheiten beteiligt. Zeichnung von Wolfgang Hicks für »Die Welt« im August 1968.
(»Die Welt«)

»NVA-Kampftruppen in böhmischen Wäldern«?

Die Niederschlagung des Prager Frühlings 1968

»TASS ist bevollmächtigt zu erklären, daß sich Persönlichkeiten der Partei und des Staates der Tschechoslowakischen Sozialistischen Republik an die Sowjetunion und die anderen verbündeten Staaten mit der Bitte gewandt haben, dem tschechoslowakischen Brudervolk dringend Hilfe, einschließlich der Hilfe durch bewaffnete Kräfte, zu gewähren.« Als dieser Text der sowjetischen Nachrichtenagentur am Morgen des 21. August 1968 um die Welt geht, befinden sich die ersten Einheiten bereits in der Hauptstadt Prag. »Die Sowjetregierung und die Regierungen der verbündeten Länder, der Bulgarischen Volksrepublik, der Deutschen Demokratischen Republik, der Polnischen Volksrepublik, der Ungarischen Volksrepublik entschlossen sich – ausgehend von den Prinzipien der unzerstörbaren Freundschaft und Zusammenarbeit und im Einklang mit den bestehenden vertraglichen Verpflichtungen –, der erwähnten Bitte um die notwendige Hilfeleistung für das tschechoslowakische Brudervolk zu entsprechen. [...] Sowjetische Militäreinheiten haben gemeinsam mit Militäreinheiten der genannten verbündeten Länder am 21. August 1968 das Territorium der Tschechoslowakei betreten.«[1]

Die DDR-Medien drucken in den darauffolgenden Tagen lobende Leserbriefe ab. Eine Brigadeleiterin aus dem Fernmeldeamt Arnstadt feiert den Militäreinsatz stolz unter der Überschrift: »Unsere Panzer rechtzeitig am richtigen Platz – ist eine gute Sache.«[2] Fast 22 Jahre später, am 12. April 1990, entschuldigt sich die Volkskammer der DDR für die Ereignisse von 1968. In der Erklärung des Parlaments heißt es unter anderem: »Der Einmarsch der Volksarmee geschah unter Verletzung des Artikels 8 (2) der Verfassung der DDR. Wir haben in Angst und Mutlosigkeit diesen Völkerrechtsbruch nicht verhindert. Das erste frei gewählte Parlament der DDR bittet die Völker der Tschechoslowakei um Entschuldigung für das begangene Unrecht.«[3]

Kein Ereignis im Ostblock ist bis zur Wende 1989 so stark in Erinnerung geblieben wie die Zerschlagung des Prager Frühlings 1968 – einer Reformbewegung, die für mehr Freiheit, Demokratie und Pluralismus eingetreten war, um einen »Sozialismus mit menschlichem Antlitz« zu schaffen. Unvorstellbar schien vor allem, daß nur 30 Jahre nach dem Einmarsch der Wehrmacht wieder deutsche Truppen auf tschechoslowakischem Territorium standen. Diese Vorstellung hält bis heute. In der von der Bundeszentrale für politische Bildung herausgegebenen »Deutschland-Chronik 1945 bis 2000« heißt es zum 21. August 1968: »Fünf verbündete Warschauer-Pakt-Staaten, darunter die DDR, intervenieren militärisch in der ČSSR.«[4] Und im Haus der Geschichte der Bundesrepublik in Bonn ist unter dem Stichwort Prager Frühling zu lesen: »In der Nacht vom 20. auf den 21. August 1968 rücken Truppen von fünf Warschauer-Pakt-Staaten in die Tschechoslowakische Sozialistische Republik ein. [...] Die SED verteidigt die Niederschlagung des Prager Frühlings, an der auch Einheiten der NVA beteiligt sind.«[5] In der Wendezeit wurden erste Zweifel laut. Historiker legten Arbeiten vor, nach denen 1968 keine bewaffneten Einheiten der NVA die Grenze überschritten hatten. Warum ist davon bis heute die Rede? In welcher Form haben sie sich an der Niederschlagung der Reformbewegung, wenn überhaupt, beteiligt?

Am 5. Januar 1968 wurde Alexander Dubček zum 1. Sekretär der Kommunistischen Partei der Tschechoslowakei (KPČ) gewählt. Der für osteuropäische Verhältnisse relativ junge KP-Chef galt als unbeschriebenes Blatt. Moskau zeigte jedoch keine Vorbehalte. Dubčeks Vater hatte sich am Aufbau der Sowjetunion beteiligt, Sohn Alexander seine Kindheit dort verbracht und später an der Parteihochschule in Moskau studiert. Doch bald begann Dubček, auf Wirtschaftsreformen und politische Liberalisierung »von oben« zu setzen, etwa durch Abschaffung der Zensur in den Medien. Der britische Journalist Fritz Beer schwärmte: »Alles schien wieder hoffnungsvoll, und alles schien wieder jung: die vom Alter gegerbten Mauern hinter dem Zauber des frischen Flieders und die von der Zeit verwüsteten Ideen einer kommunistischen Gesellschaft unter dem Eindruck ihrer beginnenden Reformation. Es war die Zeit, in der alles möglich schien. Es war der Prager Frühling.«[6]

Für die Parteiführung in Moskau und in Ost-Berlin stand dagegen der »Winter« vor der Tür, denn die neue KPČ-Spitze begann,

Moskau-nahe Funktionäre wie Innenminister Jan Bartuška und den Chefideologen Jiří Hendrych zu entlassen. In ihren Augen deutete alles in Prag auf eine »Sozialdemokratisierung« der KPČ hin. Der damalige ZK-Sekretär Zdeněk Mlynář erinnert sich: »Ideologisch gesehen konnten damals die Machthaber in Moskau sagen, das sei eine Sozialdemokratisierung. Aber für uns war wichtig, wodurch man das fehlende Mehrparteiensystem in der Politik ersetzen könnte. Wenn man dabei blieb, daß nur eine Partei oder die Nationalfront zugänglich waren, dann mußte man sich darum kümmern, daß es innerhalb der Partei oder innerhalb der Nationalen Front auch für kritische, oppositionelle und anderslautende Meinungen einen Platz gab. Das wollten wir erreichen.«[7]

SED-Chef Walter Ulbricht fühlte sich von der Prager Reformbewegung besonders bedroht. Die wirtschaftliche Entwicklung der DDR hatte sich hoffnungslos festgefahren, sie fiel immer mehr hinter die der Bundesrepublik zurück. Ulbrichts »Neues Ökonomisches System der Planung und Leitung« funktionierte nicht. Die Gesellschaft war erstarrt, nachdem kritische Künstler auf dem 11. ZK-Plenum 1965 abgestraft worden waren. In einer Öffnung der Gesellschaft sah die SED ein existentielles Risiko. Auf Anstöße von außen reagierte Ulbricht daher allergisch. Er werde nicht zulassen, »faule Eier in die DDR zu importieren«, soll der SED-Chef in Richtung Prag gedroht haben. Er war geradezu neurotisch auf den »Gegner« im Westen fixiert. In der neuen Ostpolitik des Bonner Außenministers Willy Brandt sah Ulbricht »eine besonders gefährliche Spielart der alten Aggressionsabsichten«.[8] Zumal Brandt die Reformbewegung in Prag lobte und bundesdeutsche Politiker in die ČSSR reisten. Der SED-Chef machte auf einer ZK-Tagung Anfang 1968 deutlich: »Das Ganze läuft doch darauf hinaus: erst Prag, dann Budapest und schließlich ... Auf diese Weise kommt die DDR in das vereinigte imperialistische Deutschland zurück.«[9]

Am 23. März 1968 erfolgte der erste Akt von Einschüchterungsdiplomatie der Warschauer-Pakt-Staaten gegenüber Dubček und seinen Reformern. Kreml-Chef Leonid Breschnew hatte die Führungskräfte – bis auf Rumänien – nach Dresden eingeladen, um über Wirtschaftsfragen zu sprechen. So jedenfalls lautete die offizielle Begründung. Dubček schöpfte keinen Verdacht. Er hoffte auf mehr Verständnis und Unterstützung für die ökonomischen Reformen im eigenen Land. Zu seiner Überraschung gab Ulbricht in seinem Grußwort der Erwartung Ausdruck, Genosse Dubček möge über die Pläne der KPČ informieren. Zugleich spielte sich der SED-Chef als ideologischer Lehrmeister auf und kritisierte vor allem die »unkontrollierten Massenmedien«. Dubček schilderte später seine Reaktion: »Ich wurde so wütend über den Spitzbubenstreich, mit dem Breschnew mich hierher gelockt hatte, daß ich versucht war, aufzustehen und den Saal zu verlassen.«[10] Auffallend fanden er und seine Delegation beim Dresdner Gipfel die vielen Militärs. Auf die Frage, was dies zu bedeuten habe, antwortete Breschnew listig: Angesichts der politischen Lage in Prag wollten die anderen Staats- und Parteichefs ihre Bereitschaft demonstrieren, der ČSSR sofortige Hilfe zu leisten.

Nach dem Gipfel begannen die Medien in der DDR, eine unrühmliche Rolle zu spielen. Sie forcierten Berichte über die »konterrevolutionären Umtriebe« im Nachbarland. Meldungen über angeblich im Böhmerwald gefundene Waffen westlichen Ursprungs sollten eine akute Friedensgefährdung suggerieren und die DDR-Bevölkerung abschrecken. Diese wußte über die wahren Ziele der Reformen in der ČSSR so gut wie nichts Konkretes, hielt aber internen Stasi-Analysen zufolge immer lauter ähnliche Entwicklungen in der DDR für wünschenswert. Nach einem Beschluß des Politbüros vom 19. Juli begann ein Team von »Radio Berlin International« von Dresden aus, Sendungen in tschechischer und slowakischer Sprache »gegen den westdeutschen Imperialismus und seine Einmischungsbestrebungen in der ČSSR« auszustrahlen. In der tschechoslowakischen Presse wurde gegen diese Berichterstattung scharf polemisiert.

Die Einmischung der DDR ging so weit, daß Funktionäre, Mitarbeiter des Staatsapparates, Wissenschaftler und Journalisten die ČSSR auf Dienstreisen ins Nachbarland nach »gesunden Kräften« durchforsteten – »gesund« im Sinne von linientreu. Auf seitenlangen Listen wurden Funktion und politische Einstellung der Gesprächspartner gesammelt. Wichtige Informationsquellen waren auch Auslandskorrespondenten und die Botschaft der DDR in Prag. Dort saß mit Botschafter Peter Florin ein besonders scharfer sozialistischer »Tugendwächter«. Seine Lieblingsformel in Berichten nach Berlin lautete: »Die Aktivität der oppositionellen Kräfte erhält zunehmend konterrevolutionäre Züge.«

Mitte August hatte die Kreml-Führung nach mehreren Zusammentreffen und Telefonaten die Hoffnung aufgegeben, Dubček würde auf die Moskauer Linie einschwenken. Weder er noch seine

Mitstreiter wollten die Pressefreiheit zurücknehmen und die von den Sowjets verlangten Personalveränderungen vornehmen. In den Augen Moskaus drohte der KPČ-Sonderparteitag im September 1968 zu einer vernichtenden Niederlage für die prosowjetischen Kräfte zu werden. Bei einem Treffen der KP-Führer Mitte Juli in Warschau hatte Breschnew an die Tschechoslowaken, die an der Versammlung nicht teilnahmen, die eindeutige Botschaft gesandt: »Es war und ist nicht unsere Absicht, uns in solche Angelegenheiten einzumischen, die ausgesprochen innere Angelegenheiten Ihrer Partei und Ihres Staates sind. [...] Wir können jedoch nicht damit einverstanden sein, daß feindliche Kräfte Ihr Land vom Weg des Sozialismus stoßen und die Gefahr einer Lostrennung der Tschechoslowakei von der sozialistischen Gemeinschaft heraufbeschwören. Das sind nicht mehr nur Ihre Angelegenheiten.«[11] Den Anstoß zum Eingreifen gab Dubček nach einem erneuten Gipfeltreffen am 3. August in Bratislava. Dort bekannte sich der KPČ-Chef in einem Kommuniqué zur Blockdisziplin und zum Prinzip des »proletarischen Internationalismus«. Dubček glaubte allerdings, er könne dennoch seine Politik fortsetzen. Hermann Axen, ZK-Sekretär der SED für Internationale Verbindungen, verstand das Kommuniqué als Pflicht zur gemeinsamen »Bekämpfung der Konterrevolution«.[12]

Die militärischen Vorbereitungen für ein Eingreifen in der Tschechoslowakei waren längst angelaufen. Als ideale Tarnung boten sich Manöver wie die Kommandostabsübung »Šumava« (Böhmerwald) im Juni 1968 an, die später als Generalprobe für den Einmarsch galt. Orte des Grenzübertritts, Marschwege, der Standort des Kommandostabs und teilnehmende Verbände waren identisch. Die Entscheidung zur militärischen Niederschlagung des Prager Frühlings fiel schließlich am 17. August 1968 in einer Politbüro-Sitzung in Moskau. Am 18. August wurden die KP-Generalsekretäre der anderen Länder in den Kreml einbestellt. Sie mußten sich schriftlich verpflichten, Stillschweigen zu wahren, und garantieren, daß ihre Parteien und Staaten die Intervention unterstützen. Die Operation »Donau«, die größte militärische Aktion in Europa seit dem Ende des Zweiten Weltkrieges, konnte beginnen.

In den frühen Morgenstunden des 21. August 1968, kurz nach 2.00 Uhr, unterbrach »Radio Prag« sein laufendes Programm für eine Eilmeldung. Mit erregter Stimme verlas die Sprecherin die

Mitteilung: »Gestern, am 20. August 1968, um 23.00 Uhr, haben Truppen des Warschauer Paktes die Staatsgrenze der Tschechoslowakischen Sozialistischen Republik überschritten. [...] Das Präsidium des ZK der KPČ betrachtet diesen Akt als Widerspruch nicht nur zu den existierenden Beziehungen zwischen den sozialistischen Staaten, sondern auch als Verneinung der elementaren Normen des internationalen Rechts.« Um 3.00 Uhr teilte der Kölner »Deutschlandfunk« mit: »Truppen der Sowjetunion, Polens und der Sowjetzone sind nach einer Meldung von Radio Prag in die Tschechoslowakei eingerückt.«[13] Gegen 5.30 Uhr bestätigte dann die sowjetische Nachrichtenagentur TASS die Nachricht. KPČ-Chef Dubček, der nach dem Einmarsch festgenommen und nach Moskau gebracht worden war, notierte in seinen Erinnerungen: »Ich beachtete die Gerüchte nicht weiter, da ich sie als Einschüchterungsmanöver betrachtete. Kurz vor Mitternacht jedoch wurde Ministerpräsident Oldrich Černík zum Telefon gerufen. Verteidigungsminister General Martin Dzúr teilte ihm mit, die Sowjets und vier ihrer Verbündeten seien einmarschiert. [...] Černík kam zurück und überbrachte uns die Nachricht. Sie schlug ein wie eine Bombe.«[14]

Insgesamt waren 27 Divisionen mit etwa 300 000 Soldaten einmarschiert. Darunter befanden sich auch sieben sowjetische Divisionen, die in der DDR stationiert waren und über die deutsch-tschechische Grenze einrückten. Das DDR-Fernsehen und der Hörfunk beschränkten sich am 21. August auf offizielle Mitteilungen. Das änderte sich schon am nächsten Tag. Das »Neue Deutschland« und SED-Bezirkszeitungen wie die »Freiheit« in Halle druckten Briefe von Arbeitern, Wissenschaftlern, Künstlern und Fußballvereinen ab, die der »militärischen Hilfe der fünf Bruderarmeen« zustimmten.

Ob diese Bekundungen freiwillig zustande kamen oder in Auftrag gegeben wurden, ist nicht von Belang. An Deutlichkeit ließen sie jedenfalls nichts zu wünschen übrig. »Ein Aufatmen ging gestern durch unser Dorf, als wir über Rundfunk die Nachricht von den Maßnahmen gegen die Konterrevolution in der ČSSR vernahmen. Dieser Schritt findet unsere volle Zustimmung, denn damit wurde dem Imperialismus und den Spekulanten auf eine Restaurierung der ehemaligen bürgerlichen Republik in der ČSSR energisch und unmißverständlich Einhalt geboten«, schrieb zum Beispiel der Vorsitzende der Landwirtschaftlichen Produktionsgenossenschaft »Freier Bauer« in Oehna, Bezirk Potsdam.[15] Das »Neue Deutschland« legte einen Tag später in einem Kommentar nach: »Sowjetische, bulgarische, polnische, ungarische und Einheiten unserer Nationalen Volksarmee stehen seit Mittwoch auf dem Territorium der ČSSR. [...] Ein Glück, daß wir mächtig genug sind, den Organisatoren der Konterrevolution, die 1956 in Ungarn die Kommunisten noch zu Hunderten abschlachten konnten – daß wir mächtig genug sind, ihnen rechtzeitig zu sagen, auch mit Panzern zu sagen: Finger weg! Der Sozialismus ist unantastbar in der ČSSR und hier auch! Rührt ihn nicht an, oder eure Stunde hat geschlagen!«[16] In den folgenden Wochen veröffentlichten die Zeitungen weitere Briefe und Berichte über das Wüten der »Konterrevolution« in der ČSSR sowie »Enthüllungen« über den Westen, der angeblich hinter all dem steckte. Eines allerdings fehlte zu diesem Zeitpunkt in der Propagandaschlacht: Berichte über die eingesetzten NVA-Einheiten.

Die fanden sich in westdeutschen Medien. »Die Zeit« titelte: »Ulbrichts Truppen ›siegen‹ in Pilsen«[17]. Die »Bild«-Zeitung zitierte am 22. August einen Augenzeugen: »Als wir dann aus Prag raus waren, hatten wir das Schlimmste überstanden. Wir begegneten nur vielen Panzern aus Ost-Deutschland.« Einen Tag später schrieb die Boulevardzeitung unter der Überschrift »Tschechen empört über zweite deutsche Besetzung«: »Nun aber hat das Auftauchen von Zonensoldaten in Uniformen, die jenen der Hitler-Wehrmacht gleichen, die alten Wunden wieder aufgerissen.«[18] Dazu zeigte »Bild« einen Ausriß aus einer Zeitung von 1939 mit der Schlagzeile: »Prager Burg in deutscher Hand«. Das Nachrichtenmagazin »Der Spiegel« berichtete vom Auftreten der NVA-Soldaten: »Ulbrichts Sachsen kontrollierten und photographierten Autos auf den Straßen und beschlagnahmten Kameras. Sie wurden von wütenden Tschechen bespuckt.«[19] Im Begleittext zu einer Landkarte ließ der »Spiegel« die 11. Motorisierte Schützen-Division (im folgenden 11. MSD) über Karlsbad und Pilsen bis Budweis vorstoßen und die 7. Panzerdivision (im folgenden 7. PD) im Verband der 20. sowjetischen Gardearmee Prag besetzen. Auch die »Frankfurter Allgemeine Zeitung« informierte darüber, »wie Bewohner der von der Zonen-Armee besetzten Gebiete vor den Fahrzeugen und Soldaten der ›NVA‹ ausspuckten, die Fäuste schüttelten und sie beschimpften«.[20] Am 28. August veröffentlichte »Die Welt« die Reportage »DDR-Soldaten halten sich in den Wäldern verborgen«. Der Autor zitierte

Tschechen, die erzählten, daß sich die ostdeutschen Soldaten bei Tageslicht nicht blicken ließen und in den Wäldern hausten. »Auch hier sind ostdeutsche Truppen«, schrieb der Journalist, räumte aber ein: »Sie sind nicht zu sehen.«[21] Bebildert wurde die Reportage mit einem unscharfen Foto, auf dem ein LKW und ein gepanzertes Fahrzeug auf einer Landstraße zu sehen waren. »Nachschublastkraftwagen der Nationalen Volksarmee in der Nähe von Karlsbad«, lautete die Bildunterschrift. Dasselbe Bild tauchte später im »Spiegel« auf – dort allerdings mit der Unterzeile: »Volksarmee-Schützenpanzer im Grenzgebiet der ČSSR«.[22] Wie die anderen Zeitungen bekamen auch »Stern«-Reporter keinen NVA-Soldaten zu Gesicht. Das Magazin lieferte mit seiner mehrseitigen Reportage »Auf der Suche nach den roten Deutschen« zwar ein beeindruckendes Stimmungsbild aus tschechischen Orten, gestand aber im letzten Absatz ein: »Die roten Deutschen, das bliebe noch nachzutragen, haben wir nicht gefunden. Sie werden wissen, warum sie sich in den Wäldern verstecken.«[23]

In den DDR-Medien wurden diese Reportagen zunächst hämisch als »Räuberpistole« abgetan. Da aber durch die eigenen Nachrichten der Eindruck erweckt worden war, die NVA sei an der Seite der Verbündeten einmarschiert, häuften sich neben Protesten aus Teilen der DDR-Bevölkerung gegen den Einmarsch auch Fragen nach dem genauen Aufenthalt der Soldaten. Bislang war allgemein nur von »gemeinsamen Handlungen der fünf Armeen« die Rede. Selbst Wehrkreiskommandos gaben nur diese Auskunft. ZK-Mitglied Harry Tisch erklärte gar auf einer Parteiversammlung in Rostock, es befänden sich keine NVA-Truppen auf dem Territorium der ČSSR. Anfang September erschienen dann erste Fotoreportagen. »Irgendwo nordöstlich von Prag sind wir zu Gast bei Offizieren unserer Armee. Sie gehören zu den Truppen, die militärische Hilfe zum Schutz der ČSSR vor den Kräften der Konterrevolution leisten«, hieß es im »Neuen Deutschland«.[24] Fast nebenbei wurde erwähnt, daß die Soldaten in einer Funkstation Dienst tun. Die »Freiheit« in Halle veröffentlichte am 10. September ein Bild, zu dem es hieß: »Irgendwo ostwärts von Prag: Gemeinsam mit sowjetischen Soldaten besuchen Angehörige der Nationalen Volksarmee polnische Panzersoldaten.« Zwei Tage später ist unter einem weiteren Foto zu lesen: »Soldaten der NVA irgendwo nordostwärts von Prag zusammen mit sowjetischen Soldaten im freundlichen Gespräch mit einer tschechoslowakischen Bäuerin.«[25] In der gleichen Ausgabe druckte das Blatt einen Bericht der Wochenzeitung »Volksarmee« über den Besuch der DDR-Militärführung bei den Einheiten »in den eingenommenen Räumen« nach. Auf dem dazugehörenden Foto ohne Bildzeile saßen NVA-Soldaten auf Panzern.

In allen Texten fehlte der Hinweis auf die in den West-Medien genannte 11. MSD und die 7. PD, was im Fall der »Freiheit« ungewöhnlich schien, denn die 11. MSD stammte aus Halle. Militärische Geheimhaltung kann zu diesem Zeitpunkt kein Grund gewesen sein. Zum einen waren die Einheiten genannt worden, und fast 20000 Soldaten, die aus den Kasernen ausgerückt waren, konnten sich nicht in Luft auflösen. Zum anderen hatte die sowjetische Armeeführung auf Bitte der SED-Spitze Anfang September zugestimmt, Berichte über die teilnehmenden NVA-Einheiten zu veröffentlichen. Waren diese aber vielleicht gar nicht in der ČSSR? Sollte der Hinweis auf die »eingenommenen Räume« dies nur suggerieren? Der Besuch der Militärführung jedenfalls fand nach den Unterlagen des Verteidigungsministeriums auf DDR-Territorium statt.

Auch in der Tschechoslowakei gab es keine Zweifel, daß sich NVA-Einheiten im Land aufhielten. Alexander Dubček diskutierte nach seiner Verhaftung im Kreml mit der sowjetischen Führung: »Deutsche Truppen besetzen unser Land, und wir weisen unsere Männer an, ihnen zu gehorchen – diesen psychologischen Zusammenhang müssen Sie verstehen«, mahnte er Breschnew eindringlich.[26] Auf zahlreichen Transparenten wurden DDR-Soldaten zur Rückkehr aufgefordert. Deutlich war auch die Meinung über SED-Chef Ulbricht: »Ein Reich, ein Volk, ein Ulbricht« oder »1938 Hitler – 1968 Ulbricht«.[27] Im Raum Oberwiesenthal forderten tschechische Jugendliche die DDR-Bürger über Lautsprecher in deutscher Sprache auf, für den Abzug der NVA aus der ČSSR zu sorgen.

In Prag häuften sich Unmutsbekundungen vor der DDR-Botschaft sowie dem Kultur- und Informationszentrum. Die Botschaft legte dem tschechoslowakischen Außenministerium am 14. Oktober 1968 eine lange Liste »provokativer Akte« seit dem 21. August vor. Dazu gehörten Hakenkreuzschmierereien, eingeschlagene Fensterscheiben, anonyme Drohanrufe und eine ins Schlafzimmer der Residenz geworfene Wasserflasche. Der Korrespondent des »Neuen Deutschlands« mußte sich am Telefon anhören, seine Zeitung lüge »schlimmer als Goebbels«.[28] Diesen Eindruck verstärkte der Sendebeginn der Radiostation »Vltava« (Moldau), die in tschechischer Sprache zur Unterstützung der Interventionstruppen aufrief und die Reformen in der ČSSR verteufelte. Die schlechte Sprachqualität und die Hetze entlarvten die »einheimische« Station schnell als Propagandasender der »Okkupanten«. Tatsächlich sendete die vom ZK der SED initiierte Station von Dresden aus.

Bei vielen älteren Tschechen kamen schmerzvolle Erinnerungen hoch: »Eure Arroganz geht so weit, daß die Armee die traditionellen deutschen Uniformen behielt, die für die ganze Welt ein Symbol des Militarismus und Imperialismus darstellen, und daß sie wiederum mit Fanfaren ›heldenhaft‹ in die ČSSR einzog, um auf Tschechen zu schießen. [...] Ihr habt unser Land okkupiert, obwohl Euch dazu niemand ein Recht gab«, zürnte ein Oberstleutnant i. R.[29] Und die westböhmische Bezirksleitung der kommunistischen Partei schrieb an die SED-Bezirksleitung Gera: »Und so sind zum zweiten Mal in der kurzen Geschichte an der Okkupation unseres Landes deutsche Soldaten, wenn auch eines bisher befreundeten Landes beteiligt. Sie sind sich sicher darüber im klaren, daß diese Tatsache die Gefühle unseres Volkes in besonderer Weise betrifft.«[30]

Ende Oktober 1968 begann die Rückkehr der Interventionsverbände in ihre Heimatstandorte. »Montag empfangen wir unsere sowjetische Garde-Division«, jubelte die »Freiheit« am 26. Oktober. Und die Redakteure gestanden ein: »Auch in der Redaktion wurden wir kribbelig, als wir hörten: Halle wird unserer sowjetischen Garde-Division einen herzlichen Empfang bereiten.« Die Zeitung kündigte Kundgebungen in mehreren Städten des Bezirkes an. Emotionsarm wirkte dagegen die kurze Notiz unter der Überschrift »NVA-Einheiten bei der Rückkehr herzlich begrüßt«. Lapidar wurde angemerkt: »Die zurückgekehrten Truppen haben inzwischen wieder den normalen Dienst aufgenommen.«[31] Volksfestartig ging es dagegen beim Empfang der Sowjetarmee zu. Tausende Menschen säumten die Straßen, viele kletterten auf die einfahrenden Panzerfahrzeuge. Musiker spielten, Blumen und Geschenke wurden verteilt. In seiner Ansprache lobte SED-Bezirkschef Horst Sindermann den Einsatz der Truppen, dankte am Ende mit einem Satz den NVA-Soldaten, »die mit den Einheiten der Sowjetarmee, den Armeen Volkspolens, Ungarns, Bulgariens Schulter an Schulter standen«.[32] Ähnlich die Darstellung im »Neuen Deutschland«:

seitenweise Berichte über die Rückkehr der sowjetischen Einheiten, nur eine kurze Notiz ohne Foto über die Ankunft der NVA. Wie paßte das zusammen?

Der Potsdamer Militärhistoriker Rüdiger Wenzke hat fünf Jahre lang den Einsatz der NVA in der ČSSR erforscht. Nach gründlichem Aktenstudium und Gesprächen mit zahlreichen Zeitzeugen kam er Mitte der neunziger Jahre zu dem Schluß: Kampfeinheiten der NVA haben 1968 tschechoslowakisches Territorium nicht betreten. Richtig ist allerdings: Den Hauptstoß der Vereinten Streitkräfte des Warschauer Vertrages führte die sogenannte Prager Gruppierung vom Territorium der DDR und Polens aus. Und die NVA war durch logistische Hilfe beim Grenzübertritt und die politische Vorbereitung fest in die Niederschlagung des Prager Frühlings eingebunden – und zwar ausdrücklich auf eigenen Wunsch. Mit Unverständnis hatte die NVA-Führung darauf reagiert, daß ihre Armee für die vorbereitende Übung »Šumava« zunächst gar nicht eingeplant war. In einem Fernschreiben vom 10. Juni 1968 an den Oberkommandierenden der Vereinten Streitkräfte, Marschall Iwan Jakubowski, kritisierte Verteidigungsminister Heinz Hoffmann: »Ich muß mit Bedauern feststellen, daß das Ministerium der Nationalen Verteidigung der Deutschen Demokratischen Republik bis heute noch keine Einladung zur Teilnahme von Stäben der Nationalen Volksarmee an der gemeinsamen Kommandostabsübung, die unter Ihrer Leitung in der ČSSR stattfindet, erhalten hat. [...] Ich bedauere diese Tatsache und kann dafür kein Verständnis entgegenbringen.«[33] Daraufhin wurden Truppenteile »nachnominiert«. Am 11. Juli 1968 teilte Hoffmann SED-Chef Ulbricht mit, daß Moskau angefragt habe, ob die NVA bereit wäre, an der Operation »Donau« teilzunehmen. Der Verteidigungsminister hatte bereits vorauseilend seine prinzipielle Zustimmung zur Teilnahme der 7. Panzerdivision gegeben. Die Zusage von Ulbricht folgte einen Tag später.

Auf Anforderung des Oberkommandos der Vereinten Streitkräfte begab sich eine operative Gruppe von NVA-Stabsoffizieren am 25. Juli unter Leitung des stellvertretenden Chefs der operativen Verwaltung, Oberst Max Butzlaff, zum Führungsstab von Marschall Jakubowski nach Legnica (Polen). Außerdem wurden 20 Spezialisten des 2. Nachrichtenregiments (Niederlehme) nach Legnica geschickt. Dort erfuhren sie das Ziel des Einsatzes: »Die

Hauptaufgabe dieser Übung wird darin bestehen, die Arbeiterklasse der ČSSR vor der offenen Konterrevolution zu bewahren, da alle Anzeichen darauf hindeuten, daß sie nicht allein Herr der Lage sind.« Verbände der Nationalen Volksarmee waren für diese Operation fest eingeplant, allerdings unter sowjetischem Befehl. »Für den notwendig werdenden Fall des Überschreitens der Staatsgrenze der DDR zur ČSSR« sollte die 7. PD in der 2. Staffel der 20. Armee der »Gruppe der sowjetischen Streitkräfte in Deutschland« handeln und »erforderlichenfalls die Hauptstadt der ČSSR, Prag, erreichen«. Die 11. MSD sollte als Reserve zunächst in der DDR bleiben, um die Staatsgrenze zu sichern, sich aber bereit halten, »Handlungen bis auf Höhe von Pilsen durchzuführen«.[34] Diese Planungen lösten weder in der SED-Führung noch bei den Militärs angesichts der historischen Parallelen zu 1938/39 Bedenken aus.

Der Befehl zur Verlegung der beiden Divisionen in die sogenannten Konzentrierungsräume erging am 28. Juli 1968. Sämtliche Fahrzeuge erhielten – wie auch die Fahrzeuge der Sowjetarmee – eine weiße Farbmarkierung in Form eines senkrecht verlaufenden Balkens. Die Soldaten und Offiziere erfuhren zunächst nur, daß eine Übung anstehe, doch die Ausgabe scharfer Munition deutete auf mehr hin. Am 29. Juli meldete die NVA-Führung die volle Gefechtsbereitschaft der beiden Divisionen. Am selben Tag billigte der Nationale Verteidigungsrat der DDR die Einsatzpläne. In einer verschlüsselt gesendeten Nachricht an den Chef des Militärbezirks III vom 31. Juli gab der stellvertretende Verteidigungsminister, Generaloberst Heinz Keßler, den Truppen eindeutige Anweisungen: »Das Hauptziel der Handlungen ist nicht die Einnahme der Räume, sondern die Erweisung von Hilfe und Unterstützung zur Niederschlagung konterrevolutionärer Elemente durch die tschechoslowakische Arbeiterklasse in diesen Räumen selbst.« Die allgemeine Ruhe solle nicht gestört werden. Allerdings sei bewaffneter Widerstand mit angemessenen Kräften zu brechen. Zur Erläuterung der »Mission« der Vereinten Streitkräfte sollten die örtlichen Medien genutzt werden. Wie mit ihnen umzugehen sei, sagte Keßler auch: »Gegenüber diesen Organen und Einrichtungen ist eine unseren Ansichten entsprechende Zensur [...] auszuüben.«[35]

Am 21. August 1968, 1.17 Uhr, löste DDR-Verteidigungsminister Hoffmann nach Rücksprache mit den verantwortlichen sowjetischen Führungsoffizieren die Stufe »Erhöhte Gefechtsbereitschaft« in der gesamten NVA aus. Die Ansprache der Bataillonskommandeure zum Einmarsch lag bereits schriftlich vor, sie endete mit dem Satz: »Dem Feind die Faust«. Doch das erwartete Signal »Marschbefehl« traf nicht ein. Offenbar waren die Einsatzpläne kurzfristig geändert worden. SED-Chef Ulbricht ließ sich während der Intervention jeden Morgen und jeden Abend über den Verlauf der Handlungen der NVA und der anderen bewaffneten Organe berichten. Die folgenden Meldungen belegen, daß die NVA-Einheiten ihre Räume auf DDR-Territorium nicht verlassen haben. In der ersten Meldung am 21. August wurde Ulbricht mitgeteilt, daß die 7. PD »kurzfristig« in den Bestand der Reserve des Oberkommandierenden der Vereinten Streitkräfte gerückt sei, in der sich auch die 11. MSD befand. Beide Einheiten hätten ihre Aufmarschräume noch nicht verlassen. Einen Tag später meldete der Verteidigungsminister an Ulbricht: »Die Lage und der Zustand der 11. Mot.-Schützen-Division und der 7. Panzerdivision der Nationalen Volksarmee blieben im Berichtszeitraum unverändert.«[36] Zu diesem Zeitpunkt war die Intervention in der ČSSR praktisch abgeschlossen. Weniger als 18 Stunden hatte es gedauert, das Land zu besetzen. Zwar gab es danach einige geringfügige Truppenverschiebungen, aber im Prinzip waren alle Ziele erreicht: die Blockierung der Tschechoslowakischen Volksarmee in ihren Kasernen, die Sicherung der West-Grenze und die Unterdrückung öffentlichen Widerstandes. Am 25. August ordneten die Sowjets die Truppenzusammensetzungen neu. Danach bildete die 7. PD endgültig die Reserve der Gruppe »Nord«. Jetzt wurde die Divisionsführung auch erstmals von den sowjetischen Militärs über die Nichtteilnahme informiert. Doch die NVA- sowie die SED-Führung gaben nicht auf. Am 29. August erinnerte Verteidigungsminister Hoffmann den Oberkommandierenden Marschall Jakubowski daran, daß die beiden bereitgestellten Verbände auf die Lösung von Aufgaben auf dem Territorium der ČSSR vorbereitet seien. Wenige Tage später wandte sich Keßler im Auftrag von Erich Honecker mit der Frage an das Oberkommando, »ob nach wie vor die Möglichkeit ins Auge gefaßt werden kann, daß Truppenteile bzw. Verbände des Militärbezirks III in den befohlenen Richtungen auf tschechoslowakischem Territorium zum Einsatz kommen«.[37] Honecker war zu jener Zeit ZK-Sekretär für Sicherheitsfragen, auf seinem Tisch landeten alle die Armee betreffenden

Fragen. Das Oberkommando schloß die Möglichkeit eines Einsatzes nicht aus, machte aber keine konkreten Angaben.

Unbestritten befanden sich allerdings einige Angehörige der NVA auf tschechoslowakischem Boden. Mit dem Leitungsstab der Nordgruppe vom polnischen Legnica nach Milovice nahe Prag waren am 24. August auch die Stabsoffiziere der NVA umgezogen. In Milovice wurde zudem die bereits erwähnte Nachrichteneinheit stationiert. Sie sollte im Falle eines Einmarsches der NVA-Kampftruppen die Fernmeldeverbindungen zum Verteidigungsministerium der DDR in Strausberg herstellen. Über die kleine Nachrichtengruppe hatten die Medien berichtet. Diese NVA-Angehörigen traten auch öffentlich in der ČSSR in Erscheinung. Die Stabsoffiziere unternahmen Informationsfahrten und besuchten sowjetische Einheiten. Der in Legnica verbliebene Leiter der Gruppe beim Stab des Oberkommandos, Generalmajor Martin Beck, gehörte zu den Offizieren, die am 29. August auf der Prager Burg mit dem tschechoslowakischen Präsidenten Ludvík Svoboda zusammentrafen. Immer wieder wurden aus dem Grenzgebiet Aktivitäten gemeldet. Dabei handelte es sich um DDR-Grenzsoldaten, die mit Sägen und Beilen in die ČSSR einrückten, um »konterrevolutionäre Plakate« zu entfernen – allein am ersten Tag 250 Stück.[38] Diese kleineren Gruppen auf dem Gebiet der ČSSR, alles in allem 30–40 Mann, waren mit der Gefechtsstärke der beiden NVA-Divisionen, die für den Einmarsch bereit standen, nicht zu vergleichen. Diese umfaßten zusammen mehr als 18000 Soldaten, rund 500 Kampfpanzer und 550 Schützenpanzerwagen.

Daß keine NVA-Kampfeinheiten an der Intervention teilnahmen, mildert nicht den Umstand, daß das Vorgehen der SED-Führung zusammen mit den anderen vier Warschauer-Pakt-Staaten völkerrechtswidrig war. Sie wäre bereit gewesen, sich direkt am Einmarsch zu beteiligen und jeden Befehl aus Moskau zu erfüllen. Wie weit die DDR dachte, beweist ein am 20. August 1968 begonnener Sonderlehrgang an der Militärakademie »Friedrich Engels« in Dresden. 160 Offiziere wurden zu Leitern von NVA-Militärkommandanturen in der ČSSR ausgebildet. Deren Aufgabe sollte die Herstellung von Ruhe und Ordnung im besetzten Gebiet sein – mit allen Konsequenzen für die tschechoslowakische Bevölkerung.

Am 11. September 1968 erhielt Erich Honecker dann die Mitteilung, daß die erhöhte Gefechtsbereitschaft der NVA aufgehoben werden soll, die 7. PD und die 11. MSD aber weiterhin in den Aufmarschräumen verblieben. Dort mußten die SED-Funktionäre ganze Arbeit leisten, um den Nichteinsatz als Erfolg zu verkaufen. Generalmajor Walter Borning, Leiter der ZK-Sicherheitsabteilung, besuchte am 25. September das Panzerregiment »Otto Buchwitz« der 11. MSD. »Diese schwere Niederlage des Imperialismus, die er am 21. August 1968 einstecken mußte, ist das Ergebnis der präzisen und exakten Handlungen aller eingesetzten Truppenteile und Verbände der fünf verbündeten sozialistischen Armeen, gleich, ob sie die befohlenen Aufgaben auf dem Territorium der ČSSR, oder wie Euer Regiment, hier auf dem Territorium der DDR erfüllen. Das muß nochmals ausdrücklich betont werden. Es gibt keinen Grund, unzufrieden zu sein über den eigenen Anteil an der gemeinsamen militärischen Hilfsaktion«, sagte Borning.[39] Und am 26. September meldete der Polit-Offizier der 7. PD: »Auch das anfängliche und zeitweilige Unverständnis über die Rolle des Verbandes während der militärischen Aktion zur Sicherheit des Sozialismus in der ČSSR (Verbleiben auf dem Territorium der DDR) kann in diesem Zusammenhang nur positiv gewertet werden.«[40]

Als Gründe, warum die beiden NVA-Kampfeinheiten nicht in die ČSSR einmarschierten, sieht der Historiker Wenzke vor allem militärische. Unmittelbar vor Beginn des Einmarsches waren die Planungen noch einmal geändert worden. »Im Interesse des schnellen Vorstoßes einer kompletten Gruppierung nach Prag verzichtete man auf die ursprüngliche Einnahme und großräumige Kontrolle des nordtschechischen Raumes. Damit entfiel die ursprüngliche Aufgabe der 7. PD, diesen Raum mitzubesetzen und dort Militärkommandanturen einzurichten.«[41] Zudem übernahm die für den Vorstoß auf Prag günstiger liegende sowjetische 6. MSD den Part der deutschen Panzerdivision innerhalb der 20. Gardearmee. Die 11. MSD erhielt dagegen am 22. August tatsächlich den Befehl zum Einmarsch, und zwar in Richtung Pilsen. Dazu wurden Truppenteile der Division am 23. August in den Raum Plauen nahe der Grenze zur ČSSR verlegt und Aufklärungskräfte zur Erkundung von Marschwegen und Einsatzräumen ins Nachbarland geschickt.[42] Dabei blieb es aber.

Offenbar nutzten die Sowjets, an deren Seite polnische Einheiten einmarschierten, die NVA sowie die nur in geringem Umfang in der ČSSR agierenden ungarischen und bulgarischen Truppen, um nach außen Geschlossenheit zu demonstrieren. Generalmajor Hans

Werner Deim, im August 1968 Mitglied der operativen NVA-Gruppe in Legnica, hatte damals den Eindruck, daß die sowjetische Militärführung einen Einsatz der NVA-Truppen vermeiden wollte. Durch ständige Wechsel der Unterstellung seien die beiden Divisionen immer wieder in die zweite Staffel und schließlich in die Reserve gerückt. Der ehemalige sowjetische Botschafter in der Bundesrepublik, Valentin Falin, begründete die Zurückhaltung der sowjetischen Führung mit der unklaren völkerrechtlichen Stellung der DDR. Polens KP-Chef Władysław Gomułka vertrat dagegen die Ansicht, daß die Dubček-Gegner im ZK der KPČ, Vasil Bil'ak und Alois Indra, die die Sowjetarmee zu »Hilfe« gerufen hatten, ausdrücklich auf die Nichtbeteiligung der NVA bestanden hätten.[43] Der ehemalige Chef des NVA-Militärbezirks III, Generalleutnant a.D. Hans Ernst, erinnerte sich wiederum an ein Gespräch mit Marschall Jakubowski, in dem dieser gesagt haben soll: »Die Regierung der Deutschen Demokratischen Republik hat die Bitte geäußert, daß die Truppen der NVA in ihren Konzentrierungsräumen stehen bleiben und weitere Befehle abwarten.«[44] Dem widersprach Klaus Nodes, im August 1968 Verbindungsoffizier des DDR-Verteidigungsministeriums zur 11. MSD. Laut Nodes zeigte sich der Chef des Hauptstabes der NVA, Generaloberst Fritz Streletz, höchst unerfreut darüber, daß die 7. PD beim Einmarsch nicht zum Einsatz gekommen war. Auch Ulbricht sei damit nicht einverstanden gewesen und habe vom Oberkommando in Moskau eine Revision verlangt.

Unmittelbar nach der Wende begann eine intensive Diskussion über die militärische Rolle der NVA während des Prager Frühlings. Den Anfang machte ausgerechnet der langjährige Volkskammerpräsident Horst Sindermann 1990 in einem Interview mit dem »Spiegel«. Sindermann hatte 1968 als SED-Bezirkschef von Halle bei einem Treffen mit Armeeangehörigen für »seine Hallenser« MSD als Geschenk 9000 Paar Gummistiefel übergeben und die Intervention begrüßt. Im »Spiegel«-Interview sagte er nun: »Es gab keinen Einmarsch von Truppen der DDR in die ČSSR. [...] Die DDR-Truppen biwakierten im grenznahen Bereich an einem Abschnitt im Erzgebirge.«[45]

Zugleich deutete auch Sindermann an, Ulbricht habe veranlaßt, die NVA-Truppen nicht einmarschieren zu lassen. »Wären deutsche Truppen mit einmarschiert und wäre es zu Kämpfen gekommen, hätte sich beim tschechoslowakischen Volk angesichts der

Erinnerung an den Einmarsch der Wehrmacht 1938/39 ein Deutschenhaß ohnegleichen entwickelt. So blind wir auch sonst in vielem waren, das wenigstens haben wir damals richtig gesehen.« Es gibt allerdings kein Dokument, in dem auch nur der geringste Hinweis auf Zurückhaltung bei der SED-Führung zu erkennen ist. Ulbricht wäre zudem gar nicht in der Lage gewesen, die unter sowjetische Militärführung gestellten NVA-Einheiten eigenmächtig aus dem Einsatz herauszulösen.

Die Reaktionen auf Sindermanns Äußerungen waren ablehnend. Zu fest schien das Bild von den Ereignissen 1968 in der ČSSR auch in der Bundesrepublik zu sitzen. Es gehöre zur ideologisch-fundamentalen Tradition der Nationalen Volksarmee, daß sich die 7. PD und die 11. MSD am 21. August 1968 am Überfall auf die ČSSR »völkerrechtswidrig beteiligt haben und in Karlsbad, Pilsen, Budweis und Prag einmarschierten«, betonte Bundeswehr-Oberstleutnant d. R. Hans-Peter Range in der »Welt«.[46] Der Journalist Ernst-Otto Maetzke wandte sich dagegen, der NVA einfach einen Persilschein auszustellen und erinnerte in der »Frankfurter Allgemeinen Zeitung« an die gezimmerte Birkenholzbank und den aus Konservenbüchsen gebauten Zeltofen, die als Exponate in dem 1972 eröffneten Armee-Museum in Dresden standen und laut Beschreibung »mit viel Findigkeit und Phantasie« von NVA-Soldaten während ihres ČSSR-Einsatzes im August 1968 gebastelt worden waren.[47]

Anders argumentierten ehemalige NVA-Offiziere. »Kein Soldat, kein Offizier, kein General und kein Panzer der NVA marschierte oder rollte 1968 in die ČSSR ein«, versicherte Generalleutnant a. D. Hans Ernst für die ihm als Chef des Militärbezirks III unterstellte 7. PD und 11. MSD.[48] Hans Weigt vom Deutschen Bundeswehr-Verband schrieb im »Oder-Anzeiger« Frankfurt/O. zum August 1968: »Zu dieser Zeit war ich im Ministerium für Nationale Verteidigung tätig. Ich kann Ihnen glaubhaft versichern, daß keine Kampftruppen der NVA in das Territorium der Tschechoslowakei einmarschiert sind.« Auch ehemalige Angehörige des Pionierbataillons 11 in Zeithain und des Fla-Raketenregiments 11 in Weißenfels, die beide zur 11. MSD gehörten, äußern sich so auf ihren Traditionsseiten im Internet.

Zwei tschechoslowakische Offiziere bestätigten 1990 diese Darstellungen. Der ehemalige Kommandeur der Division in Karlsbad, Oberst Josef Nemeć, versicherte, in seinem Befehlsbereich sei nach dem 21. August 1968 nicht ein NVA-Soldat aufgetaucht. Der Nachrichtenoffizier im westlichen Militärbezirk, Zbynek Zubalik, hat zwar NVA-Angehörige gesehen, es habe sich »jedoch um Aufklärer und Stabsoffiziere gehandelt«.[49] Zur gleichen Einschätzung kamen der letzte DDR-Verteidigungsminister Rainer Eppelmann und eine tschechische Regierungskommission.

Der Militärhistoriker Wenzke kann die Skepsis und das Mißtrauen gegenüber den Äußerungen der Ex-Offiziere verstehen. In der Historiographie und der Militärpublizistik galt der Einmarsch der NVA seit 1968 als gesichert. Und in den Medien sowie in der Fachliteratur dominierten die als glaubwürdig eingestuften Berichte von Augenzeugen und Journalisten, auch wenn sie kaum überprüfbar waren. Dazu kam: Die massive politische und mediale Einmischung der SED-Spitze und schließlich das Aufzählen der DDR als gleichberechtigter Interventionsstaat in allen offiziellen Dokumenten mußte bei Ost- und Westdeutschen sowie in der ČSSR den Eindruck erwecken, die NVA habe militärisch im Nachbarland agiert. Vor allem die DDR-Propaganda versuchte dies zu vermitteln, auch wenn sie auffallend unkonkret blieb, was die Einsatzorte betraf. In internen Analysen des Partei- und Staatsapparates, beispielsweise in Berichten über die »schriftliche staatsfeindliche Hetze«, das heißt über Proteste von DDR-Bürgern, sprach die SED vom »Einmarsch der Truppen der fünf Bruderländer in die ČSSR«. Äußerungen wie auf der 9. ZK-Tagung Ende Oktober 1968 belegen, daß die Genossen ihren Beitrag an den »Hilfsmaßnahmen« als leuchtendes Beispiel für den »sozialistischen Internationalismus« betrachteten. Dieser ideologische Anspruch, der Rolle im sozialistischen System zu entsprechen, ist der Hauptgrund, warum SED-Funktionäre an der Legende vom Einmarsch der NVA-Kampftruppen festhielten. In Geschichtsbüchern, wie im 1974 beim DDR-Wissenschaftsverlag erschienenen »Grundriß«, und in Standardwerken mußte daher zur NVA-Geschichte stehen: »Am 21. August 1968 betraten Militäreinheiten der UdSSR gemeinsam mit Militäreinheiten der Volksrepublik Bulgarien, der DDR [...] das Territorium der ČSSR.«

Unmittelbar im August 1968 waren die Proteste, gemessen am Schweigen eines Großteils der Bevölkerung, gering. Der vermeintliche Einsatz der NVA hatte allerdings nachhaltige Wirkung auf die Protestbewegung der Folgejahre in der DDR. Viele Akteure der Kulturopposition der siebziger Jahre hatten sich 1968 an Protesten gegen den Einmarsch beteiligt, unter anderem die Liedermacherin Bettina Wegener, die als Schauspielstudentin beim Verteilen von Flugblättern verhaftet wurde. Die Niederschlagung des Prager Frühlings beeinflußte auch innerkirchliche Oppositionsgruppen, beispielsweise um den Pfarrer Hans-Jochen Tschiche, der in der Wendezeit dann eine hervorgehobene Rolle spielen sollte.

Zu diesem Zeitpunkt hielt die SED-Spitze noch an der Legende vom Einmarsch der NVA fest. Im August 1989 wandte sich die SED-Führung gegen alle Versuche »nachträglicher Umbewertung« der »internationalen Hilfsaktion für die ČSSR«. Und Egon Krenz, kurzzeitig Nachfolger von Erich Honecker als Staats- und Parteichef, betonte im November 1989 gegenüber einem italienischen Journalisten: An der Haltung der DDR gegenüber den tschechoslowakischen Ereignissen sei nichts zu revidieren.[50] Gleiches galt bis Ende 1989 für die ČSSR-Regierung, bis sie die Ereignisse von 1968 durch eine Regierungskommission untersuchen ließ. Für die Tschechoslowaken war die DDR von Anfang an maßgeblich für den Einmarsch der fünf sozialistischen Armeen verantwortlich. Es herrsche das Bild, »die DDR sei der härteste, unnachsichtigste Kritiker der tschechoslowakischen Verhältnisse und letzten Endes für die Maßnahmen vom 21. August der treibende Keil gewesen«, berichtete die Botschaft der DDR schon 1968 aus Prag.[51] Das spürten die Mitarbeiter bei ersten Begegnungen nach dem Einmarsch, bei denen die Tschechen »den Gesprächspartner kaum anschauten, nur die unbedingt notwendigen Worte sprachen, in Gesichtsausdruck und Tonfall der wenigen gesprochenen Worte den Eindruck machten, als hätten sie Trauer, sie entgegen der bisherigen Gepflogenheiten nicht aufforderten, den Mantel abzulegen [...]«, wie es in einem Bericht hieß.[52]

Auch in der Bundesrepublik zweifelte niemand am Einsatz der 7. PD und der 11. MSD auf dem Territorium der Tschechoslowakei. Noch im Oktober 1997 war in einer vom Auswärtigen Amt initiierten Ausstellung »Zeitzeugnisse Deutscher Außenpolitik von 1870 bis heute« im Foyer der Staatsbibliothek zu Berlin auf einer Tafel vom Einmarsch der NVA zu lesen. Von einem Besucher auf diesen Fehler aufmerksam gemacht, verwies der damalige Außenminister Klaus Kinkel lediglich auf den Fachbetreuer der Ausstellung, Prof. Gregor Schöllgen aus Erlangen. Der verteidigte die Tafel mit dem Hinweis auf »einschlägige öffentliche Bekanntmachungen«, die alle aus dem Jahre 1968 stammten. Auf das Angebot, ihm neueres Material zu schicken, reagierte Schöllgen nicht.

Das Bild von den marschierenden Deutschen hatte auch der Hallenser Autor Erik Neutsch in seiner Romantetralogie »Der Friede im Osten« aufgegriffen, indem er die SED-konforme Darstellung der Okkupation übernahm und die »Feldlageratmosphäre« schilderte. Neutsch entschuldigte sich nach der Wende beim tschechischen Präsidenten Václav Havel für seine Darstellung mit der Ankündigung, sein Werk zu überarbeiten. Der Lyriker und Systemkritiker Reiner Kunze wiederum hat Erlebnisse eines NVA-Angehörigen, der sich nach eigenen Angaben mit Truppen in der Tschechoslowakei aufgehalten hat, in seinem 1976 im Westen erschienenen Buch »Die wunderbaren Jahre« verarbeitet. Beide lagen offensichtlich falsch.

Die Informationen von Kunze stammen von dem bei Frankfurt/O. lebenden Peter Friedrich. Der heute 53jährige war im Mai 1968 zur Armee eingezogen und nach seiner Ausbildung bei den Grenztruppen in die Politische Hauptverwaltung des Verteidigungsministeriums der DDR als Filmvorführer versetzt worden. Nach seiner Erinnerung fuhr er mit etwa 30 weiteren Angehörigen der Hauptverwaltung zu einer in Haide bei Weißwasser stationierten Panzereinheit und von dort in der Nacht zum 21. August mit 25–30 Panzern über die Grenze bis etwa 18 Kilometer vor Prag. Offensichtlich gehörte Friedrich zu der selbständigen Propagandaeinheit, die von der Armeeführung nach Haide verlegt worden war. Diese bestand aus der Sonderredaktion der Zeitung »Volksarmee«, einer motorisierten Druckerei und Filmvorführern. Von dieser Einheit wurden zwei Züge mit Lautsprecherwagen und Filmvorführungstechnik in Richtung 7. PD und 11. MSD in Bewegung gesetzt. Doch diese Divisionen betraten die ČSSR nicht. Wenn Friedrich wirklich wenige Kilometer vor Prag gelegen hatte, dann höchstens bei der schon mehrfach erwähnten Nachrichteneinheit.

Nach Auswertung der bisher zugänglichen Akten muß von der Rolle der NVA bei der Niederschlagung des Prager Frühlings ein neues Bild gezeichnet werden. Eine Teilnahme am Einmarsch in die ČSSR mit den dafür bereitgestellten Kampfeinheiten ist auszuschließen. Auf tschechoslowakischem Territorium hielten sich lediglich einzelne Nachrichtenleute, Stabsoffiziere, Aufklärer und Kraftfahrer auf. Trotzdem muß betont werden, daß die DDR umfangreich in die Militäraktion der fünf sozialistischen Staaten einbezogen war. Sie leistete logistische Hilfe für die sowjetischen Einheiten. Und die Armee- und SED-Parteiführung beteiligte sich führend an der propagandistischen und politischen Vorbereitung des Einsatzes. Sie war bereit, die ausharrenden NVA-Einheiten in die ČSSR einmarschieren zu lassen. Damit hat die DDR-Spitze eine schwere politische wie moralische Schuld auf sich geladen. Davon wollen jedoch die ehemaligen Verantwortlichen in der NVA nichts wissen, die heute eindringlich auf den Nicht-Einmarsch in die ČSSR verweisen. So sind in einem neueren 600-Seiten-Werk zur Geschichte der NVA sowohl die Ereignisse 1968 in Prag als auch 1980/81 in Polen völlig ausgeblendet. Kein Wunder: Zu den Autoren gehört unter anderem Ex-General Fritz Streletz, einer der Hauptverantwortlichen für die Durchsetzung der DDR-Militärdoktrin.

Die Legende vom Einsatz der NVA-Kampftruppen wurde durch die Äußerungen der SED-Führung sowie Reportagen und Kommentare der Medien unmittelbar nach dem Einmarsch am 20./21. August 1968 in die Welt gesetzt. Mit ihren Jubelberichten von den heimkehrenden Sowjetsoldaten, ergänzt durch Meldungen über die Rückkehr der NVA-Einheiten in die Kasernen, ließen die DDR-Zeitungen zudem ihre Bevölkerung in dem Glauben, die Einheiten kämen geradewegs aus der ČSSR. Wer heute an dem verfestigten Bild vom Einmarsch zweier NVA-Kampfdivisionen zweifelt, gerät schnell in den Geruch der »Reinwäscherei« und ins Fahrwasser jener ehemaligen NVA-Offiziere, die jeden Makel von ihrer Armee fernhalten wollen.

Deutsch-deutscher Advent: Im Dezember 1981 trifft sich Bundeskanzler Helmut Schmidt mit SED-Chef Erich Honecker. Als während des Treffens das Kriegsrecht in Polen ausgerufen wird, zeigt sich der SED-Chef überrascht, und der Bundeskanzler versucht, die zarte Flamme der Normalisierung zu schützen. Zeichnung von Walter Hanel für die »Frankfurter Allgemeine Zeitung« im Dezember 1981.
(Walter Hanel)

»Durch die Ereignisse vollkommen überrascht«?

Honecker und die Krise in Polen 1980/81

»Herr Honecker ist genauso bestürzt gewesen wie ich, daß dies nun notwendig war. Ich hoffe sehr, daß es der polnischen Nation gelingt, ihre Probleme zu lösen.«[1] Auf der Pressekonferenz in der Jugendhochschule »Wilhelm Pieck« in Biesenthal bei Berlin wirkt Bundeskanzler Helmut Schmidt an diesem 13. Dezember 1981 ratlos. Er soll einen Kommentar abgeben zu dem vor wenigen Stunden verhängten Kriegsrecht in Polen und teilt dabei gleich die Reaktion seines Gastgebers Erich Honecker mit, des SED-Generalsekretärs und Staatsratsvorsitzenden der DDR. Der letzte Tag des Kanzler-Besuches ist angebrochen. Die Visite hatte am 11. Dezember mit seinem Empfang durch Honecker auf dem Flughafen Berlin-Schönefeld und einer gemeinsamen Autofahrt in die Schorfheide begonnen. Es folgten mehrere Vier-Augen-Gespräche, Delegationsrunden und gemeinsame Abendessen im Gästehaus des Staatsrats am Döllnsee sowie im Jagdschloß Hubertusstock am Werbellinsee. Zum Abschluß steht am 13. Dezember eine Fahrt nach Güstrow auf dem Programm.

Nun wirft das Kriegsrecht in Polen einen Schatten auf das deutsch-deutsche Treffen. Honecker versichert beim gemeinsamen Frühstück dem Bundeskanzler seine Bestürzung und Ahnungslosigkeit. Klaus Bölling, Ständiger Vertreter der Bundesrepublik in Ost-Berlin, erinnert sich: »Natürlich stellten wir uns die Frage, ob wir Honecker in eine Falle gelaufen waren, ob der Generalsekretär schon auf dem Flugplatz Schönefeld, als Helmut Schmidt die Gangway herunterkam, gewußt hatte, daß der 13. Dezember von den polnischen Kommunisten nach gründlicher Beratung mit der Sowjetunion als der Tag X festgelegt worden war. Die erste Begegnung zwischen Schmidt und Honecker an diesem Sonntagmorgen vermittelte den Eindruck, daß der Generalsekretär von diesem Datum nichts gewußt hatte. Honeckers komödiantische Begabung ist gering, er kann sich nicht gut verstellen.«[2]

Honecker nimmt einen Monat nach dem Treffen im Telefonat mit Schmidt Bezug auf dessen Äußerung bei der Pressekonferenz: »Bei uns beiden hat bei aller Überraschung über die Verhängung des Kriegszustandes am 13. Dezember, wir haben das ja unmittelbar erlebt, natürlich der Gedanke überwogen, nun werden die Polen mal endlich Ordnung schaffen, damit sich international die Dinge gut entwickeln.« Und einige Minuten später: »Ich war ja selbst durch die Ereignisse vollkommen überrascht worden.« Zugleich gibt er sich als zurückhaltender Politiker. »Das polnische Volk hat doch zumindest das Recht, über sich selbst zu bestimmen, ohne Einmischung von außen.«[3] Doch Honeckers Haltung gehört ins Reich der Legenden. Wie kein anderer hatte er die polnische KP-Spitze unter Druck gesetzt und versucht, ein Eingreifen von außen zu organisieren. Am 16. Dezember 1981 beglückwünschte er Parteichef Wojciech Jaruzelski telefonisch zum Militäreinsatz und teilte mit, daß die DDR Nah- und Straßenkampfmittel geschickt habe. Honecker bot neben Medikamenten und Verbandsmaterial weitere Hilfe an. »Wir sind auch bereit, Unterstützung zu leisten bei bestimmter Technik, die bei Straßenkämpfen, Barrikadenbauten usw. erforderlich ist.«[4] Helmut Schmidt hatte er mit seiner »Nichteinmischung«-Haltung also getäuscht. Sollte gleiches auch für seine Zusicherung gelten, er sei von der Ausrufung des Kriegsrechts ebenso überrascht worden wie die bundesdeutsche Seite? War Honecker über den Termin tatsächlich nicht informiert?

Im Juli 1980 begannen in Polen nach einer Anhebung der Nahrungsmittelpreise erste Streiks, die sich schnell landesweit ausbreiteten. Ende August zwang der Werftarbeiter und Streikführer Lech Wałęsa die Staatsführung zur Unterzeichnung des »Danziger Abkommens«. Damit war der Weg für die Gründung der unabhängigen Gewerkschaft »Solidarność« frei. In Ost-Berlin schrillten die Alarmglocken. Die Preisgabe von Macht stellte nach Ansicht der SED für jede kommunistische Partei den größten anzunehmenden Unfall dar. Das Politbüro fürchtete ein Übergreifen der polnischen Reformbewegung auf die DDR und setzte kurzerhand den visafreien Reiseverkehr nach Polen einseitig außer Kraft. Gleichzeitig verschärfte Honecker sein Auftreten gegenüber dem Westen, nachdem Kanzler Schmidt aufgrund der Ereignisse in Polen seinen DDR-Besuch kurzfristig und unmittelbar vor der Bundestagswahl erneut abgesagt hatte. Anfang Oktober

1980 ließ der SED-Generalsekretär den Mindestumtausch-Betrag für Besucher aus der Bundesrepublik drastisch auf 25 Mark pro Tag anheben. Dann hielt Honecker am 13. Oktober zur Eröffnung des SED-Parteilehrjahres in Gera eine Rede, in der er von der Bundesrepublik die Schließung der Zentralen Erfassungsstelle für Gewaltverbrechen von DDR-Staatsorganen in Salzgitter, die Umwandlung der Ständigen Vertretungen in Botschaften, die Verlegung der Grenze an der Elbe in die Flußmitte und die Anerkennung der DDR-Staatsbürgerschaft verlangte.[5]

Helmut Schmidt wollte ungeachtet dieser Provokationen ein Treffen nicht ausschließen. Deshalb schlug er in seiner Regierungserklärung am 20. November 1980 einen moderaten Ton an. »Wir denken nicht daran, Abgrenzungsakte unsererseits mit Abgrenzungsakten zu beantworten; denn dies würde die Gräben zwischen Deutschen und Deutschen noch mehr vertiefen.«[6]

Honecker ließ in den folgenden Monaten die Stimmung in Bonn eruieren. Der SED-Chef wollte klären, wie sich die Bundesregierung im Falle einer Zuspitzung in Polen verhalten würde. Entsprechende Informationen wurden ihm im Anschluß an eine Dienstreise von Bischof Albrecht Schönherr und des Sekretärs vom Bund der Evangelischen Kirchen, Manfred Stolpe, am 16. Juli 1981 nach Bonn geliefert. Schmidt sehe nur dann massive Probleme, sollte die NVA militärisch in Polen eingreifen, gleichzeitig ließ der Kanzler die Bereitschaft erkennen, die deutsch-deutschen Beziehungen soweit wie möglich aus einer eventuellen Verschärfung der internationalen politischen Lage herauszuhalten.[7]

Das kam Honecker entgegen. Er fühlte sich durch die polnischen Ereignisse in die Zange genommen. Auf einem von ihm initiierten Geheimtreffen mit Kreml-Chef Leonid Breschnew und dem tschechischen KP-Chef Gustav Husák am 16. Mai 1981 in Moskau hatte er die Lage der DDR in düsteren Farben gemalt. »Wir haben den deutschen Imperialismus vor uns und hätten möglicherweise ein kapitalistisches Polen in unserem Rücken. [...] Heute schon müssen wir den Kampf an zwei Fronten führen.«[8] Die Moskauer Führung blieb trotz dieser Mahnung unentschlossen und ratlos, was Honecker irritierte. Sie setzte in seinen Augen zu lange auf die schwache polnische KP-Führung und zeigte für die Nöte der SED wenig Verständnis. Die waren vor allem ökonomischer Art. Der durch die Streiks in Polen bedingte Lieferausfall an Steinkohle betrug nach seinen Angaben allein von September 1980 bis März

1981 fast 50 Prozent der vertraglich vereinbarten Jahresmenge – angesichts der Rohstoffknappheit in der DDR war das eine bedrohliche Entwicklung.[9] Im Oktober 1981 kündigte dann auch noch die Sowjetunion schriftlich die drastische Senkung der Erdöllieferungen an. Es dürfte Honecker wenig getröstet haben, als ZK-Sekretär Konstantin Rusakow ihm Breschnews Worte übermittelte: »Wenn Du mit Genossen Honecker sprichst, sage ihm, daß ich geweint habe, als ich unterschrieb.«[10]

Helmut Schmidt wiederum stand durch die angespannte Weltwirtschaftslage und die sicherheitspolitische Diskussion um den Nato-Doppelbeschluß unter Druck. Der Westen hatte mit dem Beschluß im Dezember 1979 auf die Stationierung neuer sowjetischer Mittelstreckenraketen geantwortet. Im Falle einer Weigerung Moskaus, die Raketen abzubauen, würde die Nato ihre Waffen bis Ende 1983 modernisieren. Als Folge des Beschlusses war in der Bundesrepublik eine Friedensbewegung aus ganz unterschiedlichen Gruppierungen entstanden, darunter auch führende Sozialdemokraten. Helmut Schmidt suchte nach einem außenpolitischen Signal: zum einen, um aus der Friedensbewegung »die Luft herauszulassen«, wie es SPD-Präsidiumsmitglied Egon Bahr gegenüber Honeckers West-Experten Herbert Häber ausdrückte, zum anderen, um Erfolge seiner pragmatisch-nüchternen Entspannungspolitik vorzuweisen.[11] Ein Treffen mit Honecker sah Schmidt als günstige Gelegenheit. Während die DDR-Medien seit Monaten wütend gegen die Reformbewegung in Polen hetzten, hatte sich die SED-Spitze aus Bonner Sicht ruhig verhalten. »Es spricht für den Saarländer [Honecker – K. u. K.], daß er – obwohl er wie alle anderen Mitglieder des Politbüros auf eine schnelle und am besten lautlose Liquidierung der Reformbewegung hoffte – die Gefahren eines radikalen Vorgehens gegen die Polen erkannte und deshalb die Heißsporne im eigenen Lager beschwichtigen half«, konstatierte später Bölling.[12]

Die Bonner Regierung hatte die Erwartungen an das Treffen von Anfang an niedrig gehängt. Es sollte nicht zu konkreten Abmachungen führen und nicht durch Einzelfragen belastet werden. Übereinstimmung bestand darin, daß eine engere Zusammenarbeit zwischen den beiden deutschen Staaten und die Intensivierung der menschlichen Beziehungen helfen könnten, den Frieden in Europa sicherer zu machen. Die Verhältnisse in Polen wurden nicht explizit berührt. Für Helmut Schmidt war Polen nur »ein weiteres Mosaiksteinchen« in der schwierigen politischen Lage Europas. Innerdeutsche Probleme wurden dagegen ausführlich thematisiert. Der Kanzler äußerte seinen Unmut über den erhöhten Mindestumtausch, Honecker wiederum beharrte auf seinen Geraer Forderungen, vermied jedoch jede Konfrontation, indem er zum Beispiel nicht mehr auf Anerkennung der Staatsbürgerschaft pochte, sondern sich mit dem Begriff »Respektierung« zufriedengab. Im Gegensatz zu Schmidt wollte Honecker etwas Konkretes – die Verlängerung des zinslosen Überziehungskredits im innerdeutschen Handel (»Swing«): immerhin jährlich 850 Millionen Mark. Daß der SED-Chef zum Abschluß des Treffens betonte, es könne nicht im Interesse beider Staaten liegen, wenn Europa wieder in einen Krieg stürze, muß der westlichen Seite wie eine Zustimmung zu der von ihr gewünschten deutsch-deutschen Verantwortungsgemeinschaft erschienen sein. »Die können miteinander«, hieß es immer wieder.[13] Und Bölling schwärmte: Über dem Treffen habe »so etwas wie eine sehr deutsche Grundstimmung« gelegen.[14]

Als am Morgen des 13. Dezember 1981 die Nachricht von der Ausrufung des Kriegsrechts eintraf, entschied Schmidt, den Besuch nicht abzubrechen. Er wolle die Erwartungen der DDR-Bevölkerung nicht enttäuschen. Also machte der Kanzler das Schauspiel in der mecklenburgischen Stadt Güstrow mit. Dort wollte er sich im Dom den »Schwebenden Engel« von Ernst Barlach ansehen und über den Weihnachtsmarkt schlendern. Die Stadt war jedoch von uniformierten Polizisten und von Stasi-Mitarbeitern bevölkert, die als »Einwohner« auftraten, während die Güstrower in ihre Häuser verbannt worden waren.

In Bonn erntete der Kanzler heftige Kritik. Da half es auch nicht, daß Schmidts Regierungssprecher Kurt Becker behauptete, die Ereignisse in Polen seien vor der Ankunft in der Schorfheide nicht vorhersehbar gewesen und im übrigen ja auch nicht von Ost-Berlin zu verantworten. Kritisiert wurde, daß Schmidt den Besuch nicht abgebrochen und den Eindruck erweckt habe, trotz der Vorgänge solle von der innerdeutschen Tagesordnung nicht abgewichen werden. »Wir halten strikt am Grundsatz fest, sich nicht in die polnischen Angelegenheiten einzumischen«, wurde der Kanzler zitiert.[15] Journalisten und Politiker bezweifelten offen, daß Honecker ahnungslos gewesen sei. »Es ist in der Tat recht unwahrscheinlich, daß Erich Honecker von der Verkündung des Ausnahmezustandes in Warschau überrascht wurde«, schrieb die »Süddeutsche Zeitung«. Der Chef des ARD-Magazins »Report«, Franz Alt, bemerkte in seiner Sendung ironisch: »Helmut Schmidt hat uns allen Ernstes dieser Tage erzählt, Erich Honecker sei von den Ereignissen in Polen betroffen gewesen.« Oppositionsführer Helmut Kohl fragte am 18. Dezember im Bundestag empört: »Muten Sie uns zu zu glauben, daß Herr Honecker über die Entscheidung in Polen bestürzt war? [...] Sie mußten doch davon ausgehen, daß Generalsekretär Honecker über die Maßnahmen der polnischen Führung im voraus unterrichtet worden war. Was soll aber dann der Versuch, die polnischen Ereignisse in einer gemeinsamen Bewertung mit Herrn Honecker zusammenzufassen?«[16]

Der Kanzler verteidigte seine Reise in die DDR in einer Regierungserklärung. Sie habe den Zweck gehabt, zu »vertrauensbildenden Maßnahmen« zu kommen – womit er bewußt auf die Grundformel der KSZE-Schlußakte Bezug nahm. Zur Situation in Polen sagte Schmidt, er stehe auf Seiten der Arbeiter, und betonte: »Wir alle wünschen von ganzem Herzen, daß der Kriegszustand in Polen alsbald beendet werde.«[17] Um den Kreml mit scharfen Forderungen nicht doch noch zum Einmarsch in Polen zu provozieren, schlug Schmidt in den folgenden Wochen eine zurückhaltende Politik gegenüber der Warschauer Führung ein. »Ich habe die Ausrufung des Kriegsrechts durch Jaruzelski angesehen als einen Akt zur Verhinderung der sowjetischen Intervention«, sagte Schmidt 1993 vor der Enquête-Kommission des Bundestages zur Aufarbeitung der SED-Diktatur.[18] »Instinktlos« und »unredlich« nannte CSU-Chef Franz Josef Strauß dagegen schon 1981 des Kanzlers Auftreten gegenüber Polen und sagte in einem Interview: »Schmidt hätte die DDR verlassen müssen, statt mit Honecker ein gemeinsames Theater der Bestürzung zu spielen. Schmidt ist vor lauter Begeisterung über seinen Besuch in die Falle gegangen.«[19]

Beweise dafür konnten aber weder Strauß noch die anderen Kritiker liefern. Zum Glück für Schmidt, der die Vorwürfe auch nicht schlüssig widerlegen konnte. Seine Zurückhaltung in Sachen Polen fand dagegen in der Bevölkerung, bei einem Großteil der Medien und der linken Intellektuellen Rückhalt. Etwa 63 Prozent der Deutschen erklärten sich in einer Umfrage damit einverstanden. Ende Dezember verhängte US-Präsident Ronald Reagan Sanktionen gegen Polen und die Sowjetunion, denen sich Schmidt, der seinen Entspannungskurs weiter verfolgte, nicht anschloß. SPD-Vize Hans-Jürgen Wischnewski begründete diese Entscheidung mit wirtschaftlichen Interessen: »Wir haben auch nicht wie die Vereinigten Staaten eigenes Erdöl und eigenes Erdgas. Wir müssen dies anderswo kaufen – auch bei unseren östlichen Nachbarn.«[20] Deutsche Intellektuelle erregten sich über die »Doppelmoral« der Amerikaner, die Polen mit Sanktionen belegten, aber andere undemokratische Regime unterstützten. Der Unmut über die angespannte Lage begann sich auf Polen zu übertragen. Versteckt oder offen wurde der »Solidarność« vorgeworfen, sie gefährde den Entspannungsprozeß. Egon Bahr, von dem der Satz stammt, »Weltfrieden ist wichtiger als Polen«, hat die Haltung zur »Solidarność« vor der Enquête-Kommission des Bundestages als Fehler gewertet: »Als ich hörte, Solidarność ruft zum Generalstreik auf gegen die Erhöhung der Schnaps- und Tabakpreise, habe ich gedacht: Die sind verrückt und überspannen die Belastungsfähigkeit. Sie riskieren die Wiederholung von 1968. [...] Ich habe mich geirrt. Wir haben die Solidarność nicht ernst genommen.«[21]

Das bundesdeutsche Verhalten nach Ausrufen des Kriegsrechts stieß nicht nur in Polen, sondern auch in westlichen Ländern auf Unverständnis. Karikaturen in britischen und französischen Zeitungen spießten die lammfrommen Deutschen auf. In einem Interview mit dem Magazin »Stern« meinte der ehemalige französische Präsident Valéry Giscard d'Estaing im Januar 1982: »Für mich ist das schwer zu verstehen. Nach dem Einmarsch der Sowjets in Afghanistan haben Helmut Schmidt und ich im Februar 1980 in einer gemeinsamen Erklärung gesagt, daß die Entspannungspolitik ein zweites Ereignis dieser Art nicht überstehen würde.«[22] Egon Bahr trat solchen Stimmen entgegen: »Gewisse Kräfte in den USA und auch in Frankreich sind solange ruhig, solange sich die DDR und die Bundesrepublik in der Wolle haben. Wenn wir uns aber die Hand geben, werden sie nervös.«[23]

Als Angehöriger der Kriegsgeneration war Kanzler Helmut Schmidt der Meinung, die Deutschen hätten gegenüber Polen allen Grund zur Mäßigung. Gleiches erwartete er von Honecker, der viele Jahre in nationalsozialistischer Haft gesessen hatte. Den SED-Chef kannte Schmidt vor dem Treffen 1981 nur von einigen Telefonaten und zwei persönlichen Begegnungen: 1975 bei der Unterzeichnung der KSZE-Schlußakte in Helsinki und 1980 bei der Beerdigung des jugoslawischen Staatschefs Josip Broz Tito. Honecker wirkte auf Schmidt in Helsinki »unfrei, ja eingeschüchtert«. In Belgrad begann der Kanzler zwar zu ahnen, daß der SED-Chef mehr »politisches Gewicht hatte, als sein Habitus vermuten ließ«.[24] Insgesamt aber traute Schmidt ihm nach diesen Begegnungen nicht zu, die Beziehungen zwischen beiden deutschen Staaten zu beeinflussen. Ihn störten Honeckers phrasen- und schablonenhafte Äußerungen, hinter denen nur selten ein eigenständiges Urteil zu erkennen war. Am Telefon erwies sich der SED-Chef dagegen als schlagfertig, gut informiert und zuweilen fürsorglich, etwa, als er Schmidt nach dessen Herzoperation im Herbst 1981 Mut zusprach.

Neben diesen Eindrücken prägten vor allem die Einschätzungen Herbert Wehners, Klaus Böllings und des DDR-Anwalts Wolfgang Vogel das »Honecker-Bild« des Kanzlers. Bölling lobte zum Beispiel: »Obwohl sich in Erich Honeckers Persönlichkeit nichts Charismatisches entdecken läßt, erleben ihn die Bürger nicht nur als Machthaber. Er hat das Privileg, daß auch über seine menschlichen Eigenschaften, seine vermuteten oder tatsächlichen Stärken und Schwächen von den Leuten geredet wird.«[25] Schmidt kam zu dem Urteil: »Der Druck des Apparates, der auf den Bürgern der DDR lastete, schien ihn bisweilen selbst zu bedrücken, weil er sich ein gewisses Gefühl für die Nöte der Menschen bewahrt hatte.«[26]

Die sichtbare Diskrepanz zwischen Honeckers öffentlichen Auftritten, in denen er den ideologietreuen »Falken« gab, und seinen persönlichen Gesprächen, in denen er den Entspannungspolitiker mimte, interpretierte man in Bonn als Schutzmaske gegenüber den Hardlinern im Politbüro. Tatsächlich hat Honecker, sehr zum Ärger von Stasi-Chef Erich Mielke, Aufzeichnungen über die Gespräche mit den Bonner Regierenden und Telefonmitschriften oft in gekürzter Fassung an die Genossen weitergegeben. Dieses Verhalten spricht allerdings eher für Honeckers uneingeschränkte Machtstellung in einer Struktur, die so ein Vorgehen begünstigte.[27]

Schmidts Meinung von seinem Gastgeber war vor dem Treffen im Dezember 1981 fast herablassend: »Ich wollte helfen, das Selbstwertgefühl Erich Honeckers im internationalen Kontext zu heben und die Minderwertigkeitskomplexe der DDR-Führung abzubauen; dadurch hoffte ich, zu einer wachsenden Souveränität und Großzügigkeit der DDR-Regierung im Umgang mit den von ihr regierten Bürgern beizutragen.«[28] Bei den Gesprächen in der Schorfheide, bemerkte ein Schmidt-Begleiter überrascht, entpuppte sich

Honecker »als ein Mann, der seine Interessen sehr selbstsicher und ohne Minderwertigkeitskomplexe vertritt«.[29] Stutzig machte das offensichtlich niemanden.

Gleiches gilt für die Haltung der DDR gegenüber Polen. Während 1980 in Grundzügen das Bestreben der SED nach schneller Liquidierung der polnischen Gewerkschaftsbewegung zu erkennen war, kam Bonn 1981 offenbar zu einer anderen Schlußfolgerung. So vermerkte Bölling: »Nach dem Eindruck von Helmut Schmidt hatte Honecker selbst ein Gespür dafür, daß sich die DDR so lange wie möglich gegenüber den Nachbarn zurückhalten sollte.« Zwar war man nicht gänzlich blauäugig. Die Äußerung eines Honecker-Vertrauten zur drohenden sowjetischen Intervention, »ohne den GS [Generalsekretär – K. u. K.] sähe alles viel schlimmer aus«, war mit Mißtrauen registriert worden.[30] Am Werbellinsee glaubte Schmidt dem SED-Chef und hielt dessen Äußerung, er sei von der Entscheidung Jaruzelskis nicht vorab informiert gewesen, für glaubhaft. Und der Kanzler meinte im Kabinett: »Ich kann mir nicht vorstellen, daß Herr Honecker schon am Freitag etwas gewußt hat.«[31]

In Wirklichkeit war Erich Honecker auf den Tag X in Polen lange vorbereitet gewesen. Durch die Streiks und die Zulassung der »Solidarność« schien ihm ein Ausscheren Polens aus dem sozialistischen Verbund möglich. Das Politbüro wertete die Entwicklung als konterrevolutionär. Am 12. September 1980 sprach Hermann Axen, Leiter der ZK-Abteilung Internationale Verbindungen, mit Andrzej Żabiński, Politbüromitglied der Polnischen Vereinigten Arbeiterpartei (PVAP). Dem Polen war klar, woran die Genossen in Ost-Berlin dachten, wenn er sagte: »Wir werden keinen Sozialismus mit ›menschlichem Antlitz‹ zulassen.«[32] Damit spielte Żabiński auf das Ziel des Prager Frühlings 1968 an. Doch trotz dieser Beschwichtigung glaubte die SED-Spitze den Polen nicht. Ende September legte Axens Abteilung eine umfangreiche Analyse vor, die auch eine »vergleichende Einschätzung der Programme und Forderungsdokumente der antisozialistischen Kräfte der VR Polen und in der ČSSR 1968« enthielt. Ende Oktober erklärte Joachim Herrmann, ZK-Sekretär für Agitation und Propaganda und enger Vertrauter Honeckers, dem sowjetischen Politiker Michail Zimjanin: »Die Konterrevolution ist weiter auf dem Vormarsch. Unsere Meinung ist: Die Lage in Polen ist schlimmer als 1968 in der ČSSR, schlimmer als unter Dubček.«[33] Der direkte Vergleich zeigte deutlich, wie sich die SED die Lösung der polnischen Krise vorstellte.

Als Mitte November 1980 das Oberste Gericht in Polen die »Solidarność« als unabhängige Gewerkschaft legalisierte, legte Erich Honecker intern jede Zurückhaltung ab. »EH sind die Ereignisse in Polen in die Knochen gefahren. Er hat Angst, daß es in der DDR auch zu Schwierigkeiten kommt; er fürchtet den Einfluß der BRD«, klagte Stasi-Chef Erich Mielke gegenüber DDR-Regierungschef Willi Stoph.[34] Besonders aufschlußreich für die Panik, die geherrscht haben muß, ist ein Gespräch Honeckers mit Stefan Olszowski, polnischer Botschafter in Ost-Berlin. Offen brachte Honecker seinen Unmut sowie seine Zweifel zum Ausdruck, daß die polnischen Genossen die Situation ändern könnten: »Wir sind nicht für Blutvergießen. Das ist das letzte Mittel. Aber auch dieses letzte Mittel muß angewandt werden, wenn die Arbeiter-und-Bauern-Macht verteidigt werden muß. Das sind unsere Erfahrungen aus dem Jahre 1953, das zeigen die Ereignisse 1956 in Ungarn und 1968 in der Tschechoslowakei.«[35]

Eine Woche später forderte er in einem Brief an Leonid Breschnew ungeduldig einen Gipfel der Warschauer Vertragsstaaten. »Jede Verzögerung ist dem Tod gleich. Gestern wären unsere gemeinsamen Maßnahmen vielleicht vorzeitig gewesen, heute sind sie notwendig, aber morgen können sie schon zu spät sein«, mahnte Honecker.[36] Das SED-Politbüro stattete ihn mit der Vollmacht aus, in Abstimmung mit der KPdSU »notwendige Maßnahmen zu treffen«. Beim Gipfel am 5. Dezember 1980 griff er die polnischen Genossen an und stellte klar, daß die anderen sozialistischen Staaten nicht tatenlos zusehen würden.

Die militärischen Vorbereitungen waren in der DDR längst angelaufen. Zunächst ohne Befehl aus Moskau, schlug Generaloberst Fritz Streletz, Chef des Hauptstabes der NVA, Verteidigungsminister Heinz Hoffmann in einer geheimen Notiz vor, DDR-Grenztruppen und Teile der Marine zu verstärken und an die Grenze zu verlegen, mit dem Ziel, »daß ihr Einsatz im Grenzabschnitt zur Volksrepublik Polen [...] innerhalb von 36–48 Stunden erfolgen kann«.[37] Am 1. Dezember flog dann der Chef der Landstreitkräfte, Generaloberst Horst Stechbarth, nach Moskau, um an der Einweisung in eine kurzfristig beschlossene »gemeinsame Ausbildungsmaßnahme« der Vereinten Streitkräfte teilzunehmen, die in Polen stattfinden sollte. Konkret war die Teilnahme der in Eggesin stationierten 9. Panzerdivision des Militärbezirks V vorgesehen. Mit Auslösung des Signals »Abstoß« sollten die Einheiten mit scharfer Munition in Richtung Koszalin westlich von Danzig vorstoßen, die Oder bei Pomellen und Mescherin überschreiten und zusammen mit Einheiten der sowjetischen und tschechoslowakischen Armee polnisches Territorium in der Nähe von Ballungszentren besetzen. Wochenlang galt für die Einheiten eine Ausgangs- und Urlaubssperre. Das Sturmgepäck lag griffbereit, die sogenannten Ernstfall-Päckchen waren ausgeteilt. In Politschulungen wurde die »Solidarność« als konterrevolutionäre Gruppe verdammt, die im Auftrag des Imperialismus und westlicher Geheimdienste agiere. Als Devise kursierte unter den Soldaten das Kürzel »3 W« – »Weiße Weihnacht in Warschau«.

Zu den Planungen, im Befehl Nr. 118/80 des Verteidigungsministers vom 6. Dezember 1980 formuliert, gehörte auch die Bereitstellung von Lazarettbetten sowie die Mobilmachung von juristischem Personal für das Militärgericht. Die Verantwortung für die NVA-Teilnahme übernahm Erich Honecker. Er sanktionierte in seiner Funktion als Vorsitzender des Nationalen Verteidigungsrates die Pläne zur »gemeinsamen Ausbildungsmaßnahme« mit seiner Unterschrift unter den Befehl 15/80 des Verteidigungsrates. Unter den Militärs gab es keinen Zweifel, wozu die »Maßnahme« dienen sollte. Das bestätigte Generalmajor Manfred Gehmert, Chef des Militärbezirks V, nach Gesprächen in Polen. »Von allen Generälen und Offizieren der polnischen Armee wurde die Überzeugung zum Ausdruck gebracht, daß die polnische Armee in der Lage ist, die komplizierten Probleme der VR Polen selbständig zu lösen, und daß es nicht zur Durchführung der gemeinsamen Übung kommen wird.«[38]

Schließlich stoppte Moskau die Invasionspläne. Zunächst sollte eine innenpolitische Lösung angestrebt und die Alleinherrschaft der Polnischen Arbeiterpartei mit Hilfe des polnischen Sicherheits- und Militärapparates wiederhergestellt werden. Honecker machte dessen ungeachtet 1981 weiter Stimmung gegen Polen, das für ihn eine zentrale Bedeutung hatte: Würden dort die ökonomischen Herztöne anders schlagen, drohe ein Infarkt des gesamten Ostblocks. Da ein militärisches Eingreifen nicht unmittelbar auf der Tagesordnung stand, intensivierte er die Kontakte der SED-Bezirksparteiorganisationen mit den Wojewodschaftskomitees der Polnischen Arbeiterpartei, um die »marxistisch-leninistischen Kräfte«

zu unterstützen. Für Honecker war diese auf dem Weg zu einer sozialdemokratisch orientierten Partei. Und er griff zur alten Dolchstoß-Legende. Die polnischen Genossen fühlten sich im Kampf um die Parteilinie »verraten und mit dem Dolch in den Rücken gestoßen«, dramatisierte Honecker.[39] Er forderte eine Säuberung der Partei und die Ablösung der Spitze Stanisław Kania/Wojciech Jaruzelski, der er Unentschlossenheit vorwarf. Honecker legte auch gleich eine Liste möglicher Kania-Nachfolger vor.

Anfang Dezember 1981 gab er schließlich seine Zustimmung zu einer Erklärung der Verteidigungsminister des Warschauer Vertrages zur »äußerst komplizierten Lage in Polen«, die es notwendig mache, »die entsprechenden Maßnahmen zur Gewährleistung der Sicherheit der sozialistischen Gemeinschaft zu treffen«.[40] Am 10. Dezember wurde der SED-Chef von Verteidigungsminister Hoffmann schriftlich über die unmittelbar bevorstehende Ausrufung des Kriegsrechts in Polen informiert. Honecker hat den Brief am Tag des Eingangs mit seinem Kürzel »EH« abgezeichnet. Wichtigste Passage für ihn: »Als Beginn der Maßnahmen wird ein Termin bis 15. Dezember für möglich gehalten«, schrieb Hoffmann.[41] Marschall Viktor Kulikow, Oberkommandierender der Vereinten Streitkräfte, hatte schon im April 1981 vorgeschlagen: »Da die Polen als fromme Katholiken am Sonnabend und Sonntag alle beten, würden sich die Wochenenden anbieten, um zu wirksamen Maßnahmen zu schreiten.«[42] Der 13. Dezember 1981 war ein Sonntag.

In der Nacht zu diesem 13. Dezember wurden die Teilstreitkräfte und die Grenztruppen der DDR in erhöhte Bereitschaft versetzt. Der SED-Generalsekretär wandte sich um 4.00 Uhr morgens mit einem Telegramm an seine Bezirkschefs: »Wir bitten, Maßnahmen vorzubereiten, um entsprechend der sich entwickelnden Situation zu handeln. In jedem Fall ist bis auf Widerruf alles notwendige zu gewährleisten, um aufgrund der vorgesehenen Maßnahmen in Polen reagieren zu können.«[43] Anschließend ging er mit seinem Gast Helmut Schmidt frühstücken, der mit der Nachricht vom Kriegsrecht in Polen geweckt worden war. In den Unterlagen des DDR-Verteidigungsministeriums fand sich eine Karte mit der Datumsangabe »13. und 14. Dezember 1981«. Sie zeigte einen dicken Stoßkeil auf polnisches Gebiet für den Einmarsch der 9. Panzerdivision, jener Einheit, die schon 1980 für die »gemeinsame Ausbildungsmaßnahme« vorgesehen war.

Das alles konnte Schmidt bei seinem Gespräch mit Honecker und in der Abschlußpressekonferenz zum DDR-Besuch nicht wissen. Dazu kam: Da sich seine Mitarbeiter nicht getraut hatten, den durch die langen Gespräche geschwächten Kanzler nachts mit der Nachricht vom Kriegsrecht zu wecken, »war früh nur eine knappe halbe Stunde Zeit geblieben, um eine Sprachregelung zu treffen«, erinnerte sich Hermann Freiherr von Richthofen, 1981 Leiter Deutschlandpolitik im Bundeskanzleramt, bei einer Veranstaltung der SPD-nahen Friedrich-Ebert-Stiftung am 29. November 2001 in Hubertusstock. Schmidt sollte sich nicht in einer Weise äußern, die zum Abbruch des Besuchs hätte führen müssen. Allerdings wurde die von Honecker geäußerte und vom Kanzler öffentlich gemachte Bestürzung über das Kriegsrecht auch nicht hinterfragt. »Anzeichen, daß Honecker den Termin kannte, hat es nicht gegeben«, behauptete von Richthofen noch 20 Jahre später. Und der damalige Staatsminister im Bundeskanzleramt, Gunter Huonker, erinnerte sich bei der Veranstaltung: »Wir haben das nicht einmal theoretisch durchgespielt.«

Dabei hatte der Bundesnachrichtendienst bereits am 15. Dezember 1981, zwei Tage nach Verhängung des Kriegsrechts, in einem Bericht behauptet, Honecker habe das Datum gekannt. Der Kanzler sei, so die Schlußfolgerung des Dienstes, in eine Falle gelockt worden. Darauf folgte umgehend eine Zurechtweisung von Gerhard Ritzel, dem Geheimdienstkoordinator im Kanzleramt. Der BND-Bericht enthalte keinerlei Belege, sondern nur Spekulationen. Im übrigen habe Schmidt den Zeitpunkt seiner Reise selbst gewählt, während der Ständige Vertreter der Bundesrepublik in Ost-Berlin, Klaus Bölling, durchaus vom Drängen Honeckers auf die Zusammenkunft sprach.[44] Dieses Bild schien die im »Spiegel« veröffentlichte »Analyse eines SED-Mannes« zu bestätigen. Der nicht genannte Autor legt dar, daß der DDR-Führung bereits im November klar war, »daß in Polen etwas passieren würde«. Als Beleg führte er die Rede Honeckers auf der 3. ZK-Tagung am 19./20. November an, in der dieser gesagt habe: »Die Konfrontation ist unvermeidlich, die Konterrevolution ist bewaffnet.« Der genaue Zeitpunkt sei dem Generalsekretär aber unbekannt gewesen. »Die SED-Führung rechnete für die Zeit zwischen dem 15. und 20. Dezember 1981 mit größeren Unruhen und einer ›entscheidenden Aktion‹.«[45] Der Brief von Verteidigungsminister Hoffmann sagt etwas anderes aus.

Die Bonner Führung wollte nicht wahrhaben, daß sie in die Irre geleitet worden war. Dazu dürfte bei Schmidt die Verärgerung über seine nicht ganz glückliche Wahl des Wortes »notwendig« für das Kriegsrecht sowie über seine Bemerkung bei der Pressekonferenz in der DDR gekommen sein, daß »die wirtschaftlichen und finanziellen Hilfsmöglichkeiten anderer Staaten zugunsten Polens« ja »gewiß nicht unbegrenzt« seien. Damit wurde Polen indirekt als Störfaktor für die deutsch-deutschen Beziehungen hingestellt.[46] Das Eingeständnis, sich geirrt zu haben, hätte den ohnehin brüchigen deutsch-deutschen Kontakten einen kräftigen Dämpfer verpaßt. Zumal der Kanzler das ergebnislose Treffen mit Honecker nur mit Mühe als Erfolg verkaufen konnte. Schon der Hauch eines Zweifels an seiner Entspannungspolitik hätte seine Lieblingsrolle als »Dolmetscher« zwischen den Systemen in Frage gestellt. Besser war es, so zu tun, als messe man der Honecker-Bemerkung keine allzu große Bedeutung bei. »In Wahrheit hätte die Überlegung, ob Honecker tatsächlich unwissend war oder Unwissenheit nur simulierte, für unser Verhalten nur geringe Bedeutung gehabt«, behauptete Bölling im nachhinein. Und Schmidt schrieb 1990: »Wahrscheinlich wäre ich trotzdem gereist, denn ein drittes Mal zu verschieben wäre nun wirklich Unsinn gewesen.« Aus seiner Sicht wäre es ein schwerer Fehler gewesen, »die DDR wegen der Vorgänge in Polen zu brüskieren und ihr damit vor der Weltöffentlichkeit und besonders in den Augen des polnischen Volkes eine Mitschuld an der innenpolitischen Zuspitzung im Nachbarstaat zuzuschieben«.[47] Schmidt hatte Honecker deutlich signalisiert, daß er eine Einmischung seinerseits nicht tolerieren würde. Daran schien sich der SED-Chef aus seiner Sicht gehalten zu haben. Er wurde daraufhin vom Kanzler sozusagen in den Rang eines glaubwürdigen Entspannungspolitikers erhoben. Ein Urteil, das bis zur Kanzlerschaft von Helmut Kohl Bestand haben sollte und Honeckers Intention, ein gleichberechtigter Partner des Westens zu werden, entgegenkam.

Neben Helmut Kohl hatte CSU-Chef Franz Josef Strauß Schmidt am deutlichsten kritisiert. Der Kanzler sei zum »Wanderer zwischen zwei Welten« geworden, spiele sich als »Hüter des Friedens« auf und begründe seine »jämmerliche Haltung zu Polen« mit der Notwendigkeit, eine mögliche Kriegsgefahr zu vermeiden. Im April 1983 wiederholte Strauß seinen Vorwurf, Schmidt habe sich von Honecker in eine Falle locken lassen. Das hielt den CSU-

Politiker nicht davon ab, den SED-Chef drei Monate später in der Schorfheide zu besuchen und ihn danach zu preisen, wie es nicht einmal Schmidt getan hatte: »Das ist ein beeindruckendes Mannsbild.«[48] Überhaupt hat die Union nach dem konstruktiven Mißtrauensvotum gegen Schmidt am 1. Oktober 1982 und der Wahl Helmut Kohls zum Bundeskanzler die sozialliberale Ostpolitik nahezu nahtlos fortgesetzt. Sie erreichte ihren Höhepunkt 1987 mit Honeckers Staatsbesuch in Bonn. Die Kontinuität in der Ostpolitik dürfte ein Grund sein, warum niemand ernsthaft an der Legende vom ahnungslosen Entspannungspolitiker gerührt hat. Die Hauptakteure pflegten sie bis zur Wende: Bölling durch seine 1983 erschienenen Erinnerungen, Helmut Schmidt in seinem 1990 veröffentlichten Buch »Die Deutschen und ihre Nachbarn«. Dort heißt es zum Kriegsrecht in Polen: »Honecker und ich sprachen beim Frühstück darüber. [...] Honecker war offensichtlich betroffen über die Nachricht, die zu diesem Zeitpunkt noch kurz und unvollständig war.«[49]

Ehemalige SED-Größen haben nach der Wende an dem Bild festgehalten. Günter Sieber, von 1973 bis 1980 DDR-Botschafter in Warschau und anschließend Leiter der Abteilung Internationale Verbindungen im ZK der SED, schrieb in einem vom PDS-Ehrenvorsitzenden Hans Modrow herausgegebenen Sammelband: »Weder der Generalsekretär noch der Verteidigungs- oder Sicherheitsminister haben auf direktem oder indirektem Weg von diesem für den Warschauer Vertrag schwerwiegenden Ereignis Kenntnis erhalten.«[50] Egon Krenz, Honeckers kurzzeitiger Nachfolger, will noch nicht einmal etwas von Überlegungen zum Eingreifen in Polen gehört haben. »Mir ist nicht ein Fakt bekannt, wo die DDR zu einer Aggression gegenüber Polen aufgerufen hätte. Woher haben Sie diesen Witz?« fragte er ein Fernsehteam, das eine Dokumentation über die DDR filmte. Krenz konnte sich auch nicht an die Sitzung des Politbüros am 28. November 1980 im Verteidigungsministerium in Strausberg bei Berlin erinnern, in der Honecker die Vollmacht für die Entscheidung zum Eingreifen erhielt, obwohl Krenz, damals Kandidat des Politbüros, laut Teilnehmerliste anwesend war.[51]

Über Honeckers Beweggründe für sein Verhalten 1980/81 wird bis heute spekuliert. Selbst Ex-Kanzler Helmut Schmidt gestand vor wenigen Jahren: Trotz aller Bemühungen »habe ich zu Honecker keinen persönlichen Zugang gehabt, seine Persönlichkeit blieb mir rätselhaft«.[52] Honecker erhielt die schon länger erwartete Nachricht von der bevorstehenden Ausrufung des Kriegsrechts in Polen einen Tag vor Schmidts Ankunft. Obwohl für ihn ein ideologisch motivierter Unterschied zwischen einem herkömmlichen Krieg und »militärischer Bruderhilfe« bestand, hatte der SED-Chef gute Gründe, sein Wissen zu leugnen und das Treffen nicht platzen zu lassen. Er war auf die wirtschaftlichen Beziehungen zur Bundesrepublik angewiesen und versuchte, eine vorsichtige Brücke zu Bonn zu schlagen, zumal die Sowjetunion immer weniger in der Lage war, die ökonomischen Schwierigkeiten der DDR zu beheben. Die wachsende Abhängigkeit von der Bundesrepublik war im Kreml bereits mit Mißtrauen registriert und gelegentlich kritisiert worden. Auch von den Honecker-Gegnern im Politbüro, beispielsweise Werner Krolikowski, 1. Stellvertreter von Regierungschef Willi Stoph, der heimlich Buch führte und dem Kreml über alles berichtete, was seiner Meinung nach Moskaus Position in der DDR gefährden könnte.[53]

Die Kritik an seiner West-Politik nutzte Honecker, indem er sich gegenüber Bonn als jemand präsentierte, der im Grunde seines Herzens ein verantwortungsvoller deutscher Entspannungspolitiker war, aber wegen des Drucks aus Moskau nicht so konnte, wie er eigentlich wollte. Er war im Gegensatz zu seinem Vorgänger Walter Ulbricht bereit, Abstriche an früheren Positionen zu machen. Doch Honecker legte seine harte Haltung gegenüber dem »imperialistischen Feind« nie wirklich ab. Helmut Schmidt galt in seinen Augen als »Initiator des Doppelbeschlusses der Nato, die die Welt in das gefährliche Raketenspiel trieb«.[54] Also wollte er den Kanzler zum Handeln gegenüber den USA und der Nato bewegen – letztlich mit dem Ziel, den Nachrüstungsbeschluß doch noch zu kippen, der besonders der Sowjetunion ein Dorn im Auge war. Daß Honecker dabei nachhaltige Bewegungen in der innerdeutschen Frage mit dem Stand der Beziehungen zwischen der Sowjetunion und den USA verknüpfte, schien aus seiner Sicht logisch. Der SED-Chef war mit maßgeblicher Hilfe des Kreml an die Spitze gelangt. »Als Vorposten des sowjetischen Machtimperiums und ohne nationale Identität wie ihre [die DDR] östlichen und südlichen Nachbarn waren die Grenzen enger gezogen, der Grad für einen Wandel schmaler und der innere Zustand labiler«, erkannte der Historiker Heinrich Potthoff.[55] Und Honecker fühlte sich als Vorposten, als Speerspitze. Zudem, notierte Honecker, habe er nie vergessen, was Leonid Breschnew ihm schon 1970 gesagt hat: »Die DDR kann ohne uns, ohne die Sowjetunion, ihre Macht und ihre Stärke nicht existieren, ohne uns gibt es keine DDR.«[56]

Letztlich sollte das Treffen mit Schmidt auch dazu beitragen, Honeckers Ansehen bei Volk, Partei und Verbündeten zu stärken. Die Stationierung der sowjetischen SS-20-Raketen und die Aussicht auf ähnliche Atomwaffen in Westdeutschland hatten ihn beunruhigt und das Verhältnis zu Moskau kompliziert. Das Wiederaufflammen des Kalten Krieges drohte seinen politischen Spielraum auf ein Minimum einzuschränken. Daher war der SED-Chef bestrebt, international eine stärker beachtete Position einzunehmen – als Vertreter des auch von der Bundesrepublik offiziell anerkannten zweiten deutschen Staates. In einem ausführlichen Interview im »Neuen Deutschland« am 16. Dezember 1981 über sein Treffen mit Schmidt sprach sich Erich Honecker daher deutlich gegen »besondere Beziehungen« zur Bundesrepublik aus. »Beide deutsche Staaten haben sich seit längerem bescheinigt, daß sie Völkerrechtssubjekte sind. Es ist an der Zeit, daß die BRD die unausweichlichen Schlußfolgerungen daraus zieht.«[57] In seiner ideologischen Verbohrtheit und politischen Kurzsichtigkeit konnte er die ihm von Bonn durchaus zugetraute Rolle des Entspannungspolitikers im Endeffekt nie wirklich ausfüllen.

Die Legende vom ahnungslosen Honecker zeigte im Dezember 1981 keine unmittelbare politische Wirkung. Schmidt setzte in den wenigen Monaten, die er noch im Amt war, seine Politik der Entspannung fort, ebenso die nachfolgende Kohl-Regierung. Der Kanzler wollte in der polnischen Krise eine Eskalation in der bereits begonnenen neuen Runde des Wettrüstens verhindern. Zahlreiche Dokumente belegen aber, daß Schmidts Mahnungen an die SED, sich aus eventuellen militärischen Maßnahmen gegen Polen herauszuhalten, von Honecker ignoriert wurden. Ohne dies zu wissen, zeigte Helmut Schmidt noch in seinen in der Wendezeit verfaßten Erinnerungen eine gewisse Sympathie für den SED-Chef. Dagegen liest sich die knapp zwei Seiten lange Einschätzung in dem 1996 erschienenen Buch »Weggefährten« unter der Überschrift »Honecker blieb ein Gegner« wie ein einziger Verriß. Zentrale Aussage des ehemaligen Bundeskanzlers: »Der Mann hat mir nicht gefallen.«[58]

Zum zehnten Jahrestag erklärt der ehemalige Bundeskanzler Helmut Kohl dem Geburtstagskind »Deutsche Einheit«, daß er unbeirrt für die Einheit gearbeitet habe und somit der Vater der Wiedervereinigung sei – nicht die Bürger der ehemaligen DDR, die auf die Straße gingen. Zeichnung von Gerhard Mester für die »Thüringische Allgemeine« im Oktober 2000.
(Gerhard Mester/CCC, www.c5.net)

»Unbeirrt für die Einheit gearbeitet«?

Die Deutschlandpolitik der Union unter Kohl

»Die Einheit gehört allen Deutschen. Aber wahr ist auch, daß wir in der Union die Idee des gemeinsamen Vaterlandes nie aufgegeben haben.«[1] Helmut Kohl ist in seinem Element. Der zehnte Jahrestag der Einheit wird gefeiert, doch der Alt-Kanzler ist nicht als Redner zum offiziellen Festakt am 3. Oktober in Dresden geladen worden. Kohl nutzt eine Veranstaltung der Konrad-Adenauer-Stiftung im »Tränenpalast«, dem ehemaligen Grenzübergang an der Friedrichstraße in Berlin, zu einem Grundsatzreferat über seine Deutschlandpolitik. Die Geschichte, so Kohls These, dürfe nicht von der rot-grünen Koalition umgeschrieben werden. »Die Führung der SPD und ein Großteil der Linken in Deutschland hatten den Auftrag des Grundgesetzes, die deutsche Einheit in Freiheit zu wahren, aufgegeben«, wirft er seinen politischen Gegnern vor. Die CDU dagegen habe »unbeirrt das Bewußtsein für die Einheit der Nation« wachgehalten. In einem Zeitungsinterview legt Kohl nach: Nur weil die Union niemals aufhörte, für die Einheit zu arbeiten, sei es ihr gelungen, diese 1989/90 in wenigen Monaten zu verwirklichen.

Ein Blick in offizielle Dokumente und öffentliche Reden scheint Kohls Einschätzung zu bestätigen. »Wir bekennen uns im Gegensatz zur SPD/FDP zur geschichtlichen und verfassungsrechtlichen Verantwortung für ganz Deutschland und erklären als überragendes Ziel unserer Politik die Wiederherstellung der Einheit Deutschlands«, heißt es 1980 im Wahlprogramm der Union. Und in seinem ersten »Bericht zur Lage der Nation« als Bundeskanzler formuliert Helmut Kohl 1983: »Wir Deutschen finden uns mit der Teilung unseres Vaterlandes nicht ab. Wir werden den Auftrag des Grundgesetzes zielstrebig und beharrlich weiter verfolgen, in freier Selbstbestimmung die Einheit und Freiheit Deutschlands zu vollenden.«[2]

Deutlicher als mit dem Verweis auf die Präambel des Grundgesetzes kann man ein Ziel nicht definieren. Doch verfolgte die Kohl-Regierung das Ziel der Wiedervereinigung auch in der realen Politik? Strebte die Union mit ihrem Festhalten an der Einheit der Nation die staatliche Einheit an? Wie sahen die Konzepte zur Vereinigung aus?

Das Thema Wiedervereinigung beschäftigte das geteilte Deutschland seit der doppelten Staatsgründung 1949. Die DDR verfolgte in den Anfangsjahren ein Zusammengehen unter kommunistischem Vorzeichen. Bundeskanzler Konrad Adenauer war der Meinung, zunächst müsse die Bundesrepublik in den Westen integriert werden, um aus einer Position der Stärke heraus agieren zu können. »Die Sowjets werden früher oder später einsehen, daß sie sich mit dem Westen verständigen müssen, daß sie ihn nicht niederzwingen können. In einer solchen friedlichen Verständigung lag meine Hoffnung und sah ich meine Chance«, schrieb Adenauer in seinen Erinnerungen.[3] In einem überschaubaren Zeitraum sei das allerdings nicht zu realisieren. Die Sozialdemokraten drängten darauf, die Wiedervereinigung so schnell wie möglich anzugehen. Der Streit mit Adenauer darüber läßt sich am Beispiel der Stalin-Note von 1952 ablesen, in der von einem vereinten, aber neutralen Deutschland die Rede war. »Alle Möglichkeiten ausloten«, war ein Anliegen der Sozialdemokraten, bis sie 1960 die Westintegration als Voraussetzung für die Wiedervereinigung öffentlich akzeptierten – auch wenn sich das deutsche Volk auf eine längere Zweistaatlichkeit einrichten mußte.

Zu diesem Zeitpunkt war Adenauer gar nicht mehr so überzeugt von seiner Haltung. 1958 hatte er gegenüber der Sowjetunion seine Bereitschaft signalisiert, sich auch mit weniger als der vollen Wiedervereinigung zufriedenzugeben und für die DDR einen neutralen Status wie dem Österreichs zu akzeptieren. Ausdrücklich betonte Adenauer, daß er die Frage der Wiedervereinigung »nicht vom Standpunkt des deutschen Nationalismus betrachte«[4]. 1962 unterbreitete er Moskau sogar eine Art »Burgfrieden«-Angebot. Es sah vor, daß die DDR zehn Jahre lang nicht den Anschluß an die Bundesrepublik vollziehe, wenn der Bevölkerung der DDR gestattet werde, ihre inneren Angelegenheiten in freier Selbstbestimmung zu gestalten.[5] Ihm gehe es darum, »den Deutschen in der Sowjetzone die Möglichkeit zu geben, so zu leben, wie sie leben wollen«, sagte Adenauer.

Als Ende der sechziger Jahre die SPD das Kanzleramt übernahm, formulierte sie sehr bald eine neue Ostpolitik der Regierung, die eine Annäherung durch friedliche Zusammenarbeit zum Ziel hatte. Erste Ergebnisse waren 1970 die Unterzeichnung des Moskauer und des Warschauer Vertrages sowie 1972 des deutsch-deutschen Grundlagenvertrages. Letzterer ging von »normalen gutnachbarlichen Beziehungen zueinander auf der Grundlage der Gleichberechtigung« aus. Um Vorstellungen der östlichen Seite entgegenzutreten, mit diesen Verträgen sei der Status quo der Teilung zementiert, wurde dem Moskauer und dem Grundlagenvertrag ein »Brief zur deutschen Einheit« beigefügt, dessen Grundaussage lautete: Die Ostverträge stünden nicht im Widerspruch zum politischen Ziel der Bundesrepublik, »auf einen Zustand des Friedens in Europa hinzuwirken, in dem das deutsche Volk in freier Selbstbestimmung seine Einheit wiedererlangt«. In ihrer praktischen Politik setzten die sozialliberalen Bundesregierungen unter Willy Brandt und Helmut Schmidt auf einen Dialog mit der SED-Führung, auf die Förderung persönlicher Kontakte und das Bemühen um menschliche Erleichterungen.

Als am 1. Oktober 1982 Helmut Kohl zum Bundeskanzler gewählt wurde, rechneten Beobachter mit einer Umorientierung in der Deutschlandpolitik. In seiner ersten Regierungserklärung am 13. Oktober kündigte der CDU-Chef dann auch eine »Politik der Erneuerung« an. Er sprach nicht mehr von zwei deutschen Staaten, sondern von »zwei Staaten in Deutschland«. Acht Monate später fügte Kohl dem turnusmäßig vorgetragenen »Bericht zur Lage der Nation« die von Willy Brandt getilgte Ergänzung »im geteilten Deutschland« wieder hinzu, um ein Zeichen für das politische Gewicht des Wiedervereinigungsgebotes im Grundgesetz zu setzen. Die DDR reagierte gelassen. Helmut Kohl hatte nämlich bereits 1975 CDU-Schatzmeister Walther Leisler Kiep zum SED-Westexperten Herbert Häber geschickt und andeuten lassen: Wenn die CDU einmal die Regierung übernähme, werde sie zu den Ostverträgen stehen. Diese Zusage wiederholte Kohl 1982 in seiner ersten Regierungserklärung. Die Überwindung der Teilung sei für ihn jedoch nur in historischen Zeiträumen denkbar. In seiner »Rede zur Lage der Nation« fügte er 1983 hinzu: »Aus geschichtlicher Erfahrung sind wir uns bewußt, daß die Wiederherstellung der Einheit Deutschlands in Frieden und Freiheit nur im Rahmen einer gesamteuropäischen Friedensordnung zu verwirklichen ist.«[6]

Kohl setzte auch die praktische Politik seiner Vorgänger im Umgang mit dem SED-Regime im wesentlichen fort. Helmut Schmidt hatte in seiner letzten Kanzlerrede Kohl mit auf den Weg gegeben: »Der Sinn unserer Deutschlandpolitik, der innerste Kern, ist die Erhaltung der Einheit der Nation.« Voraussetzung dafür sei, die Lage der Ostdeutschen zu erleichtern. Dazu müsse man gute und stabile Beziehungen mit der SED-Spitze aufbauen und pflegen. Dies formulierte Kohl fast wörtlich auch als sein Leitbild. Ende 1983 versicherte der Kanzler SED-Chef Erich Honecker in einem vertraulichen Telefonat sogar: »Sie sprechen hier mit einem Mann, der nichts unternehmen wird, um Sie in eine ungute Lage – ich will es nicht näher interpretieren –, in eine ungute Lage zu bringen.«[7]

Als erster Beleg dafür gilt der Milliardenkredit, den westdeutsche Banken der DDR 1983 gewährten und für den die Bundesregierung bürgte. Ausgerechnet CSU-Chef Franz Josef Strauß, ein erklärter Kritiker der Politik »Kasse gegen Hoffnung«, hatte den Kredit eingefädelt – und zwar ausdrücklich, ohne Gegenleistungen zu vereinbaren. SED-Generalsekretär Erich Honecker hat später gegenüber Helmut Schmidt geäußert, die DDR sei zu dem Kredit »wie die Jungfrau zum Kinde« gekommen. Für Helmut Kohl markierte er »eine Wende in den deutsch-deutschen Beziehungen. Da man in Ost-Berlin das Geld aus dem Westen brauchte, mußte man uns beim Reise- und Besucherverkehr entgegenkommen.«[8] Hier blieb die SED-Spitze allerdings hinter den Erwartungen zurück. Zwar begann sie mit dem Abbau der Selbstschußanlagen und einiger Minenfelder an der Grenze. Sie reduzierte den Mindestumtausch im Reiseverkehr aber nur für Kinder und erließ Einschränkungen zur Familienzusammenführung. Für die DDR bedeutete die Finanzspritze aus Bonn die Wiedergewinnung der internationalen Kreditwürdigkeit. Sie konnte ihre Schulden abbauen und zugleich ihr System nach innen festigen. Helmut Kohl hat 1993 als Zeitzeuge vor der Enquête-Kommission des Bundestages zu den Folgen der SED-Diktatur eingeräumt, ihm sei durchaus bewußt gewesen, daß der Kredit das SED-Regime stabilisieren würde. Doch er war für die Union in erster Linie politisch wichtig. Strauß urteilte rückblickend, die Vermittlung des Milliardenkredits habe »die Union insgesamt und die CSU im besonderen aus einem toten Winkel herausgeholt«.[9]

Nach dem Treffen von Kohl und Honecker im Februar 1984 anläßlich der Beerdigung des sowjetischen Staats- und Parteichefs Juri

Andropow in Moskau nahm die Reisetätigkeit westdeutscher Politiker nach Ost-Berlin zu. Zudem rückten in den »Berichten zur Lage der Nation« die internationalen Aspekte der Deutschlandpolitik in den Vordergrund. Schließlich fand im September 1987 Honeckers Staatsbesuch in Bonn statt. Der war schon für 1984 geplant gewesen, aber am massiven Einspruch Moskaus gescheitert. Es wurde ein Empfang mit allen protokollarischen Ehren, die für einen souveränen Staat üblich sind. Zwei verschiedene Fahnen hingen vor dem Bundeskanzleramt, die Kapelle der Bundeswehr spielte zwei deutsche Hymnen, zwei deutsche Staatslenker standen Seite an Seite. Honecker besuchte nicht nur Bonn, sondern reiste auch nach München und in seine saarländische Heimat.

Unmittelbar vor dem Besuch veröffentlichten SPD und SED ein gemeinsames Papier über den »Streit der Ideologien und die gemeinsame Sicherheit«. Darin hieß es: »Beide Seiten müssen sich auf einen langen Zeitraum einrichten, währenddessen sie nebeneinander bestehen und miteinander auskommen müssen. Keine Seite darf der anderen die Existenzberechtigung absprechen. Unsere Hoffnung kann sich nicht darauf richten, daß ein System das andere abschafft.«[10] Kohl suchte nach einer Möglichkeit, während des Honecker-Besuchs dem Eindruck entgegenzuwirken, er begebe sich ebenfalls auf Schmusekurs mit der SED. Der Kanzler nutzte dafür seine Begrüßungsansprache beim Bankett in der Redoute in Bonn-Bad Godesberg, die live in der DDR übertragen werden sollte. Er wies seine Redenschreiber an, einen besonders scharfen Text zu entwerfen. »Die Präambel unseres Grundgesetzes steht nicht zur Disposition. Sie will das vereinte Europa, und sie fordert das gesamte deutsche Volk auf, in freier Selbstbestimmung die Einheit und Freiheit Deutschlands zu vollenden. Das ist unser Ziel«, so der Bundeskanzler in aller Deutlichkeit. Scharf kritisierte er das unnatürliche Grenzregime. Zu seiner Verwunderung reagierte Honecker nicht. Überrascht konnte der nicht sein, denn er hatte die Rede vorab am Flughafen erhalten. Im Gegenteil: Dem SED-Chef kam Kohls demonstrative Distanz entgegen. Sie war ein schlagkräftiges Argument gegen die Kritiker der deutschdeutschen Annäherung im SED-Politbüro und im Kreml. Und trotz aller klaren Worte hatte der Kanzler eingeschränkt: »Die deutsche Frage bleibt offen, doch ihre Lösung steht zur Zeit nicht auf der Tagesordnung der Weltgeschichte.«

Helmut Kohl hat das Treffen später als großes politisches Opfer dargestellt. »Es war wohl bis zum Jahre 1989 die wichtigste innerdeutsche Entscheidung, die ich persönlich zu treffen hatte. Sie fiel mir ungewöhnlich schwer, weil sich alles in mir dagegen gesträubt hat [...].«[11] Der Honecker-Besuch dürfte ihm weniger aus weltanschaulichen Gründen nicht geschmeckt haben, sondern vielmehr, weil er ahnte, welche Wirkung von dem Treffen ausgehen würde. Im Kommuniqué war die Rede von der gemeinsamen Verantwortung für den Frieden und von der Absicht, sich in den jeweiligen Bündnissen um einen Abbau der Ost-West-Spannungen zu bemühen. Damit wurde die DDR von der Bundesregierung als gleichwertiger Partner anerkannt. Dies wirkte auf viele Deutsche und Westeuropäer wie ein Signal für die Normalität der deutschen Teilung.

Eine Haltung, die offenbar längst auch Eingang in das Bewußtsein vieler Mitglieder der Union gefunden hatte. 1988 kam es zum radikalsten Versuch, die deutschlandpolitische Programmatik der CDU der längst praktizierten Regierungspolitik anzupassen. Den ersten Test startete die Ministerin für innerdeutsche Beziehungen, Dorothee Wilms, zu Jahresbeginn bei einem Vortrag in Paris. Die Wiedervereinigung Deutschlands, so Wilms, werde es in überschaubarer Zukunft nicht geben, davor liege ein geschichtlicher Prozeß von nicht absehbarer Dauer. Und die Ministerin weiter: »Der Nationalstaat um seiner selbst Willen, das ist weder der Auftrag des Grundgesetzes noch entspricht dies unserem politischen Bewußtsein.«[12] Die Überwindung der Teilung Deutschlands werde auf den Sankt-Nimmerleins-Tag verschoben, tadelte daraufhin die »Welt«. Ottfried Hennig, Parlamentarischer Staatssekretär von Wilms, kritisierte seine Ministerin: »Abwarten ist keine uns erlaubte Politik.« Der Staatsrechtler und CDU-Politiker Rupert Scholz verwies darauf, daß im Grundgesetz der Wiedervereinigungsauftrag »bewußt an die Spitze« gestellt wurde. »Dies bedeutet, daß die Einheit der deutschen Nation auch in der Form des Nationalstaates ihre Vollendung finden kann. Das Wiedervereinigungsgebot des Grundgesetzes verpflichtet uns, alle Optionen, den Nationalstaat eingeschlossen, offenzuhalten«, mahnte er.[13]

Doch die CDU-Spitze ließ sich nicht von einer Neuformulierung ihrer einstigen Ziele abhalten. Mitte Februar 1988 stellte CDU-Generalsekretär Heiner Geißler öffentlich ein Diskussionspapier vor, das die Vorlage für den Leitantrag zum Wiesbadener Parteitag im Juni sein sollte. Mitautoren waren unter anderem die Minister

Dorothee Wilms und Wolfgang Schäuble sowie Unions-Fraktionsvize Volker Rühe. Das Wort Wiedervereinigung tauchte in dem Papier nicht auf. Die Einheit sei nur mit Einverständnis der Nachbarn in Ost und West zu erreichen, hieß es statt dessen. Die Überwindung des Ost-West-Konflikts wurde als Voraussetzung zur Überwindung der deutschen Teilung gesehen. Damit drehte die Parteispitze die Festlegungen des sogenannten Harmel-Berichtes um. Das 1967 verfaßte politische Grundlagendokument der Nato, benannt nach dem damaligen belgischen Außenminister Pierre Harmel, stellte fest, daß die deutsche Teilung Kern der Ost-West-Spannungen und ohne Lösung der Deutschlandfrage eine stabile Lage in Europa unmöglich sei. Daß die Autoren des Diskussionspapiers dafür plädierten, den Harmel-Bericht durch eine »Atlantische Charta – Nato 2000« zu ersetzen, deuteten Kritiker als Versuch, die Deutschlandfrage hintanzustellen. »Tut man dies, so kann man eine Politik betreiben, die die Teilung akzeptiert und dennoch von Spannungsabbau redet, ein Verhalten, das auf die Anerkennung des Status quo als Normalität, als normativ anerkannte Größe für die praktische Politik, hinausliefe«, kommentierte ein Beobachter.[14] Schließlich sah der Entwurf Kontakte mit der DDR »auf allen Ebenen« vor, also auch mit der SED und der Volkskammer – bis dahin ein Tabu in der CDU.

Vor allem vom rechten Flügel der Partei folgte ein Aufschrei. »Mit Entsetzen las ich in den hiesigen Karnevalstagen Mitteilungen über einen programmatischen Antrag der CDU zur Deutschlandpolitik, in dem von Wiedervereinigung nicht mehr die Rede ist. [...] Warum eigentlich, so frage ich Sie, Herr Vorsitzender, haben wir gegen die SPD gekämpft, als diese erklärte, von Wiedervereinigung – vom Lebensrecht unseres Volkes also – nicht mehr sprechen zu wollen?«, schrieb der frühere CDU-Chef Rainer Barzel an seinen Nachfolger Helmut Kohl.[15] Die Aussage, eine Lösung der deutschen Frage sei gegenwärtig nicht zu erreichen, konterte Barzel: »Wer diese Feststellung trifft, muß Rechenschaft geben über das, was er getan hat.« Und er fragte: Wann hat die Bundesregierung zuletzt die Sowjetunion auf die Wiedervereinigung angesprochen? Wann wurde mit den verbündeten Westmächten zuletzt über die gemeinsame Verpflichtung aus dem Deutschlandvertrag beraten? Wann wurden mit Nachbarn mögliche Strukturen und Modelle gemäß dem »Brief zur deutschen Einheit« erörtert?

Barzel bekam Zustimmung aus der CSU: »Deine kritischen Fragen zu den deutschlandpolitischen Aussagen der CDU und der Bundesregierung sind sehr gerechtfertigt und dürfen nicht überhört werden«, teilte ihm CSU-Chef Franz Josef Strauß mit.[16] Auch die Medien stürzten sich auf das Thema. »Abschied von alten Einheits-Träumen«, schrieb der »Spiegel«. Ernst-Otto Maetzke kommentierte in der »Frankfurter Allgemeinen Zeitung«: »Je gröber jemand sagte, daß die Überwindung der deutschen Teilung gegenwärtig nicht auf der Tagesordnung stehe, desto kräftiger nickte auch die CDU mit dem Kopf. Immer mehr ›Pragmatismus‹ war angesagt: Hergabe von politischer Hartwährung für menschenrechtliche Weichwährung. [...] Eine Weile wurde von der CDU noch Deutsche Rhetorik gepflegt, danach noch geduldet. Jetzt ist sie ihrer überdrüssig. Wird sie die Präambel des Grundgesetzes dann zu einem unanständigen Text erklären?«[17] Kohl reagierte auf diesen Kommentar mit einem bitterbösen Brief an Maetzke, in dem er den Journalisten für seine überspitzten Formulierungen rügte.

Gleichzeitig begann die CDU-Spitze aber, das Diskussionspapier zu entschärfen. So wurde die Formulierung, die Lösung der deutschen Frage sei gegenwärtig nicht zu erreichen, wieder herausgenommen. Dafür tauchte das Wort »Wiedervereinigung« auf, indem man ein Zitat von Konrad Adenauer an den Anfang stellte: »Die Wiedervereinigung Deutschlands in Freiheit war und ist das vordringlichste Ziel unserer Politik.« Gestrichen wurde auch, daß die Einheit nur mit Zustimmung der Nachbarn zu erreichen sei. Heiner Geißler erklärte später, es sei um das Wort »Wiedervereinigung«, nicht um das Ziel der Einheit gegangen. Man habe auf den Begriff verzichten wollen, weil die Formulierung der Präambel des Grundgesetzes, »die nationale und staatliche Einheit zu wahren«, geeigneter erschien. Das klang genausowenig überzeugend wie seine Erläuterung, »Wiedervereinigung« höre sich an, als ob etwas »Vergangenes restauriert werden sollte«. Auch Mitautor Horst Teltschik, Kohls außen- und sicherheitspolitischer Berater, verteidigte das Diskussionspapier. Das Beharren Bonns auf Verwirklichung von Menschenrechten in der DDR bewirke doch, daß die deutsche Frage ständig auf der Tagesordnung stehe. Da die territoriale Wiedervereinigung nicht zu erwarten sei, müßten mit einer praktischen Politik die Reisemöglichkeiten verbessert und das Bewußtsein der Einheit der Nation gefördert werden, argumentierte Teltschik.

In Wirklichkeit ging es den Autoren darum, die Partei zu modernisieren, sie attraktiver für die junge Generation und den neuen Mittelstand in der Dienstleistungsbranche zu machen. Kohl deutete das später auf dem Parteitag in seiner Rede an, als er sagte: »Die Einstellung vieler Menschen hat sich verändert. Nicht die Werteordnung hat sich verändert, aber die Einstellung zu ihr. Hier ist ein Wandel in Gang gekommen, der für eine Partei wie die Christlich-Demokratische Union notwendigerweise Auswirkungen haben muß.«[18]

Eine Analyse der umstrittenen Passagen im Diskussionspapier zeigt, daß Kohl alle wesentlichen Punkte tatsächlich schon in früheren Reden vertreten hatte, beispielsweise den Passus: »Nicht Grenzen zu verschieben, sondern sie durchlässig zu machen und sie zu überwinden durch Menschlichkeit, ist unser Ziel.« Aus dem »Bericht zur Lage der Nation« von 1986 stammte die kritisierte Formulierung, daß die Einheit nur mit Einverständnis der Nachbarn zu erreichen sei. 1987 hatte Kohl vom »politischen Dialog auf allen Ebenen« mit der DDR gesprochen. Der Kanzler begründete die Ursache für die Kritik im nachhinein so: »Es gab einen Unterschied: Das eine waren Reden von mir, und das andere war ein Dokument der Partei.«[19] Barzels drängende Fragen zeigten aber: Kohls Kritiker empfanden nicht nur die Formulierungen im Diskussionspapier, sondern auch die praktizierte Deutschlandpolitik der Union insgesamt als zu passiv.

Auf dem Parteitag wurde das Thema Deutschlandpolitik nur kurz diskutiert. Zum einen war der vorgelegte Leitantrag um die Kritikpunkte bereinigt, zum anderen ließen die Befürworter keine wirkliche Auseinandersetzung zu. Fraktionsvize Volker Rühe sagte den Abgeordneten, die Deutschen müßten begreifen, daß die deutsche Frage ihnen nicht allein gehöre. Die Anträge der Kreisverbände Lüneburg und Oldenburg, neue Denkansätze zu entwickeln und neue Wege zur Wiedervereinigung zu suchen, wurden abgeschmettert. CDU-Politiker wie Bernhard Friedemann, der für die Wiederaufnahme einer operativen Einigungspolitik eintrat, ignorierte Kohl. Hans Otto Bräutigam, Leiter der Ständigen Vertretung der Bundesrepublik in der DDR, mußte die SED-Spitze, die die Diskussion argwöhnisch verfolgte, beruhigen. Gegenüber Egon Krenz äußerte er, trotz einiger Formulierungen müsse man sehen, daß die CDU sich vorwärts bewege und nicht bei alten Formeln stehenbleibe.[20] Roman Herzog, Präsident des Bundesverfassungsgerichts und späterer Bundespräsident, mahnte dagegen unmittelbar nach dem Parteitag, sich nicht mit der Existenz von zwei deutschen Staaten auf deutschem Boden abzufinden. »Eine Nation ohne den eigenen Willen zum Staat ist ein Unding«, wetterte er.[21]

Die unionsgeführte Bundesregierung setzte nach dem Parteitag 1988 ihren Kurs der Annäherung durch Dialog mit der SED-Führung fort. Sie sah sich dabei durch Meinungsumfragen gestärkt. Danach wertete die bundesdeutsche Öffentlichkeit die DDR zunehmend als normalen Staat, der sich politisch wie wirtschaftlich konsolidiert hatte und dessen Existenz nicht zur Disposition stand. Nach einer Umfrage in den achtziger Jahren hielten 50 Prozent der Befragten eine Vereinigung für ausgeschlossen. Gegenstimmen zur herrschenden Meinung wurden kaum beachtet. Sie kamen vor allem aus dem Kreis ehemaliger Wissenschaftler der DDR, die ausreisen mußten und in der Bundesrepublik weiter publizierten. Sie drängten beispielsweise darauf, die Programmatik der Deutschlandpolitik so zu gestalten, daß sich Reformkräfte in der DDR darin wiederfinden und damit identifizieren konnten. Einige dieser ehemaligen DDR-Akademiker schickten häufig unaufgefordert Gutachten oder Stellungnahmen an die Bundesregierung, die in Bonn höchstens höflich-dankend zur Kenntnis genommen wurden. Resigniert stellte der in den Westen ausgereiste einstige Honecker-Berater Wolfgang Seiffert 1988 angesichts der Haltung in der Union fest: »Sie wollen die Einheit nicht.«[22] Obwohl die Bundesregierung über das Vorgehen des SED-Regimes gegen Oppositionelle informiert war, versuchte sie, die SED-Führung zu stabilisieren. 1988 vereinbarten beide Seiten einen neuen Zehn-Jahres-Vertrag mit höheren Transferzahlungen. Zum »Stabilitätsgebot« sagte Kohl: »Es konnte doch nicht unser Interesse sein, daß wir im humanitären Bereich unsere Bemühungen einstellten und damit zur Destabilisierung massiv beitrugen.«[23] Seine Regierung verzichtete sogar auf Kritik am scharfen Auftreten der DDR-Sicherheitskräfte, etwa bei der Luxemburg-Demonstration im Januar 1988, und hielt Distanz zu Dissidenten und Oppositionellen. Einschmeichelnd teilte Wolfgang Schäuble seinen Verhandlungspartnern in der SED mit: »Wie Sie merken, halten wir uns sehr zurück und haben auch weiterhin die Absicht, diese Position einzunehmen.«[24]

Kohl hat der SPD nach der Wende vorgeworfen, sie hätte sich vom Ziel der deutschen Einheit verabschiedet und ein enges Beziehungsgeflecht zum SED-Regime aufgebaut. Als Beleg diente ihm das SED-SPD-Papier über den »Streit der Ideologien« und Überlegungen, die Erfassungsstelle Salzgitter, die staatliche Verbrechen von DDR-Funktionären dokumentierte, zu schließen – eine der sogenannten Geraer Forderungen Erich Honeckers. Tatsächlich warben SPD-Mitglieder für die Streichung des Wiedervereinigungsgebotes aus der Präambel des Grundgesetzes. Tatsächlich reisten SPD-Politiker häufig zu Gesprächen in die DDR. Und es finden sich tatsächlich zahlreiche Äußerungen führender Sozialdemokraten gegen eine Wiedervereinigung. Helmut Schmidt sagte 1986: »Von der theoretischen Möglichkeit, die Deutschen wieder zusammenzubringen, ist die Einheit in einem gemeinsamen deutschen Nationalstaat heute die unwahrscheinlichste Lösung.«[25] 1988 meinte Willy Brandt: »Durch den Kalten Krieg und dessen Nachwirkungen gefördert, wurde die ›Wiedervereinigung‹ zu jener spezifischen Lebenslüge der zweiten deutschen Republik.« Und Gerhard Schröder befand im Sommer 1989: »Nach 40 Jahren Bundesrepublik sollte man eine neue Generation in Deutschland nicht über die Chancen einer Wiedervereinigung belügen. Es gibt sie nicht.«[26]

Doch auch die Union scheute sich nicht während der Kanzlerschaft Kohls, ein weitreichendes Beziehungsgeflecht zur SED-Führung aufzubauen. Als Wolfgang Schäuble am 15. November 1984 Chef des Bundeskanzleramtes wurde, übernahm er zugleich die Zuständigkeit für die Deutschlandpolitik, sehr zum Unwillen der Ministerin für innerdeutsche Beziehungen, deren Bedeutung fortan gegen null tendierte. Schäuble schuf einen eigenen »Sonderkanal« nach Ost-Berlin zu DDR-Devisenbeschaffer Alexander Schalck-Golodkowski. Mit ihm traf er sich bis zur Wende etwa 20 Mal, das erste Mal bereits am 5. Dezember 1984. Schäuble bot politisches Entgegenkommen für die Lösung von Problemen an. Eines war die ungehinderte Einreise von Asylbewerbern über Ost-Berlin in den Westteil der Stadt, den die SED-Führung nicht als Territorium der Bundesrepublik betrachtete. Nach einer Gesprächsnotiz von Schalck stellte Schäuble eine einvernehmliche Regelung des Grenzverlaufes an der Elbe in Aussicht, ebenfalls eine Geraer Forderung Honeckers. Schäuble meinte auch, »daß er kein Geheimnis verrate, wenn er mitteilt, daß von Seiten der CDU/CSU das Problem des geltenden Asylrechts zum Wahlkampfthema gegenüber der SPD gemacht wird. Wenn es dadurch und vielleicht mit

Unterstützung der DDR gelingen würde, die SPD für eine entsprechende Änderung des Grundrechts zu gewinnen«, könnte dadurch ein Problem gelöst werden.[27] Laut einer Dokumentation der SPD-Bundestagsfraktion soll die CDU-geführte Bundesregierung 1984 über den damaligen Staatsminister im Kanzleramt, Philipp Jenninger, der DDR eine schrittweise Abschaffung der Erfassungsstelle Salzgitter angeboten haben.

Intensiv waren auch die Kontakte zwischen Schalck und CSU-Chef Strauß sowie dessen Freund, dem Fleischgroßhändler Josef März. Zählt man persönliche Treffen, Telefonate und schriftliche Nachrichten zusammen, kamen zwischen 1983 und 1988 mehr als 400 Kontakte zum Büro des Devisenbeschaffers und Stasi-Offiziers Schalck zustande.

Nicht gern gesprochen wird in der Union darüber, daß es wie in der SPD schon länger Stimmen gab, die an eine Wiedervereinigung, an ein nationalstaatliches Gebilde für einen überschaubaren Zeitraum nicht mehr glaubten. Allen voran Helmut Kohl. 1981 schrieb er in einem Beitrag der »Lutherischen Monatshefte«: »Wir müssen in langen Zeiträumen denken, und wir müssen bei alldem wissen, daß die Nation als Verbindung freier Bürger wichtiger ist als der Nationalstaat als territoriale Einheit.«[28] Anfang 1983 sagte er: »Es hat gar keinen Sinn, darum herumzureden. Was man als deutsche Einheit im Sinne der Wiederherstellung der früheren Verhältnisse betrachtet – ich rede jetzt nicht von der staatsrechtlichen Situation, sondern von der politischen Entwicklung in der Zukunft –, so glaube ich nicht, daß man in Ost und West für ein Zusammenfügen der Bundesrepublik und beispielsweise der DDR mit dann weit über achtzig Millionen Einwohnern und der ganzen Wirtschaftskraft viel Sympathie findet.«[29] Als er im Oktober 1988 von einem Staatsbesuch aus Moskau zurückkehrte und gefragt wurde, ob er die Wiedervereinigung noch erleben werde, antwortete Kohl: »Wahrscheinlich nicht«[30].

Der Kanzler stand damit innerhalb seiner Partei nicht allein. Für Stuttgarts Oberbürgermeister Manfred Rommel war die Idee der Wiedervereinigung völlig aussichtslos. Heiner Geißler fand, die Lösung der deutschen Frage sei gegenwärtig nicht zu erreichen. Kanzleramtsminister Wolfgang Schäuble legte Mitte 1988 bei einem Vortrag in der Deutschen Gesellschaft für Auswärtige Politik dar: »Wir müssen wissen, daß wir mit der Existenz zweier deutscher Staaten in Europa auf nicht absehbare Zeit zu leben haben.

[...] Es wäre unrealistisch, in näherer Zukunft eine grundlegende Änderung des politischen Systems der DDR und seiner Zielstellung zu erwarten.«[31] Im Februar 1989 wiederholte Schäuble seine Zweifel an einer Wiedervereinigung. Kohls außenpolitischer Berater Teltschik vertrat im Juli 1989 den Standpunkt, daß es »in der deutschen Frage nicht in erster Linie um eine territoriale Lösung« gehe, sondern um eine Verbesserung der Menschenrechte in der DDR.[32] Im September legte Ministerin Wilms eine 200 Seiten umfassende Redensammlung unter dem Titel »Gedanken zur deutschen Frage« vor. Die Vokabel »Wiedervereinigung« tauchte darin nur viermal auf – innerhalb von Zitaten und im Ergebnis einer Umfrage. Dafür findet sich der Satz: »Wir wissen, daß die Überwindung der Teilung Deutschlands in naher Zukunft nicht zu erwarten ist, weil die Teilung Europas noch andauert.«[33] Bayerns Ministerpräsident Max Streibl schließlich verkündete noch im Oktober 1989, er halte nichts davon, wenn man »Wiedervereinigungsdebatten« anfange, die »uns im Westen und im Osten in Schwierigkeiten bringen: Jeder sollte in seinem Block bleiben, die DDR drüben und wir hier.«[34]

Angesichts dieser Haltung war es nicht verwunderlich, daß die Bundesregierung nicht vorbereitet war, als im Herbst 1989 in der DDR die Wende eingeläutet wurde. »Die Wiedervereinigung ist kein zufälliges Ereignis, sondern ein Ergebnis einer langfristig angelegten Politik«, tönte Helmut Kohl bei der Einheitsfeier der CDU im Jahr 2000.[35] Tatsächlich verfügte die Bundesregierung über kein politisch brauchbares Konzept für diese angeblich geplante Entwicklung. »Erst recht nicht gibt es für den Fall der bevorstehenden Wiedervereinigung irgendwelche Vorarbeiten, Ablaufpläne oder Krisenszenarien neueren Datums, auf die das Bundeskanzleramt zurückgreifen kann«, heißt es sogar in einer Sonderedition des Kanzleramtes zur deutschen Einheit.[36] Kohl hatte bei seiner Amtsübernahme 1982 wichtige Posten wie den Leiter des Arbeitsstabes Deutschlandpolitik im Kanzleramt nicht neu besetzt. Die Bundesanstalt für gesamtdeutsche Aufgaben erhielt mit Kohl als Kanzler keine neuen Aufgaben. Der Forschungsbeirat für Fragen der Wiedervereinigung, Mitte der siebziger Jahre vom damaligen SPD-Minister für innerdeutsche Fragen, Egon Franke, aufgelöst, wurde nicht wieder eingerichtet. Dabei lautete eine der ursprünglichen Aufgaben des Beirates: »Erstellung eines

Sofortprogramms, d. h. die Vorbereitung aller derjenigen Maßnahmen, die im Falle einer Wiedervereinigung alsbald, also etwa innerhalb des ersten Jahres, notwendig sein würden.«[37] Heinrich Windelen, 1983 bis 1987 CDU-Minister für innerdeutsche Beziehungen, schrieb 1991 in einem Leserbrief in der »Frankfurter Allgemeinen Zeitung«: »Natürlich wäre es richtig und notwendig gewesen, den Forschungsbeirat beizubehalten.«[38]

Auch nach dem Mauerfall machte in Bonn zunächst niemand Anstalten, ein Gesamtkonzept für die Wiedervereinigung auszuarbeiten. Das Bundesministerium für innerdeutsche Beziehungen erarbeitete lediglich eine Gedankenskizze zu verfassungs- und völkerrechtlichen Aspekten einer Konföderation, also eines Staatenbundes. Dazu gehörten Fragen wie die Staatsangehörigkeit und die EG-Mitgliedschaft.[39] 1999 gestand Kohl in einem Interview mit dem »Rheinischen Merkur« zur Frage der Wiedervereinigung ein: »Dafür hatten wir nun keinen Generalplan.«[40] Ausgerechnet die von Kohl abgesegnete Sonderedition aus den Akten des Bundeskanzleramtes von 1989/90 und das Tagebuch von Kanzlerberater Horst Teltschik aus dieser Zeit belegen, daß der Kanzler nicht der weitblickende Stratege war, als der er sich gern darstellt. Am 26. Oktober 1989 beglückwünschte er den neuberufenen DDR-Staatsratsvorsitzenden Egon Krenz in alter Dialog-Manier zu seinem »neuen und wichtigen Amt« und wünschte sich für die Zukunft »gute und konstruktive Gesprächskontakte«.[41] Kohl rechnete noch mit der Weiterexistenz des zweiten deutschen Staates. Am 9. November flog der Kanzler zum Staatsbesuch nach Warschau. Dort sagte ihm Solidarność-Chef Lech Wałęsa am Vormittag, er bezweifele, »ob die Mauer in ein bis zwei Wochen noch stehen wird«. Kohl konnte sich das nicht vorstellen, da »die Leute nicht radikal seien«[42]. Als die Mauer am Abend wirklich fiel, eilte Kohl einen Tag später nach Berlin, wo Jubelfeste bereits im Gange waren. Auch in den folgenden Wochen hielt er sich zurück, während andere wie Außenminister Hans-Dietrich Genscher, SPD-Chef Willy Brandt und CDU-Politiker Lothar Späth die DDR bereisten. Im Bundestag versprach Kohl zwar Hilfe, falls die SED-Führung eine grundlegende Reform der wirtschaftlichen und politischen Verhältnisse einleite. Konkret verlangte er von der SED einen Verzicht auf das Machtmonopol, die Zulassung unabhängiger Parteien, freie Wahlen und marktwirtschaftliche Strukturen. Damit setzte der Kanzler die Gegenseite unter Druck, verschaffte aber vor allem sich selbst Luft, da mit der

Umsetzung seiner Forderungen so schnell nicht zu rechnen war.[43] Mitte November telefonierte Kohl erneut mit Krenz. Der Kanzler betonte: »Es ist nicht unser Ziel, und schon gar nicht mein Ziel, daß möglichst viele Leute aus der DDR rausgehen, sondern unsere gemeinsame Politik muß sein, daß die Leute zufrieden sind und in ihrer Heimat bleiben, aber daß sie rüber und nüber gehen können, sich besuchen, miteinander sprechen, ist ganz wichtig.«[44] Eine Wiedervereinigung sei im Augenblick nicht das Thema.

Ende November 1989 drängten ihn dann seine Berater, öffentlich die Meinungsführerschaft zu übernehmen. Der Anstoß dazu kam von außen. Nikolai Portugalow, Mitglied des ZK der KPdSU und Vertrauter von Valentin Falin, Leiter der Abteilung für internationale Beziehungen im ZK, der als Hardliner unter den »Germanisten« im Kreml galt, überreichte am 21. November in Bonn Kanzlerberater Teltschik einen Fragenkatalog des Kreml über die weiteren Absichten der Bundesregierung. Dann lockte Portugalow mit zusätzlichen, nicht mit Gorbatschow abgestimmten »nichtamtlichen Überlegungen«. Machten die Deutschen »rein theoretisch« die Wieder- oder Neuvereinigung zum Ziel ihrer Politik, sollten sie öffentlich über den Austritt aus der Nato nachdenken. Die Sowjetunion erwäge dafür auch »Undenkbares«. Teltschik war »wie elektrisiert«. Umgehend informierte er Kohl. »Wenn schon Gorbatschow und seine Berater die Möglichkeit der Wiedervereinigung und die damit zusammenhängenden Fragen diskutieren, dann sei es höchste Zeit, das wir das nicht länger im stillen Kämmerlein täten, sondern in die Offensive gingen«, argumentierte Teltschik.[45]

Ein internes Treffen zur Verbesserung der Öffentlichkeitsarbeit für den Kanzler am 23. November wurde kurzerhand zu einer Vorbereitungsrunde für eine deutschlandpolitische Offensive. Die Kohl-Berater schlugen vor, ein Konzept zu erarbeiten. Ganz sicher war sich Teltschik offenbar nicht, daß Kohl mitmachen würde. So notierte er: »Der Bundeskanzler stimmte zu unserer großen Erleichterung zu.«[46] In nur fünf Tagen formulierten verschiedene Arbeitsgruppen ein 10-Punkte-Programm. Nicht ohne Kontroversen. Kanzleramtsminister Rudolf Seiters und der Leiter des Arbeitsstabes Deutschlandpolitik, Carl Duisberg, waren unsicher, den Kanzler mit einem Wiedervereinigungsplan an die Öffentlichkeit gehen zu lassen. Duisberg befürchtete, daß mit diesem Programm Kohls gesamte bisherige Deutschlandpolitik in Frage gestellt würde.[47]

Die Erarbeitung des 10-Punkte-Plans unter Zeitdruck zeugte auch nicht von langfristiger Vorbereitung. Der Plan blieb inhaltlich und in den zeitlichen Perspektiven unkonkret, Vorschläge zur deutsch-polnischen Grenze und zur Bündniszugehörigkeit eines vereinten Deutschlands fehlten völlig. Das war gewollt. Denn ausdrücklich sollte kein »Masterplan zur Herstellung der deutschen Einheit« gezeichnet werden. Es ging schlicht darum, einen Überraschungscoup zu landen und nicht der SPD das Feld zu überlassen, sobald die jahrzehntelange Vereinigungsrhetorik durch operative Wiedervereinigungspolitik ersetzt werden müßte. Helmut Kohl, der zu diesem Zeitpunkt mit der Vereinigung erst in fünf bis zehn Jahren rechnete, präsentierte den 10-Punkte-Plan am 28. November im Bundestag. Der Kanzler bestand auf dem Selbstbestimmungsrecht der Deutschen und forderte als ersten Schritt »konföderative Strukturen«, also einen Staatenbund – und damit zunächst ein Fortbestehen der Zweistaatlichkeit. »Der Bundeskanzler hat die Meinungsführerschaft in der deutschen Frage übernommen«, jubelte Teltschik.[48] Daß vor Kohl auch SPD-Oppositionsführer Hans-Jochen Vogel einen Deutschlandplan vorgelegt hatte, der inhaltlich dem des Kanzlers glich, ging unter.

Generalsekretär Michail Gorbatschow reagierte verärgert auf den eigenständigen Vorstoß. Er stand noch immer auf dem Standpunkt, daß die deutsche Teilung ein Ergebnis der Geschichte sei und Versuche, dieses umzustoßen, zu einer gefährlichen Lage führen würden. Zudem hatte er mit Kohl vereinbart, sich über Schritte in diese Richtung vorab auszutauschen. »Nicht einmal Hitler hat sich etwas derartiges erlaubt«, fuhr Außenminister Eduard Schewardnadse seinen Kollegen Genscher am 5. Dezember in Moskau an.[49] Die Kreml-Führung fühlte sich übergangen und strafte Kohl bis Januar 1990 mit Nichtachtung. Nach Aktenlage telefonierten weder Gorbatschow noch Schewardnadse mit dem Kanzler.

In dieser Zeit agierte vor allem DDR-Ministerpräsident Hans Modrow. Er hatte bereits in seiner Regierungserklärung am 17. November eine Vertragsgemeinschaft vorgeschlagen. Bis Ende Januar erarbeitete der DDR-Ministerpräsident ein Konzept, das eine stufenweise Vereinigung bei fester Verankerung im europäischen Prozeß vorsah: den Abschluß eines Vertrages über Zusammenarbeit und gute Nachbarschaft, dann die Bildung einer Konföderation und schließlich eines einheitlichen deutschen Staates. Ganz offensichtlich wollte Modrow den Vereinigungsprozeß verlangsamen sowie die Chancen der SED-PDS erhöhen. Am 30. Januar flog er damit zu Gorbatschow nach Moskau. Dieser begrüßte die Überlegungen. Seine Hoffnung, die Mehrheit der Bürger würde sich bei den Wahlen am 18. März 1990 noch für einen Fortbestand der DDR aussprechen, zerstörte Modrow allerdings: »Die wachsende Mehrheit der Bevölkerung unterstützt die Idee von der Existenz zweier deutscher Staaten nicht mehr. [...] Die Wiedervereinigungstendenzen sind in den Grenzregionen, zum Beispiel in Thüringen, besonders augenfällig.«[50] Gorbatschow riet Modrow daraufhin, die Veröffentlichung seines Konzeptes zu überdenken. Er bekräftigte das Selbstbestimmungsrecht der Deutschen, bestand aber auf einen neutralen Status des vereinten Deutschlands. Modrow, einst Hoffnungsträger der SED, sagte letzteres zu, stellte das Konzept »Für Deutschland, einig Vaterland« aber bereits am 1. Februar vor. Im eigenen Lager wurde ihm vorgeworfen, der DDR damit den Todesstoß versetzen zu wollen. Kohl lehnte ein neutrales vereintes Deutschland ab.

Der Kanzler verharrte Anfang Januar 1990 in seiner abwartenden Haltung. Angesichts der Auflösungserscheinungen in der DDR arbeitete die Zeit für ihn. Erst als immer mehr DDR-Bürger in die Bundesrepublik übersiedelten, Klaus Kinkel, damals Staatssekretär im Justizministerium, eine »Eventual-Planung für den Fall eines Zusammenbruchs der DDR« forderte und Kohls Berater eindringlich eine »Politik der großen Schritte« anmahnten, wurde der Kanzler aktiv. Anfang Februar beschloß das Kabinett, einen Ausschuß »Deutsche Einheit« unter Vorsitz des Kanzlers einzurichten. Am 10. Februar reiste Kohl nach Moskau, weil Gorbatschow mit ihm über Modrows Überlegungen sprechen wollte. Kohl hatte für sich entschieden, nicht mehr über einen Stufenplan und konföderative Strukturen zu verhandeln, sondern direkt die Einheit anzustreben. Um sein schnelles Handeln zu begründen, schilderte er Gorbatschow die dramatische Lage in der DDR. Doch der kannte die schon von Modrow. Außerdem hatte sich der Kreml-Chef Modrow gegenüber auf die Vereinigung festgelegt, auch wenn er sich über den Weg dorthin noch im unklaren war. Gorbatschow, der den Kanzler nicht gerade freundlich empfing, wiederholte, was er bereits dem DDR-Ministerpräsidenten und US-Außenminister James Baker gesagt hatte: »Die Deutschen müssen selbst wissen, welchen Weg sie gehen wollen.«[51]

Kohl nahm diesen Satz, wie Teltschik verwundert registrierte, gelassen auf. Als der Kanzler wenig später im Gästehaus eine lapidare Erklärung für die Journalisten diktierte, widersprach der Berater. »Ich glaubte nicht richtig zu hören – es klingt wie ein geschäftsmäßiger Bericht über ein Routinegespräch. Wie kann man einen solchen Riesenerfolg so verkaufen wollen?«[52] Auch bei der anschließenden Pressekonferenz war von Euphorie wenig zu spüren, als Kohl mitteilte, Gorbatschow habe der Einigung Deutschlands zugestimmt. Teltschik diktierte dafür den Journalisten in die Blöcke, der Kanzler habe den Schlüssel zur Einheit abgeholt und verbreitete damit die Legende, daß Kohl in Moskau den entscheidenden Durchbruch erzielt habe. Der Grundstein für den Mythos vom »Kanzler der Einheit« war gelegt.

Die anderen Beteiligten wunderten sich. »Ich habe eigentlich das wiederholt, was ich Modrow gesagt habe«, versicherte Gorbatschow. Nikolai Portugalow hatte schon vor der Kohl-Visite öffentlich erklärt: »Wenn das Volk die Einheit will, kommt sie. Wir werden uns in keinem Fall gegen diese Entscheidung stellen.« Und Wadim Sagladin, Gorbatschows deutschlandpolitischer Berater, äußerte Tage vor der Kohl-Anreise in einer Fernsehsendung: »Der Prozeß, der zur Wiederherstellung eines einheitlichen Deutschlands führt, hat begonnen.«[53] Auch die US-amerikanische Regierung verstand die Darstellung des Kanzlers nicht. Außenminister Baker stellte fest, daß ihm Gorbatschows Zusicherungen sehr bekannt vorkämen. Als Kohl aufbrach, um angeblich den Schlüssel für die Einheit aus Moskau zu holen, war die grundsätzliche Entscheidung längst gefallen. Es ging noch um die Bündniszugehörigkeit und die Sicherheitsinteressen Moskaus. Eine Legende ist auch, daß Kohl dann im Juli 1990 beim Besuch im Kaukasus Gorbatschow die Nato-Mitgliedschaft des vereinten Deutschland abgerungen habe. Die Zusage hatte der Kreml-Chef bereits am 31. März bei seinem Besuch in Washington gegeben. Das Treffen am kaukasischen Wildbach in Strickjacke und Pullover taugt nur wegen der ungezwungenen Atmosphäre fürs Bilderbuch der Geschichte.

Die Union hat eifrig an der Legende gewoben, Kohl habe mit dem Festhalten am Vereinigungsgebot des Grundgesetzes die Wiedervereinigung erwirkt und diese schon vor dem Zusammenbruch des SED-Regimes auf den Weg gebracht.[54] Der Alt-Kanzler pflegt dieses Bild bis heute. In seinem Erinnerungsbuch »Ich wollte

Deutschlands Einheit« beschwert er sich über weite Teile der politischen Elite, die kaum wahrgenommen hätten, welche Chancen die in der Sowjetunion erkennbare Entwicklung zu Glasnost und Perestroika auch für die Sache der Deutschen geöffnet hätten. Doch dieses Urteil fällt auf ihn selbst zurück. Obwohl Michail Gorbatschow nach seiner Machtübernahme 1985 neue Töne in der Außenpolitik anschlug, indem er betonte, die sowjetische Führung wolle nicht mehr das Selbstbestimmungsrecht anderer Nationen mißachten, unternahm Kohl keine erkennbaren Aktivitäten für die »Sache der Deutschen« in Richtung Wiedervereinigung. Bezeichnend war sein Goebbels-Vergleich in einem Interview mit dem US-Nachrichtenmagazin »Newsweek« 1986. Dort sagte Kohl über Gorbatschow: »Er ist ein moderner kommunistischer Führer, der sich auf Public Relations versteht. Goebbels, einer von jenen, die für die Verbrechen der Hitler-Ära verantwortlich waren, war auch ein Experte für Public Relations.«[55]

Als Gorbatschow davon sprach, daß die Sowjetunion Demokratie wie die Luft zum Atmen brauche, drängten Politiker und Medien 1987/88 erneut den Kanzler zu operativem Handeln in der Deutschlandpolitik. »Sollte es so kommen, daß ein sowjetischer Generalsekretär mit einem sorgfältig vorbereiteten Konzept die Bundesregierung vor sich hertreiben kann, weil sie nicht einmal vage Vorstellungen davon hat, was sie will?«, fragte die »Frankfurter Allgemeine Zeitung«.[56] Eduard Lintner, deutschlandpolitischer Sprecher der Union, warnte: »Greifen wir die politischen Fäden nicht auf, so läuft die Bundesregierung Gefahr, verdächtigt zu werden, eine mögliche Chance zur Klärung der deutschen Frage aus Kleinmut und mangelnder Vorbereitung, wenn nicht gar aus Absicht ungenutzt gelassen zu haben.«[57] Doch die Union rührte sich nicht. Der britische Historiker Timothy Garton Ash hält das für einen Fehler. Er argumentiert, daß jene Kombination aus Reformen und Bewußtwerdung der Zivilgesellschaft, wie sie in anderen osteuropäischen Ländern anzutreffen war, auch in der DDR hätte entstehen können, »wenn die Bonner Regierung in den achtziger Jahren eine etwas härtere Politik verfolgt hätte, weniger großzügig im finanziellen Bereich gewesen wäre, ausdrückliche Verknüpfungen mit der Achtung der Menschenrechte innerhalb der DDR hergestellt hätte, eindeutigen Druck zugunsten von Reformen gemacht hätte, die unabhängigen Gruppen genauso ›anerkannt‹ hätte wie das Regime«.[58]

Die Regierung Kohl wollte dagegen die SED-Führung zum besseren Umgang mit ihren Bürgern bewegen. Um das zu erreichen, mußte die ostdeutsche Seite stabilisiert werden. »Die Deutschlandpolitik der Kohl-Regierung ist nicht auf eine Destabilisierung der DDR gerichtet«, sagte Kanzleramtsminister Wolfgang Schäuble. Und Heinrich Windelen betonte: »Wir haben nicht die Absicht, der DDR zu schaden oder sie zu destabilisieren.«[59] In einer inneren politischen Stabilität der DDR und in einer starken, selbstbewußten SED-Führung sah die Union die Voraussetzung für stabile Beziehungen. Eine tatkräftige Opposition störte dabei nur. Eine Kooperation mit der Bundesrepublik, so der Gedanke Kohls, verlangte eine allmähliche Öffnung der DDR nach Westen. Das wäre für Honecker nur zu riskieren gewesen, wenn Bonn das nicht ausnutzte. Obwohl von der Union umschmeichelt und besänftigt, dachte der SED-Chef aber gar nicht daran, den Griff um seine Untertanen zu lockern. Im Gegenteil: Weil er eine »ideologische Aufweichung« durch den tatsächlich in Kohls Regierungszeit zunehmenden Reiseverkehr befürchtete, torpedierte das SED-Politbüro die 1987 vereinbarten Reiseerleichterungen Anfang 1988 wieder, indem es beschloß, »künftig gemeinsame Reisen von Ehepaaren, Eltern bzw. Elternteilen mit ihren erwachsenen Kindern und Bürgern, die in Lebensgemeinschaften leben, nicht mehr zuzulassen«[60]. Die Devise »Entspannung durch Besänftigung« erwies sich somit als untauglich. Sie führte nach Ansicht von Timothy Garton Ash zu westlichen Fehlinterpretationen, was die wirtschaftliche Stärke der DDR und die politischen Ziele der SED betraf. Ash bringt die ambivalente Haltung der Union in ihrer Deutschlandpolitik auf den Punkt: »Verantwortungsgemeinschaft von zweien in einem; Akzeptanz des Status quo, um diesen zu überwinden; Stärkung des Regimes, um dessen Griff zu lockern; Nichteinforderung der deutschen Einheit als einziges Mittel, diese zu erreichen. Vielleicht würde den Architekten der DDR-Politik daher auch dieses abschließende Paradox gefallen: Sie haben das Ziel erreicht, weil sie sich irrten!«[61] Erreicht wurde die Wiedervereinigung weniger durch die praktische Deutschlandpolitik Kohls, als vielmehr durch die Existenz des westdeutschen Staates, der jedem Besucher aus der DDR vor Augen führte, wie Wirtschaft, Wohlstand und demokratische Freiheiten funktionieren konnten.

Das Haupthindernis für eine wirklich zielstrebige Vereinigungspolitik der Union waren unterschiedliche Auffassungen über die staatliche Einfassung der deutschen Nation. Die CSU und Teile der CDU verstanden die nationale Einheit als staatliche Einheit. Für sie war die DDR ein Hindernis für das »natürliche Wollen der deutschen Nation«, sich zu einem Staat zusammenzuschließen. Verschwand dieses Hindernis, indem die DDR beispielsweise so destabilisiert wurde, daß sie einer staatlichen Wiedervereinigung nicht mehr im Wege stehen konnte, war das Ziel der Deutschlandpolitik erreicht. Im Vordergrund der Bemühungen der CDU um Helmut Kohl stand dagegen die Wahrung der nationalen Einheit – das Zusammenführen der Menschen, nicht der Territorien. Bereits in seiner ersten Regierungserklärung 1982 hatte Kohl gesagt: »Der Nationalstaat der Deutschen ist zerbrochen. Die deutsche Nation ist geblieben, und sie wird fortbestehen.«[62] Dieser Satz stieß auf Kritik, so daß Kohl ihn in der Regierungserklärung 1983 nicht wiederholte. Man wollte der SPD keine Munition für ihre Forderung nach Eliminierung des Vereinigungsgebotes aus der Präambel des Grundgesetzes liefern, vermerkte der Leiter des Arbeitsstabes Deutschlandpolitik. Kohl wollte in beiden deutschen Staaten vorrangig das Gefühl nationaler Zusammengehörigkeit wachhalten. Für die praktische Politik hieß das: Enge Kooperation mit der SED-Spitze, um Kontakte zwischen den Menschen beider Staaten zu fördern und menschliche Erleichterungen zu erreichen. Er führte damit die wesentlichen Grundzüge sozialliberaler Entspannungspolitik fort. Das entsprach auch der damaligen Stimmung in der Bevölkerung, für die die Wiedervereinigung größtenteils kein aktuelles Thema war.

Angesichts dieser Ausgangslage gab es bis zur Wende keine wirkliche Alternative zur praktizierten Dialogpolitik. Der Begriff Wiedervereinigung verlor seine zentrale Bedeutung. Auch Kohl hat ihn erst 1989 benutzt. Im »Handbuch zur deutschen Einheit« heißt es zu den Intentionen des Kanzlers zutreffend: »Kohl vermied den Begriff ›Wiedervereinigung‹ und sprach statt dessen von Einheit in Freiheit. Damit vernachlässigte er [...] die konkret staatlichen und territorialen Aspekte der deutschen Frage. Gleichzeitig ließ der Begriff ›Einheit‹ aber auch weitergehende Assoziationen zu und ist insofern ein typisches Beispiel der integrativen Funktion politischer Sprache.«[63]

Ohne Zweifel war das Maß der Annäherung und Zusammenarbeit zwischen beiden deutschen Staaten vom Verhältnis der Alliierten untereinander bestimmt, besonders vom Klima zwischen den USA und der Sowjetunion. Der Schlüssel zur Einheit, das war allen politischen Kräften klar, lag in Washington und vor allem in Moskau. Von dort gab es Ende der achtzier Jahre positive Signale. Der amerikanische Botschafter in Bonn, Richart Burt, mahnte schon Anfang 1987: »Wir müssen nach Wegen zur Überwindung der deutschen Teilung und des sogenannten Eisernen Vorhangs in Europa suchen. Wenn wir unsere Kräfte nur auf Rüstungskontrolle konzentrieren, werden wir nicht zur eigentlichen Ursache der Ost-West-Spannungen kommen.«[64] US-Präsident George Bush befürwortete im Mai 1989 in seiner Rede über ein »ungeteiltes und freies Europa« die Wiedervereinigung und äußerte am 12. Mai in einem vertraulichen Schreiben an Kohl, »daß sich uns eine historische Chance bietet«, die Ost-West-Beziehungen zu verändern.[65] Die Bundesregierung veranschlagte für die Vereinigung jedoch Zeiträume, »mit denen sonst Geologen rechnen«, notierten die Bush-Berater. Als der Kanzler seine Chance erkannte, stützte er sich auf die USA, die entscheidend zum Zustandekommen des »Zwei-plus-Vier-Prozesses« beitrugen, das heißt zur Verständigung der vier Alliierten mit den beiden deutschen Staaten. Auch Moskau, 1989/90 von wirtschaftlichen Sorgen, innerparteilichen Querelen und aufflammenden Nationalitätenkonflikten geplagt, begann sich mit der historischen Realität abzufinden. Dies gipfelte am 26. Januar 1990 in einer internen Sitzung des engsten Führungskreises, in der Gorbatschow aufrief, über alles in der deutschen Frage nachzudenken – außer über einen Militäreinsatz. Erste Erkenntnis der Experten nach vier Stunden Diskussion: »Die Wiedervereinigung ist unvermeidlich.«[66] Die Regierung Kohl war also ein Nutznießer der internationalen Konstellation.

Der Kanzler wiederholte bei verschiedenen Gelegenheiten seine Feststellung, daß die deutsche Frage historisch, rechtlich und politisch offen bleibe. Insgesamt herrschte in der Union aber die Haltung, eine territoriale Vereinigung stehe nicht auf der Tagesordnung und sei, wenn überhaupt, nur im Kontext einer europäischen Friedensordnung möglich. In der Wendezeit zögerte Kohl lange, bis er seine Chance erkannte und dann mit Machtinstinkt und politischem Geschick den Prozeß der Vereinigung entscheidend beschleunigte. Doch anstatt dieses verdienstvolle Handeln wahrheitsgemäß darzustellen, hat er mit Hilfe seiner Berater das Bild vom unbeirrbaren »Kanzler der Einheit« geschaffen und damit die Deutschlandpolitik der Union in den achtziger Jahren zu einer Legende werden lassen. Dazu beigetragen haben außerdem seine harsche Kritik an den Sozialdemokraten und deren Haltung zur Wiedervereinigung, die Kohl vor allem zum zehnten Jahrestag der Einheit äußerte. Noch im Januar 2002 warf er der SPD auf einer CSU-Veranstaltung in Bayern Versagen in dieser Frage vor.

Während Helmut Kohl auf dem Bild vom »Kanzler der Einheit« beharrt, äußerten sich andere Politiker kritisch über ihn. Rainer Barzel fand, daß Kohl eine Deutschlandpolitik betrieb, die nicht über den bekannten Status quo der Ostverträge und des Grundlagenvertrages hinausging und am Ziel der Einheit Deutschlands festhielt »wie an Buchstaben eines alten Gesetzes, das zu beleben nicht tunlich erscheint«.[67] Heiner Geißler sagte: »Die CDU steuerte mit Kohl schon damals auf den Abgrund zu. Ohne die deutsche Einheit hätten wir die Wahl 1990 verloren. Alle reden davon, daß er die deutsche Einheit geschaffen hat. Aber die Wahrheit ist, daß sie ihn und die CDU gerettet hat.«[68] Und Alt-Bundespräsident Walter Scheel meinte zehn Jahre nach der Einheit, eine monatelange umfassende Kampagne in den Medien und selbst in der Wissenschaft habe den Begriff »Kanzler der Einheit« geschaffen. »Das ist mehr falsch als richtig.«[69]

Anhang

Anmerkungen

»Wir sind alle hineingeschlittert«?

1 Schulthess' Europäischer Geschichtskalender. Neue Folge, Bd. 30 (1914), S. 370.
2 Falkenhayn an Bethmann Hollweg und Jagow, 31. 7. 1914, in: Geiss, Imanuael: Julikrise und Kriegsausbruch 1914, 2 Bde., Hannover 1963/64 (im folgenden Geiss: Julikrise und Kriegsausbruch), Bd. 2, S. 458; Berliner Morgenpost v. 1. 8. 1914.
3 Hitler, Adolf: Mein Kampf. Volksausgabe in einem Band, 479. Aufl., München 1939, S. 176 f.
4 Lloyd George, David: War Memoirs, 2 Bde., London 1933, Bd. 1, S. 52 und S. 57.
5 Keegan, John: Der Erste Weltkrieg. Eine europäische Tragödie, Berlin 2000 (im folgenden Keegan: Erster Weltkrieg), S. 39.
6 Bödecker, Ehrhardt: Ein Lehrpfad durch 500 Jahre brandenburgisch-preußische Geschichte, Wustrau o. J. [2000], S. 110.
7 Frankfurter Rundschau v. 21. 9. 2001; FAZ v. 21. 9. 2001.
8 Bartoleit, Ralf: Hineingeschlittert, in: FAZ v. 22. 9. 2001.
9 Vgl. Septemberkrise. Howard zieht Vergleich mit 1914, in: FAZ v. 28. 9. 2001.
10 Ursachen und Folgen. Vom deutschen Zusammenbruch 1918 und 1945 bis zur staatlichen Neuordnung in Deutschland in der Gegenwart, Berlin 1958–1980, 28 Bde., Bd. 3, S. 405.
11 Undatierte Aufzeichnung Gottlieb von Jagows, zit. n. Zechlin, Egmont: Motive und Taktik der Reichsleitung 1914, in: Schieder, Wolfgang (Hrsg.): Erster Weltkrieg. Ursachen, Entstehung und Kriegsziele, Köln 1969 (im folgenden Schieder: Erster Weltkrieg), S. 192 f.
12 Tagebuch Erich von Falkenhayns, 30. 7. 1914, zit. n. Afflerbach, Holger: Falkenhayn. Politisches Denken und Handeln im Kaiserreich, München 1994, S. 159.
13 Colmar von der Goltz an General Pertev, 14. 4. 1906, zit. n. Förster, Stig: Die Ursachen des Ersten Weltkriegs, in: Wegner, Bernd (Hrsg.): Wie Kriege entstehen, Paderborn 2000 (im folgenden Förster: Ursachen), S. 219.
14 Undatierte Aufzeichnung Gottlieb von Jagows, zit. n. Zechlin, Eg-

mont: Motive und Taktik der Reichsleitung 1914; in: Schieder: Erster Weltkrieg, S. 192f.

15 Notiz Max Warburgs, zit. n. Zechlin, Egmont: Krieg und Kriegsrisiko, Düsseldorf 1979, S. 69.

16 Verhandlungen des Reichstages, 13. Wahlperiode, Stenographische Berichte, Bd. 306, S. 2.

17 Deutscher Wehrkalender 1914, S. 32.

18 Frevert, Ute: Die kasernierte Nation. Militärdienst und Zivilgesellschaft in Deutschland, München 2001, S. 296.

19 Förster: Ursachen, S. 238.

20 Deutsch-französische Vereinbarung über strittige Fragen europäischer Geschichte, in: Geschichte und Wissenschaft im Unterricht 3 (1952), S. 293–295.

21 Doubek, Katja: Lexikon der Attentate, Frankfurt a.M. 2001, S. 107.

22 Sösemann, Bernd: Die Bereitschaft zum Krieg. Sarajewo 1914, in: Demandt, Alexander (Hrsg.): Das Attentat in der Geschichte, Köln 1996, S. 318f.

23 Szögyeny an Berchtold, 5. 7. 1914, zit. n. Geiss: Julikrise und Kriegsausbruch, Bd. 1, S. 84.

24 Riezler, Kurt: Tagebücher, Aufsätze, Dokumente, hrsg. v. Karl-Dietrich Erdmann, Göttingen 1972, S. 184.

25 Mann, Golo: Deutsche Geschichte des 19. und 20. Jahrhunderts. Neuausgabe Frankfurt a.M. 1992 (im folgenden Mann: Deutsche Geschichte), S. 595.

26 Tisza an Berchtold, 11. 9. 1914, zit. n. Fischer, Fritz: Griff nach der Weltmacht, Neuausgabe Frankfurt a.M. 1977 (im folgenden Fischer: Griff nach der Weltmacht), S. 83.

27 Baernreither-Tagebücher, 2. 12. 1914, zit. n. Fischer: Griff nach der Weltmacht, S. 83f.

28 Wolff, Theodor: Tagebücher 1914–1919, hrsg. v. Bernd Sösemann, 2 Bde., Koblenz 1984, Bd. 1, S. 114f. (29. 10. 1914); S. 228 (30. 5. 1915); S. 166 (17. 2. 1915); S. 370 (17. 4. 1916). Vgl. Röhl, John C. G.: Vorsätzlicher Krieg? Die Ziele der deutschen Politik im Juli 1914, in: Michalka, Wolfgang (Hrsg.): Der Erste Weltkrieg, München 1994 (im folgenden Michalka: Erster Weltkrieg), S. 193–215.

29 Mann: Deutsche Geschichte, S. 578f.

30 Lloyd George, David: Die Wahrheit über Reparationen und Kriegsschulden, Berlin 1932, S. 15.

31 Vgl. Pogge von Strandmann, Hartmut: Britische Historiker und der Ausbruch des Ersten Weltkrieges, in: Michalka: Erster Weltkrieg, S. 936f.

32 Fischer: Griff nach der Weltmacht, S. 82.

33 Schulthess' Europäischer Geschichtskalender. Neue Folge, Bd. 30 (1914), S. 370.

34 Ullrich, Volker: Die Legende vom Augusterlebnis, in: Die Zeit v. 29. 7. 1994. Vgl. ders.: Die nervöse Großmacht, Frankfurt a.M.

1997, S. 263–269; Kruse, Wolfgang (Hrsg.): Eine Welt von Feinden. Der Große Krieg 1914–1918, Frankfurt a. M. 1997, S. 159–183; Ullrich, Bernd: Die Desillusionierung der Kriegsfreiwilligen von 1914, in: Wette, Wolfram (Hrsg.): Der Krieg des kleinen Mannes, München 1992, S. 110–126; Rohkrämer, Thomas: August 1914 – Kriegsmentalität und ihre Voraussetzungen, in: Michalka: Erster Weltkrieg, S. 759–777; Stöcker, Michael: Augusterlebnis 1914 in Darmstadt, Darmstadt 1994.

35 Förster, Stig: Mit Hurra und vollem Bewußtsein in die Katastrophe, in: Frankfurter Rundschau v. 9. 8. 1994; Spiegel v. 15. 8. 1994.

36 Feldman, Gerald D.: Hugo Stinnes. Biographie eines Industriellen 1870–1924, München 1998, S. 374.

37 Mann: Deutsche Geschichte, S. 608.

38 Ferguson, Niall: Der falsche Krieg, Stuttgart 1999, S. 215.

39 Ferguson, Niall (Hrsg.): Virtuelle Geschichtsschreibung, Darmstadt 1999, S. 115–177.

40 Förster: Ursachen, S. 217, Anm. 21.

41 Schieder, Theodor: Propyläen Geschichte Europas. 1848–1918: Staatensystem als Vormacht der Welt, Berlin 1977, S. 321 f.

»Von hinten erdolcht«?

1 Michaelis, Herbert u. a. (Hrsg.): Ursachen und Folgen. Vom deutschen Zusammenbruch 1918 und 1945 bis zur staatlichen Neuordnung Deutschlands in der Gegenwart, 28 Bde., Berlin 1958–1980, Bd. 4, S. 7 f.

2 Bonn, Moritz Julius: So macht man Geschichte, München 1953, S. 239 f.

3 Werbeblatt Nr. 141 der Deutschnationalen Schriftenvertriebsstelle v. 29. 5. 1920, zit. n. Hiller von Gaertingen, Friedrich Freiherr: »Dolchstoß«-Diskussion und »Dolchstoßlegende« im Wandel von vier Jahrzehnten, in: Besson, Waldemar (Hrsg.): Geschichte und Gegenwartsbewußtsein. Festschrift für Hans Rothfels, Göttingen 1963 (im folgenden Hiller von Gaertingen: Dolchstoß), S. 139.

4 Süddeutsche Zeitung v. 22. 5. 1920, Beilage, zit. n. Hiller von Gaertingen: Dolchstoß, S. 139.

5 Müller-Meiningen, Ernst: Aus Bayerns schwersten Tagen, Berlin 1923, S. 27.

6 Vgl. Hiller von Gaertingen: Dolchstoß, S. 124.

7 Thaer, Albrecht von: Generalstabsdienst an der Front und in der OHL. Aus Briefen und Tagebuchaufzeichnungen 1915–1919, hrsg. v. Siegfried A. Kaehler, Göttingen 1958 (im folgenden Thaer: Tagebuch), S. 254. Vgl. Hiller von Gaertingen: Dolchstoß, S. 123 f., Anm. 5; Petzold, Joachim: Die Dolchstoßlegende. Eine Geschichtsfälschung im Dienst des deutschen Imperialismus und Militarismus, Berlin (Ost) 1963 (im folgenden Petzold: Dolchstoß), S. 32, Anm. 19.

8 Neue Zürcher Zeitung v. 17. 12. 1918.
9 Petzold: Dolchstoß, S. 27f. Vgl. Hiller von Gaertingen: Dolchstoß, S. 135, Anm. 48.
10 Erklärung des Generals Sir Frederick Maurice, zit. n. Herz, Ludwig: Geschichte, Sinn und Kritik des Schlagwortes vom »Dolchstoß«, in: Die Ursachen des Deutschen Zusammenbruchs im Jahre 1918, Berlin 1925–1929 (im folgenden Ursachen des Zusammenbruchs), Bd. 6, S. 120.
11 Petzold: Dolchstoß, S. 26.
12 Vasold, Manfred: Dolchstoß-Legende, in: Benz, Wolfgang (Hrsg.): Legenden, Lügen, Vorurteile. Ein Wörterbuch zur Zeitgeschichte, 2. Aufl., München 1992, S. 60.
13 Fraser, Lindley: Germany between two wars, 2. Aufl., London 1945, S. 16 f.; Kaehler, Siegfried A.: Vorurteile und Tatsachen. Drei geschichtliche Vorträge, Hameln 1949, S. 20. Vgl. Wheeler-Bennett, John W.: Hindenburg. The wooden Titan, London 1936, S. 238.
14 Petzold: Dolchstoß, S. 28.
15 Thaer: Tagebuch, S. 235 f.
16 Kuhl, Hermann von: Gutachten, in: Ursachen des Zusammenbruchs, Bd. 6, S. 39.
17 Zit. n. Deist, Wilhelm: Der militärische Zusammenbruch des Kaiserreichs. Zur Realität der Dolchstoßlegende, in: Büttner, Ursula (Hrsg.): Das Unrechtsregime. Festschrift für Werner Jochmann, Hamburg 1986, Bd. 1 (im folgenden Deist: Zusammenbruch), S. 113.
18 Deist: Zusammenbruch, S. 122.
19 Kaehler, Siegfried A.: Vier quellengeschichtliche Untersuchungen zum Kriegsende 1918, in: Nachrichten der Akademie der Wissenschaften zu Göttingen. Philologisch-historische Klasse, Göttingen 1960 (im folgenden Kaehler: Quellenkritische Untersuchungen), S. 446.
20 Zit. n. Afflerbach, Holger: Mit wehender Fahne untergehen. Kapitulationsverweigerung in der deutschen Marine, in: Vierteljahrshefte für Zeitgeschichte 49 (2001), S. 606.
21 Stürmer, Michael: Das ruhelose Reich, Neuausgabe, Berlin 1994, S. 396.
22 Kaehler: Quellenkritische Untersuchungen, S. 432.
23 Vgl. Schivelbusch, Wolfgang: Die Kultur der Niederlage, Berlin 2001, S. 247–255.
24 Krumeich, Gerd: Die Dolchstoß-Legende; in: Etienne, François; Schulze, Hagen (Hrsg.): Deutsche Erinnerungsorte, München 2001, Bd. 1, S. 598.

»Und die Nazis waren es doch«?

1 Ebermayer, Erich: Denn heute gehört uns Deutschland ... Persönliches und politisches Tagebuch, Hamburg/Wien 1959, S. 31 f.

2 Stresemann, Wolfgang: Wie konnte es geschehen? Hitlers Aufstieg in der Erinnerung eines Zeitzeugen, Berlin 1987, S. 66.
3 Kessler, Harry Graf: Tagebücher 1918 bis 1937, 2. Aufl., Frankfurt a.M. 1961, S. 710.
4 François-Poncet, André: Brief an Paul-Boncour, 2. März 1933, zit. n. Becker, Josef und Ruth (Hrsg.): Hitlers Machtergreifung, München 1983, S. 115.
5 Nationalsozialistische Partei-Korrespondenz, zit. n. Tobias, Fritz: Der Reichstagsbrand. Legende und Wirklichkeit, Rastatt 1962 (im folgenden Tobias: Reichstagsbrand), S. 457.
6 Zit. n. Tobias: Reichstagsbrand, S. 20.
7 Mommsen, Hans: Der Reichstagsbrand und seine politischen Folgen, in: Vierteljahrshefte für Zeitgeschichte 12 (1964), S. 356.
8 Hofer, Walther: Der Nationalsozialismus, Frankfurt a.M. 1957 (im folgenden Hofer: Nationalsozialismus 1957), S. 52 f. Vollständig abgedruckt in: Georgi Dimitroff und der Reichstagsbrandprozeß, Berlin (Ost) 1982 (im folgenden Dimitroff und der Reichstagsbrandprozeß), Bd. 1, S. 197–212.
9 Akten der Reichskanzlei. Regierung Hitler, Boppard 1983, Bd. 1, S. 2 f.
10 Oberfohren-Denkschrift, zit. nach Dimitroff und der Reichstagsbrandprozeß, Bd. 1, S. 197–212.
11 Oberfohren, Ida: Brief an Dr. Ritthaler, 1. 6. 1955, zit. nach Wolff, Richard: Der Reichstagsbrand 1933, in: Aus Politik und Zeitgeschichte 1956, S. 35.
12 Hofer: Nationalsozialismus 1957, S. 43, und ders.: Der Nationalsozialismus 1933–1945, durchgesehene Ausgabe, Frankfurt a.M. 1963, S. 43.
13 Urteil des Bundesgerichtshofes vom 11. 1. 1964 (VI ZR 221/63), zit. n. Bahar, Alexander; Kugel, Wilfried: Der Reichstagsbrand, Berlin 2001 (im folgenden Bahar; Kugel: Reichstagsbrand), S. 564.
14 Hehl, Ulrich von: Die Kontroverse um den Reichstagsbrand, in: Vierteljahreshefte für Zeitgeschichte 36 (1988), S. 265.
15 Mügge, Klaus: Der Reichstagsbrand in völlig neuem Licht, in: Telegraf v. 23. 12. 1966.
16 Calic, Edouard: Ohne Maske. Hitler-Breiting Geheimgespräche 1931, Frankfurt a.M. 1968, S. 69.
17 Speer, Albert: Erinnerungen, Frankfurt a.M. 1967, S. 166.
18 Mitteilung von Alfred Deting, zit. n. Janßen, Karl-Heinz: Calics Erzählungen, in: Backes, Uwe, u.a.: Reichstagsbrand. Aufklärung einer historischen Legende, erw. Neuausgabe, München 1987 (im folgenden Backes u.a.: Reichstagsbrand), S. 221.
19 Hofer, Walther; Graf, Christoph: Neue Quellen zum Reichstagsbrand, in: Geschichte in Wissenschaft und Unterricht 27 (1976), Heft 2, S. 82.
20 Hofer, Walther: Der Nationalsozialismus, überarb. Neuausgabe, Frankfurt a.M. 1982, S. 52.

21 Hofer, Walther, u. a.: Der Reichstagsbrand. Eine wissenschaftliche Dokumentation, Bd. 2, München 1978 (im folgenden Hofer u. a.: Reichstagsbrand, Bd. 2) S. 366 f.
22 Hofer u. a.: Reichstagsbrand, Bd. 2, S. 444 f.
23 Löbe, Paul: Leserbrief in: Spiegel v. 9. 12. 1959.
24 Hofer, Walther; Graf, Christoph: Presseerklärung vom 26. 2. 1986, zit. n. Backes u. a.: Reichstagsbrand, S. 327.
25 Graf, Christoph: Brief an das Bundesarchiv Koblenz, 8. 7. 1986, zit. n. Booms, Hans: Leserbrief, in: FAZ v. 9. 1. 1988.
26 Vgl. Henke, Josef: Archivfachliche Bemerkungen zur Kontroverse um den Reichstagsbrand, in: Geschichte und Gesellschaft, 16 (1990), S. 220–226; Jesse, Eckhard: Informationen aus dem Fälschernetz, in: FAZ v. 6. 1. 1988; Tobias, Fritz: Leserbrief, in: FAZ v. 9. 1. 1988; Hehl: Kontroverse um den Reichstagsbrand, S. 277, Anm. 78.
27 Hofer, Walther u. a.: Der Reichstagsbrand. Eine wissenschaftliche Dokumentation. Bearbeitet und neu herausgegeben von Alexander Bahar, Freiburg 1992, innere Umschlagseite.
28 Bahar, Alexander; Kugel, Wilfried: Neue Aktenfunde entlarven die NS-Täter, in: Zeitschrift für Geschichtswissenschaft, 43 (1995), S. 823–832; dies.: Neue Aktenfunde entlarven die NS-Täter, in: http://www.zlb.de/projekte/kulturbox-archiv/brand/bahar-kugel.htm (gesichtet am 28. 8. 2001); dies.: Waren es doch die Nazis? in: tazmag 21./22. 2. 1998; dies.: Und die Nazis waren es doch, in: Berliner Morgenpost/BIZ, 13. 2. 2000 (im folgenden Bahar; Kugel: Und die Nazis waren es doch).
29 Die Beiträge sind im Internetarchiv der »Welt« abrufbar: www.welt.de.
30 Bahar; Kugel: Der Reichstagsbrand, Berlin 2001, innere Umschlagseite.
31 Bahar; Kugel: Und die Nazis waren es doch.
32 Güntner, Joachim: Fragen um Rudolf Augstein, in: Neue Zürcher Zeitung v. 8. 12. 2000.
33 Becker, Holger: Schlag ins trübe Wasser, in: Der Journalist 2/2001.
34 www.marinus-van-der-lubbe.de (gesichtet am 14. 8. 2001).
35 Braunbuch über Reichstagsbrand und Hitlerterror, Basel 1933, S. 62.
36 Z. B. Briefe von Bahar; Kugel; Fischler u. Brack an Stefan Aust, Chefredakteur des »Spiegels«, zit. n.: www-marinus-van-der-lubbe.de (gesichtet am 31. 7. 2001); Brief von Bahar u. Kugel an Herbert Wessels, Chefredakteur der Berliner Morgenpost, 25. 2. 2000.

»Stalin zuvorgekommen«?

1 Heppermann, Heinz an seine Frau, 17. 7. 1941, zit. n. Humburg, Martin: Das Gesicht des Krieges, Opladen 1998, S. 225.
2 Domarus, Max: Hitler. Reden und Proklamationen 1932–1945, 4. Aufl., Leonberg 1988 (im folgenden Domarus: Hitler), Bd. 4, S. 1731 f.

3 160 Divisionen aufmarschiert, in: Völkischer Beobachter v. 23. 6. 1941.
4 Goebbels, Joseph: Tagebücher 1923–1941, München 1998 (im folgenden Goebbels: Tagebücher 1923–1941), Bd. 9, S. 398.
5 http://abbc.com/nj/d2001/historie/russlandfeldzug.htm (gesichtet am 19. 8. 2001, zit. n. Kopie im Archiv der Verf.).
6 Trettner, Heinz: Leserbrief, in: »Bonner Generalanzeiger« v. 11. 3. 1997.
7 Gillessen, Günther: Der Krieg der Diktatoren, in: FAZ v. 20. 8. 1986; Hoffman, Joachim: Stalin wollte den Krieg, in: FAZ v. 1. 10. 1986; Gillessen, Günther: Der Krieg der Diktatoren. Ein erstes Resümee, in: FAZ v. 25. 2. 1987.
8 Thadden, Adolf von: Stalins Falle, o. O. (im folgenden Thadden: Stalins Falle), Klappentext.
9 Topitsch, Ernst: Bankrott der Konformisten, in: Junge Freiheit v. 2. 7. 1999.
10 Hitler, Adolf: Monologe im Führerhauptquartier 1941–1944. Die Aufzeichnungen Heinrich Heims, Hamburg 1980, S. 60 f.
11 Hitler, Adolf: Mein Kampf. Volksausgabe in einem Band, 479. Aufl. München 1939, S. 742 und S. 154.
12 Hoffmann, Joachim: Stalins Vernichtungskrieg, 5. Aufl., München 1999 (im folgenden Hoffmann: Stalins Vernichtungskrieg), S. 27.
13 Topitsch, Ernst: Der Griff nach der Weltmacht, in: Junge Freiheit v. 23. 3. 2001.
14 Domarus: Hitler, Bd. 3, S. 1197.
15 Strauss, Wolfgang: Unternehmen Barbarossa und der russische Historikerstreit, München 1998 (im folgenden Strauss: Unternehmen Barbarossa), S. 123. Strauss macht sich hier ein Zitat von Boris Sokolow zu eigen.
16 Diwald, Hellmut: Deutschland einig Vaterland, Berlin 1990, S. 81–84.
17 Maser, Werner: Der Wortbruch, München 1994 (im folgenden Maser: Wortbruch), S. 246.
18 Halder, Franz: Kriegstagebuch, Stuttgart 1963 (im folgenden Halder: Kriegstagebuch), Bd. 2, S. 30–32.
19 Domarus: Hitler, Bd. 4, S. 1728.
20 Halder, Kriegstagebuch, Bd. 2, S. 49 f.
21 Generalmajor Erich Marcks, Operationsentwurf Ost, 5. 8. 1940, zit. n. Ueberschär, Gerd R. u. a.: Der deutsche Angriff auf die Sowjetunion 1941, Darmstadt 1998 (im folgenden Ueberschär: Angriff), S. 223.
22 Hitlers Weisung v. 21. 12. 1940; Aufmarschanweisung des Oberkommandos des Heeres v. 31. 1. 1941; Feindlagebeurteilungen der Abteilung Fremde Heere Ost v. 15. 3. und v. 20. 5. 1941; Aufzeichnung über die Besprechung der Armee- und Heeresgruppenchefs am 4. 6. 1941; zit. n. Ueberschär: Angriff, S. 250, S. 254, S. 276, S. 278 und S. 274.

23 Goebbels: Tagebücher 1923–1941, Bd. 9, S. 377.
24 Topitsch, Ernst: Stalins Krieg, 2. Aufl. München 1986 (im folgenden Topitsch: Stalins Krieg), S. 148.
25 Meldung der Nachrichtenagentur Havas, in: Revue de droit international Nr. 3/1939, S. 247 ff., zit. n. Jäckel, Eberhard: Über eine angebliche Rede Stalins vom 19. August 1939, in: Vierteljahrshefte für Zeitgeschichte 6 (1958), S. 382.
26 Hoffmann: Stalins Vernichtungskrieg, S. 25; Strauss: Unternehmen Barbarossa, S. 93; Thadden: Stalins Falle. Klappentext; Post, Walter: Die Mitschuld Stalins ist eindeutig nachzuweisen, in: Junge Freiheit v. 12. 1. 2001; Suworow, Viktor: Der Tag M, Stuttgart 1995 (im folgenden Suworow: Tag M), S. 63; Ströhm, Carl Gustav: Stalins Strategie für Krieg und Frieden, in: Die Welt v. 16. 7. 1996.
27 Dimitroff, Georgi: Tagebücher 1933–1943, hrsg. von Bernhard H. Bayerlein, Berlin 2000 (im folgenden Dimitroff: Tagebücher), Bd. 1, S. 273.
28 Suworow: Eisbrecher, S. 211 f. und S. 310.
29 Hoffmann: Stalins Vernichtungskrieg, S. 23 ff. und S. 50; Strauss: Unternehmen Barbarossa, S. 125; Topitsch: Stalins Krieg, S. 109 ff.
30 Stalin, Dritter Trinkspruch beim Bankett am 5. Mai 1941, zit. n. Bezymenskij, Lew: Stalins Rede vom 5. Mai 1941 – neu dokumentiert, in: Ueberschär: Angriff, S. 141 f.
31 Dimitroff: Tagebücher, Bd. 1, S. 382.
32 Präventivkriegsplan der Führung der Roten Armee vom 15. 5. 1941, zit. n. Bezymenskij, Lew: Ausgewählte sowjetische Dokumente, in: Ueberschär: Angriff, S. 187.
33 Hoffmann: Stalins Vernichtungskrieg, S. 55.
34 Hammel, Klaus Ulrich: Es wird mit persönlicher Diffamierung gearbeitet, in: Junge Freiheit v. 22. 6. 2001.
35 Strauss: Unternehmen Barbarossa, S. 162 f.
36 Maser: Wortbruch, S. 376 f.
37 Halder: Kriegstagebuch, Bd. 3, S. 5.
38 Goebbels: Tagebücher 1923–1941, Bd. 9, S. 399.
39 Schmidt, Rainer F.: Rudolf Heß – »Botengang eines Toren«?, Düsseldorf 1997 (im folgenden Schmidt: Heß), S. 265.
40 Goebbels: Tagebücher 1923–1941, Bd. 9, S. 372.
41 Schmidt: Heß, S. 267 f.
42 Gorodetsky, Gabriel: Die große Täuschung. Hitler, Stalin und das Unternehmen Barbarossa, Berlin 2001, S. 353.
43 Eine Vielzahl rechtsradikaler Bücher zum Thema Kriegsschuld 1939 findet sich im Internet unter: www.iolaos.com/scriptorium/deutsch (gesichtet am 25. 8. 2001).
44 Post, Walter: Die Mitschuld Stalins ist eindeutig nachzuweisen, in: Junge Freiheit v. 12. 1. 2001.

»Ritterlich gekämpft«?

1 Süddeutsche Zeitung v. 14. 12. 1955; FAZ v. 14. 12. 1955.
2 Stenographische Berichte des Bundestages, 1. Wahlperiode, S. 4984.
3 Dwight D. Eisenhower in Bad Homburg, 22. 1. 1951. zit. n. Speidel, Hans: Aus unserer Zeit, Berlin 1977 (im folgenden Speidel: Aus unserer Zeit), S. 285 f.
4 Frei, Norbert: Vergangenheitspolitik. Die Anfänge der Bundesrepublik und die NS-Vergangenheit, München 1996, S. 218. Vgl. Brochhagen, Ulrich: Nach Nürnberg. Vergangenheitsbewältigung und Westintegration in der Ära Adenauer, Hamburg 1994, S. 196–198.
5 Adenauer, Konrad: Briefe 1945–1947, Berlin 1983, S. 172.
6 Zit. n. Süddeutsche Zeitung v. 2. 5. 1998. Vgl. Klee, Ernst: Auschwitz, die NS-Medizin und ihre Opfer, Frankfurt a. M. 1997, S. 179–189.
7 Vernichtungskrieg. Verbrechen der Wehrmacht 1941 bis 1944. Ausstellungskatalog, Hamburg 1996 (im folgenden Vernichtungskrieg, Ausstellungskatalog), S. 7.
8 Zit. n. Berliner Morgenpost v. 28. 11. 2001.
9 FAZ v. 1. 12. 2001.
10 Nationalzeitung v. 30. 11. 2001.
11 FAZ v. 10. 12. 2001.
12 Anzeige des Rings deutscher Soldatenverbände im Münchner Merkur v. 25. 2. 1997.
13 Ueberschär, Gerd R.; Wette, Wolfram: Kriegsverbrechen im 20. Jahrhundert als Problem der Geschichtsschreibung, in: dies. (Hrsg.): Kriegsverbrechen im 20. Jahrhundert, Darmstadt 2001 (im folgenden Ueberschär; Wette: Kriegsverbrechen), S. 11.
14 Vgl. Poeppel, Hans u. a. (Hrsg.): Die Soldaten der Wehrmacht, München 1998 (im folgenden Poeppel u. a.: Soldaten der Wehrmacht), S. 95–97; S. 217 und S. 424.
15 Clark, Christopher: Johannes Blaskowitz – Der christliche General, in: Smelser, Roland; Syring, Enrico (Hrsg.): Die Militärelite des »Dritten Reiches«, Berlin 1997, S. 28.
16 Corum, James S.: Die Luftwaffe, ihre Führung und Doktrin und die Frage der Kriegsverbrechen, in: Ueberschär; Wette: Kriegsverbrechen (im folgenden Corum: Luftwaffe), S. 293.
17 Zit. n. Vogel, Detlev: Operation »Strafgericht«, in: Ueberschär; Wette: Kriegsverbrechen, S. 304.
18 Zit. n. Corum: Luftwaffe, S. 297., zit. n. Bald, Detlev; Klotz, Johannes; Wette, Wolfram: Mythos Wehrmacht. Nachkriegsdebatten und Traditionspflege, Berlin 2001, S. 133.
19 Sundhausen, Holm: Jugoslawien, in: Benz, Wolfgang (Hrsg.): Dimensionen des Völkermordes. Die Zahl der jüdischen Opfer des Nationalsozialismus, München 1991 (im folgenden Benz: Dimensionen), S. 313 und 319.
20 Schreiber, Gerhard: Deutsche Kriegsverbrechen in Italien. Täter, Opfer, Strafverfolgung, München 1996, S. 217.

21 Meyer, Ahlrich: Kriegs- und Besatzungsverbrechen in Frankreich 1940–1944, in: Ueberschär; Wette: Kriegsverbrechen, S. 275.
22 Wette, Wolfram: Erobern, zerstören, auslöschen, in: Sommer, Theo (Hrsg.): Gehorsam bis zum Mord? Der verschwiegene Krieg der deutschen Wehrmacht, Hamburg 1995 (im folgenden Sommer: Gehorsam), S. 14.
23 Schramm, Percy Ernst (Hrsg.): Kriegstagebuch des Oberkommandos der Wehrmacht 1940–1945, Frankfurt a. M. 1965, Bd. 1, S. 341.
24 Halder, Franz: Kriegstagebuch, Stuttgart 1963, Bd. 2, S. 335–337.
25 Anlage Nr. 2 zur Aufmarsch- und Kampfanweisung »Barbarossa« der Panzergruppe 4 (Generaloberst Hoepner) vom 2. 5. 1941. Als Faksimile gedruckt in: Rürup, Reinhard (Hrsg.): Der Krieg gegen die Sowjetunion 1941–1945. Eine Dokumentation, Berlin 1991 (im folgenden Rürup: Krieg), S. 51.
26 Zit. n. Rürup: Krieg, S. 45.
27 Anzeige des Rings deutscher Soldatenverbände im Münchner Merkur v. 25. 2. 1997.
28 Zit. n. Rürup: Krieg, S. 46.
29 Rohde, Horst: Politische Indoktrination in höheren Stäben und in der Truppe – untersucht am Beispiel des Kommissarbefehls, in: Poeppel u. a.: Soldaten der Wehrmacht, S. 143.
30 Zit. n. Förster, Jürgen: Die Sicherung des Lebensraumes, in: Boog, Horst u. a.: Der Angriff auf die Sowjetunion, Frankfurt a. M. 1991 (im folgenden Boog u. a.: Krieg), S. 1259 f.
31 Streit, Christian: Keine Kameraden. Die Wehrmacht und die sowjetischen Kriegsgefangenen 1941–1945, Stuttgart 1978 (im folgenden Streit: Keine Kameraden), S. 105.
32 Pressac, Jean-Claude: Die Krematorien von Auschwitz, München 1994, S. 41 f. Pressac datiert den Mord mit guten Gründen auf den 5. Dezember 1941, während der größte Teil der Literatur von Anfang September 1941 ausgeht. An der Tatsache der Vergasung ist jedoch unabhängig vom Termin nicht zu zweifeln.
33 In: Sommer: Gehorsam, S. 84 f.
34 Zit. n. Berliner Morgenpost v. 29. 11. 2001.
35 Zit. n. Hürter, Johannes: Die Wehrmacht vor Leningrad, in: Vierteljahrshefte für Zeitgeschichte 49 (2001), S. 414, Anm. 164.
36 Müller, Rolf-Dieter: Das Scheitern der wirtschaftlichen »Blitzkriegstrategie«, in: Boog u. a.: Krieg, S. 1187.
37 Zit. n. Streit, Christian: Deutsche und sowjetische Kriegsgefangene, in: Ueberschär; Wette: Kriegsverbrechen, S. 180 f.
38 Zit. n. Streit: Keine Kameraden, S. 137 f.
39 Bei den Behauptungen des kanadischen Journalisten James Bacque, mindestens 900 000 und wahrscheinlich mehr als eine Million deutsche Soldaten seien 1944 bis 1946 in westalliierter Kriegsgefangenschaft gestorben, handelt es sich um eine böswillige Verfälschung.
40 Heer, Hannes: Die Logik des Vernichtungskrieges. Wehrmacht und Partisanenkampf, in: ders.; Naumann, Klaus (Hrsg.): Vernichtungs-

krieg. Verbrechen der Wehrmacht 1941 bis 1944, Hamburg 1995 (im folgenden Heer; Naumann: Vernichtungskrieg), S. 107.

41 Zit. n. Robel, Gerd: Sowjetunion, in: Benz: Dimensionen, S. 545.

42 Zit. n. Vernichtungskrieg, Ausstellungskatalog, S. 167.

43 Boll, Bernd; Safrian, Hans: Auf dem Weg nach Stalingrad. Die 6. Armee 1941/42, in: Heer; Naumann: Vernichtungskrieg, S. 275–277.

44 Berliner Morgenpost v. 29. 11. 2001.

45 Die Wehrmachtsberichte 1939–1945, München 1985, Bd. 3, S. 569.

46 Jabs-Kriegsmann, Mariane: Deutsche Legenden. Geschichte und Zeitgeschichte in deutschen Illustriertenromanen 1945–1977, Frankfurt a. M. 1995, S. 105.

47 Der Prozeß gegen die Hauptkriegsverbrecher vor dem Internationalen Gerichtshof, Nürnberg 1947, Bd. 1, S. 311.

48 de Zayas, Alfred: Die Wehrmacht und die Nürnberger Prozesse, in: Poeppel u. a.: Soldaten der Wehrmacht, S. 462 f.

49 Junge Freiheit v. 29. 10. 1999.

50 Hoffmann, Joachim: Die Kriegsführung aus Sicht der Sowjetunion, in: Boog u. a.: Angriff, S. 925 und S. 920.

51 Hoffmann, Joachim: Stalins Vernichtungskrieg 1941–1945, 5. Aufl., München 1999, S. 168.

52 Seidler, Franz W.: Verbrechen an der Wehrmacht. Kriegsgreuel der Roten Armee 1941/42, 3. Aufl., Selent 1998, S. 5.

53 Berliner Morgenpost v. 28. 11. 2001.

54 In: Sommer: Gehorsam, S. 76.

55 Post, Walter: Die Proportion der sogenannten Täter. Versuch einer Quantifizierung am Beispiel der 6. Armee, in: Poeppel u. a.: Soldaten der Wehrmacht, S. 500, S. 509 f. und S. 528.

56 Zit. n. Vernichtungskrieg, Ausstellungskatalog, S. 92.

57 Scholten, Jens: Offiziere – Im Geiste unbesiegt, in: Frei, Norbert (Hrsg.): Karrieren im Zwielicht. Hitlers Eliten nach 1945, Frankfurt a. M. 2001, S. 142.

»Den Krieg verlängert«?

1 Kommunistische Partei Deutschlands, Buchtips (http://www.dawei.de/kpd/buch/schweiz.html – gesichtet am 19. 8. 2001, zit. n. Kopie im Archiv der Verf.).

2 Ziegler, Jean: Interview für die US-Video-Produktion »Secrets of War«, Sommer 1997. (http://www.secretsofwar.com/experts/ziegler1.htm – gesichtet am 19. 8. 2001, zit. n. Kopie im Archiv der Verf.).

3 Ziegler, Jean: Die Schweiz, das Gold und die Toten, München 1997 (im folgenden Ziegler: Schweiz), S. 59, S. 47 und S. 61.

4 Koch, Peter Ferdinand: Geheim-Depot Schweiz, München 1997 (im folgenden Koch: Geheim-Depot), S. 17.

5 Ziegler: Schweiz, S. 71.

6 Eizenstat, Stuart: Foreword, in: U. S. and Allied Efforts to Recover

an Restore Gold and Assets Stolen or Hidden by Germany During World War II. Preliminary Study, Washington D. C. 1997 (im folgenden Eizenstat-Bericht: Vorwort), S. 3.

7 Cotti, Flavio: Ansprache, in: Informationsseminar »Bericht Eizenstat«, 20. 6. 1997. Pressematerial der Task Force Schweiz und der Zweite Weltkrieg (im Archiv der Verf.); Burg, Denis von; Ramseyer, Niklaus: In den falschen Hals geraten, in: Sonntagszeitung v. 11. 5. 1997.

8 Halbrook, Stephen P.: Die Schweiz im Visier – gestern und heute, in: Zeitfragen v. 1. 9. 1999.

9 Elam, Shraga: Am Anfang stand eine Ente, in: Sebastian Speich u. a.: Die Schweiz am Pranger, Wien 1997, S. 237.

10 Koch: Geheim-Depot, Klappentext.

11 Vgl. Wolffers, Lorenz: Das Banken-Geld fließt und Frau Weisshaus ärgert sich, in: Aufbau (New York) v. 19. 7. 2001; ders.: Geben ist schwieriger denn nehmen, in: Aufbau (New York) v. 2. 8. 2001; Barmettler, Stefan: Nur eine halbe Kiste, in: Facts 39/2000.

12 Balzli, Beat: Treuhänder des Reiches, Zürich 1997, S. 330.

13 Eidgenössische Bankenkommission folgt Volcker-Empfehlungen. Pressemitteilung v. 30. 3. 2000.

14 Unabhängige Expertenkommission Schweiz – Zweiter Weltkrieg: Zwischenbericht Gold (25. 5. 1998), Bern 1998 (im folgenden UEK: Zwischenbericht Gold), S. 198; vgl. Rings, Werner: Raubgold aus Deutschland, 2. Aufl., München 1996, S. 197.

15 UEK: Zwischenbericht Gold, S. 45–47.

16 Auszug aus dem Protokoll der Direktoriumskonferenz v. 2. 12. 1943 (Archiv SNB), zit. n. UEK: Zwischenbericht Gold, S. 126.

17 Ziegler: Schweiz, S. 135.

18 Ziegler: Schweiz, S. 190–192.

19 Auer, Felix: Das Schlachtfeld von Thun. Stäfa 1997, S. 14.

20 Vgl. Forster, Gilles: Transit ferroviaire à travers la Suisse (1939–1945), Zürich 2001, und Ihle, Pascal; Bosshard, Hans: Widersprüchliches Handeln, in: Neue Zürcher Zeitung v. 30. 8. 2001.

21 Koller, Guido: Jean Ziegler und das Erfinden der Vergangenheit, in: »... denn es ist alles wahr.« Erinnerung und Geschichte 1939–1999, hrsg. vom Schweizerischen Bundesarchiv, Bern 1999, S. 107.

22 Weinberg, Gerald L.: Testimony, House Committee on Banking and Financial Services Subcommittee on Capitalmarket, Securities and GSEs, June 25, 1997, in: http://www.house.gov/financial services/62597ger.htm (gesichtet am 25. 8. 2001, zit. n. Kopie im Archiv der Verf.).

23 Hug, Peter: Schweizer Rüstungsindustrie und Kriegsmaterialhandel zur Zeit des Nationalsozialismus, Zürich 2001, Klappentext.

24 Blocher, Christoph: Die Schweiz und der Eizenstat-Bericht, in: http://www.blocher.ch/d/themen/eiz.htm (gesichtet am 20. 8. 2001, zit. n. Ausdruck im Archiv der Verf.).

25 Frech, Stefan: Kleiner Umfang – große Bedeutung, in: Neue Zürcher Zeitung v. 23. 3. 2000.

26 David, Fred: Führerbefehl: Laßt die Schweiz in Ruhe. Interview mit Willi A. Boelcke, in: Cash v. 8. 8. 1997.
27 Hossli, Peter: Die Schweiz kam in den USA zu schlecht weg. Interview mit Stuart Eizenstat, in: Cash v. 27. 4. 2001.

»Und schossen auf Wehrlose«?

1 Zit. n. McKee, Alexander: Dresden 1945. Das deutsche Hiroshima, Wien 1983 (im folgenden McKee: Dresden), S. 224f.
2 Dahringer, Helmut: Leserbrief, in: Süddeutsche Zeitung v. 8. 5. 2000.
3 Brief von Erika von Sehlen an Helmut Schnatz, 4. 3. 1985, zit. n. Schnatz, Helmut: Tiefflieger über Dresden? Legenden und Wirklichkeit, Köln 2000 (im folgenden Schnatz: Tiefflieger), S. 31 f.
4 Wochenpost v. 9. 2. 1995.
5 Güldner, Gisela: Leserbrief, in: FAZ v. 18. 2. 1985.
6 Kehrer, Fritz: Leserbrief, in: Der Spiegel 48/2001, S. 11 f.
7 Klemperer, Victor: Ich will Zeugnis ablegen bis zum letzten. Tagebücher 1933 bis 1945, Berlin 1995, Bd. 2, S. 669.
8 Kellerhoff, Sven Felix: »Die Wahrheit, nichts als die Wahrheit«, in: Berliner Morgenpost v. 20. 4. 2000.
9 Vgl. z. B. McKee, Dresden 1945, Untertitel; Kurowski, Franz: Bomben über Dresden, Wien 2001 (im folgenden Kurowski: Bomben über Dresden), S. 74; Weinstein, Adalbert: Dresden – ein Vorgriff auf Hiroshima, in: FAZ v. 3. 2. 1998; Harold Nicholson, Unworthy of our History, in: Observer v. 5. 5. 1963, zit. n. Schwinge, Erich: Churchill und Roosevelt aus kontinentaleuropäischer Sicht, 3. Aufl., Marburg 1983, S. 45.
10 Ueberschär, Gerd R.: Dresden 1945 – Symbol für Luftkriegsverbrechen, in: Ueberschär, Gerd R.; Wette, Wolfram (Hrsg.): Kriegsverbrechen im 20. Jahrhundert, Darmstadt 2001, S. 392.
11 Domarus, Max: Hitler. Reden und Proklamationen 1932–1945, 4. Aufl., Leonberg 1988, Bd. 3, S. 1580.
12 Zit. n. Bergander, Götz: Dresden im Luftkrieg, 3. Aufl., Köln 1995 (im folgenden Bergander: Dresden im Luftkrieg), S. 297.
13 Pommerin, Rainer: Zur Einsicht bomben?, in: ders. (Hrsg.): Dresden unterm Hakenkreuz, Köln 1998, S. 238.
14 Baring, Arnulf: Vor dem Hauseingang die Hölle, in: Welt am Sonntag v. 12. 2. 1995.
15 Bergander: Dresden im Luftkrieg, S. 368–370.
16 Seydewitz, Max: Zerstörung und Wiederaufbau von Dresden. Berlin (Ost) 1955 (im folgenden Seydewitz: Zerstörung und Wiederaufbau), S. 74.
17 Zit. n. Kempowski, Walter: Der rote Hahn. Dresden im Februar 1945, München 2001, S. 114.
18 Bergander: Dresden im Luftkrieg, S. 192.
19 Dokumente deutscher Kriegsschäden, Bd. 1, S. 52f.

20 Bergander: Dresden im Luftkrieg, S. 215–231.
21 Vgl. Evans, Richard J.: Der Geschichtsfälscher. Holocaust und historische Wahrheit im David-Irving-Prozeß, Frankfurt a. M. 2001, S. 193–238.
22 Irving, David: Der Untergang Dresdens, Gütersloh 1964 (im folgenden Irving: Untergang Dresdens), S. 10 f.; ders.: Goebbels. Macht und Magie, Kiel 1997, S. 505.
23 Guratzsch, Dankward: Ein Zahlspiel mit Toten, in: Die Welt v. 15./16. 2. 1975.
24 http://www.garbsener-buergerschaft.de/dresden1.htm (gesichtet am 27. 7. 2001, zit. n. Ausdruck im Archiv der Verf.).
25 Kurowski: Bomben auf Dresden, S. 118 und 120; Brief des Statistischen Bundesamtes an die Verf. v. 30. 7. 2001.
26 Die erste britische Welle warf am 13. 2. 1945 zwischen 22.03 und 22.28 Uhr ihre Bomben ab, die zweite am 14. 2. 1945 zwischen 1.25 und 1.55 Uhr. Die US-Bomber griffen am folgenden Mittag zwischen 12.17 und 12.23 Uhr an. Einige Nachzügler warfen zwischen 12.29 und 12.31 Uhr ihre Fracht ab.
27 Bergander: Dresden im Luftkrieg, S. 229.
28 Focus v. 15. 3. 1999.
29 Craig, William: Als Japans Sonne unterging, Wien 1970, S. 34.
30 Bergander: Dresden im Luftkrieg, S. 193. Am 18. 4. 2000 sprach Sven Felix Kellerhoff im Stadtmuseum Dresden mit verschiedenen Zeitzeugen, die sich an Tieffliegerangriffe in der Nacht zu erinnern glaubten. Sie meinten ihre Beiträge sehr ernst.
31 Irving: Untergang Dresdens, S. 185.
32 Jones, Dale N. an David Irving, 23. 2. 1963; zit. n. Schnatz: Tiefflieger, S. 103, Anm. 208.
33 Seydewitz: Zerstörung und Wiederaufbau, S. 105.
34 Irving: Untergang Dresdens, S. 223.
35 Zit. n. Kellerhoff, Sven Felix: »Die Wahrheit, nichts als die Wahrheit«, in: Berliner Morgenpost v. 20. 4. 2000.
36 Bergander: Dresden im Luftkrieg, S. 187.
37 Schnatz: Tiefflieger, S. 159.
38 Weidauer, Walter: Inferno Dresden, 3. Aufl., Berlin (Ost) 1966, S. 225.
39 Schwinge: Churchill, S. 45.
40 http://members.tripod.de/gegenregen/hoax.html und http://www.miscelle.de/as/dresden/hoax.shtml (gesichtet am 27. 7. 2001, zit. n. Ausdruck im Archiv der Verf.).

»Souveränität gegen Wehrbeitrag«?

1 Rühe, Volker: Geleitwort des Bundesverteidigungsministers, in: Thoß, Bruno (Hrsg.): Vom Kalten Krieg zur deutschen Einheit, München 1995 (im folgenden Thoß: Kalter Krieg), S. IX.

2 Döring-Manteuffel, Anselm: Die Bundesrepublik in der Ära Adenauer, Darmstadt 1983, S. 55.
3 Weber, Jürgen (Hrsg.): Aufbau und Neuorientierung. Die Geschichte der Bundesrepublik 1950–1955, Landsberg am Lech 1998, S. 85.
4 Adenauer, Konrad: Erinnerungen 1945–1953, Stuttgart 1965 (im folgenden Adenauer: Erinnerungen 1945–1953), S. 345.
5 Fragen an die deutsche Geschichte. Wege zur parlamentarischen Demokratie. Katalog zur Ausstellung im Deutschen Dom zu Berlin, 19. Aufl., Bonn 1996, S. 356f.
6 Der Spiegel 46/2001, S. 34.
7 Köhler, Henning: Adenauer. Eine politische Biographie, Berlin 1994 (im folgenden Köhler: Adenauer), S. 612.
8 Wettig, Gerhard: Von der Entmilitarisierung zur Aufrüstung in beiden Teilen Deutschlands 1945–1952, in: Thoß: Kalter Krieg, S. 11.
9 Zit. n. Buchheim, Hans: Adenauers Sicherheitspolitik 1950/51, in: ders. u. a.: Aspekte der deutschen Wiederbewaffnung bis 1955, Boppard 1975 (im folgenden Buchheim: Adenauers Sicherheitspolitik), S. 120.
10 Zit. n. Large, David Clay: Die deutsch-amerikanische Verteidigungspartnerschaft und die Sicherheit Europas 1950–1968, in: Junker, Detlev (Hrsg.): Die USA und Deutschland im Zeitalter des Kalten Krieges 1945–1990. Ein Handbuch, München 2001 (im folgenden Large: Verteidigungspartnerschaft), Bd. 1, S. 326.
11 Foreign Relations of the United States, 1950, Bd. 4, S. 686–690.
12 Speidel, Hans: Aus unserer Zeit. Erinnerungen, Berlin 1977 (im folgenden Speidel: Aus unserer Zeit), S. 249.
13 Zit. n. Foerster, Roland G.: Innenpolitische Aspekte der Sicherheit Deutschlands, in: Anfänge westdeutscher Sicherheitspolitik 1945 bis 1956, 4 Bde., München 1982–1997 (im folgenden Foerster: Innenpolitische Aspekte), Bd. 1, S. 450.
14 Adenauer: Erinnerungen 1945–1953, S. 341.
15 Steininger, Rolf: Wiederbewaffnung, Erlangen 1989 (im folgenden Steininger: Wiederbewaffnung), S. 16; vgl. Adenauer: Erinnerungen 1945–1953, S. 341–345.
16 FAZ v. 9. 12. 1949.
17 Heuss, Theodor; Adenauer, Konrad: Unserem Vaterland zugute. Der Briefwechsel 1948–1963, Berlin 1989, S. 35f.
18 Schwarz, Hans-Peter: Adenauer. Der Aufstieg 1876–1952, Stuttgart 1986 (im folgenden Schwarz: Adenauer I), S. 737; vgl. Köhler: Adenauer, S. 611–641.
19 Zit. n. Large: Verteidigungspartnerschaft, S. 327.
20 Vgl. Foerster: Innenpolitische Aspekte, S. 456–460.
21 Köhler: Adenauer, S. 616–619; vgl. Schwarz: Adenauer I, S. 741–745.
22 Zit. n. Köhler: Adenauer, S. 619.
23 Ebd., S. 624.
24 Foreign Relations of the United States, 1950, Bd. 4, S. 710.

25 Kabinettsprotokolle der Bundesregierung 1950, Bd. 2, S. 663, Anm. 1.
26 Zit. n. Adenauer: Erinnerungen 1945–1953, S. 359.
27 Zit. n. Wiggershaus, Norbert: Die Entscheidung für einen westdeutschen Verteidigungsbeitrag 1950, in: Anfänge westdeutscher Sicherheitspolitik 1945 bis 1956, 4 Bde., München 1982–1997, Bd. 1, S. 387f.
28 Zit. n. Kraushaar, Wolfgang: Die Protest-Chronik 1949–1959, Hamburg 1996 (im folgenden Kraushaar: Protest-Chronik), Bd. 1, S. 307.
29 Verhandlungen des Deutschen Bundestages, Stenographische Berichte, 1. Wahlperiode Bd. 5, S. 3564f.
30 Pauls, Rolf Friedemann: Adenauer und die Soldaten, in: Thoß: Kalter Krieg (im folgenden Pauls: Adenauer und die Soldaten), S. 38f.
31 Köhler: Adenauer, S. 619.
32 Schwabe, Klaus: Adenauer und das Militärische, in: Krieger, Wolfgang (Hrsg.): Adenauer und die Wiederbewaffnung, Bonn 2001, S. 55.
33 Pauls: Adenauer und die Soldaten, S. 39.
34 Buchstab, Günter (Hrsg.): Adenauer: »Wir haben wirklich etwas geschaffen«. Die Protokolle des CDU-Bundesvorstandes 1953–1957, Düsseldorf 1990, S. 1079.
35 Köhler: Adenauer, S. 640.
36 Vgl. Kraushaar: Protest-Chronik.
37 Adenauer: Erinnerungen 1945–1953, S. 386.

»Die Chance zur Einheit vergeben«?

1 Stenographische Berichte des Deutschen Bundestages, 3. Wahlperiode, S. 392 und S. 395.
2 Heinemann, Gustav W.: Es gibt schwierige Vaterländer. Reden und Aufsätze 1919 bis 1969, Frankfurt a. M. 1977, S. 281.
3 Zit. n. Graml, Hermann: Die Märznote von 1952 – Legende und Wirklichkeit, Melle 1988 (im folgenden Graml: Märznote), S. 79.
4 Zit. n. Europa-Archiv 7 (1952), S. 4832f.
5 Vgl. Graml: Märznote, S. 32.
6 Vgl. Steininger, Rolf: Eine vertane Chance. Die Stalin-Note vom 10. März 1952, Berlin/Bonn 1985 (im folgenden Steininger: Eine vertane Chance), S. 63f. und S. 69.
7 Zit. n. ebd., S. 45f.
8 Heinemann, Gustav W.: Verfehlte Deutschlandpolitik. Artikel und Reden, Frankfurt a. M. 1966 (im folgenden Heinemann: Verfehlte Deutschlandpolitik), S. 33f.
9 Zit. n. März, Peter: Die Bundesrepublik zwischen Westintegration und Stalin-Noten. Zur deutschlandpolitischen Diskussion 1952 in der Bundesrepublik vor dem Hintergrund der westlichen und sowjetischen Deutschlandpolitik, Frankfurt/Bern 1982, S. 290.

10 Schumacher, Kurt: Reden – Schriften – Korrespondenzen 1945 bis 1952, Berlin/Bonn 1985 (im folgenden Schumacher: Reden), S. 961.
11 FAZ v. 14. 3. 1952; vgl. Zitelmann, Rainer: Adenauers Gegner. Streiter für die Einheit, Erlangen/Bonn/Wien 1991, S. 158.
12 Kabinettprotokolle der Bundesregierung, Bd. 5 (1952), S. 164; Kaiser, Jakob: Gewerkschafter und Patriot, Köln 1988, S. 521.
13 Im Zentrum der Macht: Das Tagebuch von Staatssekretär Otto Lenz 1951 bis 1952, Düsseldorf 1989, S. 276.
14 Zit. n. Steininger: Eine vertane Chance, S. 32.
15 Zit. n. ebd., S. 19.
16 Adenauer, Konrad: Briefe 1951 bis 1953, Berlin 1987, S. 198.
17 Vgl. Jodl, Markus: Amboß oder Hammer? Otto Grotewohl. Eine politische Biographie, Berlin 1997, S. 217.
18 Zit. n. Hockerts, Hans Günter (Hrsg.): Das Adenauer-Bild in der DDR, Bonn 1996 (im folgenden Hockerts: Das Adenauer-Bild in der DDR), S. 17.
19 Vgl. Wettig, Gerhard: Bereitschaft zu Einheit in Freiheit? Die sowjetische Deutschland-Politik 1945 bis 1955, München 1999 (im folgenden Wettig: Bereitschaft zu Einheit in Freiheit?), S. 320.
20 Vgl. Weber, Jürgen (Hrsg.): Aufbau und Neuorientierung. Die Geschichte der Bundesrepublik 1950 bis 1955, Landsberg am Lech 1998 (im folgenden Weber: Aufbau und Neuorientierung), S. 184.
21 Schumacher: Reden, S. 939.
22 Zit. n. Görtemaker, Manfred: Geschichte der Bundesrepublik Deutschland. Von der Gründung bis zur Gegenwart, München 1999, S. 308.
23 Zit. n. Graml, Hermann: Die Legende von den verpaßten Gelegenheiten. Zur sowjetischen Notenkampagne des Jahres 1952, in: Vierteljahrshefte für Zeitgeschichte 29 (1981), S. 319.
24 Vgl. Semjonow, Wladimir S.: Von Stalin bis Gorbatschow. Ein halbes Jahrhundert in diplomatischer Mission 1939 bis 1991, Berlin 1995 (im folgenden Semjonow: Von Stalin bis Gorbatschow), S. 392.
25 Zit. n. Steininger: Eine vertane Chance, S. 25; vgl. Der Spiegel 7/1985, S. 126.
26 Vgl. Steininger: Eine vertane Chance, S. 19; Gespräch der Verfasser mit Gerhard Wettig am 4. 9. 2001.
27 Vgl. Fabry, Philipp W.: Die Stalin-Note von 1952. Wurde eine Chance verpaßt? Deutschlandpolitik im Feature. Typoskript der Sendung im Deutschlandfunk v. 27. 10. 1970, S. 71; Graml: Märznote, S. 58 f.
28 Zit. n. Wettig: Bereitschaft zu Einheit in Freiheit?, S. 223.
29 Semjonow: Von Stalin bis Gorbatschow, S. 279.
30 Graml: Märznote, S. 60–63.
31 Zit. n. Weber: Aufbau und Neuorientierung, S. 174.
32 Zit. n. Hockerts: Das Adenauer-Bild in der DDR, S. 45.
33 Vgl. Oppelland, Torsten (Hrsg.): Deutsche Politiker 1949 bis 1969, 2 Bd., Darmstadt 1999, Bd. 1, S. 88 f.

34 Graml: Märznote, S. 26; vgl. Neues Deutschland v. 13. 10. 1952.
35 FAZ v. 10. 3. 1994.
36 Badstübner, Rolf; Loth, Wilfried (Hrsg.): Wilhelm Pieck – Aufzeichnungen zur Deutschland-Politik 1945 bis 1953, Berlin 1994, S. 383 und S. 395.
37 Berliner Morgenpost v. 25. 1. 1958.
38 Sethe, Paul: Zwischen Bonn und Moskau, Bonn 1956, S. 53.
39 Heinemann: Verfehlte Deutschlandpolitik, S. 127.
40 Zit. n. Klingl, Friedrich: Das ganze Deutschland soll es sein! Thomas Dehler und die außenpolitischen Weichenstellungen der fünfziger Jahre, München 1987 (im folgenden Klingl: Das ganze Deutschland), S. 184.
41 Zit. n. Wengst, Udo: Thomas Dehler. Eine politische Biographie, München 1997, S. 309.
42 Zit. n. Klingl: Das ganze Deutschland, S. 40 f. und S. 51.
43 Süddeutsche Zeitung v. 12./13. 5. 1962; Graml: Märznote, S. 8; Schulz, Günther: Herbert Wehner, Düsseldorf/Wien 1986, S. 85 f.; Executive Intelligence Review: Die Stalin-Note damals und heute, Weltkirchenrat und EKD: Protestantische Ostpolitik von Niemöller bis von Bülow, Wiesbaden 1996, S. 11; Funkuhr v. 23. 8. 1986; Die Zeit v. 20. 5. 1999; Gromyko, Andrej: Erinnerungen, Düsseldorf/Wien/New York 1989, S. 277.
44 Wehner, Herbert: Wandel und Bewährung. Ausgewählte Reden und Schriften 1930 bis 1975, Berlin/Hannover 1976, S. 77 und S. 85.
45 Ebd., S. 414.
46 Hockerts: Das Adenauer-Bild in der DDR, S. 213.
47 Stenographische Berichte des Deutschen Bundestages, 3. Wahlperiode, S. 331.

»NVA-Kampftruppen in böhmischen Wäldern«?

1 Wenzke, Rüdiger: Die NVA und der Prager Frühling 1968. Die Rolle Ulbrichts und der DDR-Streitkräfte bei der Niederschlagung der tschechoslowakischen Reformbewegung, Berlin 1995 (im folgenden Wenzke: Die NVA und der Prager Frühling), S. 245.
2 Neues Deutschland v. 25. 8. 1968.
3 Wenzke: Die NVA und der Prager Frühling, S. 292.
4 Deutschland-Chronik 1945 bis 2000, Bundeszentrale für politische Bildung, Schriftenreihe Band 366, Bonn 2000, S. 189.
5 www.hdg.de/lemo/html/DasGeteilteDeutschland.
6 Zit. n. Mitter, Armin; Wolle, Stefan: Untergang auf Raten. Unbekannte Kapitel der DDR-Geschichte, München 1993 (im folgenden Mitter; Wolle: Untergang auf Raten), S. 422.
7 Zit. n. Der Prager Frühling 1968 und seine Folgen in der ČSSR, in: Materialien der Enquête-Kommission »Aufarbeitung von Geschichte und Folgen der SED-Diktatur in Deutschland«, Band V/1 und V/3

»Deutschlandpolitik, innerdeutsche Beziehungen und internationale Rahmenbedingungen«, Baden-Baden/Frankfurt a. M. 1995 (im folgenden Materialien der Enquête-Kommission), S. 194.
8 Zit. n. Mitter; Wolle: Untergang auf Raten, S. 381.
9 Zit. n. Materialien der Enquête-Kommission, S. 171.
10 Dubček, Alexander: Leben für die Freiheit, München 1993 (im folgenden Dubček: Leben), S. 211.
11 Zit. n. Wilke, Manfred: Interventionspolitik: Die SED und der Prager Frühling 1968 und die politische Demokratiebewegung 1980/81, in: Diktaturen in Europa im 20. Jahrhundert – der Fall DDR, Berlin 1996, S. 626.
12 Zit. n. Prieß, Lutz; Kural, Vaclav; Wilke, Manfred: Die SED und der Prager Frühling 1968. Politik gegen einen »Sozialismus mit menschlichem Antlitz«, Berlin 1996, S. 215.
13 Zit. n. Mitter; Wolle: Untergang auf Raten, S. 439 f.
14 Dubček: Leben, S. 261.
15 Neues Deutschland v. 22. 8. 1968.
16 Ebd., v. 23. 8. 1968.
17 Die Zeit v. 23. 8. 1968.
18 Bild-Zeitung v. 23. 8. 1968.
19 Der Spiegel, 35/1968, S. 21.
20 FAZ v. 26. 8. 1968.
21 Die Welt v. 28. 8. 1968.
22 Der Spiegel, 38/1968, S. 40.
23 Stern, 36/1968, S. 32.
24 Neues Deutschland v. 5. 9. 1968.
25 Freiheit v. 10. 9. 1968 und v. 12. 9. 1968.
26 Dubček: Leben, S. 286.
27 Zit. n. Wenzke: Die NVA und der Prager Frühling, S. 129 und S. 156.
28 Auswärtiges Amt/Politisches Archiv/Bestand MfAA/C637/71 (im folgenden AA/ Politisches Archiv), Blatt 14–17 und Bl. 22.
29 Ebd., C637/71, Bl. 24 f.
30 Ebd., C637/71, Bl. 43.
31 Freiheit v. 26. 10. 1968.
32 Ebd. v. 29. 10. 1968.
33 Wenzke: Die NVA und der Prager Frühling, S. 218.
34 Ebd., S. 220.
35 Ebd., S. 232.
36 Ebd., S. 251.
37 Ebd., S. 271.
38 Vgl. Tantzscher, Monika: Maßnahme Donau und Einsatz Genesung. Die Niederschlagung des Prager Frühlings 1968/69 im Spiegel der MfS-Akten, Berlin 1994, S. 108.
39 Zit. n. Mitter; Wolle: Untergang auf Raten, S. 445.
40 Wenzke: Die NVA und der Prager Frühling, S. 281.
41 Ebd., S. 140.

42 Berliner Zeitung v. 28. 8. 2001.
43 Vgl. Pauer, Jan: Prag 1968. Der Einmarsch des Warschauer Paktes, Hintergründe – Planung – Durchführung, Bremen 1995, S. 229.
44 Zit. n. Wenzke: Die NVA und der Prager Frühling, S. 144.
45 Der Spiegel, 19/1990, S. 62.
46 Die Welt v. 27. 6. 1990.
47 FAZ v. 2. 8. 1990.
48 Neues Deutschland v. 28./29. 7. 1990.
49 Neues Deutschland v. 19. 6. 1990.
50 Vgl. Wenzke: Die NVA und der Prager Frühling, S. 208.
51 AA/Politisches Archiv/C591/71, Bl. 22 f.
52 Ebd., C591/71, Bl. 77.

»Durch die Ereignisse vollkommen überrascht«?

1 Schmidt, Helmut: Die Deutschen und ihre Nachbarn, Berlin 1990 (im folgenden Schmidt: Die Deutschen und ihre Nachbarn), S. 74.
2 Bölling, Klaus: Die fernen Nachbarn. Erfahrungen in der DDR, Hamburg 1983 (im folgenden Bölling: Ferne Nachbarn), S. 153.
3 Zit. n. Potthoff, Heinrich (Hrsg.): Bonn und Berlin (Ost) 1969–1982. Dialog auf höchster Ebene und vertrauliche Kanäle. Darstellung und Dokumente, Bonn 1997 (im folgenden Potthoff: Bonn und Berlin (Ost)), S. 701–703.
4 Kubina, Michael; Wilke, Manfred (Hrsg.): Hart und kompromißlos durchgreifen. Die SED contra Polen 1980/81. Geheimakten der SED-Führung über die Unterdrückung der polnischen Demokratiebewegung, Berlin 1995 (im folgenden Kubina; Wilke: Hart und kompromißlos), S. 393.
5 Vgl. Recker, Marie-Luise (Hrsg.): Politische Reden 1945–1990, Frankfurt a. M. 1999, S. 699 f.
6 Zit. n. Potthoff: Bonn und Berlin (Ost), S. 77.
7 Vgl. Gutsche, Reinhardt: Nur ein Erfüllungsgehilfe? Die SED-Führung und die militärische Option zur Niederschlagung der Opposition in Polen in den Jahren 1980/81, in: Schroeder, Klaus (Hrsg.): Geschichte und Transformation des SED-Staates, Berlin 1994 (im folgenden Gutsche: Erfüllungsgehilfe), S. 155.
8 Kubina; Wilke: Hart und kompromißlos, S. 274.
9 Vgl. Gutsche: Erfüllungsgehilfe, S. 172.
10 Kubina; Wilke: Hart und kompromißlos, S. 377.
11 Nakath, Detlef; Stephan, Gerd-Rüdiger (Hrsg.): Die Häber-Protokolle. Schlaglichter der SED-Westpolitik 1973–1985, Berlin 1999 (im folgenden Nakath; Stephan: Häber-Protokolle), S. 289.
12 Bölling: Ferne Nachbarn, S. 119.
13 Zit. n. Nakath; Stephan: Häber-Protokolle, S. 308.
14 Bölling: Ferne Nachbarn, S. 130.
15 Die Welt v. 14. 12. 81.

16 Süddeutsche Zeitung v. 15. 12. 81; Berliner Morgenpost v. 31. 12. 81; Stenographische Berichte des Deutschen Bundestages, 9. Wahlperiode, S. 4295 f.
17 Ebd., S. 4289.
18 Materialien der Enquête-Kommission »Aufarbeitung von Geschichte und Folgen der SED-Diktatur in Deutschland«, Band V/1 und V/3 »Deutschlandpolitik, innerdeutsche Beziehungen und internationale Rahmenbedingungen«, Baden-Baden/Frankfurt a. M. 1995 (im folgenden Materialien der Enquête-Kommission), S. 1043.
19 Bild v. 15. 12. 1981.
20 Der Spiegel, 1/1982, S. 23.
21 Materialien der Enquête-Kommission, S. 758.
22 Stern, 7/1982, S. 164.
23 Zit. n. Nakath; Stephan: Häber-Protokolle, S. 308.
24 Bölling: Ferne Nachbarn, S. 78 und S. 179.
25 Ebd., S. 66.
26 Schmidt: Die Deutschen und ihre Nachbarn, S. 40.
27 Vgl. Potthoff: Bonn und Berlin (Ost), S. 66.
28 Schmidt: Die Deutschen und ihre Nachbarn, S. 67.
29 Der Spiegel, 52/1981, S. 20.
30 Bölling: Ferne Nachbarn, S. 62 und S. 67.
31 Der Spiegel, 52/1981, S. 19.
32 Kubina; Wilke: Hart und kompromißlos, S. 58.
33 Ebd., S. 97.
34 Zit. n. Kubina, Michael: Wollte Honecker eine militärische Intervention in Polen?, in: Zeitschrift des Forschungsverbundes SED-Staat, 6 (1998) (im folgenden Kubina: Wollte Honecker?), S. 10.
35 Kubina; Wilke: Hart und kompromißlos, S. 111.
36 Ebd., S. 122.
37 Ebd., S. 125.
38 Ebd., S. 207.
39 Ebd., S. 274.
40 Zit. n. Gutsche: Erfüllungsgehilfe?, S. 160 f.
41 Hoffmann, Heinz an Erich Honecker vom 10. 11. 1982. Kopie im Archiv der Verf.
42 Zit. n. Wilke, Manfred; Gutsche, Reinhardt; Kubina, Michael: Die SED und die Unterdrückung der polnischen Oppositionsbewegung 1980/81, Köln 1994, S. 25 f.
43 Zit. n. Gutsche: Erfüllungsgehilfe?, S. 161.
44 Der Spiegel, 5/1982, S. 14.
45 Der Spiegel, 2/1982, S. 22.
46 Bölling: Ferne Nachbarn, S. 157 f.
47 Ebd., S. 153; Schmidt: Die Deutschen und ihre Nachbarn, S. 75.
48 Strauß, Franz Josef: Die Erinnerungen, Berlin 1988, S. 544.
49 Schmidt: Die Deutschen und ihre Nachbarn, S. 73 f.
50 Zit. n. Modrow, Hans (Hrsg.): Das große Haus, Berlin 1994, S. 73 f.
51 Vgl. Kubina: Wollte Honecker?, S. 12.

52 Schmidt, Helmut: Weggefährten, Berlin 1996 (im folgenden Schmidt: Weggefährten), S. 504 f.
53 Vgl. Kubina: Wollte Honecker?, S. 3.
54 Honecker, Erich: Zu dramatischen Ereignissen, Hamburg 1992 (im folgenden Honecker: Zu dramatischen Ereignissen), S. 16.
55 Potthoff: Bonn und Berlin (Ost), S. 86.
56 Honecker: Zu dramatischen Ereignissen, S. 52.
57 Neues Deutschland v. 16. 12. 1981.
58 Schmidt: Weggefährten, S. 504.

»Unbeirrt für die Einheit gearbeitet«?

1 Die Welt v. 2. 10. 2000.
2 FAZ v. 15. 2. 1988; Stenographische Berichte des Bundestages, 10. Wahlperiode (im folgenden Stenographische Berichte), S. 987.
3 Kohl, Helmut: Ich wollte Deutschlands Einheit, Berlin 1996 (im folgenden Kohl: Ich wollte Deutschlands Einheit), S. 11.
4 Zit. n. Köhler, Henning: Adenauer. Eine politische Biographie, Frankfurt/Berlin 1994, S. 991 und S. 993.
5 Hacker, Jens: Deutsche Irrtümer. Schönfärber und Helfershelfer der SED-Diktatur im Westen, Berlin 1992 (im folgenden Hacker: Deutsche Irrtümer), S. 105.
6 Stenographische Berichte, S. 988.
7 Zit. n. Potthoff, Heinrich: Im Schatten der Mauer. Deutschlandpolitik 1961 bis 1990, Berlin 1999 (im folgenden Potthoff: Im Schatten der Mauer), S. 227.
8 Welt am Sonntag v. 1. 10. 2000.
9 Strauß, Franz Josef: Erinnerungen, Berlin 1989, S. 481.
10 Welt am Sonntag v. 31. 10. 1993.
11 Zit. n. Kohl: Ich wollte Deutschlands Einheit, S. 31.
12 Der Spiegel, 8/88, S. 18.
13 Die Welt v. 30. 1. 1988.
14 FAZ v. 11. 6. 1988.
15 Barzel, Rainer: So nicht! Für eine bessere Politik in Deutschland, Düsseldorf/Wien 1993, S. 63.
16 Ebd., S. 76.
17 FAZ v. 16. 2. 1988.
18 Zit. n. Hintze, Peter; Langguth, Gerd (Hrsg.): Helmut Kohl: Der Kurs der CDU. Reden und Beiträge des Bundesvorsitzenden 1973 bis 1993, Stuttgart 1993 (im folgenden Helmut Kohl: Der Kurs der CDU), S. 293 f.
19 Zit. n. Korte, Karl-Rudolf: Deutschlandpolitik in Helmut Kohls Kanzlerschaft. Regierungsstil und Entscheidungen 1982 bis 1989, Stuttgart 1998 (im folgenden Korte: Deutschlandpolitik in Helmut Kohls Kanzlerschaft), S. 404.
20 Ebd., S. 400 und S. 406.

21 Die Welt v. 18./19. 6. 1988.
22 Rheinischer Merkur, 14/1988.
23 Zit. n. Korte: Deutschlandpolitik in Helmut Kohls Kanzlerschaft, S. 392.
24 Zit. n. Potthoff: Im Schatten der Mauer, S. 280.
25 Zit. n. Bender, Peter: Episode oder Epoche? Zur Geschichte des geteilten Deutschland, München 1996 (im folgenden Bender: Episode oder Epoche?), S. 196.
26 Die Welt v. 9. 11. 1999.
27 Zit. n. Wer im Glashaus sitzt. Blüten der CDU/CSU-Ostpolitik, Eine Dokumentation der SPD-Bundestagsfraktion, Berlin o. J., S. 7.
28 Zit. n. Helmut Kohl: Der Kurs der CDU, S. 201.
29 Zit. n. Bender: Episode oder Epoche?, S. 196 f.
30 Zit. n. Zelikow, Philip; Rice, Condoleezza: Sternstunde der Diplomatie. Die deutsche Einheit und das Ende der Spaltung Europas, Berlin 1995 (im folgenden Zelikow; Rice: Sternstunde der Diplomatie), S. 103.
31 Zit. n. Materialien zu Deutschland-Fragen. Politiker und Wissenschaftler nehmen Stellung 1988/89, Bonn 1989 (im folgenden Materialien zu Deutschland-Fragen), S. 185 und S. 191.
32 Zit. n. Zelikow; Rice: Sternstunde der Diplomatie, S. 67.
33 Zit. n. Graw, Ansgar: (Historiker)-Streit unter Adenauers Enkeln, in: Zitelmann, Rainer; Weißmann, Karlheinz; Großheim, Michael: Westbindung. Chancen und Risiken für Deutschland, Frankfurt/Berlin 1993, S. 368.
34 Der Spiegel, 39/2000, S. 22 ff.
35 Die Welt v. 28. 9. 2000.
36 Vgl. Deutsche Einheit. Sonderedition aus den Akten des Bundeskanzleramtes 1989/90, München 1998 (im folgenden Deutsche Einheit: Sonderedition), S. 59.
37 Hacker: Deutsche Irrtümer, S. 413.
38 FAZ v. 15. 10. 1991.
39 Vgl. Weidenfeld, Werner: Außenpolitik für die deutsche Einheit. Die Entscheidungsjahre 1989/90, Stuttgart 1998 (im folgenden Weidenfeld: Außenpolitik für die deutsche Einheit), S. 106.
40 Rheinischer Merkur, 45/1999.
41 Zit. n. Deutsche Einheit: Sonderedition, S. 468.
42 Ebd., S. 494.
43 Vgl. Zelikow; Rice: Sternstunde der Diplomatie, S. 144 f.
44 Zit. n. Potthoff, Heinrich: Die Koalition der Vernunft. Deutschlandpolitik in den 80er Jahren, München 1995 (im folgenden Potthoff: Die Koalition der Vernunft), S. 40.
45 Teltschik, Horst: 329 Tage. Innenansichten der Einigung, Berlin 1991 (im folgenden Teltschik: 329 Tage), S. 44.
46 Ebd., S. 49.
47 Vgl. Weidenfeld: Außenpolitik für die deutsche Einheit, S. 101.
48 Zit. n. Bender: Episode oder Epoche?, S. 217.

49 Zit. n. Kuhn, Ekkehard: Gorbatschow und die Deutsche Einheit, Bonn 1993, S. 3.
50 Gorbatschow, Michail: Erinnerungen, Berlin 1995 (im folgenden Gorbatschow: Erinnerungen), S. 714.
51 Teltschik: 329 Tage, S. 140.
52 Ebd., S. 142.
53 Zit. n. Dreher, Klaus: Helmut Kohl. Leben mit Macht, Stuttgart 1998, S. 515; zit. n. Weidenfeld: Außenpolitik für die deutsche Einheit, S. 226; zit. n. Biermann, Rafael: Zwischen Kreml und Kanzleramt. Wie Moskau mit der deutschen Einheit rang, Paderborn 1997, S. 404.
54 Vgl. Potthoff: Die Koalition der Vernunft, S. 40.
55 www.dhm.de/lemo/html/biografien/KohlHelmut/
56 FAZ v. 1. 7. 1987.
57 FAZ v. 8. 6. 1988.
58 Vgl. Ash, Timothy Garton: Im Namen Europas. Deutschland und der geteilte Kontinent, München 1993 (im folgenden Ash: Im Namen Europas), S. 305.
59 Ebd., S. 267.
60 Zit. n. Hertle, Hans-Hermann; Meinert, Rainer; Wilke, Manfred: Der Staatsbesuch. Honecker in Bonn, Dokumente zur deutsch-deutschen Konstellation des Jahres 1987, Berlin 1991, S. 21.
61 Vgl. Ash: Im Namen Europas, S. 303.
62 Zit. n. Korte: Deutschlandpolitik in Helmut Kohls Kanzlerschaft, S. 90.
63 Weidenfeld, Werner; Korte, Karl-Rudolf (Hrsg.): Handbuch zur deutschen Einheit 1949–1989–1999, Bonn 1999, S. 52.
64 FAZ v. 1. 6. 1987.
65 Zit. n. Deutsche Einheit: Sonderedition, S. 35.
66 Gorbatschow: Erinnerungen, S. 715.
67 Barzel, Rainer: Plädoyer für Deutschland, Berlin 1988, S. 182 ff.
68 Süddeutsche Zeitung, Magazin, 41/2000, S. 28.
69 Welt am Sonntag v. 1. 10. 2000.

Danksagung

Dieses Buch wäre ohne die Hilfe vieler Menschen nicht entstanden. Wir möchten uns für selbstlose Unterstützung und produktive Mitarbeit bedanken bei Peter Dittmar, Astrid M. Eckert, Barbara Fiala, Egbert Fischer, Peter Friedrich, Christoph Iron, Birgit Kentler, Michael Kubina, Ernst-Otto Maetzke, Ulrike Ruppel, Achim Schulz, Fritz Tobias, Lothar Wackermann, Birgit Warnhold, Rüdiger Wenzke, Gerhard Wettig und Manfred Wilke sowie den Mitarbeitern des Politischen Archivs im Auswärtigen Amt der Bundesrepublik Deutschland in Berlin. Ein großer Dank gebührt Monika Gräßler für die gewissenhafte Korrektur des Manuskripts.

Schließlich und vor allem haben wir unseren Familien zu danken, die unser beider Euphorie für das aufwendige Projekt bei allem Verlust an gemeinsamer Zeit mitgetragen haben.

Personenregister